R Data Analysis Machine Learning

R 데이터 분석 머신러닝

조민호 지음

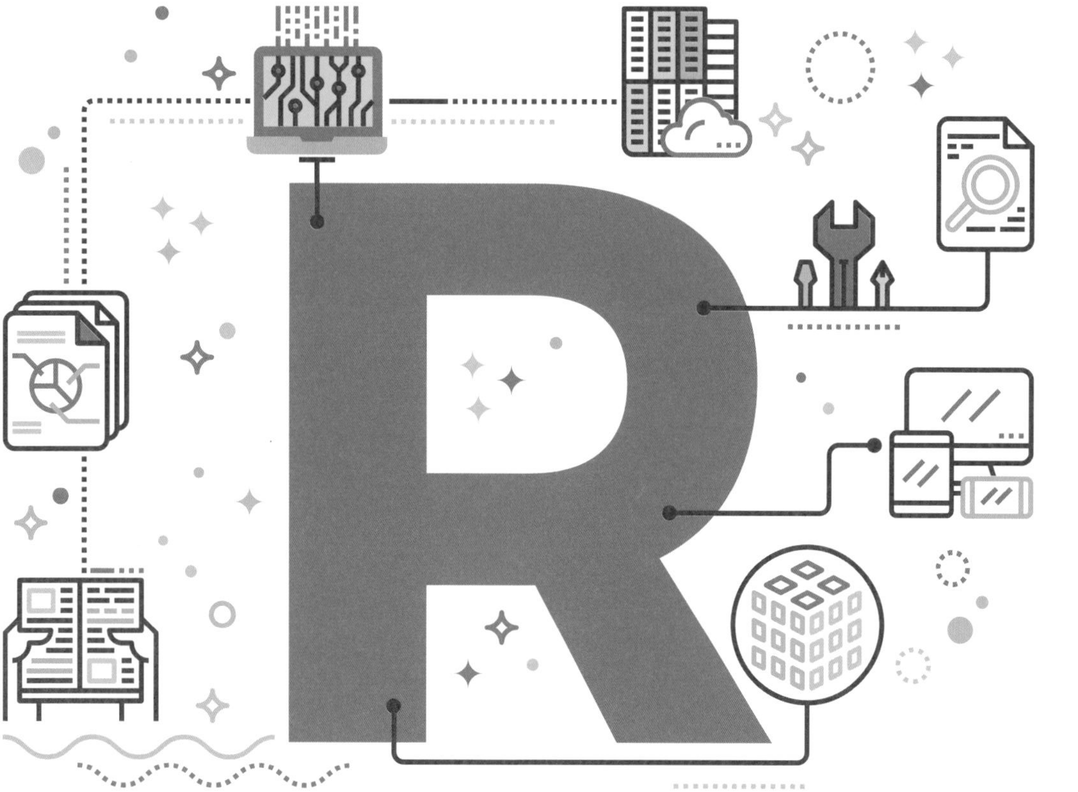

정보문화사
Information Publishing Group

R 데이터 분석 머신러닝

초판 1쇄 인쇄 | 2021 년 2월 10일
초판 1쇄 발행 | 2021 년 2월 20일

지 은 이 | 조민호
발 행 인 | 이상만
발 행 처 | 정보문화사

책임 편집 | 노미라
교정 · 교열 | 안종군

주 소 | 서울시 종로구 동숭길 113(정보빌딩)
전 화 | (02)3673-0037(편집부) / (02)3673-0114(代)
팩 스 | (02)3673-0260
등 록 | 1990년 2월 14일 제1-1013호
홈 페 이 지 | www.infopub.co.kr

I S B N | 978-89-5674-903-7

머리말

데이터 분석가가 되는 과정은 다음과 같이 3단계로 나눌 수 있다.

1단계 분석을 하기 위한 도구와 분석 요령을 배우는 단계
2단계 분석 도구와 기법을 특정 분야(제조 분야, 물류 등)에 접목해 적용하는 단계
3단계 분석 기법 자체를 연구, 개발하는 단계

이 책은 이 중 1단계에 해당하며, 데이터 분석에 관심 있는 사람이 재미있게 공부할 수 있도록 구성했다. 특히 3단계에 필요한 복잡한 수학이나 난해한 이론은 제외하고 꼭 필요한 이론은 정확히 이해할 수 있도록 예제와 함께 설명했다.

이 책이 다루는 범위는 차례를 통해 확인할 수 있다. 이 책을 마치면 통계, 데이터 마이닝, 빅데이터 분석, 머신러닝, 데이터 전처리 등에 대한 두려움을 극복할 수 있을 것이다. 특히 책에서 배운 이론을 실무에 활용할 수 있도록 R을 이용해 실습을 진행했다. 통계 분석 도구는 많지만(예 SAS, SPSS, Scikit Learn+Python 등), 초심자는 R을 사용해 공부하는 것이 가장 쉽고, 좋은 결과를 기대할 수 있다.

이 책이 모든 것을 해결할 수는 없지만, 최소한 독자들이 중간에 포기하지 않고 원하는 바를 끝까지 이룰 수 있도록 쉽고 명확하게 설명했다.

기존의 통계나 데이터 분석 관련 책들의 단점을 보완하고 실무에 사용할 수 있는 지식을 재미있게 전달하고자 노력했다. 이 책이 데이터 분석의 신세계를 열어줄 것이라 확신한다.

조민호

PART 02

R을 사용한 통계 분석

PART 03

R의 활용법

PART 04

데이터 분석 및 전처리 기법

PART 01

R의 사용법

- R에 대한 기본적인 사항과 R을 사용하는 데 필요한 데이터 타입, 프로그래밍 기능을 알아본다.
- 데이터 분석가로서 꼭 알아야 하는 R의 핵심 명령어 23개를 알아본다.
- 데이터의 효과적인 분석을 지원하는 데이터 조작 패키지 중 가장 많이 사용하는 두 가지를 알아본다.

01 R의 사용법

데이터 분석가가 알아야 하는 기본 도구인 R의 설치와 사용에 대해 설명한다. R에서 지원하는 데이터 타입, 연속적이며 반복적인 작업을 지원하는 프로그래밍 기능, 상황에 맞춰 데이터를 조작하는 방법을 알아본다. 또한 R이 제공하는 기본 기능 외에 데이터의 조작에 관련된 dplyr, sqldf 패키지에 대해서도 설명한다.

R을 잘 사용하려면 명령어를 많이 아는 것보다 중요하고 핵심적인 (이 책에서 설명하는) 명령어를 익히는 것이 중요하다. 기본 명령어 20개 정도를 자유롭게 쓰는 것만으로도 대부분의 문제를 해결할 수 있다. 데이터 조작에 관한 패키지를 2개 정도 추가로 익혀두는 것도 효율적인 분석에 중요하다.

1.1 소개 및 환경 구성

R은 오클랜드 대학교의 로스 이하카(Rose Ihaka)와 로버트 젠틀맨(Robert Gentleman)이 개발한 오픈 소스 제품으로, 관련 정보와 제품은 www.r-project.org에서 다운로드할 수 있다. 진행 중인 R의 모습은 [그림 1-1]에서 확인할 수 있다.

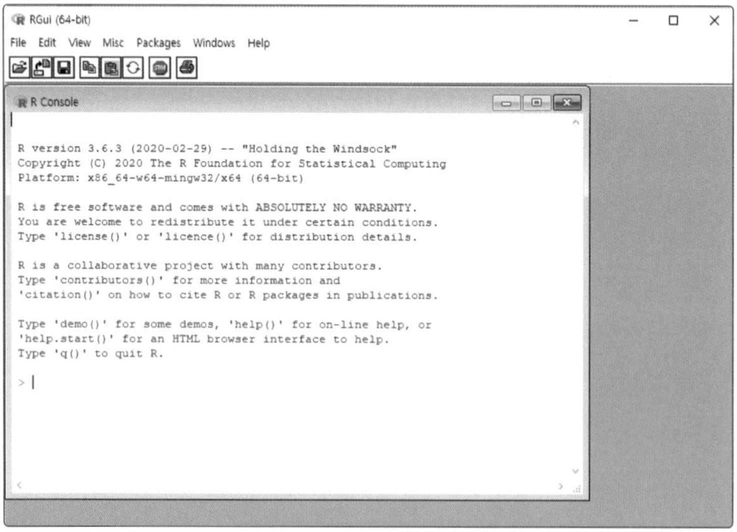

[그림 1-1] R 설치 후 MDI 모드(기본 모드)로 실행 중인 화면

R은 관리자 권한으로 실행해야 한다

컴퓨터의 바탕에 있는 R 프로그램 아이콘에 마우스 커서를 올려놓은 후 마우스 오른쪽 버튼을 누르면 나타나는 [관리자 권한으로 실행] 메뉴를 클릭하면 관리자 권한으로 수행할 수 있다.

R은 대화형 모드와 배치 모드를 지원한다

- **대화형 모드:** 기본 기능으로, 실시간으로 입력하고 결과를 확인하는 것이다([그림 1-2] 참조).

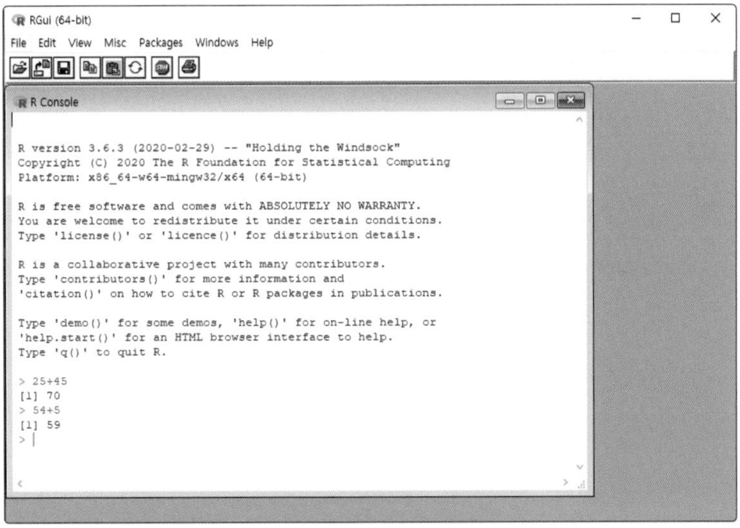

[그림 1-2] 대화형 모드 실행 화면

- **배치 모드:** 별도의 파일에 수행하고자 하는 명령어를 순서대로 적은 후 이를 수행하는 것이다. 반복적인 작업을 할 때 유용하며 실무에서 주로 사용하는 방법이다.

배치 모드의 실행 순서는 다음과 같다(MDI 모드에서 사용한 예이다)

① R을 수행한 후 다음 작업을 한다.

- 저장하거나 읽어올 디렉터리의 위치를 설정한다(예 >setwd("c:/temp").
- [File]-[New Script]를 클릭한다.

[그림 1-3]과 같은 별도의 윈도우가 나타난다.

② 새로 열린 윈도우에 실행할 R 명령을 차례대로 입력한 후 저장한다.

③ 새로 열린 윈도우를 선택한 상태에서 [Edit]-[Run All]을 클릭하면 [그림 1-3]과 같이 입력된 명령어가 순차적으로 실행된다.

④ 최종적으로 구현된 내용을 다음에 다시 사용하고 싶다면 새로 열린 윈도우를 선택한 상태에서 [File]-[Save]를 클릭한다.

⑤ 저장된 스크립트를 불러오고 싶다면 [File]–[OpenScript]를 클릭한다([그림 1–3] 참조).

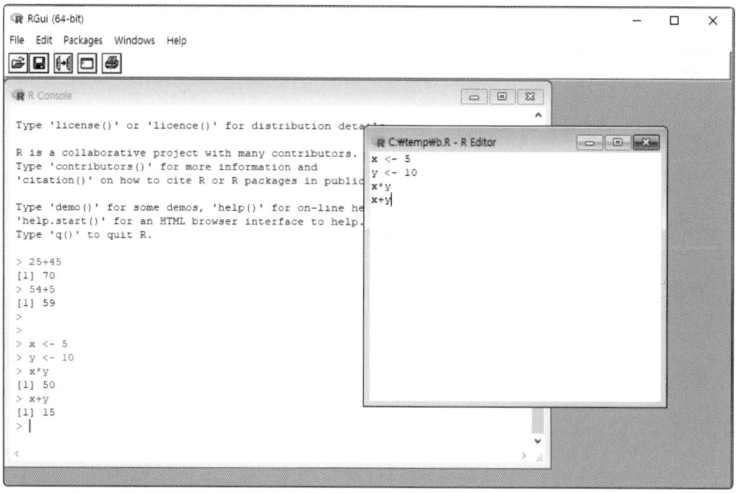

[그림 1–3] 배치 모드 실행 화면

배치 모드는 반복적인 키보드 입력에 대한 부담을 덜어주는 기능이다. 실제 분석을 수행할 때는 대부분의 경우 배치 모드로 만들어 실행한다.

R은 기본 프로그램을 다운로드해 설치한 후 사용한다. 추가로 필요한 기능이 있으면 해당 패키지를 다운로드한 후 installpackages를 이용해 설치한 후 사용한다

```
> search()                                          # 현재 수행 중인 R이 로드한 패키지의 목록을 보여준다.
[1] ".GlobalEnv"          "package:stats"           "package:graphics"
[4] "package:grDevices"   "package:utils"           "package:datasets"
[7] "package:methods"     "Autoloads"               "package:base"
> install.packages("igraph")                        # igraph 패키지를 설치한다.
.....
> library(igraph)                                   # 설치된 igraph 패키지를 메모리에 로드한다.
....
> search()                                          # igraph 패키지가 로드됐다는 것을 확인한다.
 [1] ".GlobalEnv"          "package:igraph"          "package:stats"
 [4] "package:graphics"    "package:grDevices"       "package:utils"
 ......
>
```

R 수행 시 다음 몇 가지 사항은 조정할 수 있다

- R 콘솔 창의 폰트를 변경할 수 있다.
  - R을 설치한 디렉터리에서 etc/Rconsole 파일을 연다.
  - 파일의 내용 중 font와 points를 이용해 폰트와 크기를 변경한다.

예 fonts = TT Courier New —> fonts = TT MS Gothic으로 바꾼다.
points = 20 —> points = 12로 바꾼다.

R을 MDI에서 운영하고 싶지 않다(추천사항)

- R을 설치한 디렉터리에서 etc/Rconsole 파일을 연다.
  - MDI=no 앞에 있는 #을 삭제한다. MDI=yes 앞에는 #을 추가한다([그림 1-4] 참조).

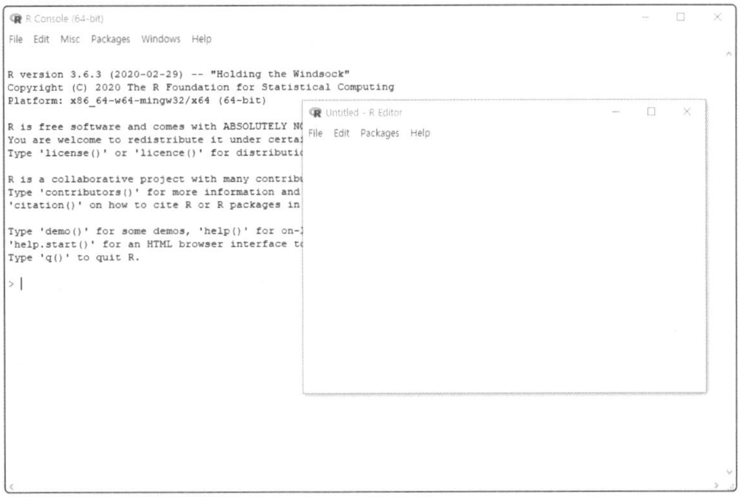

[그림 1-4] MDI가 아닌 R의 실행 화면

[그림 1-4]는 MDI 모드가 아닌 실행 화면으로, 각 윈도우에는 별도의 메뉴가 있고 각자가 별도의 윈도우를 구성해 수행한다.

1.2 기초 사용법

1.2.1 계산기 기능

```
> #                                  # 주석을 넣고자 하는 경우에는 앞에 #을 붙인다.
> 1+2                                # 1+2를 계산하고 결과를 출력한다.
[1] 3
> (11+54-13)*75/3                    # 주어진 식을 계산한다.
[1] 1300
---------------------------------------------------------------
# R에서 지원하는 연산자의 종류다.
# +, -, *, /                         # 기본 연산자다.
# %/%                                # 나눗셈의 몫을 구한다.
# %%                                 # 나눗셈의 나머지를 구한다.
# **                                 # 거듭제곱을 구한다.
---------------------------------------------------------------
> 7 %% 2                             # 나눗셈의 나머지를 구한다.
[1] 1
> 7 %/% 2                            # 나눗셈의 몫을 구한다.
[1] 3
> 2 ** 3                             # 2의 3승을 구한다.
[1] 8
---------------------------------------------------------------
# R에서 제공하는 수학 함수의 종류다.
# sin(x), cos(x), tan(x), sinh(x), asin(x) - 삼각함수 계산
# log(x), log10(x), log2(x) - 로그 계산
# exp(x)
# sqrt(x)-루트 계산, trunc(x) - 소수점 이하를 버림.
---------------------------------------------------------------
> sqrt(4)                            # 루트 4를 구한다.
[1] 2

> quit()                             # R을 종료한다.
```

1.2.2 변수의 정의와 활용

```
> rm(list=ls())          # 현재 로드된 R에 선언된 모든 변수를 지운다.
> ls()                   # 현재 사용 중인 변수의 목록을 보여준다.
character(0)
---------------------------------------------------------------
> x <- 2                 # x 변수를 선언하고 2를 할당한다.
> x                      # 변수 x 값을 확인한다.
[1] 2

> (k <- 3)               # 새로운 변수 k를 선언한 후 3을 할당하고 k의 값을 보여준다.
[1] 3
```

```
> z <- x+k                    # 변수 x와 k의 값을 합해 z에 할당한다.
> (m <- x+k)                  # 변수 x와 k의 값을 합해 m에 할당하고 값을 보여준다.
> ls()                        # 앞에서 선언한 k, x, z, m 변수가 사용 중이라는 것을 확인한다.
[1] "k" "x" "z" "m"
> rm(x)                       # 변수 x를 지운다.
> ls()                        # 변수 x가 지워진 것을 확인한다.
[1] "k" "z" "m"
```

```
> cat("I love you")           # 괄호 안의 내용을 화면에 출력한다.
I love you>                   # 화면에 내용을 출력하면 프롬프트가 동일 라인에 보인다.
> cat("I love you \n")        # 내용을 화면에 출력하면 새로운 라인에 프롬프트가 보인다.
I love you
>
```

```
> setwd("c:/temp")            # 작업한 내용을 저장하는 디렉터리(위치)를 지정한다.
> getwd()                     # 현재 설정된 파일의 저장 디렉터리를 확인한다.
[1] "c:/temp"
```

1.2.3 데이터셋 선언 및 사용

R에서 특정 데이터를 이용해 분석하는 경우, 데이터를 메모리로 읽어들여야 한다. 이때 읽은 데이터를 대상으로 사용하는 명령어를 실습해보자. 다음 실습은 기본적으로 메모리에 올라와 있는 iris, warpbreaks 데이터를 대상으로 한다.

```
> head(iris)                 # iris 데이터의 앞부분 여섯 줄을 보여준다.
  Sepal.Length  Sepal.Width  Petal.Length  Petal.Width   Species
1          5.1          3.5           1.4          0.2    setosa
2          4.9          3.0           1.4          0.2    setosa
3          4.7          3.2           1.3          0.2    setosa
4          4.6          3.1           1.5          0.2    setosa
5          5.0          3.6           1.4          0.2    setosa
6          5.4          3.9           1.7          0.4    setosa

> tail(iris)                 # iris 데이터의 뒷부분 여섯 줄을 보여준다.
> View(iris)                 # 새 윈도우를 열어 iris 데이터의 내용을 테이블 형태로 보여준다.
> summary(iris)              # iris 데이터의 기본 통계량(최대, 최소, 평균 등)을 보여준다.
```

```
> data(warpbreaks)           # warpbreaks 데이터를 사용하겠다는 선언이다.
> head(warpbreaks)           # warpbreaks 데이터의 앞부분을 보여준다.
    breaks    wool   tension
1       26       A         L
2       30       A         L
3       54       A         L
4       25       A         L
5       70       A         L
6       52       A         L
> str(warpbreaks)                                    # warpbreaks 데이터의 구성을 보여준다.
'data.frame':  54 obs. of  3 variables:              # 3개의 변수, 54개의 데이터로 구성
```

```
 $ breaks: num  26 30 54 25 70 52 51 26 67 18 ...                    # breaks는 숫자형
 $ wool   : Factor w/ 2 levels "A","B": 1 1 1 1 1 1 1 1 1 1 ..        # wool은 Factor형
 $ tension: Factor w/ 3 levels "L","M","H": 1 1 1 1 1 1 1 1 1 2 ...  # tension은 Factor형
>.
> attach(warpbreaks)                   # warpbreaks를 고정으로 사용하겠다는 의미다.
                                       # detach( ) 명령어를 수행할 때까지 유효하다.
--------------------------------------------------------------------------------
#  warpbreaks 중 숫자 형태인 breaks를 factor로 변환해 num2에 할당한다.
#  (데이터의 형 변환 기능의 예)
> num2 <- factor(breaks)
> str(num2)                            # factor로 변환된 num2를 확인한다.
 Factor w/ 31 levels "10","12","13",..: 14 18 29 13 31 28 27 14 30 8 ...
--------------------------------------------------------------------------------
# warpbreak 중 숫자인 breaks를 숫자로 변환해 (연습을 위해) num3에 할당한다.
> num3 <- as.numeric(breaks)           # as.character는 데이터를 문자로 변환한다.
> str(num3)                            # num3가 숫자형이라는 것을 확인
 num [1:54] 26 30 54 25 70 52 51 26 67 18 ...
--------------------------------------------------------------------------------
> detach(warpbreaks)                   # warpbreaks 데이터를 풀어 버린다.
--------------------------------------------------------------------------------
> num3 <- as.numeric(breaks)           # detach됐으므로 데이터를 찾을 수 없다.
오류: 객체 'breaks'를 찾을 수 없다.
>
```

1.2.4 파일 조작

사용했던 변수나 데이터를 저장하고 읽어오는 과정을 설명한다. 기존 데이터를 읽어오는 방법도 설명한다.

사용하는 변수나 데이터를 저장하고 사용하는 예

```
> setwd("c:/temp")                 # 작업할 내용을 저장할 디렉터리를 설정한다.
> x <- 1:100                       # 1~100까지의 숫자를 x 변수에 할당한다.
> x                                # x 변수에 할당된 값을 확인한다.
--------------------------------------------------------------------------------
> save(x, file="number.Rdata")     # x 변숫값을 'number.Rdata'로 저장한다.
> rm(x)                            # x 변수를 지운다.
> ls()                             # x 변수가 지워진다는 것을 확인한다.
[1] "k"        "num"       "num2"      "num3"       "warpbreaks" "z"
>
> load("number.Rdata") # 파일의 내용을 읽는다.
> ls()                             # x 변수가 다시 설정된다는 것을 확인한다.
[1] "k"        "num"       "num2"      "num3"       "warpbreaks" "x"
[7] "z"
```

데이터를 csv 형태로 만들고, 저장하고, 읽어오는 예

```
(csv(comma-separated values)란, 데이터가 콤마를 기준으로 분리되는 것을 말한다. 엑셀 등 여러 프로그램
에서 지원한다.)
> no <- c(1,2,3,4)                           # 아직 배우지는 않았지만, 1, 2, 3, 4를 no에 할당한다.
> name <- c("Apple", "Banan", "Peach", "Cherry")
> price <- c(100, 200, 300, 400)
> qty <- c(5,7,2,9)
------------------------------------------------------------------
# 앞의 4개 데이터를 묶어 테이블 형태의 데이터를 만든다.
> fruit <- data.frame(No=no, Name=name, Price=price, Qty=qty)  # 다음에 배운다.
> fruit                                                        # 데이터의 모양을 확인한다.
     No    Name   Price    Qty
1     1   Apple     100      5
2     2  Banana     200      7
3     3   Peach     300      2
4     4  Cherry     400      9
> ls()                                        # fruit 변수가 있다는 것을 확인한다.
 [1] "excel"     "fruit"    "k"        "name"      "no"        "num"
 [7] "num2"      "num3"     "price"    "qty"       "warpbreaks" "x"
[13] "y"         "z"
------------------------------------------------------------------
> write.csv(fruit, file="fruit.csv")          # 테이블 형태의 데이터를 특정 파일에 저장한다.
> rm(fruit)                                   # fruit 변수를 지운다.
> ls()                                        # fruit 변수가 없다는 것을 확인한다.
 [1] "excel"     "k"        "name"     "no"        "num"       "num2"
 [7] "num3"      "price"    "qty"      "warpbreaks" "x"        "y"
[13] "z"

> fruit <- read.csv("fruit.csv")              # fruit.csv 파일의 내용을 읽어 fruit 변수에 할당한다.
> fruit                                       # 변수가 다시 생성된 것을 확인한다.
        X        No      Name      Price       Qty
1       1         1     Apple        100         5
2       2         2     Banan        200         7
3       3         3     Peach        300         2
4       4         4    Cherry        400         9
>
```

작업한 결과를 파일에 저장하는 예

```
> setwd("c:/temp")            # 작업할 내용을 저장할 디렉터리에 설정한다.

# 사전에 지정된 디렉터리에 'output.txt'라는 파일을 만들고 이후에 작업하는 모든 것의 결과를
# 저장한다. 결과가 화면에 보이지 않는다.
> sink("output.txt")
> cat("I love you\n")         # output.txt에 'I love you'를 저장하고 다음 줄로 이동한다.
> 100+200
> ls()
```

```
> sink()          # sink 설정을 푼다. 원위치로 돌아간다.
```

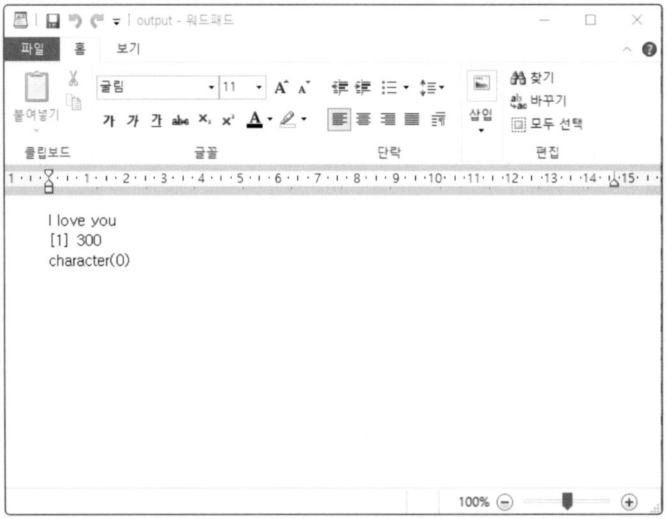

분석을 위해 준비된 일반 텍스트 파일을 읽어오는 예

```
> x <- scan("testdata.txt", what="")   # setwd로 설정된 디렉터리에서 읽어온다.
Read 12 items
```

testdata.txt의 모습

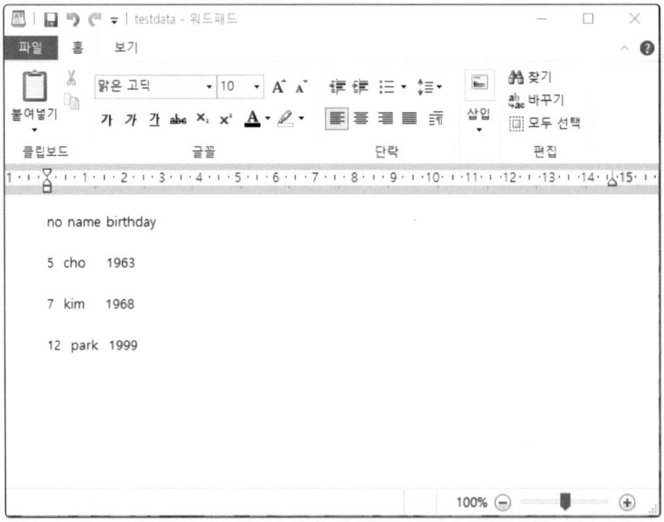


```
# testdata.txt은 일반 txt 파일이고 데이터 간의 구분은 공백을 기준으로 수행한다.
> x                                    # 데이터를 전체적으로 풀어 읽어온다. 모양을 확인하라.
 [1] "no"     "name"    "birthday" "5"     "cho"    "1963"    "7"
 [8] "kim"    "1968"    "12"      "park"   "1999"
```

```
> str(x)        # 읽어온 데이터는 12개의 문자라는 것을 확인한다. 배열과 비슷하다.
 chr [1:12] "no" "name" "birthday" "5" "cho" "1963" "7" "kim" "1968" "12" ...

> x[3]          # 읽어온 것 중 세 번째를 출력하라.
[1] "birthday"
```

```
# 데이터를 위와 같이 읽어오는 것이 좋은 경우도 있다. 하지만 원래의
# 데이터 모양이 테이블 형태이므로 이를 살리면서 읽고 싶다면
# scan이 아니라 read.table 명령어를 사용한다.

> y <- read.table("testdata.txt", header=T)    # 데이터의 모습을 살리면서 읽는다.
> y                                            # 읽어온 데이터의 모양을 확인한다.
       no      name  birthday
1       5       cho      1963
2       7       kim      1968
3      12      park      1999
> y[1,]                             # 읽어온 데이터의 첫 행을 읽어온다. 데이터가 테이블 형태로 읽혔다.
  no name birthday
1  5  cho     1963
> y[,2]                             # 2열을 읽어온다. 수행해본 후 결과를 확인하자.
> str(y)                            # read.table로 읽어온 데이터의 모양이다. scan과 다른 점을 확인하라.
'data.frame':   3 obs. of  3 variables:
 $ no      : int  5 7 12
 $ name    : Factor w/ 3 levels "cho","kim","park": 1 2 3
 $ birthday: int  1963 1968 1999
>
```

csv 파일을 읽어오는 예

엑셀로 제작한 데이터를 준비한다. 데이터는 다음과 같고 이름은 'exceldata.csv'다. csv 파일은 콤마로 분리된 파일을 말하고 엑셀에서 저장할 때 문서의 타입 중 csv를 선택하면 csv 형태의 파일로 자동 저장한다.

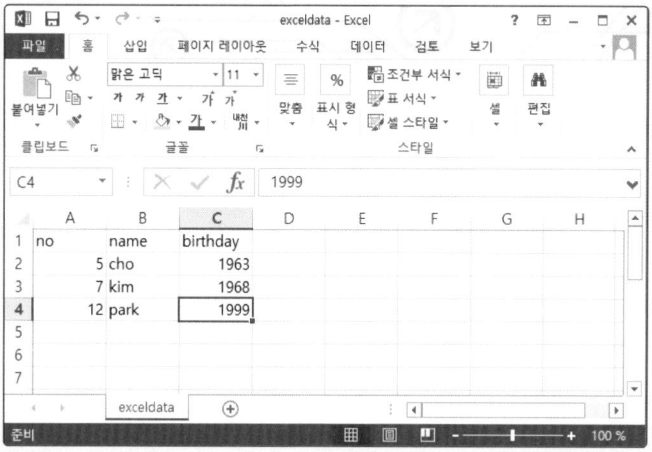


```
> excel <- read.csv("exceldata.csv")   # csv 파일을 읽어 Excel에 저장한다.
> excel                                # 읽은 데이터를 확인한다.
   no name birthday
```

```
1     5  cho     1963
2     7  kim     1968
3    12 park     1999
4    34 jung      2001
> excel[1,]                    # 데이터가 테이블 형태로 읽혔다는 것을 확인한다. 첫 번째 행(row)을 보여준다.
    no name birthday
1     5  cho     1963
> excel[,2]                                            # 두 번째 열(column)을 보여준다.
[1] cho  kim  park jung
Levels: cho jung kim park
> str(excel)                                           # Excel 데이터의 형을 보여준다.
'data.frame':   4 obs. of  3 variables:
 $ no  : int  5 7 12 34
 $ name : Factor w/ 4 levels "cho","jung","kim",..: 1 3 4 2   # cho, kim 등으로 구성
 $ birthday: int  1963 1968 1999 2001
>
> write.csv(excel, "bbb.csv")                          # 읽은 Excel 데이터를 bbb.csv에 저장한다.
> k <- read.csv("bbb.csv")                             # bbb.csv를 읽어 변수 k에 저장한다.
```

1.3 데이터 타입

1.3.1 데이터 타입

자료 형태	구성 차원	자료 유형	다른 형의 데이터 공존 여부
스칼라(Scala)	단일	수치/문자/논리	불가
벡터(Vector)	1차원	수치/문자/논리	불가
팩터(Factor)	1차원	수치/문자	불가, 범주형 데이터
행렬(Matrix)	2차원	수치/문자/논리	불가
데이터 프레임(Data Frame)	2차원(테이블형)	수치/문자/논리	가능
배열(Array)	2차원 이상	수치/문자/논리	불가
리스트(List)	2차원 이상	수치/문자/논리	가능

참고 데이터의 종류

범주형 데이터(Categorical Data): 데이터가 사전에 정해진 특정 유형으로만 분류되는 경우의 데이터

- 명목형(Nominal): 값 간의 크기 비교가 불가능한 경우(예 정치 성향을 좌, 우파로 나누는 경우)
- 순서형(Ordinal): 값에 순서를 들 수 있는 경우(예 대, 중, 소형의 방)

수치형 데이터(Numerical Data): 숫자로 돼 있는 경우의 데이터

- 이산형(Discrete): 이산적인 값을 갖는 데이터(예 한달간 사고 횟수, 연간 출산율)
- 연속형(Continuous): 연속적인 값을 갖는 데이터(예 키, 체중, 혈압 등)

R에서 일반적으로 사용하는 데이터의 타입은 벡터, 행렬, 데이터 프레임, 팩터이다

- 스칼라(Scala)형이 여러 개 모여 벡터와 팩터를 구성한다.
- 벡터(Vector)는 1차원의 형태로 여러 개 모아 구성한 데이터이다. 팩터는 벡터와 비슷하지만 주로 범주형에 적용한다.
- 행렬(Matrix)은 2차원의 동일한 타입의 데이터를 말한다.
- 데이터 프레임(Data Frame)은 2차원의 데이터이지만, 각 칼럼별로 다른 타입의 데이터를 할당할 수 있다.
- 리스트(List)는 (키, 값)의 형태로 만들어진 데이터를 말한다.

```
> head(warpbreaks)                                  # warpbreaks 데이터의 앞부분을 보여준다.
    breaks      wool    tension
1       26         A          L
2       30         A          L
3       54         A          L
4       25         A          L
5       70         A          L
6       52         A          L
> str(warpbreaks)                                   # warpbreaks 데이터의 구성을 보여준다.

'data.frame':   54 obs. of  3 variables:
 $ breaks: num  26 30 54 25 70 52 51 26 67 18 ...     # num은 숫자
 # wool은 Factor형으로, A, B로 구성된다. tension은 L, M, H로 구성된다.
 $ wool   : Factor w/ 2 levels "A","B": 1 1 1 1 1 1 1 1 1 1 ...
 $ tension: Factor w/ 3 levels "L","M","H": 1 1 1 1 1 1 1 1 1 2 ...
```

위의 예에서 breaks, wool, tension은 모두 1차원 형태의 데이터이지만, breaks는 벡터형(숫자가 여러 개 모여 있음), wool은 팩터형(A, B가 여러 개 모여 있음)이라고 한다. 당연히 tension도 팩터형이다.

1.3.2 벡터

벡터는 한 가지 종류의 데이터를 여러 개 저장한 것이며, 가장 많이 사용되는 자료형이다. R에서 사용하는 모든 자료형의 기본이 되는 것이므로 간단한 예를 통해 사용법을 배운다.
벡터 데이터를 만들 때는 c(), seq(), rep(), scan()을 이용한다.

벡터 데이터를 만드는 방법

```
> 1:10                          # sequence연산자(:)를 이용하는 방법이다. 1~10까지 연속 생성한다.
 [1] 1  2  3  4  5  6  7  8  9 10
> 1:5 + 3                       # 1~5까지 연속 생성된 것에 각각 3을 더한다.
[1] 4 5 6 7 8
> ex <- c(1:10)                 # 함수 c()를 이용하는 방법이다. 1~10까지 연속 생성한다.
> ex
 [1] 1  2  3  4  5  6  7  8  9 10
> seq(from=1, to=12, by=0.5)    # 함수 seq()를 이용하는 방법이다.
                                # 1~12까지 0.5 간격으로 연속 생성한다.
 [1] 1.0  1.5  2.0  2.5  3.0  3.5  4.0  4.5  5.0  5.5  6.0  6.5  7.0  7.5
[15] 8.0  8.5  9.0  9.5 10.0 10.5 11.0 11.5 12.0
> rep(1:3, each=3)              # 함수 rep를 이용하는 방법이다. 각각 3번씩 나온다.
[1] 1 1 1 2 2 2 3 3 3
> rep(1:3, times=2, len=7)      # 1~3이 두 번 나오는데, 길이가 7이므로 1이 한 번 더 나온다.
[1] 1 2 3 1 2 3 1
---------------------------------------------------------------
> data <- scan()                # scan 함수는 인자가 없으면 사용자 키보드에서 직접 입력받는다.
1: 12
2: 23
3: 23
4:
Read 3 items
> data
[1] 12 23 23
```

벡터 데이터의 생성 및 기본 함수의 사용

```
> x <- c(1,2,3,4,5)              # 1, 2, 3, 4, 5를 x에 할당한다.
> x
[1] 1 2 3 4 5
> y<- c(5:1)                     # 5에서 1까지의 숫자를 생성해 y에 할당한다.
> y
[1] 5 4 3 2 1
> mean(x)                        # x의 평균값을 구한다.
[1] 3
> range(x)                       # x 값의 범위를 구한다.
[1] 1 5
> sort(x, decreasing=TRUE)       # x 값을 큰 것에서 작은 것으로 정렬한 후에 출력한다.
[1] 5 4 3 2 1
> length(x)                      # x에 할당된 값은 5개다.
[1] 5
> x                              # 현재 x 값을 확인한다.
[1] 1 2 3 4 5
> x[2]                           # x의 두 번째 값을 보여준다.
```

```
[1] 2
> xx <- x[5]                        # x의 다섯 번째 값을 꺼내 xx에 할당한다.
> xx
[1] 5
```

```
> x[3] <- 8                         # 8을 x의 세 번째에 넣는다.
> x                                 # x 값을 확인한다.
[1] 1 2 8 4 5
> (x[-3])                           # x 값 중 세 번째만 빼고 나머지를 보여준다.
[1] 1 2 4 5
> xa <- x[-3]                       # x 값 중 세 번째만 빼고 나머지를 xa에 할당한다.
> xa
[1] 1 2 4 5
> x[2:4]                            # x 값 중 두 번째~네 번째의 값을 뽑아 출력한다. 다른 변수에 할당할 수 있다.
[1] 2 8 4
```

```
> x
[1] 1 2 8 4 5
> y
[1] 5 4 3 2 1
> z <- replace(x, c(2,4), c(12, 13)) # x 변수에서 두 번째를 12, 네 번째를 13으로 바꾼다.
> z
[1] 1 12  8 13  5
> w <- append(X, Y)                 # x와 y를 연결해 w에 할당한다.
> w
 [1] 1 2 8 4 5 5 4 3 2 1
```

벡터 데이터의 조작

```
> c(1,2)+c(5,4)                     # 1+5, 2+4를 수행해 결과를 보인다.
[1] 6 6
> c(1,2,3)+1                        # 1, 2, 3 각각에 1을 더한다. 결과를 다른 변수에 할당할 수 있다.
[1] 2 3 4
> x
[1] 1 2 8 4 5
> x+1                               # x에 할당된 값에 1을 더한다. 결과를 다른 변수에 할당할 수 있다.
[1] 2 3 9 5 6
```

벡터 데이터의 집합 연산

```
> x <- c(1,2,3)                     # x 데이터를 생성한다.
> y <- c(3,5,6)                     # y 데이터를 생성한다.
> union(x,y)                        # X, Y의 합집합을 생성한 후 화면에 보여준다. 다른 변수에 할당할 수 있다.
[1] 1 2 3 5 6
> intersect(x,y)                    # X, Y의 교집합을 생성한 후 화면에 보여준다.
[1] 3
> setdiff(x,y)                      # x의 y에 대한 차집합을 생성한 후 화면에 보여준다.
[1] 1 2
> is.element(2, x)                  # 2가 x의 원소인지 검사해 결과를 보여준다.
[1] TRUE
> x <- c(sort(sample(1:99, 9)))     # 1~99 사이에서 9개의 데이터를 임의로 뽑아
                                    # 정렬한 후 변수 x에 할당한다.
> x
[1] 1 13 26 42 50 51 71 94 98
```

문자로 구성된 벡터 데이터의 연산

```
> x <- c("A","B","A","D","C","F","C")        # 문자형 벡터 데이터를 생성한 후 x에 할당한다.
> x                                           # 변수 x는 다음 문자들로 구성된다.
[1] "A" "B" "A" "D" "C" "F" "C"
> unique(x)                                   # 벡터 데이터가 어떤 종류의 문자로 구성됐는지 확인한다.
[1] "A" "B" "D" "C" "F"
> match(x, c("A"))             # 벡터 x의 데이터들이 A와 같은지 하나씩 검사하고 A와 같으면 1을 보여준다.
[1] 1 NA  1 NA NA NA NA
> k <- paste(x[1], x[3])       # 벡터 x에서 첫 번째, 세 번째 문자를 뽑아 새로운 변수 k에 할당한다.
> k                                           # 변수 k는 "A A"로 생성된다.
[1] "A A"
> paste(x, collapse="%")                      # x를 구성하는 문자열을 %로 연결해 문자열을 구성한다.
[1] "A%B%A%D%C%F%C"
> paste(x, collapse='')                       # x를 구성하는 문자열을 공백 없이 연결해 문자열을 구성한다.
[1] "ABADCFC"
> m <- paste(x, collapse='')                  # 벡터 x를 구성하는 문자열을 연결해 문자열을
                                              # 구성한 후 m에 할당한다.
> m
[1] "ABADCFC"
> substring(m, 2:5)            # m 문자열에서 2~last, 3~last, 4~last, 5~last를 뽑아 출력한다.
[1] "BADCFC" "ADCFC"  "DCFC"   "CFC"
```

```
> x <- c("Jungwon", "University", "Computer", "Science", "Communication")
> x
[1] "Jungwon"      "University"    "Computer"      "Science"     "Communication"
> grep("Co", x)                               # 벡터 x에서 Co로 시작하는 것을 찾는다.
[1] 3 5                                       # 세 번째, 다섯 번째 데이터가 Co로 시작한다.
> grep('(om)',x)                              # 벡터 x에서 om을 포함한 것을 찾는다.
[1] 3 5                                       # 세 번째, 다섯 번째 데이터가 om을 포함한다.
```

논리형 데이터로 구성된 벡터의 연산

```
> x <- runif(5)                              # 0~1 사이의 난수 5개를 생성해 x에 할당한다.
> x                                          # 생성된 난수의 확인
[1] 0.49455365 0.54509177 0.08308268 0.22747986 0.12000312
> (0.4 <= x) & (x <= 0.7)                    # 생성된 x 값이 조건에 맞는지 검사한다.
[1] TRUE  TRUE FALSE FALSE FALSE             # 생성된 데이터에 대한 검사 결과
> any(x> 0.9)                                # x 값이 0.9보다 큰지 확인한다.
[1] FALSE
> all(x <0.9)                                # 모든 x 값이 0.9보다 작은지 확인한다.
[1] TRUE
> is.vector(x)                               # x 값이 벡터인지 확인한다.
[1] TRUE
> is.factor(x)                               # x 값이 팩터인지 확인한다(범주형이 아니므로 팩터형이 아니다).
[1] FALSE
> x <- rnorm(5)                              # 평균이 0인 정규분포를 하는 변수 5개를 생성해 x에 할당한다.
> x
[1] 2.0119201  0.1879744  0.7254698  0.1920224 -0.6306313
```

1.3.3 행렬

행렬 데이터는 2차원 테이블 형태의 자료로 가장 많이 사용한다. 간단한 예를 이용해 사용법을 배운다.

숫자로 구성된 행렬 데이터의 선언 및 연산

```
# 행렬 데이터를 임의로 만들어보는 과정이다.
> array1 <- c(1,2,3)                          # 벡터 데이터를 생성한다.
> array2 <- c(4,5,6)
> array3 <- c(7,8,9)
---------------------------------------------------------------
# 벡터 데이터를 모아 행렬 데이터를 구성한다.
> mat1 <- rbind(array1, array2, array3)      # 행을 기준으로 모은다.
> mat1                                        # 생성된 행렬 데이터의 모습을 확인한다.
       [,1] [,2] [,3]
array1    1    2    3                         # 행을 기준으로 한 경우다.
array2    4    5    6
array3    7    8    9
> mat2 <- cbind(array1, array2, array3)      # 열을 기준으로 모은다.
> mat2                                        # 생성된 행렬 데이터의 모습을 확인한다.
     array1 array2 array3
[1,]      1      4      7
[2,]      2      5      8
[3,]      3      6      9
---------------------------------------------------------------
# 행렬 데이터에 대한 조작의 예이다.
> apply(mat1, 1, max)                         # mat1 데이터의 행(1) 관점에서 최댓값을 뽑아라.
array1 array2 array3
     3      6      9
> apply(mat1, 2, max)                         # mat1 데이터의 열(2) 관점에서 최댓값을 뽑아라.
[1] 7 8 9
> colnames(mat1) <- c("A","B","C")            # mat1 데이터에 열 이름을 추가한다.
> mat1
       A B C
array1 1 2 3
array2 4 5 6
array3 7 8 9
---------------------------------------------------------------
> k <- c(1:9)                                 # 벡터 데이터를 선언한다.
> temp <- matrix(k, nrow=3)                   # 데이터의 0행을 3으로 분리해 행렬을 구성한다.
> temp                                        # 구성된 데이터의 모양을 확인한다.
     [,1] [,2] [,3]
[1,]    1    4    7
[2,]    2    5    8
[3,]    3    6    9
# cbind로 생성된 것과 matrix로 생성된 것이 동일하다는 것을 확인한다.
---------------------------------------------------------------
```

```
> temp*2                                    # temp 전체에 2를 곱한다.
      [,1]     [,2]     [,3]
[1,]     2        8       14
[2,]     4       10       16
[3,]     6       12       18
> temp * c(2,4,6)                           # temp의 처음 행에 2를 곱하고, 두 번째 행에 4를 곱하고
                                            # 세 번째 행에 6을 곱해 새로운 데이터를 생성한다.
      [,1]     [,2]     [,3]
[1,]     2        8       14
[2,]     8       20       32
[3,]    18       36       54
```

```
# 1~12의 12개 숫자를 갖고 열이 3개가 되도록 행렬 데이터를 구성한다.
# 이때 행, 열의 이름을 다음과 같이 설정한다.
> x <- matrix(1:12, nrow=3, dimnames=list(c("R1","R2","R3"),
c("C1","C2","C3","C4")))
> x                                         # 생성된 데이터의 모습을 확인한다.
     C1     C2     C3     C4
R1    1      4      7     10
R2    2      5      8     11
R3    3      6      9     12
> x[7]                                      # 행렬 데이터의 일곱 번째 데이터를 가져온다.
[1] 7
> x[1,]                                     # 행렬 데이터의 첫 번째 행을 가져온다.
     C1     C2     C3     C4
      1      4      7     10
> x[,2:4]                                   # 행렬 데이터의 두 번째~네 번째 열을 가져온다.
     C2     C3     C4
R1    4      7     10
R2    5      8     11
R3    6      9     12
> x[, -2                                    # 행렬 데이터에서 두 번째 열을 빼고 나머지를 가져온다.
     C1     C3     C4
R1    1      7     10
R2    2      8     11
R3    3      9     12
> parData1 <- x[1,]                         # 행렬 데이터에서 첫 번째 행을 가져와 parData1에 할당한다.
> parData1
     C1     C2     C3     C4
      1      4      7     10
> parData2 <- x[3,]                         # 행렬 데이터에서 세 번째 행을 가져와 parData2에 할당한다.
> parData2
     C1     C2     C3     C4
      3      6      9     12
# parData1, parData2를 행 기준으로 합쳐 parData를 만든다.
> parData <- rbind(parData1, parData2)
> parData                                   # 생성된 데이터를 확인한다.
         C1   C2   C3   C4
parData1  1    4    7   10
```

```
parData2   3     6     9    12
```

```
> x# 이미 생성된 행렬 데이터 x의 모습을 확인한다.
     C1    C2    C3    C4
R1    1     4     7    10
R2    2     5     8    11
R3    3     6     9    12
> mean(x[2,])                                    # 행렬 데이터 x의 두 번째 행의 평균을 구한다.
[1] 6.5
> apply(x, 1, sum)                               # 행렬 데이터 x 행의 합을 구한다.
R1 R2 R3
22 26 30
> apply(x, 1, mean)                              # 행렬 데이터 x 행의 평균을 구한다.
 R1  R2  R3
5.5 6.5 7.5                                      # (2+5+8+11)/4 = 6.5이다. 나머지도 동일하다.
> apply(x, 2, sum)                               # 행렬 데이터 x 열의 합을 구한다.
C1 C2 C3 C4
 6 15 24 33
> colSums(x)                                     # 행렬 데이터 x 열의 합을 구한다.
C1 C2 C3 C4
 6 15 24 33
> rowSums(x)                                     # 행렬 데이터 x 행의 합을 구한다.
R1 R2 R3
22 26 30
```

문자로 구성된 행렬 데이터의 선언 및 연산

```
> chars <- c("A","B","C","D","E","F","G","H","I","J") # 문자로 구성된 벡터 데이터를 생성한다.
> Cmat1 <- matrix(chars)                         # 벡터 데이터를 행렬 데이터로 변환한다.
> Cmat1
      [,1]
 [1,] "A"
 [2,] "B"
 [3,] "C"
 [4,] "D"
 [5,] "E"
 [6,] "F"
 [7,] "G"
 [8,] "H"
 [9,] "I"
[10,] "J"
> Cmat2 <- matrix(chars, nrow=5)                 # 벡터 데이터를 5행의 행렬 데이터로 변환한다.
> Cmat2
     [,1] [,2]
[1,] "A"  "F"
[2,] "B"  "G"
[3,] "C"  "H"
[4,] "D"  "I"
[5,] "E"  "J"
```

```
> Cmat3 <- matrix(chars, ncol=5)                    # 벡터형 데이터를  5행의 행렬 데이터로 변환한다.
> Cmat3
      [,1]  [,2]  [,3]  [,4]  [,5]
[1,]  "A"   "C"   "E"   "G"   "I"
[2,]  "B"   "D"   "F"   "H"   "J"
```

1.3.4 데이터 프레임

데이터 프레임은 행렬과 동일한 형태를 가진다. 다만, 열별로 다른 데이터 타입을 가질 수 있다. 간단한 예를 이용해 사용법을 배운다.

```
> no <- c(1,2,3,4)
> name <- c("Minho","Juno","Mandy","Paul")
> ages <- c(52, 45, 32, 50)
> sex <- c("M", "M","F","M")
>
> Insa <- data.frame(No=no, Name=name, Age=ages, Sex=sex) # 데이터를 생성한다.
> Insa                          # 데이터 프레임형으로 생성된 Insa 데이터의 모습을 확인한다.
     No   Name   Age   Sex
1     1  Minho    52     M
2     2   Juno    45     M
3     3  Mandy    32     F
4     4   Paul    50     M
> insa[1,]                      # R은 대소문자를 식별한다. Insa와 insa는 다르게 인식한다.
오류: 객체 'insa'를 찾을 수 없다.
> Insa[1,]                      # Insa 데이터에서 첫 번째 행을 추출한다.
     No   Name   Age   Sex
1     1  Minho    52     M
> Insa[, 2:4]                   # Insa 데이터에서 두 번째~네 번째 열을 추출한다.
    Name   Age   Sex
1  Minho    52     M
2   Juno    45     M
3  Mandy    32     F
4   Paul    50     M
> Insa [, -3]                   # Insa 데이터에서 세 번째 열을 빼고 나머지를 추출한다.
     No   Name   Sex
1     1  Minho     M
2     2   Juno     M
3     3  Mandy     F
4     4   Paul     M
>
```

1.3.5 배열

배열형의 데이터는 행렬의 차원을 2차원 이상으로 확장한 것이다. 이해하기 어려운 경우도 있지만, 머신러닝 분야를 공부할 때는 반드시 알아야 한다. 간단한 예를 이용해 사용법을 배운다.

```
# 1~24의 숫자로 2X4의 행렬을 3개 만든다.
> x <- array(1:24, dim = c(2,4,3))
> x                                     # 생성된 모습을 자세히 살펴보자.
, , 1                                   # 2x4의 첫 번째 - c(, , 1)을 의미한다.

     [,1] [,2] [,3] [,4]                # 2x4 행렬의 모습[참고: c(2, 1, 1)의 값은 2이다.]
[1,]    1    3    5    7
[2,]    2    4    6    8

, , 2                                   # 2x4의 두 번째 - c(, , 2)를 의미한다.

     [,1] [,2] [,3] [,4]
[1,]    9   11   13   15
[2,]   10   12   14   16
, , 3                                   # 2x4의 세 번째

     [,1] [,2] [,3] [,4]
[1,]   17   19   21   23
[2,]   18   20   22   24

> x[1,,]                                # 3개의 2x4 행렬에서 첫 번째 행을 뽑아오라.
     [,1] [,2] [,3]
[1,]    1    9   17
[2,]    3   11   19
[3,]    5   13   21
[4,]    7   15   23

> x[,1,]                                # 3개의 2x4 행렬에서 첫 번째 열을 뽑아오라.
     [,1] [,2] [,3]
[1,]    1    9   17
[2,]    2   10   18
> x[1,3,]                               # 3개의 2x4 행렬에서 각 행렬의 [1,3]에 있는 값을 가져오라.
[1] 5 13 21
> x[2,4,3]                              # 세 번째 행렬의 [2,4]에 있는 값을 가져오라.
[1] 24
> mean(x[1,,])                          # 3개의 2x4 행렬에서 첫 번째 열 값의 평균을 구하라.
                                        # (1+3+5+7+9+11+13+15+17+19+21+23)/12를 말한다.
[1] 12
> mean(x[,2,])                          # 3개의 2x4 행렬에서 두 번째 행을 뽑아오라.
[1] 11.5
> mean(x[1,2,])                         # (3+11+19)/3을 말한다.
[1] 11
>
```

1.3.6 리스트 데이터의 처리

리스트형의 데이터는 많이 사용되지 않지만, 특수한 경우에 사용되므로 간단하게 정리한다.

```
> ListData2 <- c("Minho", c(12,23,34))   # 리스트형을 만들 때 배열을 사용한 예이다.
> ListData2                              # 만들어진 리스트형 데이터의 모습을 확인한다.
[1] "Minho" "12"   "23"   "34"
> ListData2[2]                           # 데이터의 두 번째 데이터를 추출하라.
[1] "12"
> ListData2[3]
[1] "23"
------------------------------------------------------------
# 리스트형 데이터는 (키, 값)의 형태로 구성되므로 일반적으로 다음과 같이 생성한다.
> ListData3 <- list(name="Minho", age=56, sex="Male")       # 리스트형 데이터 생성
> ListData3
$name
[1] "Minho"

$age
[1] 56

$sex
[1] "Male"
------------------------------------------------------------
> ListData3$name                         # 리스트형 데이터의 name에 해당하는 값을 추출하라.
[1] "Minho"
> ListData3[[1]]                         # 리스트형 데이터의 첫 번째 배열의 원소를 추출하라. 위와 동일
[1] "Minho"
> ListData3[1]                           # 리스트형 데이터의 첫 번째 원소의 정보를 보여라.
$name                                    # name 항목이다.
[1] "Minho"                              # 값은 Minho다.
```

1.4 프로그래밍 기능

1.4.1 개요

R의 프로그래밍은 R에서 제공하는 명령어를 분석의 목적에 맞춰 순차적으로 수행해야 하는 경우에 사용하는 기능이다. 단위 작업을 반복 실행하고자 하는 경우에 유용하게 사용할 수 있는 기능이다. 실제로 R에서 제공하는 명령어 중 많은 경우가 R의 프로그래밍 기능을 사용해 제작됐다. 프로그래밍을 위해 제공되는 기능은 다음과 같다.

- 단위 작업을 분리하는 함수 기능
- 조건과 반복 기능

• 사용자 입력받기 및 메뉴를 통한 분기 기능
• 기타 연산자와 인덱스를 포함한 부가 기능

1장의 내용만으로도 멋진 프로그램을 제작할 수 있다. 독자들이 좀 더 멋진 프로그래밍을 구현하고자 한다면 소스를 제공하는 R의 명령어 소스를 참고하면 된다. 대부분의 프로그램 공부는 다른 사람이 제작한 것을 모방하는 것에서 시작한다. 이 점은 R도 마찬가지다(예 R에서 현재 사용 중인 변수의 목록을 보려면 ls( )를 사용한다. 프로그래밍 공부를 위해 ls의 소스를 참고할 수 있다).

```
> ls() # ls의 수행
 [1] "a"                 "a_list"            "ages"
"AirPassengers"
> ls          # ls의 소스를 보여준다. R 프로그래밍 기법에 따라 작성한 것이다.
function (name, pos = -1L, envir = as.environment(pos), all.names = FALSE,
    pattern, sorted = TRUE)
{
    if (!missing(name)) {
        pos <- tryCatch(name, error = function(e) e)
        if (inherits(pos, "error")) {
            name <- substitute(name)
            if (!is.character(name))
                name <- deparse(name)
            warning(gettextf("%s converted to character string",
                sQuote(name)), domain = NA)
            pos <- name
        }
    }
    all.names <- .Internal(ls(envir, all.names, sorted))
    if (!missing(pattern)) {
        if ((ll <- length(grep("[", pattern, fixed = TRUE))) &&
            ll != length(grep("]", pattern, fixed = TRUE))) {
            if (pattern == "[") {
                pattern <- "\\["
                warning("replaced regular expression pattern '[' by  '\\\\['")
            }
            else if (length(grep("[^\\\\]\\[<-", pattern))) {
                pattern <- sub("\\[<-", "\\\\\\[<-", pattern)
                warning("replaced '[<-' by '\\\\[<-' in regular expression
pattern")
            }
        }
        grep(pattern, all.names, value = TRUE)
    }
    else all.names
}
<bytecode: 0x000000001a3c1e70>
<environment: namespace:base>
>
```

이제 마법과 같은 ls의 소스를 읽을 수 있도록 R 프로그래밍을 시작한다.

1.4.2 함수의 선언과 사용

함수를 선언하고 사용하는 방법을 실습해보자.

```
> rm(list=ls())                 # 현재 사용하는 R의 변수를 모두 지운다.
> ls()                          # 사용 중인 변수가 없다는 것을 확인한다.
character(0)
>
> Function1 <- function() {     # 함수 Function1을 선언한다. 넘겨주는 변수는 없다.
+    x <- 10
+    y <- 20
+    result <- x+y
+    return(result)             # 함수가 result를 돌려준다.
+ }
> Function1()                   # 위에서 선언한 함수를 사용한다.
[1] 30
>
>
# 매번 함수를 위와 같이 입력하는 것은 조금 문제가 있다. 그래서 사용할 함수를 R의
# [파일(File)]-[새 스크립트(New Script)] 메뉴를 이용해 별도의 창을 열고 여기에 입력한 후에
# 마우스의 위치가 입력한 창에 있는 상태에서 [편집]-[전부 실행하기]를 클릭하면 다음과 같이
# 입력된 내용이 자동으로 실행된다.
# 만약 MDI를 사용하지 않은 경우라면, 스크립트 윈도우에서 편집(Edit) - 전체 선택(Select All)
# - 선택 실행(Run Line or Selection)을 선택해서 진행한다. 아래의 예는 MDI를 사용하지 않았다.
```

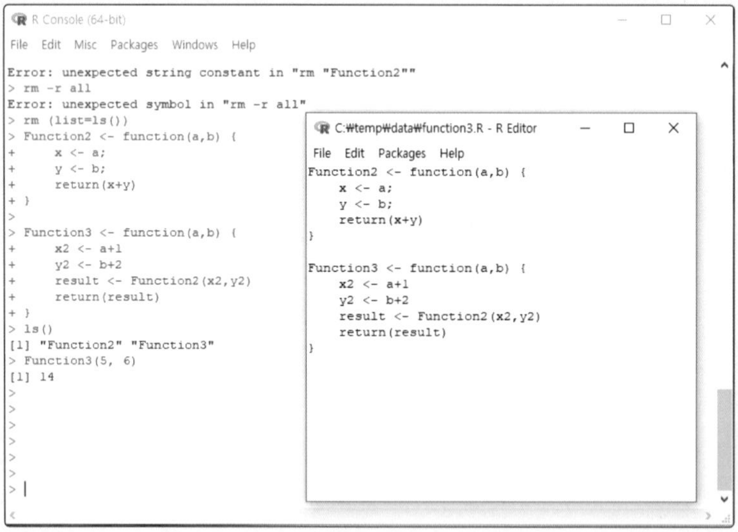


```
# 자동으로 실행되는 부분
> Function2 <- function(a,b) {
+    x <- a;
+    y <- b;
+    return(x+y)
+ }
```

```
>
> Function3 <- function(a,b) {
+    x2 <- a+1
+    y2 <- b+2
+    result <- Function2(x2,y2)
+    return(result)
+ }

# Funcion2, Function3에 대한 자동 실행(선언하는 작업)이 완료됐다.
>
> Function3(5,6) # 자동 실행으로 선언된 Function3을 사용한다.
[1] 14
```

```
# Function2는 인수를 넘겨주고 결과를 받는 함수이고 Functon3은 함수 내에서 함수를
# 불러(Function2) 사용하는 예를 보여준다.
> ls()          # 현재 시스템의 변수를 확인한다. 함수 내에서 사용한 변수가 없다는 것을 확인한다.
[1] "Function1" "Function2" "Function3"
>
> Function4 <- function() {                  # 새로운 함수를 선언한다.
+    aaa <- 10                               # 함수 내 변수 aaa를 선언한다.
+    bbb <- 20                               # 함수 내 변수 bbb를 선언한다.
+    kkk <<- aaa                             # 전역변수 kkk를 선언하고 aaa로 초기화한다.
+    mm <- bbb
+    return(mm)
+ }
> ls()                                       # 현재 시스템에 선언된 변수의 리스트를 확인한다.
[1] "arrau3"    "array1"    "array2"    "array3"    "Function4" "k"
[7] "mat2"      "temp"
> Function4()                                # 반환값을 확인한다.
[1] 20
# 함수가 수행이 종료되면 aaa, bbb, mm이 없어진다. kkk는 전역변수이므로 존재한다.
> ls()
[1] "arrau3"    "array1"    "array2"    "array3"    "Function4" "k"
[7] "kkk"       "mat2"      "temp"
>
# 함수의 사용에서 전역변수의 의미를 아는 것은 함수를 효과적으로 활용하고자 할 때
# 중요하다. 위의 예를 통해 전역변수의 선언 및 할당, 활용에 대해 이해하기
# 바란다.
```

1.4.3 함수의 저장 및 활용

선언된 함수를 저장한 후에 나중에 다시 사용하는 방법을 알아보자. 당연히 작업할 디렉터리를 설정하는 과정은 수행해야 한다(setwd).

```
> ls()                        # 현재 사용 중인 변수를 확인한다. 앞 페이지의 내용과 연결된다.
[1] "Function1" "Function2" "Function3" "Function4" "x"

# 위 4개의 변수(함수와 변수를 통칭함)를 별도의 파일에 저장한다.
# 파일의 저장 위치는 setwd를 이용해 설정할 수 있다.
> save(Function1, Function2, Function3, x, file="myFile.Rdata")
> rm(list=ls())               # 모든 변수를 지운다.
> ls()
character(0)
> Function1()                 # 모든 변수와 함수가 지워져 오류가 난다.
Error in Function1(): 함수 "Function1"을 찾을 수 없다.
>
> load("myFile.Rdata")        # 파일로부터 저장된 것을 읽어온다.
> ls()                        # 읽어온 것을 확인한다.
[1] "Function1" "Function2" "Function3" "x"
> Function1()                 # 함수가 정상적으로 작동한다는 것을 확인한다.
[1] 30
>
```

1.4.4 조건문

조건문은 if와 switch다. 간단한 예를 통해 조건문의 사용법을 확인한다. 조건문은 배치 파일에 넣어 사용할 수 있다. 기본 형태는 다음과 같다.

- if(조건) 명령문
- if(조건) 명령문 1 else 명령문 2
- ifelse(조건, 명령문 1, 명령문 2)
- switch(기준, 조건 1, 명령문 1, 조건 2, 명령문 2...)

```
> x <- runif(1)               # 0~1 사이의 난수 1개를 생성해 x에 할당한다.
> x
[1] 0.1152103
-------------------------------------------------------------------
# if문의 사용 예
> if(x> 0) print (abs(x))     # x 값이 0보다 크면 abs(x)를 출력한다.
[1] 0.1152103
> if (x <0) {                 # x 값에 따라 다른 결과를 내는 if~else문이다.
+    print(x)
+    print(" x is negattive ")
+    print(abs(x))
+ } else {                    # x 값이 0보다 크면
+    print(x)
+    print(" x is positive ")
```

```
+    print(x)
+ }
[1] 0.1152103                   # 선언된 if문의 수행 결과다.
[1] " x is positive "
[1] 0.1152103
------------------------------------------------------------
# if문을 축약해 사용하는 예
> if (x <0.5) print(1-x) else print(x)
[1] 0.8847897
> ifelse (x <0.5, 1-x, x)       # 위와 동일한 효과
[1] 0.8847897
>
------------------------------------------------------------
> data <- c(1:10)
> data
 [1] 1  2  3  4  5  6  7  8  9 10

# switch문의 사용 예
> switch(data[3],               # data[3]의 값, 즉 3이 입력되는 경우에 대한 분기의 기능을 제공한다.
+    "1" = print("one"),
+    "2" = print("two"),
+    "3" = print("three"),
+    print("NOT")
+)
[1] "three"                     # switch문의 수행 결과다.
>
```

1.4.5 반복문

반복 기능은 for, while, repeat다. 간단한 예를 이용해 반복문의 사용법을 확인한다. 반복문은 배치 파일에 넣어 사용할 수 있다. 기본 형태는 다음과 같다.

- for문
- while문
- repeat문

```
> sum <- 0
# for문의 사용 예. 1, 2, 3, ..., 10을 차례대로 넣고 이 값을 모두 더한다.
> for (i in seq(1, 10, by=1)) sum <- sum+i
> sum
[1] 55
------------------------------------------------------------
# 중첩된 for문의 사용 예
# 1*1, 1*2, 1*3, 1*4, 1*5, 2*1, 2*2, ..., 5*5의 값을 모두 더한다.
> multi <- 0
> for (i in 1:5) {     # 중첩된 for문의 사용 예
+   for (j in 1:5) {
+      multi <- multi + i*j
+   }
+ }
> multi
[1] 225
------------------------------------------------------------
```

```
# while문의 사용 예. 앞의 for문과 동일한 기능을 수행한다.
> sum <- 0
> i <- 0
> while (i <= 10) {
+    sum <- sum +i
+    i <- i+1
+ }
> sum
[1] 55
```

```
# repeat문의 사용 예. 앞의 for문, while문과 동일한 기능을 수행한다.
> sum <- 0
> i <- 0
> repeat {
+    sum <- sum +i;
+    i <- i+1
+    if(i>10) break
+ }
> sum
[1] 55

>
```

참고 R 프로그래밍에 사용하는 연산자와 기호 정리

연산자	기능	연산자	기능
−	뺄셈	+	덧셈
!	부정	~	=
?	도움말	:	공차 1의 등차수열
*	곱셈	/	나눗셈
^	거듭제곱	%%	나머지
%/%	정수 나눗셈	%*%	행렬곱
%0%	외적	%x%	크로네커곱
==	같다.	!=	같지 않다.
〉=	크거나 같다(이상).	〉	크다.
〈=	작거나 같다(이하).	〈	작다(미만).
&, &&	그리고	|, ||	또는
〈-	대입	〈〈-	영속 대입

기호	기능
x[i]	i 번째 요소에 접근한다.
x[(i)]	i 번째 리스트의 요소에 접근한다.
x$a	x에서 a를 추출한다.
x[i,j]	i 행 j 열의 요소에 접근한다.
x$"a"	x에서 a를 추출한다.

위의 연산자와 기호는 많이 사용된다. 그러므로 지금까지 공부한 예를 참고하면서 연산자와 기호의 의미를 이해해야 한다. 앞으로 진행하면서 자연스럽게 이해하게 될 것이다.

1.4.6 사용자 입력받기

R 프로그래밍을 수행하면서 프로그램의 수행 도중 사용자의 입력을 받아 작업을 수행하는 경우가 많다. 이런 경우에 어떻게 프로그래밍하는지 예를 들어 살펴보자.

```
# 함수를 선언한다. 함수는 사용자로부터 입력받으면 그것이 무엇인지 알려준다.
> UserInput <- function() {
+    answer <- readline("Input Data: ")        # 입력 메시지를 보여주고 입력받는다.
+    if (substr(answer, 1, 1) == "n")          # 입력값에 따라 결과를 분리한다.
+        cat(" Your Input is N \n")
+    else
+        cat(" Your Input is Y \n")
+ }
> UserInput()                                  # 선언된 함수의 사용
Input Data: y
 Your Input is Y
----------------------------------------------------------------------
# 이번에는 함수에 특정 값을 넘기고 값에 대한 연산 방법을 나중에 입력하는 방식을
# 예제를 이용해 학습한다.
> UserInput2 <- function(a, b) {              # 함수를 수행할 때 a, b 값을 제공한다.
+    answer <- readline("Calculate method: ") # 어떤 연산을 수행할지 입력받는다.
+    m <- substr(answer,1,1)                  # 입력받는 연산 기호가 무엇인지 식별한다.
+
+    switch(m,                                # 입력받은 연산 기호에 따라 연산을 수행하고 결과를 보인다.
+       "*" = cat('Result: ',a*b,'\n'),
+       "/" = cat('Result: ',a/b,'\n'),
+       "+" = cat('Result: ',a+b,'\n'),
+       "-" = cat('Result: ',a-b,'\n'),
+       print("Not proper Calculate method") # 연산 기호가 아니면 메시지를 출력한다.
+  )
+ }
> UserInput2(2,3)                             # 위 함수를 사용한다.
Calculate method: +                           # 사용할 연산 기호를 입력한다.
Result:  5
> UserInput2(2,3)
Calculate method: *
Result:  6
----------------------------------------------------
# 이번에는 입력을 받은 데이터에 조작을 가한 후 결과를 변수에 넣는 방법을 알아본다.
> UserInput3 <- function() {
+    x <- readline("Input Data: ")            # 입력을 받는다. 입력이 x에 저장된다.
+    unlist(strsplit(x, " "))                 # x에 저장된 값을 공백을 기준으로 나눠 리스트화한다.
+ }
> y <- UserInput3()                           # 함수의 결과를 y 변수에 넣는다.
```

```
Input Data: a bcd ef ghi minho
> y
[1] "a"    "bcd"  "ef"   "ghi"   "minho"
>
```

앞의 함수들은 직접 입력해도 되고 [파일]- [새 스크립트]를 클릭해 입력한 후 마우스 커서가 스크립트에 있는 상태에서 [편집]-[전부 실행하기]를 클릭해 수행해도 된다.

1.4.7 메뉴 사용

R로 프로그램을 작성하면서 메뉴를 사용하는 경우는 많지 않지만, 간단한 메뉴를 사용해야 하는 경우 예제를 이용해 설명한다.

```
# 다음 함수는 수행되면 메뉴를 보여주고 사용자의 입력을 받는 기능을 한다.
> UserMenu <- function( ) {
+    answer <- menu(c("Incheon", "Seoul", "Busan"))         # 메뉴를 보여준다.
+    if(answer == 1) {
+        cat("Your Input is Incheon \n")                    # 입력값(메뉴 선택)에 따른 동작
+    } else if (answer == 2) {
+        cat("Your Input is Seoul \n")
+    } else if (answer == 3) {
+        cat("Your Input is Busan \n")
+    }
+ }
> UserMenu( )

1: Incheon
2: Seoul
3: Busan

선택: 2
Your Input is Seoul
>
# 프로그램 실행 도중 사용자가 입력한 값이 사전에 정의된 변수라면 그것의 영향을 받는다.
> k <- c("Incheon","Seoul","Busan")                         # 변수 선언
> p <- get(readline( ))       # 프로그램 실행 중 입력을 받는다. 받은 입력을 p에 할당한다.
k                             # 사용자가 입력으로 k를 넣는다.
> p                           # p에 k가 할당되는데, 이때 k는 위에 설정된 값이 있으므로 그것이 할당된다.
[1] "Incheon" "Seoul"   "Busan"
>
```

1.4.8 정규식 사용

다른 사람이 작성한 프로그램 소스를 읽기 위해서는 정규식에 대한 이해가 필요하다. 여기서는 예제를 이용해 정규식을 설명한다.

```
# 정규식을 설명하기 위한 샘플을 준비한다.
> Data <- c("Game","GAME", "game", "gAME", "Tetris1", "game", "tetris5")
>
> grep("game", Data)                         # Data에서 game이라는 단어의 위치를 찾아라.
[1] 3 6

# Data에서 game이라는 단어의 위치를 찾고 내용을 보여라.
> grep("game", Data, value=TRUE)
[1] "game" "game"

# ^는 첫 문자, +는 1회 이상의 의미이므로 첫 문자가 g이고 이후에 다른 문자
# 가 이어지는 문자를 찾아 화면에 보여주라는 뜻
> grep("^g+", Data, value=TRUE)
[1] "game" "gAME" "game"
> grep("G+", Data, value=TRUE)               # G로 시작하고 이후에 다른 문자가 이어지는 문자 찾기
[1] "Game" "GAME"
# $는 마지막 글자의 의미이므로 ME로 끝나는 문자를 찾으라는 의미
> grep("ME$", Data, value=TRUE)
[1] "GAME" "gAME"

> grep("[2-5]", Data, value=TRUE)            # 2, 3, 4, 5를 포함한 문자열을 찾으라는 의미
[1] "tetris5"

> grep("[[:digit:]]", Data, value=TRUE)      # 숫자가 포함된 문자열을 찾으라는 의미
[1] "Tetris1" "tetris5"

> grep("[[:upper:]]", Data, value=TRUE)      # 대문자가 포함된 문자열을 찾으라는 의미
[1] "Game"    "GAME"    "gAME"    "Tetris1"
```

```
> x <- "abcd efgh"
> nchar(x)                                   # 문자열의 문자 수를 얻는다.
[1] 9
> y <- "xyz"
> paste(x,y)                                 # 2개의 문자열을 합친다.
[1] "abcd efgh xyz"
> substr(x, 6,8)                             # x 문자열에서 여섯 번째~여덟 번째 문자를 뽑는다.
[1] "efg"
> strsplit(x, split="c")                     # x 문자열을 c를 기준으로 2개로 나눈다.
[[1]]
[1] "ab"    "d efgh"
>
```

R 프로그래밍에서 사용하는 정규식을 위한 기호의 사용은 위의 경우 외에도 여러 가지가 있다. 정규식을 표현하기 위한 문법은 다음 표에 정리했다.
다만, 정규식을 직접 만드는 경우는 많지 않고 다른 사람이 만든 것을 이해한 후 이를 변형해 내가 필요한 정규식을 만드는 것이 일반적이다. 따라서 현단계에서는 이 책에서 제공한 것만 이해하면 충분하다. 향후 여러 가지 형태의 정규식을 보게 될 것이다.

R에서 정규식을 위해 사용되는 기호

사용법	설명	사용법	설명
\\d	모든 숫자(아래 참조)	\\D	숫자가 아닌 것
\\s	공백(아래 참조)	\\S	공백이 아닌 것
\\w	단어	\\W	단어가 아닌 것
\\t	Tab	\\n	New Line
^	시작되는 글자(앞 페이지)	$	마지막 글자(앞 페이지)
*	모든 문자	[0–9]	모든 숫자
[ab]	a 또는 b	[^ab]	ab를 제외한 모든 문자
[A–Z]	영어 대문자	[a–z]	영어 소문자
i+	i가 1회 이상	i*	i가 0회 이상
i?	i가 0 또는 1회	i{n1,n2}	i가 n1에서 n2회 출현
i{n}	i가 1회 이상	i{n,}	i가 1회 이상
[:alnum:]	문자와 숫자가 나옴.	[:alpha:]	문자가 나옴.
[:blank:]	공백이 나옴.	[:cntrl:]	제어 문자가 나옴.
[:upper:]	대문자가 나옴.	[:lower:]	소문자가 나옴.

연습 1 위 표를 참고해 다음 경우에 대한 결과를 확인해보자(위의 표에서는 \ 표시가 원을 나타내는 기호로 표현됐다).

```
> grep("\\d", c("Game","GAME","game","gAME","Tetris1","game","tetris5"), value=TRUE)

[1] "Tetris1" "tetris5"

> x              # x 값을 확인한다.
[1] "abcd efgh"

> strsplit(x, split="\\s")
[[1]]
[1] "abcd" "efgh"
```

1.4.9 프로그램 종합 예제

지금까지 R에서 제공하는 프로그래밍 기능을 설명했다. 독자가 초보자라 생각하고 간단하고 명확하게 설명했다. 하지만 복잡한 프로그램도 결국은 간단한 것들이 모여 만들어진 것이다. 앞에서 설명한 내용을 잘 숙지한다면 업무에 필요한 프로그램은 대부분 제작할 수 있을 것이다. 다음 종합 예제를 복습하는 기분으로 자세히 살펴보면 도움이 될 것이다.

[예제 프로그램]은 3개의 파일로 구성돼 있다. MDI로 기동하여 수행한 것이다.

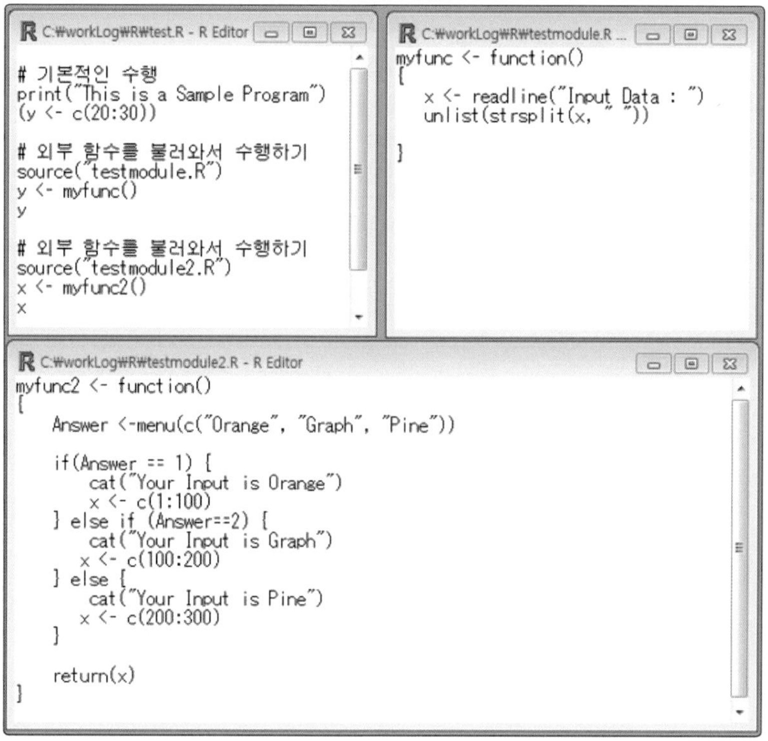

프로그램 수행 순서는 다음과 같다.

- testmodule, testmodule2 파일을 만들어 저장한다.
- 왼쪽 위의 프로그램을 배치 수행하거나 R 콘솔에서 하나씩 실행한다.
- 진행하면서 다른 프로그램(testmodule.R)을 불러와 수행한다.
- 진행하면서 다른 프로그램(testmodule2.R)을 불러와 수행한다.
- 프로그램을 종료한다.

실제로 수행해보고 그 결과를 확인해보자. 앞에서 배웠던 내용을 복습할 수 있는 좋은 기회이자, R 프로그램이 어떻게 활용되는지 느낄 수 있는 계기가 될 것이다.

1.5 데이터 조작 관련 명령어 정리

R에서 기본적으로 제공하는 기능 중 데이터의 조작에 관련된 것을 정리한다. 별도의 설치가 필요한 명령어는 2장에서 설명하고 1장에서는 별도의 설치가 필요 없는 명령어를 설명한다. 특별한 경우가 아니라면 이번에 다루는 명령어만으로도 좋은 결과를 얻을 수 있다. 데이터 분석가라면 당연히 잘 다뤄야 하고 익숙해져야 할 내용이다.

1.5.1 rbind, cbind 명령어와 행렬 데이터 사용

```
> x <- c(1,2,3)                # 벡터형 데이터를 만들어 x에 할당한다.
> y <- c(4,5,6)                # 벡터형 데이터를 만들어 y에 할당한다.
>
> z <- rbind(x,y)              # 벡터형 데이터 X, Y를 행을 기준으로 합쳐 행렬 z를 만든다.
> z                            # 행렬 z가 벡터 X, Y를 행을 기준으로 합쳐 만들어졌다는 것을 확인한다.
  [,1] [,2] [,3]
x    1    2    3
y    4    5    6
---------------------------------------------------------------
> zz <- cbind(x,y)             # 벡터형 데이터 X, Y를 열을 기준으로 합쳐 행렬 z를
                               # 만든다. 명령어가 'cbind'라는 점을 기억한다.
> zz                           # 행렬 zz가 벡터 X, Y를 행을 기준으로 합쳐 만들어졌음을 확인한다.
   x y
[1,] 1 4
[2,] 2 5
[3,] 3 6
---------------------------------------------------------------
> z[1,]                        # 행렬 데이터를 다루는 명령이다. z의 첫 번째 행을 보여준다.
[1] 1 2 3
> z[,2]                        # z의 두 번째 열을 보여준다.
x y
2 5
> z[2,3]                       # z의 두 번째 행, 세 번째 열에 있는 값을 보여준다.
y
6
> z[-1,]                       # z에서 첫 번째 열을 빼고 나머지를 보여준다.
[1] 4 5 6
> z[,-2]                       # z에서 두 번째 행을 빼고 나머지를 보여준다.
  [,1] [,2]
x    1    3
y    4    6
> temp <- z[2,3]               # z에서 두 번째 열, 세 번째 행의 값을 가져와 temp에 저장한다.
> temp
y
6
---------------------------------------------------------------
```

```
> z+2                             # 행렬 z에 2를 더한다. z를 구성하는 전체 데이터에 2가 더해진다.
  [,1] [ ,2] [,3]
x    3    4    5
y    6    7    8
> 2*z +3                          # 답을 예측해보자!
  [,1] [,2] [,3]
x    5    7    9
y   11   13   15
```

```
> a <- c(10,11,12)
> b <- c(13,14,15)
> ab <- rbind(a,b)                # 새로운 행렬 ab를 정의했다.
> z                               # 데이터의 모습을 확인한다.
  [,1] [,2] [,3]
x    1    2    3
y    4    5    6
> ab                              # 데이터의 모습을 확인한다.
  [,1] [,2] [,3]
a   10   11   12
b   13   14   15
> z + ab                          # 두 행렬 데이터의 연산 예이다.
  [,1] [,2] [,3]
x   11   13   15
y   17   19   21
> ab - z                          # 두 행렬 데이터의 연산 예이다. 다른 연산도 동일하게 적용된다.
                                  # 단, 연산이 적용되려면 두 행렬의 모양이 같아야 한다.
  [,1] [,2] [,3]
a    9    9    9
b    9    9    9
>
```

1.5.2 apply 계열 함수 사용

apply 계열의 함수는 데이터의 조작을 수행하는 데 편리함을 제공한다. R에서 제공하는 apply 계열 함수를 표로 요약했다.

함수	설명	특징
apply()	배열 또는 행렬에 주어진 함수를 적용한 후 그 결과를 벡터, 배열, 리스트로 반환	배열 또는 행렬에 적용
lapply()	벡터, 리스트, 표현식에 함수를 적용해 그 결과를 리스트로 반환	결과가 리스트
sapply()	lapply와 비슷하지만, 결과를 벡터, 행렬, 배열로 반환	결과가 벡터, 행렬, 배열
tapply()	벡터에 있는 데이터를 특정 기준으로 묶은 후 각 그룹마다 주어진 함수를 적용하고 그 결과를 반환	데이터를 그룹으로 묶은 후 함수를 적용
mapply()	sapply의 확장된 버전으로, 여러 개의 벡터 또는 리스트를 인자로 받아 함수에 각 데이터의 첫째 요소들을 적용한 결과, 둘째 요소를 적용한 결과, 셋째 요소를 적용한 결과 등을 반환	여러 데이터를 함수의 인자로 적용

apply 계열 함수 중 가장 많이 사용하는 apply 함수를 중심으로 설명한다. 나머지 함수도 중요하기는 하지만, 현단계에서는 사용할 경우가 거의 없을 것이다. 혹시 사용할 필요성을 느끼게 되면 이번에 설명한 내용을 바탕으로 빠르게 배울 수 있다(독자를 위해 간단한 예를 제시했다).

```
> sample <-  matrix(1:20, ncol=5) # 테스트를 위해 행렬 데이터 sample을 만든다.
                                  # 벡터를 bind해도 되고 matrix를 써도 된다.
> sample                          # 데이터의 모습을 확인한다. matrix(1:20, nrow=5)의 결과는?
     [,1]  [,2]  [,3]  [,4]  [,5]
[1,]    1     5     9    13    17
[2,]    2     6    10    14    18
[3,]    3     7    11    15    19
[4,]    4     8    12    16    20
> apply(sample, 1, sum)           # 데이터(sample)의 합 행을 기준으로 구한다.
                                  # (1이 행을 의미)
[1] 45 50 55 60                   # 45는 1+5+9+13+17의 합이다.
> apply(sample, 2, sum)           # 데이터(sample)의 합을 열을 기준으로 구한다.
[1] 10 26 42 58 74                # 10은 1+2+3+4의 합이다.
> apply(sample, 1, mean)          # 데이터(sample)의 평균을 행을 기준으로 구한다.
[1] 9 10 11 12
> apply(sample, 1, max)           # 데이터(sample)의 최댓값을 행을 기준으로 구한다.
[1] 17 18 19 20
> rowSums(sample)                 # 데이터(sample)의 행의 합을 구한다.
[1] 45 50 55 60
> colSums(sample)                 # 데이터(sample)의 열의 합을 구한다.
[1] 10 26 42 58 74
------------------------------------------------------------------
# apply의 최대 강점은 함수와 연계해 사용할 수 있다는 것이다. apply는 계산된 결과를 # 함수에 자동으로
넘겨 함수가 별도의 조작을 하도록 만들 수 있다.

# 다음 함수는 t를 넘겨받고 최댓값을 구한 후 여기에 2를 곱해 돌려준다.
> appfunction <- function(t) {
+    max(t) * 2
+ }

# 데이터(sample)에서 행을 뽑아 함수 appfunction에 넘긴다. 함수는 넘어온 행의 값
# 중 가장 큰 값을 골라 2을 곱한 후에 반환한다.
> apply(sample, 1, appfunction)
[1] 34 36 38 40                   # 34는 1열의 최댓값인 17*2의 값이다.
                                  # 36은 2열의 최댓값인 18*2의 값이다. 나머지는 동일하다.
```

apply는 데이터를 조작할 때 많이 사용하는 명령어다. 특히, apply의 마지막 파라미터에 함수를 줄 수 있어서 유용하다. 3차원 데이터인 array 등에도 적용할 수 있는데, 많이 사용되지는 않으므로 여기에서는 설명하지 않는다.

연습 2 sapply, mapply에 대한 간단한 예제

```
> test1 <- c(1,2,3)             # 예제 데이터 만들기
> test2 <- c(4,5,6,7,8,9)

> test <- list(test1, test2)
> test
[[1]]
[1] 1 2 3

[[2]]
[1] 4 5 6 7 8 9

> sapply(test,sum)              # 리스트형의 자료를 받아 sum 함수를 계산하고 벡터형으로 반환
[1] 6 39
>
> mapply(sum, test1, test2)     # 2개의 벡터를 받아 sum 함수로 계산하고 벡터로 반환
[1] 5  7  9  8 10 12            # 1+4=5, 2+5=7, 3+6=9, 1+7=8 ...
```

1.5.3 summary, order, sample 명령어 사용

```
> head(iris)                    # 사용할 데이터인 iris의 모양을 확인한다.
  Sepal.Length  Sepal.Width Petal.Length  Petal.Width    Species
1          5.1          3.5          1.4          0.2     setosa
2          4.9          3.0          1.4          0.2     setosa
3          4.7          3.2          1.3          0.2     setosa
4          4.6          3.1          1.5          0.2     setosa
5          5.0          3.6          1.4          0.2     setosa
6          5.4          3.9          1.7          0.4     setosa

> summary(iris)                 # iris 데이터를 구성하는 행의 통계 정보를 요약해 보여준다.
Sepal.Length      Sepal.Width       Petal.Length      Petal.Width       Species
Min.: 4.300       Min.: 2.000       Min.: 1.000       Min.: 0.100       setosa: 50
1st Qu.: 5.100    1st Qu.: 2.800    1st Qu.: 1.600    1st Qu.: 0.300    versicolor: 50
Median: 5.800     Median: 3.000     Median: 4.350     Median: 1.300     virginica: 50
Mean: 5.843       Mean: 3.057       Mean: 3.758       Mean: 1.199
3rd Qu.: 6.400    3rd Qu.: 3.300    3rd Qu.: 5.100    3rd Qu.: 1.800
Max.: 7.900       Max.: 4.400       Max.: 6.900       Max.: 2.500
------------------------------------------------------------------------
> order(iris$Sepal.Width)       # iris 데이터를 Sepal.Width를 기준으로 정렬했을 때
                                # 열의 번호를 보여준다.
   [1]  61  63  69 120  42  54  88  94  58  81  82  70  73  90  99 107 ....
  [30] 102 112 124 143  55  56  72  74  77 100 115 122 123 127 129 ....
  [59]  13  14  26  39  46  62  67  76  78  85  89  92  96 103 ....
  [88]  53  66  87 138 140 141 142   3  30  36  43  48  51  52  71 ....
 [117]  21  25  27  29  32  40  86 137 149   1  18  28  37  41  44 ....
 [146]  17  15  33  34  16 ....
------------------------------------------------------------------------
```

```
> print (iris[60:65,])          # 앞의 결과를 확인하기 위해 iris 데이터 중 60~65를 출력한다.
 Sepal.Length  Sepal.Width Petal.Length  Petal.Width     Species
60        5.2          2.7          3.9          1.4  versicolor
61        5.0          2.0          3.5          1.0  versicolor       #61이 2로 작다.
62        5.9          3.0          4.2          1.5  versicolor
63        6.0          2.2          4.0          1.0  versicolor       #63이 2.2로 작다.
64        6.1          2.9          4.7          1.4  versicolor
65        5.6          2.9          3.6          1.3  versicolor
>

# 앞의 명령어 'order(iris$Sepal.Width)'는 정렬된 열의 순서를 보여준다.
# 이번에는 정렬된 데이터를 확인하는 방법을 설명한다.
> temp <- iris[order(iris$Sepal.Width),] # 데이터를 정렬하고 temp에 저장한다.
> head(temp)                             # 저장된 내용의 앞부분을 보여준다. 위의 print와 비교해볼 것
 Sepal.Length  Sepal.Width Petal.Length  Petal.Width     Species
61        5.0          2.0          3.5          1.0  versicolor
63        6.0          2.2          4.0          1.0  versicolor
69        6.2          2.2          4.5          1.5  versicolor
120       6.0          2.2          5.0          1.5   virginica
42        4.5          2.3          1.3          0.3      setosa
54        5.5          2.3          4.0          1.3  versicolor
>
# 정렬할 때 한 가지가 아닌 여러 가지를 기준으로 정렬할 수 있다.
# Sepal.Width로 정렬하고 이것이 같다면 Sepal.Length를 적용하는 경우는 다음과 같다.
> temp2 <- iris[order(iris$Sepal.Width, iris$Sepal.Length),]
> head(temp2)
Sepal.LengthSepal.  Width Petal.Length  Petal.Width     Species
61        5.0          2.0          3.5          1.0  versicolor
63        6.0          2.2          4.0          1.0  versicolor
120       6.0          2.2          5.0          1.5   virginica
69        6.2          2.2          4.5          1.5  versicolor
42        4.5          2.3          1.3          0.3      setosa
94        5.0          2.3          3.3          1.0  versicolor
-----------------------------------------------------------------
> sample(1:10, 5, replace=TRUE)# 1~10 사이의 숫자 중 5개를 복원하면서 뽑는다.
[1] 2 6 5 2 2
>
```

sampling 방법에 대한 정리

주어진 데이터에서 분석을 위한 데이터를 샘플링(sampling)하는 것은 중요하다. 여기에서는 샘플링을 하기 위한 방법을 정리한다. R에서 각각의 샘플링을 수행하는 방법은 '3.2.3 표본 추출 방법'에서 설명한다.

- **단순 임의 추출**(simple random sampling): 주어진 데이터에서 동일한 조건으로 데이터를 뽑는 방법이다[추출한 것을 복원하는 경우와 복원하지 않는 경우로 나눈다 **예** sample(1:10, 5, replace=TRUE) # 복원하는 경우].

- **체계적 추출**(systematic sampling): 주어진 데이터에서 시간적 · 공간적으로 정의된 간격을 두고 데이터를 뽑는 방법이다(예 세 번째마다 추출한다. 5초 간격으로 추출한다).
- **층화 임의 추출**(stratified random sampling): 주어진 데이터를 몇 개의 계층(stratum)으로 나누고 각 계층별로 데이터를 뽑는 방법이다(예 데이터를 서울과 지방으로 나누고 각각 데이터를 뽑는 방법).
- **군집 추출**(cluster sampling): 주어진 데이터를 군집으로 나누고 각 군집별로 데이터를 뽑는 방법이다. 군집 분석에서 살펴본다.
- **다단계 추출**(multi-stage sampling): 주어진 데이터를 단계별로 나눠 표본을 추출하는 방법이다(예 고객 데이터를 VIP/Non VIP로 나눠 데이터를 추출한 후 VIP 데이터를 성별로 나눠 데이터를 추출하는 방법).

1.5.4 split, subset, with, merge 명령어 사용

설명의 일관성을 위하여 iris 데이터를 이용해 설명한다. 데이터에 대한 사항은 앞의 내용을 참고하기 바란다.

```
> split(iris, iris$Species)              # iris 데이터를 Species를 기준으로 분리하라.
$setosa                                  # Species 중 setosa로 분리된 부분
  Sepal.Length  Sepal.Width  Petal.Length  Petal.Width     Species
1          5.1          3.5           1.4          0.2      setosa
2          4.9          3.0           1.4          0.2      setosa
3          4.7          3.2           1.3          0.2      setosa
......
$versicolor                              # Species 중 versicolor로 분리된 부분
  Sepal.Length  Sepal.Width  Petal.Length  Petal.Width     Species
51         7.0          3.2           4.7          1.4  versicolor
52         6.4          3.2           4.5          1.5  versicolor
53         6.9          3.1           4.9          1.5  versicolor
......
$virginica                               # Species 중 Virginica로 분리된 부분
  Sepal.Length  Sepal.Width  Petal.Length  Petal.Width     Species
101        6.3          3.3           6.0          2.5   virginica
102        5.8          2.7           5.1          1.9   virginica
103        7.1          3.0           5.9          2.1   virginica
....
-----------------------------------------------------------------

# iris 데이터 중 Species가 setosa인 것을 뽑아 부분 집합을 만들고 temp에 할당한다.
> temp <- subset(iris, Species == "setosa")
> head(temp)
  Sepal.Length  Sepal.Width  Petal.Length  Petal.Width     Species
1          5.1          3.5           1.4          0.2      setosa
2          4.9          3.0           1.4          0.2      setosa
3          4.7          3.2           1.3          0.2      setosa
4          4.6          3.1           1.5          0.2      setosa
```

```
5          5.0          3.6          1.4          0.2       setosa
6          5.4          3.9          1.7          0.4       setosa

# iris 데이터 중 Species가 setosa이고 Sepal.Length가 5.0보다 큰 것을 뽑아
# 부분 집합을 만들고 temp2에 할당한다.
> temp2 <- subset(iris, Species == "setosa" & Sepal.Length> 5.0)
> head(temp2)
  Sepal.Length  Sepal.Width  Petal.Length  Petal.Width      Species
1          5.1          3.5           1.4          0.2       setosa
6          5.4          3.9           1.7          0.4       setosa
11         5.4          3.7           1.5          0.2       setosa
15         5.8          4.0           1.2          0.2       setosa
16         5.7          4.4           1.5          0.4       setosa
17         5.4          3.9           1.3          0.4       setosa
>
# iris 데이터 중 Sepal.Width와 Species를 뽑아 부분 집합을 만들고 temp3에 할당한다.
> temp3 <- subset(iris, select = c(Sepal.Width, Species))
> str(temp3)                              # 데이터가 150개, 전체라는 것을 확인한다.
'data.frame':   150 obs. of  2 variables:
 $ Sepal.Width: num  3.5 3 3.2 3.1 3.6 3.9 3.4 3.4 2.9 3.1 ...
 $ Species    : Factor w/ 3 levels "setosa","versicolor",..: 1 1 1 1 1 1 1 1 1 1
...
> head(temp3)                             # 생성된 temp3의 모습을 확인한다.
   Sepal.Width     Species
1          3.5      setosa
2          3.0      setosa
3          3.2      setosa
4          3.1      setosa
5          3.6      setosa
6          3.9      setosa
--------------------------------------------------------------------
> with (iris,                             # with를 사용하면 이후에는 iris를 명시하지 않아도 된다.
+ {
+   print("Max of Sepal.Width\n")
+   print(max(Sepal.Width))               # 최댓값을 구한다. 평균을 구하려면 mean을 사용한다.
+   print("Min of Sepal.Width\n")
+   print(min(Sepal.Width))
+ })
[1] "Max of Sepal.Width\n"
[1] 4.4
[1] "Min of Sepal.Width\n"
[1] 2
--------------------------------------------------------------------
# merge 함수를 설명하기 위해 score, score2 데이터셋을 만든다.
> score <- data.frame(name=c("Seoul","Busan","Daegu","KwangJu"), population=c(1500,
200, 150, 70))
> score
       name   population
1     Seoul         1500
2     Busan          200
3     Daegu          150
4   KwangJu           70
```

```
> score2 <- data.frame(name=c("KwangJu","Daegu", "Seoul", "Busan"), HighTemp =
c(35, 40, 32, 29))
> score2
      name    HighTemp
1  KwangJu          35
2    Daegu          40
3    Seoul          32
4    Busan          29
> merge(score, score2)                  # 각 name에 해당하는 값이 정확히 합병됐다는 것을 확인한다.
                                        # 순서가 아니라 이름에 따라 정리했다.
      name  population    HighTemp
1    Busan         200          29
2    Daegu         150          40
3  KwangJu          70          35
4    Seoul        1500          32
>
```

1.5.5 which, aggregate 명령어 사용

```
> which.min(iris$Sepal.Length)              # which.min 또는 which.max 함수의 사용 예
[1] 14
> which.max(iris$Sepal.Length)
[1] 132
------------------------------------------------------------
# iris 데이터에서 Species별로 Sepal.Width의 평균값을 구해 보여준다.
> aggregate(Sepal.Width~Species, iris, mean)
     Species  Sepal.Width
1     setosa        3.428
2 versicolor        2.770
3  virginica        2.974
>
# iris 데이터에서 Species별로 Sepal.Width의 최댓값을 구해 보여준다.
> aggregate(Sepal.Width~Species, iris, max)
     Species  Sepal.Width
1     setosa          4.4
2 versicolor          3.4
3  virginica          3.8
>
```

R에서 제공하는 데이터 조작 관련 명령어 중 가장 많이 사용되거나 중요한 것을 정리했다. R은 정형화돼 있는 데이터의 분석에 사용하는 제품이다. 이런 점은 SPSS나 SAS와 같다. 정형화돼 있는 데이터를 다루는 데는 앞에서 설명한 명령어를 잘 쓰는 것만으로도 충분하다. 눈으로 보는 것보다는 실습을 통하여 이해하고 명령어의 사용법을 암기하기 바란다.

1.6 데이터 조작 관련 패키지 사용

데이터를 분석하기 위해 R에서 기본적으로 제공하는 기능 외에 추가로 설치하는 패키지를 이용해 데이터를 좀 더 정교하게 다루는 방법을 설명한다. R에서 제공하는 모든 패키지를 당장 마스터할 필요는 없다. 이 책에서 제공하는 것을 포함해 마음에 드는 것을 한두 개만 골라 익히면 본인이 원하는 작업을 수행하는 데 불편함이 없을 것이다.

1.6.1 dplyr 패키지 사용

데이터의 조작과 관련해 가장 많이 사용하는 패키지다. 다음 실습을 이용해 dplyr 패키지를 사용한 데이터 조작 방법을 공부한다. 참고로 dplyr 패키지는 ggplot2, reshape2 등을 제작한 해들리 위컴(Hadley Wickham)이 작성한 것이다.

```
# 필요한 패키지(dplyr)와 데이터(hflights)를 설치한다. 여러 개를 동시에 설치한다.
> install.packages(c("dplyr", "hflights"))
> library(dplyr)                    # 설치된 dplyr 패키지를 사용하겠다고 선언한다.
> library(hflights)                 # 설치된 hflights 데이터를 사용하겠다고 선언한다.
                                    # hflights 데이터는 설치가 필요한 특수 형태의 데이터이다.
> head(hflights)                    # 데이터는 비행 기록에 대한 것이다.
> dim(hflights)                     # 데이터의 레코드 수(227496)와 항목 수(21)를 보여준다.
[1] 227496     21
> str(hflights)                     # 데이터 항목의 구성을 확인한다. char, int로 돼 있다.
'data.frame':   227496 obs. of  21 variables:
 $ Year: int  2011 2011 2011 2011 2011 2011 2011 2011 2011 2011 ...
 $ Month: int  1 1 1 1 1 1 1 1 1 1 ...
 $ DayofMonth: int  1 2 3 4 5 6 7 8 9 10 ...
 $ DayOfWeek: int  6 7 1 2 3 4 5 6 7 1 ...
 $ DepTime: int  1400 1401 1352 1403 1405 1359 1359 1355 1443 1443 ...
 $ ArrTime: int  1500 1501 1502 1513 1507 1503 1509 1454 1554 1553 ...
 $ UniqueCarrier: chr  "AA" "AA" "AA" "AA" ...
 $ FlightNum: int  428 428 428 428 428 428 428 428 428 428 ...
 $ TailNum: chr  "N576AA" "N557AA" "N541AA" "N403AA" ...
 $ ActualElapsedTime: int  60 60 70 70 62 64 70 59 71 70 ...
 $ AirTime: int  40 45 48 39 44 45 43 40 41 45 ...
 $ ArrDelay: int  -10 -9 -8 3 -3 -7 -1 -16 44 43 ...
 $ DepDelay: int  0 1 -8 3 5 -1 -1 -5 43 43 ...
 $ Origin: chr  "IAH" "IAH" "IAH" "IAH" ...
 $ Dest: chr  "DFW" "DFW" "DFW" "DFW" ...
 $ Distance: int  224 224 224 224 224 224 224 224 224 224 ...
 $ TaxiIn: int  7 6 5 9 9 6 12 7 8 6 ...
 $ TaxiOut: int  13 9 17 22 9 13 15 12 22 19 ...
 $ Cancelled: int  0 0 0 0 0 0 0 0 0 0 ...
 $ CancellationCode: chr  "" "" "" "" ...
 $ Diverted: int  0 0 0 0 0 0 0 0 0 0 ...
# 데이터를 tbl_df 명령을 이용해 테이블형으로 변환한 후 hflights_df에 할당한다.
```

```
# 변환하면 명령어를 빠르고 편리하게 수행할 수 있다.
> hflights_df <- tbl_df(hflights)
> head(hflights_df)              # 원래의 모양과 변환된 후의 모양을 비교해보라.
```

```
# 데이터의(hflights_df) 항목 중 Month가 1이고 DayofMonth도 1인 데이터를 뽑아
# 화면에 보여준다. 이때 전체 레코드가 보인다.
# "> filter(hflights, Month==1, DayofMonth==1)"을 수행해 결과를 비교하라.
> filter(hflights_df, Month==1, DayofMonth==1)
```

```
# hflights_df에서 ArrDelay, Month, Year를 뽑아 temp에 할당한다.
> temp <- select(hflights_df, ArrDelay, Month, Year)
> head(temp)                     # 만들어진 데이터의 모양을 확인한다.
# A tibble: 6 x 3
  ArrDelay Month  Year
     <int> <int> <int>
1      -10     1  2011
2       -9     1  2011
3       -8     1  2011
4        3     1  2011
5       -3     1  2011
6       -7     1  2011

# temp 데이터셋을 ArrDelay, Month, Year 순으로 정렬하고 temp2에 할당한다.
> temp2 <- arrange(temp, ArrDelay, Month, Year)
> head(temp2)                    # 정렬된 결과를 확인한다.
# A tibble: 6 x 3
  ArrDelay Month  Year
     <int> <int> <int>
1      -70     7  2011           # ArrDelay가 가장 작은 값(-70)부터 정렬됐다.
2      -57    12  2011
3      -56     8  2011
4      -56     8  2011
5      -55     8  2011           # ArrDelay가 같으면 Month 값이 작은 것이 먼저 나온다.
6      -55    12  2011
```

```
# hflights_df의 21개 항목 중 Year부터 DayOfWeek까지 뽑아 temp3에 저장한다.
# 만약, Year와 DayOfWeek만 뽑으려면 select(hflights_df, Year, DayOfWeek)라고 한다.
> temp3 <- select(hflights_df, Year:DayOfWeek)
> head(temp3)                    # temp3의 저장된 데이터 모습을 확인한다.
# A tibble: 6 x 4
   Year Month DayofMonth DayOfWeek
  <int> <int>      <int>     <int>
1  2011     1          1         6
2  2011     1          2         7
3  2011     1          3         1
4  2011     1          4         2
5  2011     1          5         3
6  2011     1          6         4

# 원데이터에서 Year에서 DepDelay까지를 빼고 나머지로 temp5를 구성한다.
```

```
> temp5 <- select(hflights_df, -(Year:DepDelay))
> head(temp5)                    # 데이터의 모습을 확인한다.
# A tibble: 6 x 8
  Origin  Dest Distance  TaxiIn TaxiOut  Cancelled CancellationCode  Diverted
   <chr> <chr>    <int>   <int>   <int>      <int>            <chr>     <int>
1    IAH   DFW      224       7      13          0               ""         0
2    IAH   DFW      224       6       9          0               ""         0
3    IAH   DFW      224       5      17          0               ""         0
4    IAH   DFW      224       9      22          0               ""         0
5    IAH   DFW      224       9       9          0               ""         0
6    IAH   DFW      224       6      13          0               ""         0
>
___________________________________________________________

# 데이터(hflights_df)의 항목 중 ArrDelay에서 DepDelay를 뺀 값으로 별도의
# gain 항목을 만들어 저장한다.
> Delaytime <- mutate(hflights_df, gain=ArrDelay-DepDelay)
> head(Delaytime)                # 확인해보자. 너무 커서 확인하기 어렵다.
                                 #>str(Delaytime)을 이용하면 gain이 생성된 것을 볼 수 있다.

# Delaytime에서 gain을 뽑아 Delaytime2에 저장한다.
> Delaytime2 <- select(Delaytime, gain)
> head(Delaytime2)               # 내용을 확인한다.
# A tibble: 6 x 1
  gain
  <int>
1   -10
2   -10
3     0
4     0
5    -8
6    -6
___________________________________________________________
```

연습 3 gain=ArrDelay-DepDelay이다. gain이 가장 적은 비행기 번호와 연도, 월을 알고 싶다면 어떻게 하면 될까?

```
> Delayime4 <- arrange(Delaytime, gain)                       # gain을 기준으로 정렬한다.
> Delaytime5 <- select(Delayime4, FlightNum, Year, Month, gain) # 필요한 것 추출
> head(Delaytime5)
# A tibble: 6 x 4
 FlightNum  Year Month  gain
     <int> <int>  <int> <int>
1     2804  2011     7   -69                 # gain이 적은 것부터 정렬해 필요한 정보를 보여준다.
2     1669  2011    12   -57
3     1552  2011    12   -54
4     1712  2011    12   -53
5     4591  2011    12   -53
6     2003  2011     8   -52>
___________________________________________________________
```

```
# 주어진 데이터에 대한 간단한 연산 방법을 알아보자.

# hflights_df 데이터의 DepDelay 항목의 평균을 구해보자.
# na.rm은 결측값을 제거하라는 의미이므로 그냥 사용하면 된다.
> summarise(hflights_df, delay=mean(DepDelay, na.rm=TRUE))
# A tibble: 1 x 1
  delay
  <dbl>
1  9.44                        # DepDelay 값의 평균이 9.44이다. 즉, 출발 평균 지연 시간은 9.44분이다.

# 데이터의 두 항목(ArrTime, DepTime) 사이의 차이에 대한 평균을 구해보자.
> summarise(hflights_df, delay=mean(ArrTime-DepTime, na.rm=TRUE))
# A tibble: 1 x 1
  delay
  <dbl>
1  183.                        # 도착과 출발 사이는 평균 183분의 차이가 있다는 의미다.
.>
---------------------------------------------------------------
# 이번에는 데이터를 특정 항목으로 그룹화한 후에 처리하는 방식을 알아보자.

# 데이터를(hflights_df) TailNum 항목으로 그룹화한 후에 planes에 저장한다.
> planes <- group_by(hflights_df, TailNum)
> head(planes)                 # 데이터를 확인해보자. 너무 커서 확인하기 어렵다.

> str(hflights_df$TailNum)     # 그룹화하는 TailNum 데이터를 살펴보자.
 chr [1:227496] "N576AA" "N557AA" "N541AA" "N403AA" "N492AA" "N262AA"
"N493AA""N477AA" "N476AA" "N504AA" "N565AA" "N577AA" "N476AA" "N552AA" "N462AA" ...

# 그룹화된 데이터를 그룹별로 몇 개의 경우가 있는지(count), 각 그룹의 평균 운항 거리
# (Distance)는 얼마인지 구해보자.
> MeanDistanceOfTailNum <- summarise(planes, count=n( ), dist=mean(Distance,
na.rm=TRUE))                   # 변수의 이름을 길지만, 의미를 갖도록 했다. 실무에서는 중요하다.
> head(MeanDistanceOfTailNum) # 구한 값을 확인해보자.
# A tibble: 6 x 3
  TailNum count  dist
        <chr>        <int>        <dbl>
1          ""          795          939.
2       N0EGMQ          40         1095.
3       N10156         317          802.
4       N10575          94          632.
5       N11106         308          775.
6       N11107         345          768.

# MeanDistanceOfTailNum에서 count>20, dist<2000의 조건에 맞는 것을 뽑아낸다.
> CountDistanceCondition <- filter(MeanDistanceOfTailNum, count>20, dist<2000)
> head(CountDistanceCondition)  # 값을 확인한다.
# A tibble: 6 x 3
             TailNum        count            dist
             <chr>          <int>            <dbl>
```

```
1          ""        795       939.
2          N0EGMQ    40        1095.
3          N10156    317       802.
4          N10575    94        632.
5          N11106    308       775.
6          N11107    345       768.
-----------------------------------------------------------------

# 드디어 마지막이다. 여기에서는 앞에서 배웠던 것들을 총 복습한 후에 dplyr 패키지가
# 갖는 연속 동작 기능을 설명한다.
# 실무에서 많이 사용하며 이는 dplyr 패키지의 강점이기도 하다.
```

```
# 데이터를 Year, Month, DayofMonth 순으로 그룹화해 a1에 저장한다.
> a1 <- group_by(hflights, Year, Month, DayofMonth)

# a1에 저장된 데이터에서 Year-DayofMonth, ArrDelay, DepDelay만 a2에 할당한다.
> a2 <- select(a1, Year:DayofMonth, ArrDelay, DepDelay)

# a2 데이터에서 ArrDelay, DepDelay의 평균을 구해 새로운 변수 arr, dep 변수에 저장한 후 전체를
a3에 저장한다.
> a3 <- summarise(a2, arr=mean(ArrDelay, na.rm=TRUE), dep=mean(DepDelay, na.
rm=TRUE))
> head(a3)
# A tibble: 6 x 5
# Groups:   Year, Month [1]
     Year     Month     DayofMonth   arr      dep
     <int>    <int>     <int>        <dbl>    <dbl>
1    2011     1         1            10.1     10.7
2    2011     1         2            10.5     15.7
3    2011     1         3            6.04     13.4
4    2011     1         4            7.97     11.9
5    2011     1         5            4.17     6.33
6    2011     1         6            6.07     5.28

> a4 <- filter(a3, arr>30 | dep>30)          # a3 데이터에서 조건에 맞는 것을 a4에 저장한다.
> head(a4)
# A tibble: 6 x 5
# Groups: Year, Month [4]
     Year     Month     DayofMonth   arr      dep
     <int>    <int>     <int>        <dbl>    <dbl>
1    2011     2         4            44.1     47.2
2    2011     3         3            35.1     38.2
3    2011     3         14           46.6     36.1
4    2011     4         4            38.7     27.9
5    2011     4         25           37.8     22.3
6    2011     5         12           69.5     64.5
>
# 마지막으로 앞에서 했던 과정을 다음 명령어처럼 연속적으로 정의, 수행할 수 있다.
# 수행해보면 동일한 결과를 얻을 수 있다.
# 명령어를 연결하기 위해 %.%를 사용하고 있다는 것을 확인하라.
```

```
> hflights_df %.% group_by(Year, Month, DayofMonth)
+ %.% summarise(arr=mean(ArrDelay, na.rm=TRUE),
+ dep=mean(DepDelay, na.rm=TRUE)) %.% filter(arr>30|dep>30)
```

dplyr 패키지의 사용법에 대한 설명을 마친다. 전체 기능을 모두 설명하지는 않았지만, dplyr 패키지를 어떻게 사용하는지에 대해서는 충분히 파악했으리라 생각한다. 좀 더 관심이 있다면 dplyr 패키지의 매뉴얼을 참고하기 바란다.

1.6.2 sqldf 패키지 사용

데이터의 조작을 위해 RDB의 sql문을 사용할 수 있도록 해주는 패키지를 설명한다. sql문은 데이터베이스를 다루는 사람의 경우에 익숙하므로 별도로 배우지 않아도 사용할 수 있다. 실제로 사용해보면 아주 쉽고 유용하다는 것을 알 수 있을 것이다.

```
> install.packages("sqldf")  # sqldf 패키지를 설치한다.
> library(sqldf)             # sqldf 패키지를 사용하겠다고 선언한다.

# iris 데이터에서 Sepal.Width를 뽑아 화면에 나타낸다.
> sqldf('select "Sepal.Width" from iris')

# iris 데이터에서 Species가 versicolor인 것 중 Sepal.Width의 평균을 구해
# 보여준다. avg 외에 sum, max, min, count 등을 사용할 수 있다.
> sqldf('select avg("Sepal.Width") from iris where Species="versicolor"')
  avg("Sepal.Width")
1              2.77

# 다른 명령어를 조합해 위와 동일한 기능을 수행하는 예. 복잡해 보인다.
> mean(subset(iris, Species=="versicolor")$"Sepal.Width")
[1] 2.77

# Species로 그룹을 지은 후 Sepal.Width의 평균을 구해 화면에 보여준다.
> sqldf('select species, avg("Sepal.Width") from iris group by "Species"')
     Speciesavg("Sepal.Width")
1      setosa          3.428
2  versicolor          2.770
3   virginica          2.974

# Species가 setosa인 모든 데이터를 보여준다.
> sqldf('select * from iris where Species="setosa"')
  Sepal.Length  Sepal.Width  Petal.Length  Petal.Width     Species
1          5.1          3.5           1.4          0.2      setosa
2          4.9          3.0           1.4          0.2      setosa
3          4.7          3.2           1.3          0.2      setosa
4          4.6          3.1           1.5          0.2      setosa
5          5.0          3.6           1.4          0.2      setosa
......
```

```
# 위와 같이 보여주는 데이터가 많은 경우, 3개만 보여주라는 명령어의 사용 예이다.
> sqldf('select * from iris where Species="setosa" limit 3')
  Sepal.Length   Sepal.Width  Petal.Length   Petal.Width       Species
1          5.1           3.5           1.4           0.2        setosa
2          4.9           3.0           1.4           0.2        setosa
3          4.7           3.2           1.3           0.2        setosa

# Specie가 setosa인 것을 Sepal.Width로 정렬해 보여준다.
> sqldf('select * from iris where Species="setosa" ORDER BY "Sepal.Width"')
  Sepal.Length   Sepal.Width  Petal.Length   Petal.Width       Species
1          4.5           2.3           1.3           0.3        setosa
2          4.4           2.9           1.4           0.2        setosa
3          4.9           3.0           1.4           0.2        setosa
4          4.8           3.0           1.4           0.1        setosa
5          4.3           3.0           1.1           0.1        setosa
6          5.0           3.0           1.6           0.2        setosa
7          4.4           3.0           1.3           0.2        setosa

# iris 데이터에서 Species가 versicolor인 데이터 중 Sepal.Length가 3.5 이상인
# 데이터를 뽑아내는 작업을 수행한다.
# 한 번에 할 수도 있지만, 이해를 위해 두 단계로 나눠 진행한다.

# (1단계): iris 데이터에서 Species가 versicolor인 경우를 뽑아낸다.
> temp <- sqldf('select * from iris WHERE "Species" = "versicolor"')
> head(temp)
  Sepal.Length   Sepal.Width  Petal.Length   Petal.Width       Species
1          7.0           3.2           4.7           1.4    versicolor
2          6.4           3.2           4.5           1.5    versicolor
3          6.9           3.1           4.9           1.5    versicolor
4          5.5           2.3           4.0           1.3    versicolor
5          6.5           2.8           4.6           1.5    versicolor
6          5.7           2.8           4.5           1.3    versicolor
> sqldf('select * from temp') # 데이터의 확인 작업
  Sepal.Length   Sepal.Width  Petal.Length   Petal.Width       Species
1          7.0           3.2           4.7           1.4    versicolor
2          6.4           3.2           4.5           1.5    versicolor
3          6.9           3.1           4.9           1.5    versicolor
4          5.5           2.3           4.0           1.3    versicolor
.....
# (2단계): 뽑힌 데이터에서 Sepal.Length가 3.5보다 큰 것을 뽑아내 보여준다.
> sqldf('select * from temp WHERE "Sepal.Length"> 3.5')
  Sepal.Length   Sepal.Width  Petal.Length   Petal.Width       Species
1          7.0           3.2           4.7           1.4    versicolor
2          6.4           3.2           4.5           1.5    versicolor
3          6.9           3.1           4.9           1.5    versicolor
....
```

Sqldf 패키지에 대한 설명을 마무리한다. 전체 내용을 설명하지는 않았지만, 많이 사용하는 경우에 대해서는 충분한 예제를 제시했다. 추가로 공부한다면 (1) 2개의 데이터셋을 Join해서 조회하는 경우와 (2) 데이터를 추가, 수정, 삭제하는 기능에 관한 것인데, 이 부분은 많이 사용하지 않으므로 설명을 생략했다.

1.6.3 다른 패키지의 소개

R에는 데이터의 조작을 포함한 많은 기능을 제공하는 패키지가 많다. 1장에서는 이중 사용 빈도가 높고 유용하게 사용할 수 있는 2개의 패키지를 소개했고 이외의 다른 패키지는 다음 표에 간단하게 정리했다.

분야	패키지 이름	기능 설명
데이터 읽기	RMySQL	데이터베이스에서 직접 데이터를 읽을 때 사용하는 패키지
	XLConnect, xlsx	엑셀 데이터를 직접 읽어올 때 사용하는 패키지
	foreign	SAS, SPSS 데이터를 읽어올 때 사용하는 패키지
데이터 처리	dplyr	데이터 핸들링에 사용하는 패키지
	stringr	문자열과 정규 표현식에 대한 패키지
	sqldf	SQL 형식으로 데이터를 다루는 패키지
데이터 시각화	ggplot2	시각화 패키지
	ggvis	대화형, 웹 기반의 그래픽 패키지
	rgl	대화형 3D 시각화 패키지
	googleVis	R에서 데이터 시각화를 위해 구글 차트를 이용하게 하는 패키지

데이터 모델링 : mgcv,lme4/nlme, randomForest, multcomp, vcd 등
레포트 제작 : R Markdown, xtable 등
공간 데이터 : maps, sp, maptools, ggmap 등
시계열 분석 : zoo, xts, quantmod 등
성능 개선 : paralled(= 큰 데이터를 다루는 병렬 프로세싱 지원)
data.table(= 큰 데이터를 다루는 방법 지원)
foreach(= apply 계열 함수와 for문을 대신할 수 있는 반복문 구조)

패키지는 많이 아는 것이 중요한 것이 아니라 본인에게 편한 것을 익혀 활용하는 것이 중요하다. 위에서 소개한 패키지는 유용하게 사용되는 것이므로 유용하다고 판단하면 잘 익혀 사용하기 바란다.

필자가 좋아하는 2개의 패키지 이미 소개했고 2장에서 ggplot2를 소개한다.

1.7 요약

이 책에 있는 모든 내용이 중요하다. 그중에서도 1장의 내용은 다른 장의 내용을 활용하기 위해 공통으로 사용하는 것이므로 더욱 중요하다.
이미 강조한 것처럼 1장의 내용을 이해한 것으로는 부족하고 자연스럽게 사용할 수 있도록 연습해야 한다.

다음 질문을 이용해 앞에서 공부한 내용을 확인하기 바란다.

- R의 환경 변수를 설정하는 방법은 무엇인가?
- R의 대화형 모드와 배치형 모드의 차이는 무엇이며 어떻게 사용하는가?
- R에서 파일을 읽고 파일로 저장하는 방법에는 어떤 종류가 있는가?
- R의 데이터 타입에는 어떤 종류가 있으며 각 종류는 서로 어떤 관계를 갖는가? 그리고 실무에서 많이 사용하는 데이터 타입에는 어떤 것이 있는가?
- R의 프로그래밍 기능에서 함수를 선언하거나 사용하는 방법은 무엇인가?
- R의 프로그래밍에서 반복 및 순환을 지원하는 기능은 무엇인가?
- 데이터를 조작하기 위한 명령어 중 `rbind`, `cbind`는 어떻게 사용하는가?
- `summary`, `order`, `sample` 명령어의 기능은 무엇인가?
- `split`, `subset`, `with`, `merge` 명령어의 기능은 무엇인가?
- dplyr 패키지에서 %.%의 역할은 무엇인가?
- sqldf 패키지는 어떤 특징을 갖는가?

뉴스 데이터의 역사

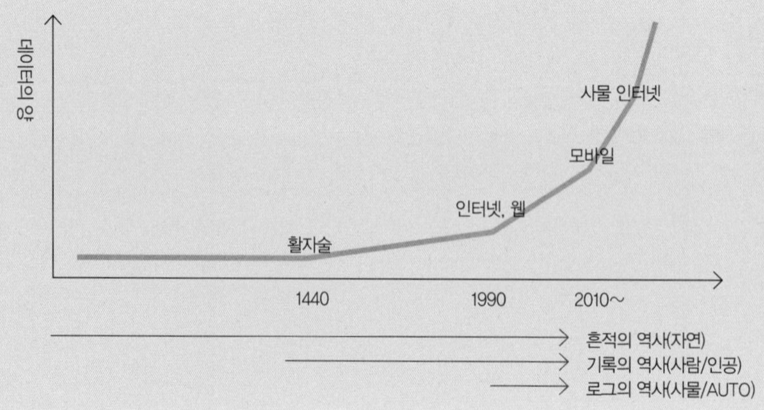

02 데이터 시각화

그래프는 분석하고자 하는 데이터의 성질을 파악하거나 분석된 데이터의 특성을 알기 쉽게 표현하기 위해 사용하는 기법이다. R 패키지는 그래픽 분야에서 탁월한 기능을 보유하고 있고 다양한 기능과 멋진 그래픽 품질을 제공한다.

데이터 분석에 관해 SPSS, SAS 등도 좋은 기능을 제공하지만, R은 데이터 분석 외에 데이터를 시각화하는 기능에서 좀 더 유용하다. 이제 다양한 실습을 이용해 R이 제공하는 그래픽의 세계를 경험해보자.

2.1 그래프 그리기 절차의 요약

R은 멋진 그래픽 기능을 제공하지만, 기능이 많으므로 배우기 어렵다. 그래서 독자들의 효과적인 학습을 위해 다음 순서에 따라 설명한다.

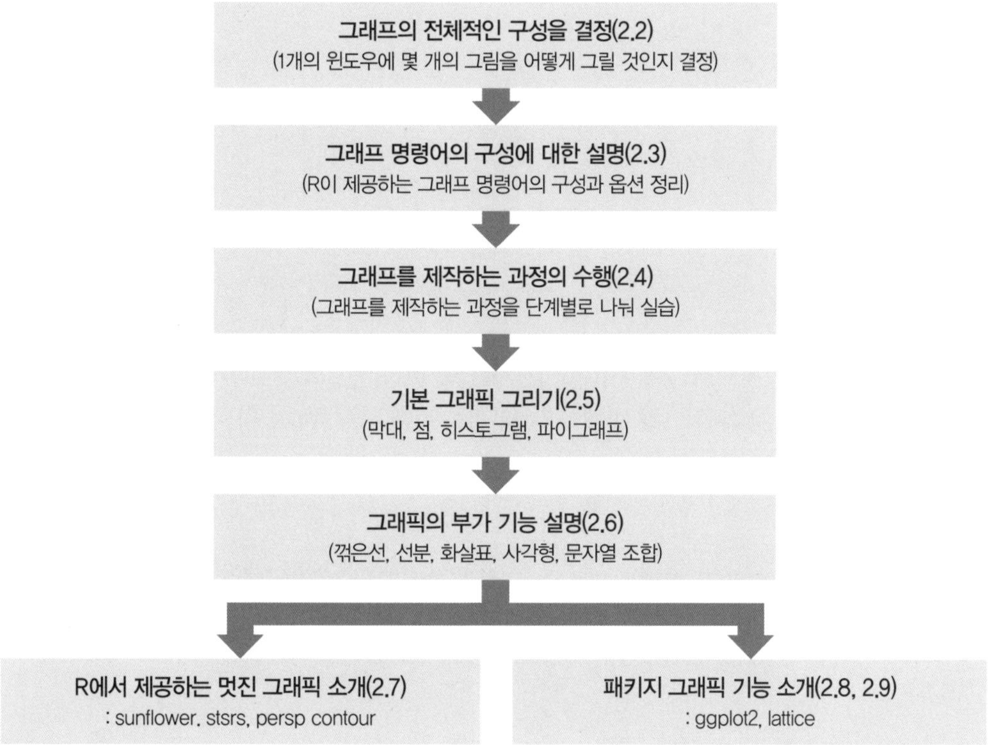

2.2 그래프 구성의 결정

하나의 윈도우에 그래프를 1개만 그릴 것인지, 여러 개 그릴 것인지 그리고 여러 개를 그린다면 어디에 어떤 그래프를 그릴 것인지 설정하는 방법을 공부한다. 이에는 여러 가지 방법이 있는데, 그중 가장 많이 사용하는 방법을 설명한다. 예제는 MDI를 사용하지 않도록 설정한 환경에서 수행한 결과를 보여준다.

2.2.1 split.screen 명령으로 그래프 화면의 전체 구성을 결정

```
# 설명을 위해 기본적인 R 그래프를 그린다.
> plot(1:10)    # 산점도를 그린다([그림 2-1] 참조).
```

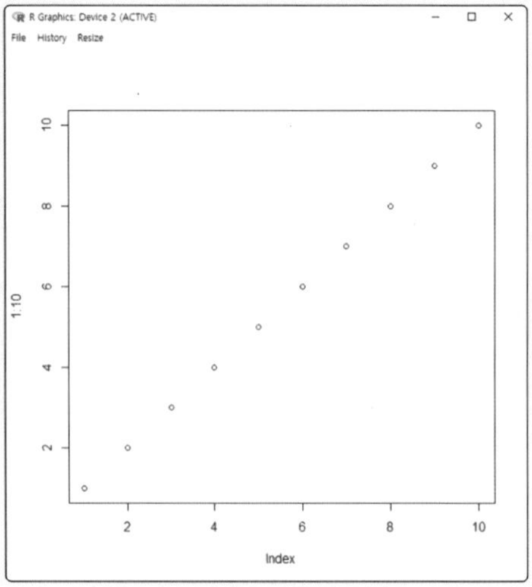

[그림 2-1] 산점도

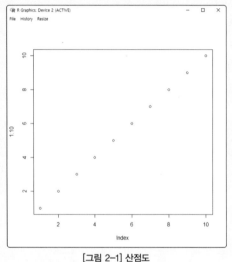

plot 명령어에 따라 그래프를 그리면 R은 기본 설정에 따라 별도의 윈도우를 열고 1개의 그래프를 그린다. 대부분의 경우에는 1개의 윈도우에 1개의 그래프를 그리는 방식이 적용되는데, 특수하게 하나의 윈도우에 여러 개의 그래프를 표현해야 하는 경우도 있다. 이 경우에는 다음과 같이 작업한다.

```
# 1개의 윈도우에 상, 하로 2개의 그래프를 그리고자 한다면 split.screen 명령을 사용한다.
# 만약, 1개의 윈도우에 좌, 우로 2개의 그래프를 그리고자 한다면 c(1,2)를 사용한다.

> split.screen(c(2,1))          # 상하 2개를 1개의 윈도우에서 보여준다.
[1] 1 2

# 윈도우에 그림을 그릴 위치와 그림을 그린다.
```

```
> screen(1)                    # 상하 중에서 상 부분에 그래프를 그린다.
> plot(1:10)                   # 상 부분에 그려질 그래프이다([그림 2-2] 참조).

> screen(2)                    # 상하 중에서 하 부분에 그래프를 그린다.
> plot(10:1)                   # 하 부분에 그려질 그래프이다([그림 2-2] 참조).
```

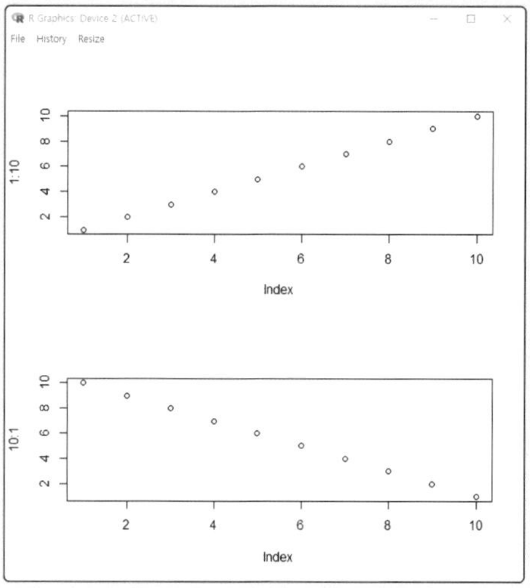

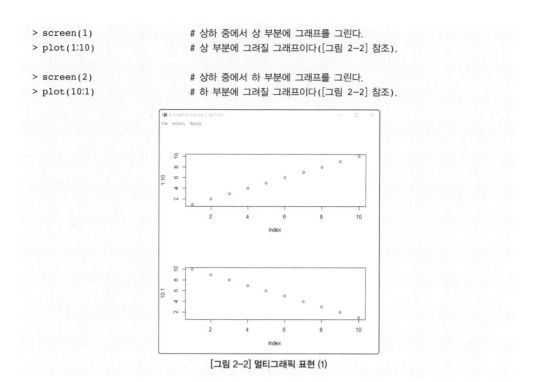

[그림 2-2] 멀티그래픽 표현 (1)

이제 하나의 윈도우에 여러 개의 그림을 그리는 방법을 알았다. 한 단계 더 나아가 그림이 그려진 상태에서 새로운 그림을 추가해보자. 예를 들어 [그림 2-2]의 아래쪽 그림에 새로운 그래프를 추가하고 싶다면 다음과 같이 하면 된다.

```
> split.screen(c(2,1))         # 별도의 윈도우가 열린다.
[1] 1 2
> screen(1)
> plot(1:10)
> screen(2)
> plot(10:1)                   # 여기까지는 앞과 동일하다.
>
> screen(2)                    # 아래쪽에 추가하는 것이므로 screen(2)를 선언한다.
> plot(1:10)                   # plot(1:10)이 기존 그래프에 추가돼 보인다([그림 2-3] 참조).
```

현재까지의 진행 결과를 정리하면 다음과 같다.

- 하나의 윈도우에 여러 개의 그림을 그릴 수 있다.
- 어느 위치에 그림을 그릴 것인지 결정할 수 있다.
- 이미 그려진 그림에 다른 그림을 추가로 그릴 수 있다. 이때 기본 그림은 지워지지 않는다[추가로 그려지는 것이다([그림 2-3] 참조)].

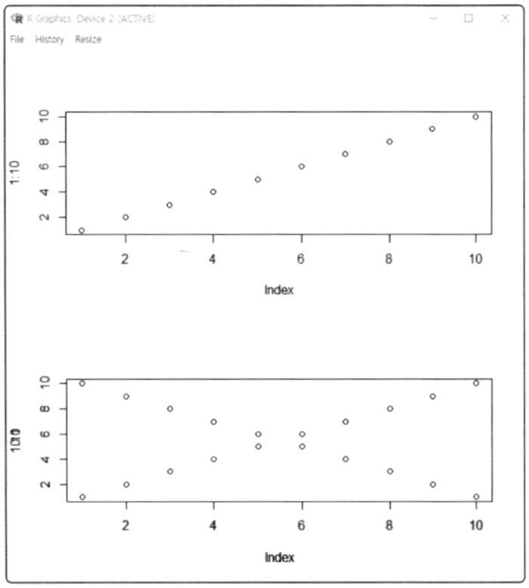

[그림 2-3] 멀티그래픽 표현 (2)

이번에는 그림을 그리는 윈도우는 유지하면서 윈도우 내의 그림을 지우고 다시 그림을 그리는 방법을 설명한다.

`> screen` 명령을 수행하지 않고 `plot(1:100)`의 명령을 입력하면 앞에 있던 전체 그래프를 지우고 screen(2)에 새로 그래프를 그린다. 그 이유는 마지막 설정이 screen(2)이기 때문이다([그림 2-4] 참조).

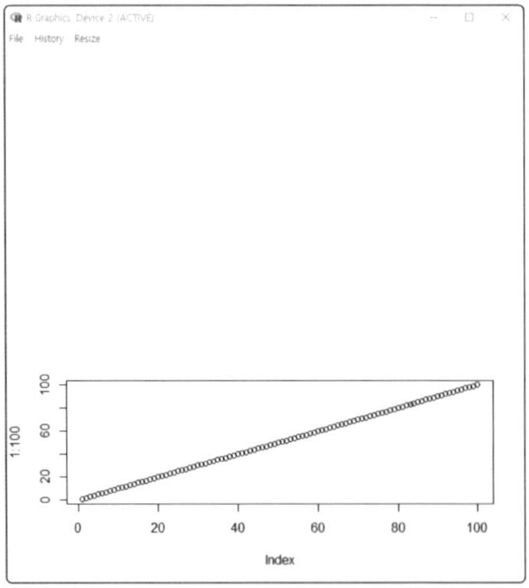

[그림 2-4] 멀티그래픽 표현 (3)

멀티그래픽을 위해 사용한 명령어는 다음과 같다.

- split.screen(c(2,1))은 상하 2개의 그래프를 그린다는 의미다. 이와 동일하게 split.screen(c(1,2))는 좌우 2개의 그래프를 그린다는 의미다.
- screen(2), plot(10:1)은 선언된 환경에서 아랫부분에 그래프를 그린다는 의미다. 이와 비슷하게 screen(1)은 윗부분에 그래프를 그린다는 의미다.
- screen을 선언하지 않고 plot(10:1)을 수행하면 기존 그래프는 지워지고 마지막에 선언된 screen 명령어의 위치에 새로 그래프를 그린다.
- screen(1), plot(1:10)을 수행한 후 screen(1) plot(10:1)을 수행하면 기존의 그래프 위에 새 그래프가 추가로 그려진다.

연습 4 다음 명령어의 수행 결과를 예상하고 수행해보자.

```
> split.screen(c(2,3))
[1] 1 2 3 4 5 6
> screen(3)
> plot(1:10)
> screen(4)
> plot(10:1)
> screen(1)
> plot(1:100)
> screen(6)
> plot(100:1)
```

실제로 해보면 바로 확인할 수 있다. 화면은 행이 2개, 열이 3개로 나눠지고 왼쪽 위가 1, 왼쪽 아래가 4가 된다.

2.2.2 par, mfrow 명령으로 그래프 화면의 전체 구성을 결정

```
# 화면에 상하 2개의 그래프를 그리도록 설정한다.
> par(mfrow=c(2,1))

> plot(1:10)    # 위쪽에 그래프를 그린다.
> plot(10:1)    # 아래쪽에 그래프를 그린다([그림 2-5] 참조).
```

mfrow는 여러 개의 그림을 그릴 수 있는데, 위의 예에서 설명한 순서대로 그림이 그려진다. 따라서 그림을 그릴 때 순서대로 여러 그림을 하나의 윈도우에 그리는 경우에 유용하게 사용할 수 있다. 특히, 1개의 R 명령어나 프로그램이 여러 개의 그림을 동시에 순서대로 생성하는 경우 mfrow를 미리 선언해 놓으면 R 명령이 수행해 보여주는 여러 그림을 모두 볼 수 있다.

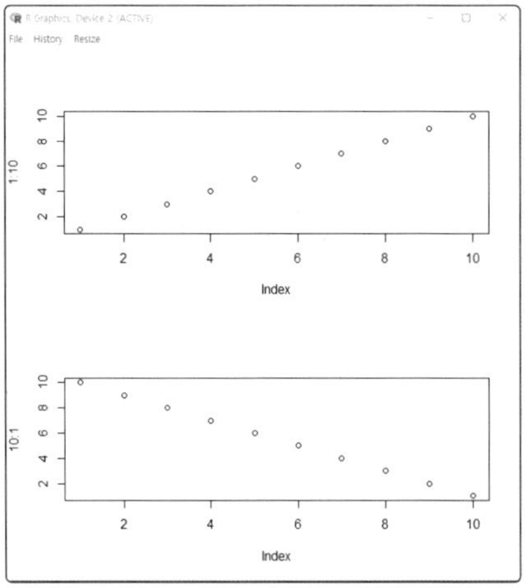

[그림 2-5] mfrow를 이용한 멀티그래픽

2.3 그래프의 다양한 옵션

R로 그래프를 그리다 보면 다양한 효과를 넣어야 하는 경우가 많다. 이 경우에 사용하는 옵션이 많이 준비돼 있다. 실제 눈으로 봐야만 기억할 수 있는 내용이기 때문에 산점도를 이용해 사용할 수 있는 옵션의 종류와 의미를 설명한다.

```
> x <- seq(1,10, 0.1)          # 벡터형의 자료를 생성한다.
> y <- exp(x)                  # x를 바탕으로 y를 생성한다.
> plot(X, Y)                   # 그림을 그린다([그림 2-6] 참조).
```

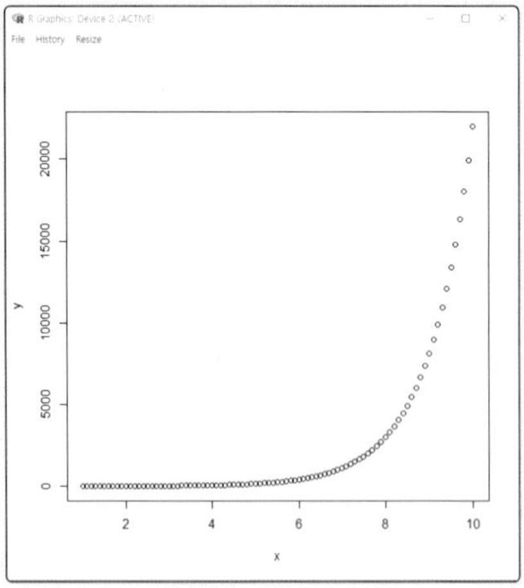

[그림 2-6] 산점도의 예

위와 같이 그림을 그리면 그림 자체는 그려지는데, 그림에 대한 설명이 없어서 그림을 이해하기 어렵다. 예를 들어 x와 y가 무엇을 의미하는지 알 수 없다. 그리고 그래프 전체가 무엇을 그린 것인지에 대한 정보가 있다면 좀 더 이해하기 쉬울 것이다. 이때 필요한 것이 그래프의 옵션이다. R에서는 그림을 이해하기 쉽도록 하기 위해 다양한 그래프 옵션을 제공한다. 다음은 그래프에 관계된 옵션을 요약한 것이다.

```
• main="Title"                  # 제목 설정
• sub ="sub-Title"              # 부제목 설정
• xlab="Minho", ylab="Chl"      # X, Y축의 제목 설정
• ann=F                         # X, Y축의 제목을 설정하지 않음.
• tmag=2                        # 제목에 사용되는 문자의 확대율 지정
• axes=F                        # X, Y축을 표시하지 않음.
• axis                          # X, Y축 이름을 사용자의 지정 값으로 표시
```

다음은 그래프의 모양을 지정하는 방법이다.

```
• type ="p"                     # 점 모양 그래프(기본값)
# l: 선 모양, b: 점과 선 모양, c: "b"에서 점을 생략한 모양
# o: 점과 선을 중첩한 모양, h: 각 점에서 X축까지의 수직선 그래프
# s: 왼쪽 값을 바탕으로 계단 모양으로 연결한 모양
# S: 오른쪽 값을 바탕으로 계단 모양으로 연결한 모양
# n: 축만 그리고 그래프는 그리지 않는다.
```

다음은 선의 모양을 선택하는 방법이다.

```
• lty=0, lty="blank"            # 투명선
• lty=1, lty="solid"            # 실선
• lty=2, lty="dashed"           # 대시선
• lty=3, lty="dotted"           # 점선
• lty=4, lty="dotdash"          # 점선과 대시선
• lty=5, lty="longdash"         # 긴 대시선
• lty=6, lty="twodash"          # 2개의 대시선
```

다음은 색 기호 등을 설정하는 방법이다.

```
• col=1, col="blue"             # 기호의 색 지정
1-검정, 2-빨강, 3-초록, 4-파랑, 5-연파랑, 6-보라, 7-노랑, 8-회색
• pch=0, pch="문자"             # 점의 모양 지정, 숫자마다 모양이 할당돼 있음.
• bg="blue"                     # 그래프의 배경색
• lwd="숫자"                    # 선을 그릴 때 선의 굵기
• cex="숫자"                    # 점이나 문자의 굵기
```

앞의 옵션이 너무 많아 복잡하겠지만, 시간이 지나면서 다양한 예를 이용해 자연스럽게 알게 된다([그림 2-7] 참조).

```
> plot( x, y, main="Minho Graph", xlab="Time", ylab="Income increase")
```

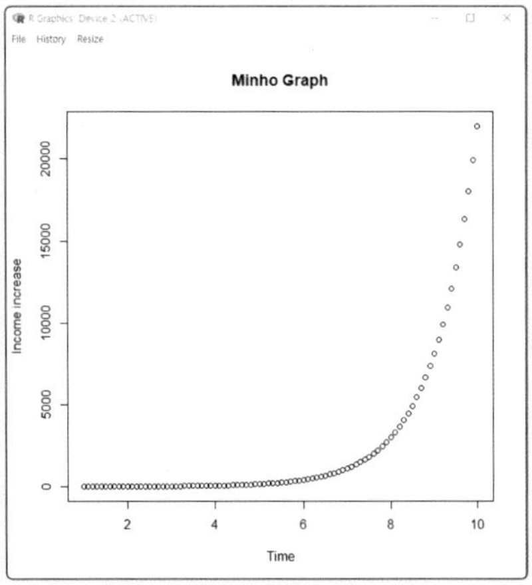

[그림 2-7] 그래프의 옵션

[그림 2-7]의 그래프는 [그림 2-6]의 그래프보다 읽기 쉽다. 그래프의 제목도 있고 X, Y축의 의미도 알 수 있다.

2.4 단계별로 그래프 그리기

R 그래프를 그리는 과정을 단계별로 나눠 설명한다. 여기에는 다양한 그래픽 옵션의 사용 부분이 포함돼 있다. 그래프를 그릴 때 이 책의 단계를 반드시 준수할 필요는 없지만, 전체적인 그래프 제작의 표준 과정이라 생각하고 시작해보자.

그래프에 사용할 데이터를 확보한다

```
> abc <- c(260, 300, 250, 280, 310)
> def <- c(180, 200, 210, 190, 170)
> ghi <- c(210, 250, 260, 210, 270)
```

확보된 데이터의 하나를 이용해 그래프를 그린다(예는 꺾은선이다)

```
# 설정된 데이터 중 abc를 이용해 꺾은선 그래프를 그린다.
# type이 "o"이면 점과 선이 연결된 꺾은선 그래프가 그려지고 "p"이면 점만 표시된다.
# color는 red이므로 붉은색이다.
# Y축의 범위는 0~400으로 정한다.
# axes=F이므로 X, Y축을 표시하지 않는다.
# ann=F이므로 X, Y축의 이름을 표시하지 않는다.
> plot(abc, type="o", col="red", ylim=c(0,400), axes=F, ann=F)([그림 2-8] 참조)
>
```

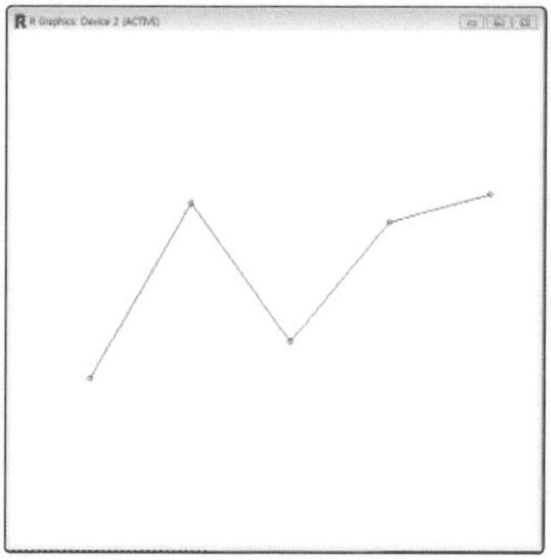

[그림 2-8] 그래프 그리기 (1)

X, Y축을 넣는다

```
> axis (1, at=1:5, lab=c("A","B","C","D","E"))
#1은 X축, at는 X축의 값이 1~5까지라는 뜻이고, 각각의 이름은 A, B, C, D, E라는 뜻이다.
> axis (2, ylim= c(0, 400))     #2는 Y축을 말하고 범위는 0~400이다([그림 2-9] 참조).
>
```

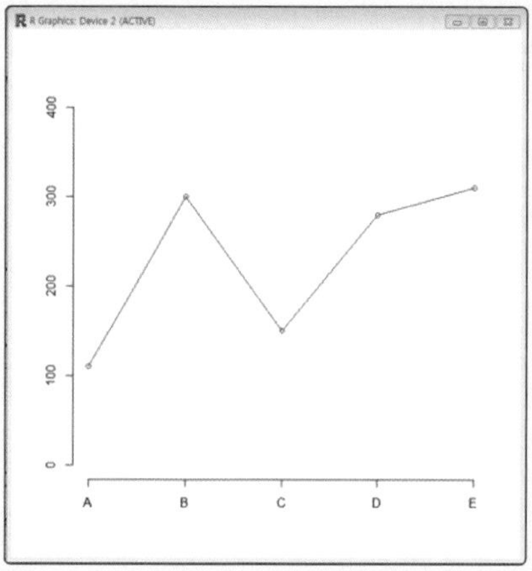

[그림 2-9] 그래프 그리기 (2)

그래프에 제목과 X, Y축의 의미를 설정한다

```
# 그래프의 메인 타이틀, X, Y축 이름과 색, 폰트를 설정한다.
> title(main="Ball Type", col.main="red", font.main=4)
> title(xlab="Season", col.lab="black")          # X축의 이름과 색을 설정한다.
> title(ylab="Price", col.lab="blue")            # Y축의 이름과 색을 설정한다([그림 2-10] 참조).
>
```

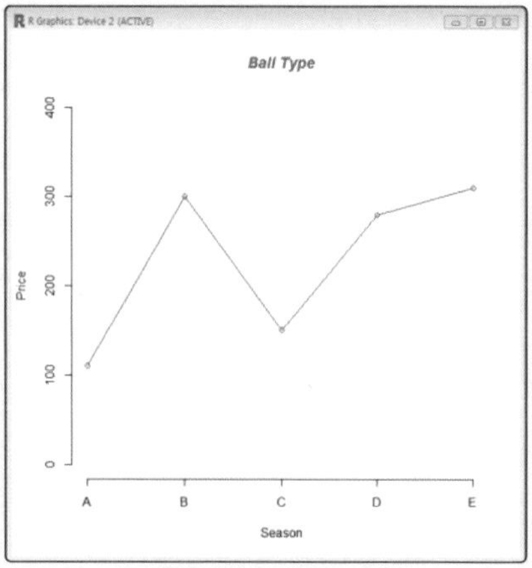

[그림 2-10] 그래프 그리기 (3)

abc 데이터 외에 def, ghi 데이터를 현재의 그래프에 추가로 표현하고 싶을 때는 다음과 같이 한다(선택사항)

```
# 기존 그래프에 추가 그래프를 그릴 때 lines를 사용한다.
# pch는 0~25번까지 번호마다 표시가 할당돼 있는데, 22번은 사각형 모양이다.
> lines(def, type="o", pch=21, col="green", lty=2)          # lty 2번은 대시선이다.
> lines(ghi, type="o", pch=22, col="blue", lty=2)([그림 2-11] 참조)
```

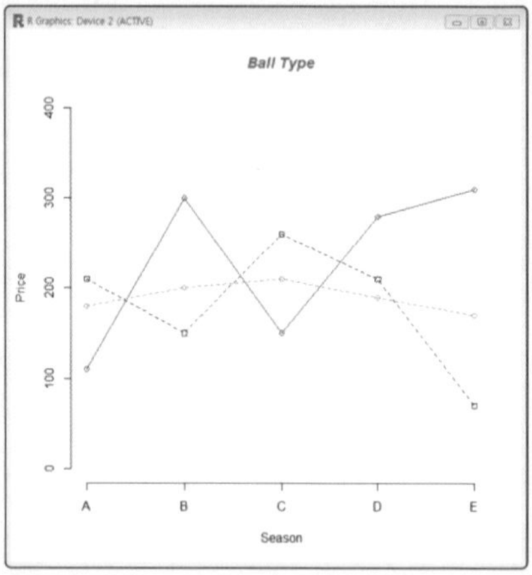

[그림 2-11] 그래프 그리기 (4)

그래프에 설명을 위한 주석을 추가한다

```
# 주석의 위치는 (4, 400)이다.
# 주석의 내용과 색을 명시한다. 이외에 pch, lty는 이미 설명한 내용이다.
# cex는 글자의 크기를 지정한다.
> legend(4, 400, c("Orange", "Apple", "Banana"), cex=0.8,
```

```
col=c("red","green","blue"), pch=21, lty=1:3)([그림 2-12] 참조)
>
```

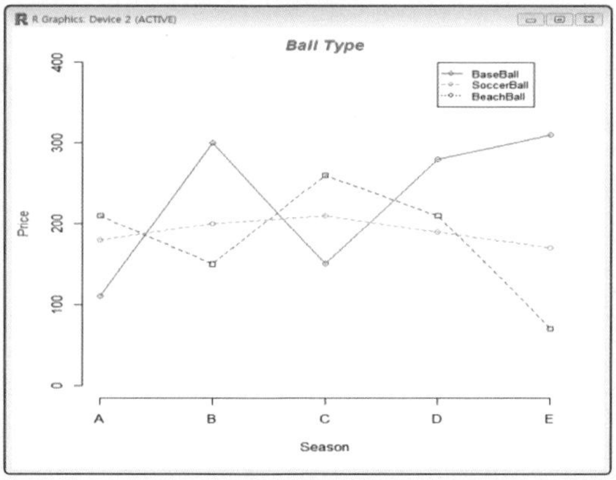

[그림 2-12] 그래프 그리기 (5)

지금까지 R에서 제공하는 다양한 그래픽 옵션과 그래픽을 그리는 단계를 구분해 하나씩 설명했다. 대부분의 경우 R에서 그래픽을 그린다면 위 과정을 누구나 따르게 돼 있다. 반복적인 연습으로 익혀두면 도움이 될 것이다.

참고 **기존 그래프에 다른 그래프를 추가하는 방법: par(new=T) 사용법**

기존 그래프에 다른 그래프를 추가하는 방법도 있다. 이미 설명한 screen 명령어와는 사용하는 곳이 다르므로 예를 이용해 확인하기 바란다.

```
> plot(10:1)                                   # 그래프를 그린다.
> par(new=T)                                   # 현그래프를 유지한다.
> plot(1:10)                                   # 현그래프에 추가해 그린다.
> par(new=T)                                   # 현그래프를 유지한다.
> plot(c(6,6,6,6,6), type="o", col="red")      # 그래프를 추가한다([그림 2-13] 참조).
```

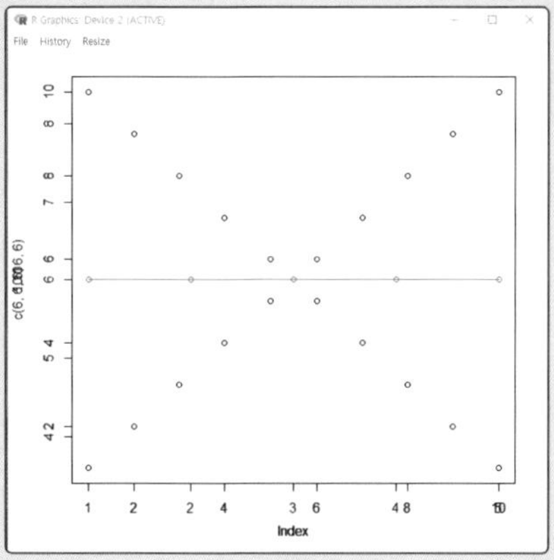

[그림 2-13] par(new=T)를 이용한 그래프 추가

2.5 기본 그래프 그리기

R의 그래픽 기능인 막대, 점, 히스토그램, 파이, 상자 그래프를 그리는 방법과 알아야 할 사항을 실습을 이용해 정리한다.
데이터 분석가가 하는 일 중 가장 중요한 작업은 데이터의 특성을 파악하는 것인데, 이때 많이 사용하는 것이 점, 막대, 히스토그램, 파이, 상자 그래프다. 이를 잘 사용하는 것이 실질적인 분석 업무 수행의 시작이다.

2.5.1 막대 그래프

```
# 그래프를 위한 데이터를 설정한다.
# 데이터가 어떤 모양을 갖는지 잘 살펴보자.
> x <- c(50, 40, 32, 68, 120, 92)
> barplot(x, names="Total Sale Amount")         # 막대 그래프를 그린다([그림 2-14] 참조).
```

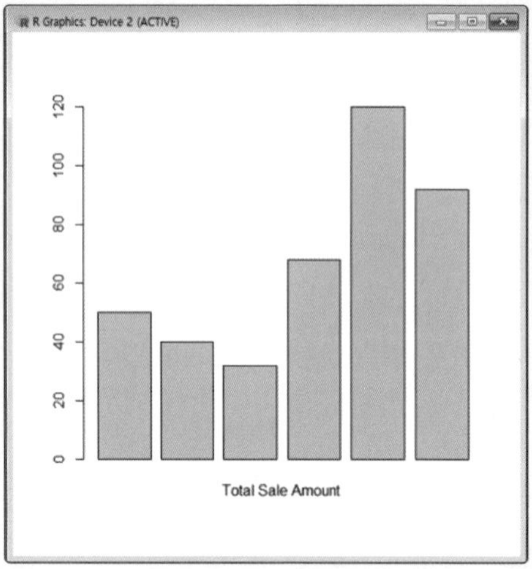

[그림 2-14] 막대 그래프 (1)

막대 그래프를 그리는 방법을 배웠다. 이제는 데이터의 특성을 파악하고 표현하기 위해 막대 그래프를 사용하는 방법을 실습해보자.

2개 행렬형의 데이터를 바탕으로 막대 그래프를 그리는 예를 실습해보자.

```
# (50, 40, 32, 68, 120, 92) 데이터를 3X2 행렬로 구성한다.
> X_matrix <- matrix(c(50, 40, 32, 68, 120, 92), 3, 2)          # 중요한 기법이다!
> X_matrix                                                      # 구성된 데이터의 모습을 확인한다.
     [,1] [,2]
```

```
[1,] 50  68
[2,] 40  120
[3,] 32  92
> split.screen(c(1,2))                                    # 1개의 윈도우에 2개의 그림을 그리고자 한다.
[1] 1 2
> screen(1)                                               # 왼쪽에 그림을 그린다.
# 그림의 모양을 확인한다.
> barplot(X_matrix, names=c("Korea", "America"))          # [그림 2-15] 참조

> screen(2)                                               # 오른쪽에 그림을 그린다.
# beside=T가 있는 경우 그림의 모양을 확인한다.
> barplot(X_matrix, names=c("Korea", "America"), beside=T) # [그림 2-15] 참조
>
```

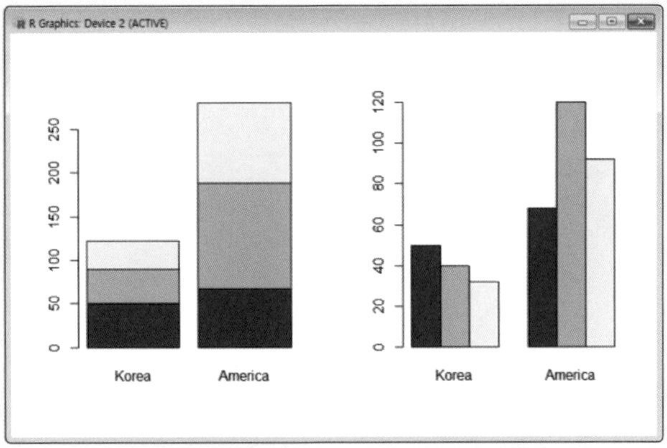

[그림 2-15] 막대 그래프 (2)

위의 그림을 보면 다음 사항을 확인할 수 있다.

- Korea, America를 세 가지 물건이나 관점으로 비교하고 있다.
- Korea보다 America의 전체 볼륨이 2배 이상 크다.
- Korea는 첫 번째 물건이 전체의 절반 정도를 차지한다.
- America는 3개의 물건이 비교적 균등한 비중을 갖고 두 번째 물건이 가장 중요하다.

위 사항을 확인하는 데는 [그림 2-15]의 왼쪽, 오른쪽 그림 중 어느 것이 편한가? 또 분석가가 편한 그림과 고객이 편한 그림의 관점에서 보면 어느 것을 사용하는 것이 좋다고 생각하는가? 데이터 분석가에게는 복잡한 기술이나 정교한 그래프를 그리는 기술보다 데이터를 정확하게 파악하고 간단하고 읽기 쉽게 표현하는 것이 더 중요하다는 점을 기억하자.

앞의 예에서 사용한 beside와 비슷한 옵션을 정리했다.

막대 그래프(바 그래프) 옵션 정리

```
angle, density, col        # 막대를 칠하는 선의 각도, 수, 색을 지정한다.
legend                     # 오른쪽 상단에 범례를 그린다.
names                      # 각 막대의 라벨을 정의한다.
width                      # 각 막대의 상대적인 폭을 정의한다.
space                      # 각 막대 사이의 간격을 지정한다.
beside                     # T이면 각각의 값마다 막대를 그린다.
horiz                      # T이면 막대를 옆으로 눕혀 그린다.
```

옵션을 이해하기 위한 예

그림의 옵션을 잘 사용하면 그림을 읽기 쉽고 직관적으로 이해할 수 있는 형태로 만들 수 있다. 이런 능력은 데이터 분석가에게 매우 중요하다.

```
> abc <- c(260, 300, 250, 280, 310)
> barplot(abc, main="야구볼 판매량", xlab="Season", ylab="판매량",
  name.arg=c("A","B","C","D","E"),border="blue", density=c(10, 30, 50, 80, 100))
```

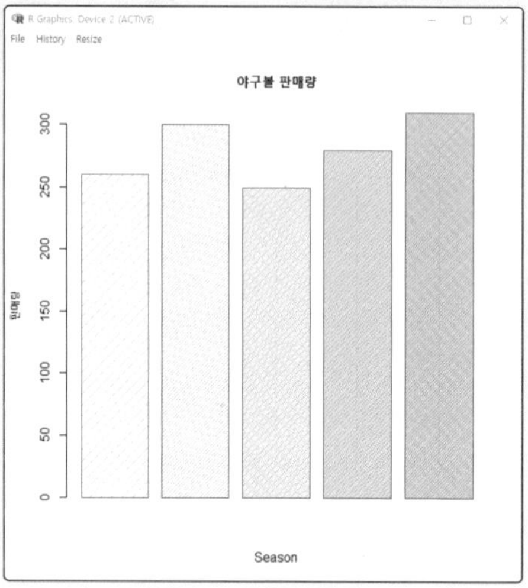

[그림 2-16] 야구볼 판매량

2.5.2 막대 그래프 응용

막대 그래프는 실무에서 많이 사용한다. 따라서 좀 더 복잡한 형태에 익숙해질 필요가 있다. 다음 예를 이용해 그래프를 통한 의미 파악을 연습한다.

```
> abc <- c(110, 300, 150, 280, 310)                    # 시즌별(A, B, C, D, E) BaseBall 판매 현황
> def <- c(180, 200, 210, 190, 170)                    # 시즌별 SoccerBall 판매 현황
> ghi <- c(210, 150, 260, 210, 70)                     # 시즌별 BeachBall 판매 현황
>
> B_Type2 <- matrix(c(abc,def,ghi), 5,3)               # 그림을 그리기 위해 데이터를 구성한다.
> B_Type2                                              # 구성된 데이터의 의미를 파악한다.
     [,1] [,2] [,3]
[1,] 110  180  210        # 1번 시즌(A)에 BaseBall(110), SoccerBall(180), BeachBall(210) 판매
[2,] 300  200  150
[3,] 150  210  260
[4,] 280  190  210
[5,] 310  170   70
# 막대 그래프를 그린다.
> barplot(B_Type2, main="Ball Type별 시즌의 판매량", xlab="Ball Type", ylab="매출",
beside=T, names.arg=c("BaseBall","SoccerBall","BeachBall"),
border="blue",col=rainbow(5), ylim=(c(0,400)))      # [그림 2-17] 참조
# 그림의 이해도를 높이기 위해 범례를 추가한다.
> legend(16, 400, c("A 시즌","B 시즌","C 시즌","D 시즌","E 시즌"), cex=0.8,
fill=rainbow(5))
```

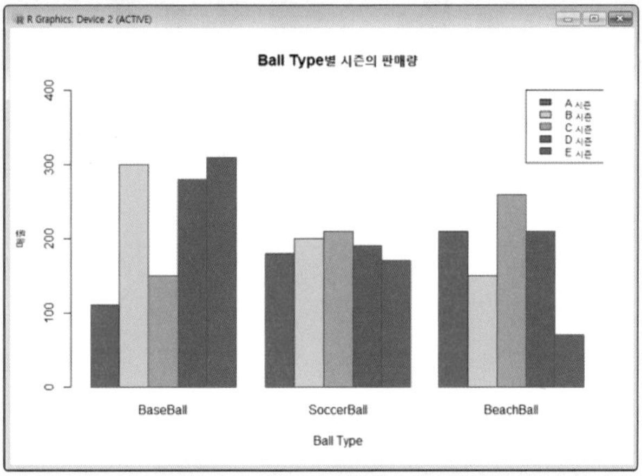

[그림 2-17] Ball Type별 시즌의 판매량

[그림 2-17]이 보여주는 것은 다음과 같다.

- BaseBall, SoccerBall, BeachBall의 5개 시즌별 볼 매출 현황
- 전체 매출을 BaseBall이 크지만, SoccerBall은 시즌에 따른 매출 변동이 작다.
- ..... 고객을 위해 생략 .....

이외에 [그림 2-17]을 통해 알 수 있는 것은 무엇인지 최소한 3개 이상 찾아보자.

• 동일 데이터를 이용해 시즌별로 볼 유형에 따른 매출을 출력

이번에는 동일한 데이터를 보는 시각을 바꿔 공의 모양이 아니라 시즌을 중심으로 볼의 종류에 따른 매출을 그래프로 표현해본다([그림 2-18] 참조).

```
> barplot(t(B_Type2), main="시즌별 볼 타입에 따른 판매량", xlab="Season",
  ylab="Price",beside=T, names.arg=c("A","B","C","D", "E"), border="blue",
  col=rainbow(3), ylim=(c(0,400)))

# Legend를 이용해 설명을 추가한다.
> legend(16, 400, c("BaseBall","SoccerBall","BeachBall"), cex=0.8, fill=rainbow(5))
```

만들어진 그래프는 각 시즌(A, B, C, D, E)별로 BaseBall, SoccerBall, BeachBall의 판매를 보여준다.

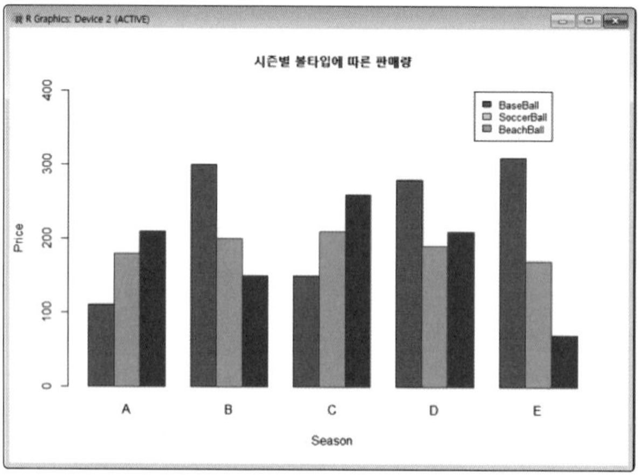

[그림 2-18] 막대 그래프 (3)

[그림 2-18]이 무엇을 보여주는지 파악해보자.

• A 시즌에는 BaseBall의 매출이 가장 작고 BeachBall 매출이 가장 크다.
• 이외에 무엇을 알 수 있는지 말해보자.

만약 BaseBall 제작자라면 제품 생산 계획을 현명하게 수립하는 방법을 결정해보자. 그림 [2-17]과 그림 [2-18] 중 어떤 것이 더 유용한지 판단해보자. 이와 마찬가지로 BeachBall, SoccerBall의 경우도 생각해보자.

앞의 그래프를 데이터 누적 형태로 보여주는 예

```
> barplot(t(B_Type2), main="시즌별 볼 타입에 따른 판매량(누적 표시형)",    xlab="Season",
ylab="매출", names.arg=c("A","B","C","D","E"), border="blue",   col=rainbow(3),
ylim=(c(0,1000)))              # [그림 2-19] 참조

> legend(4.5,1000, c("BaseBall", "SoccerBall","BeachBall"), cex=0.8,
fill=rainbow(3))
```

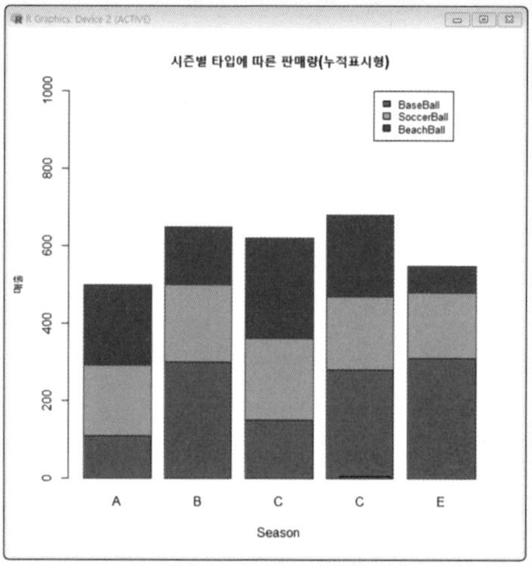

[그림 2-19] 막대 그래프 (4)

데이터 분석가로서 [그림 2-17], [그림 2-18], [그림 2-19]로 표현된 것을 분석해보고 고객이 SoccerBall 생산자라면 어떤 그래프를 제시할 것인지 생각해보자. 고객이 시즌의 상품 관리자라면 어떤 그래프를 제시하는 것이 옳은가?

이상과 같이 막대 그래프는 보고서의 성격에 따라 다양한 관점과 모습으로 보일 수 있다. 앞에서 제시한 예를 잘 살펴보고 자유자재로 사용할 수 있도록 익히는 것이 중요하다.

연습 5

- 앞에서 제시한 세 가지 막대 그래프가 무엇을 의미하는지 정리해보자.
- BaseBall, SoccerBall, BeachBall 제조업체의 입장에서 그래프가 보여주는 정보가 어떻게 유용한지 생각해보자.
- 제시된 자료를 바탕으로 본인만의 그래프를 만들어보자.
  예 BaseBall만을 위한 그래프, BaseBall과 SoccerBall을 대상으로 분석한 그래프

2.5.3 점 그래프

점 그래프를 그리는 방법을 다음 예를 이용해 배운다. 산점도는 히스토그램과 함께 데이터의 특성을 파악할 때 자주 사용하는 그래프다.

```
> x              # 데이터의 모습 확인
[1] 50  40  32  68 120  92
> dotchart(x, labels=c("A","B","C","D","E","F"), pch=22)
# pch=22는 사각형이다(2.3 그래프의 다양한 옵션 참조).
```

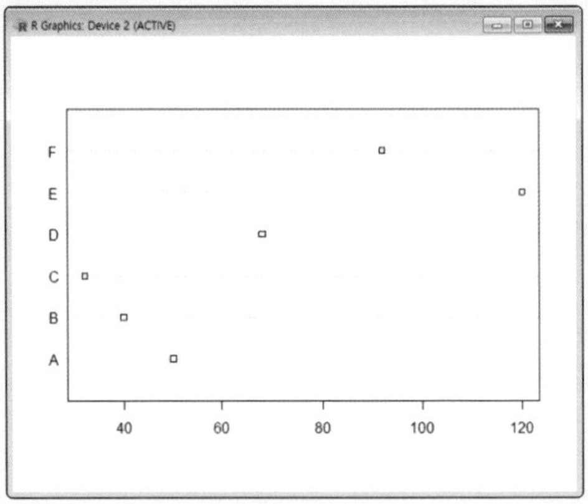

[그림 2-20] 점 그래프

2.5.4 히스토그램

```
>  x <- c(1,2,1,4,5,4,5,2,3,5,2,6,7,3,7,8,6,5,4,7,7,6,5,7,8,9,8)
> hist(x, xlim=c(0,10), ylim=c(0,6), nclass=12, main="Call number of #1 Topic")
>
# 히스토그램은 매우 중요한 그래프다. 예제의 내용만으로도 충분하겠지만, 필요하다면
# 추가 옵션을 찾아보길 권장한다(2.3 그래프의 다양한 옵션 참조).
```

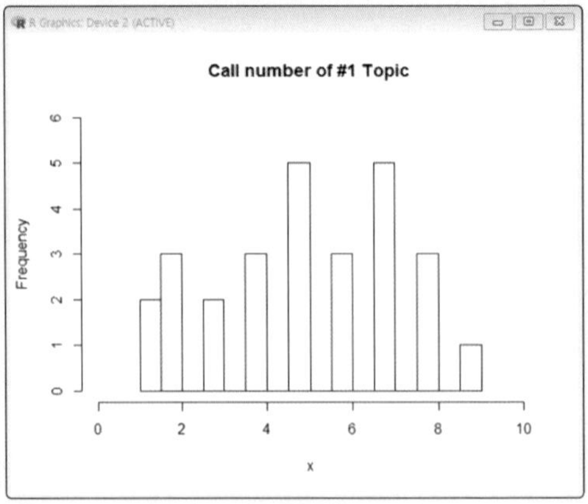

[그림 2-21] 히스토그램

2.5.5 파이그래프

1단계 작업

```
> T_sales <- c(210, 110, 400, 550, 700, 130)
> pie(T_sales)                # 기본적인 형태의 파이그래프를 그린다([그림 2-22] 참조).
>
```

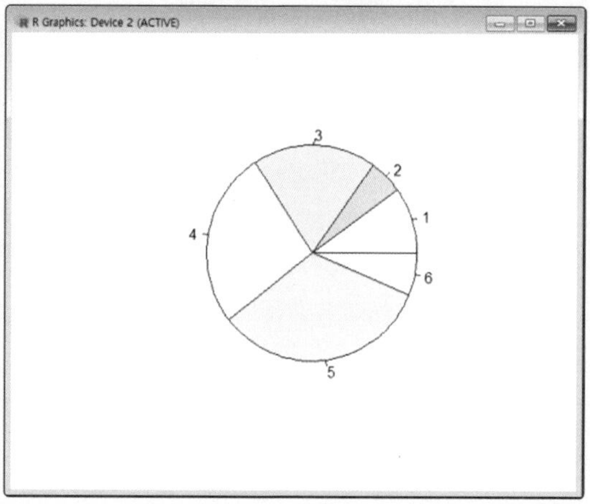

[그림 2-22] 파이그래프

옵션을 사용하지 않은 [그림 2-22]는 가독성도 좋지 않고 보기에도 편하지 않으므로 옵션을 사용해 보기에 편한 그림으로 개선한다.

2단계 작업

```
# 옵션을 추가한 파이그래프를 그린다([그림 2-23] 참조).
> pie(T_sales, init.angle=90, col=rainbow(length(T_sales)), labels=c("Monday",
"Tuesday", "Wednesday", "Thursday", "Friday", "Saturday"))
# 가독성을 위해 그려진 파이그래프에 레전드를 추가한다.
> legend(1,1,c("Monday", "Tuesday", "Wednesday", "Thursday", "Friday", "Saturday"),
cex=0.8, fill=rainbow(length(T_sales)))

파이그래프의 옵션
# angle, density, col: 각도, 밀도, 색상의 지정
# labels: 각 파이 부분의 이름을 지정
# radius : 원형의 크기 결정
# clockwise: 회전 방향의 결정(기본은 반시계 방향)
# init.angle: 시작되는 지점의 각도
```

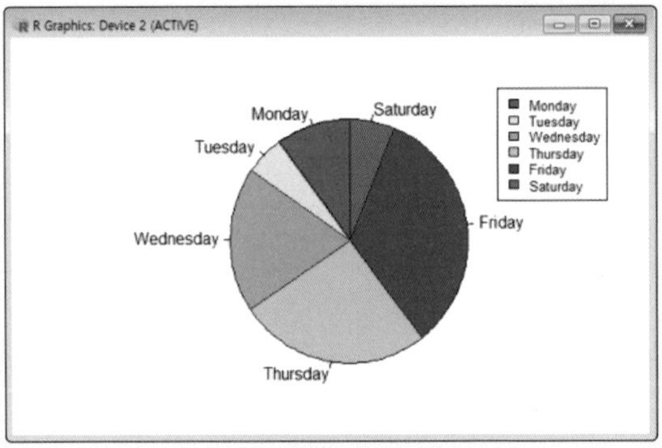

[그림 2-23] 개선된 파이그래프

다른 그래프도 중요하지만, 파이그래프는 특히 옵션을 활용하는 것이 중요하다. 파이그래프에서 옵션을 잘 사용하면 영향을 미치는 항목을 직관적으로 표현할 수 있다. 이제 파이그래프를 3차원으로 보여주는 방법을 공부해보자.

2.5.6 3차원 파이그래프

```
> install.packages("plotrix")     # 3차원 파이그래프를 위한 패키지 설치
> library(plotrix)                # 패키지의 사용 선언

# 파이그래프를 위한 데이터값을 설정한다.
> T_sales <- c(210, 110, 400, 550, 700, 130)
> week <- c("Monday", "Tuesday", "Wednesday", "Thursday", "Friday", "Saturday")
> ratio <- round(T_sales/sum(T_sales) * 100, 1)
> label <- paste(week,"\n",ratio, "%")

# 파이그래프를 그린다([그림 2-24] 참조).
> pie3D(T_sales,main="주간 매출 변동", col=rainbow(length(T_sales)), cex=0.8,
labels=label)
```

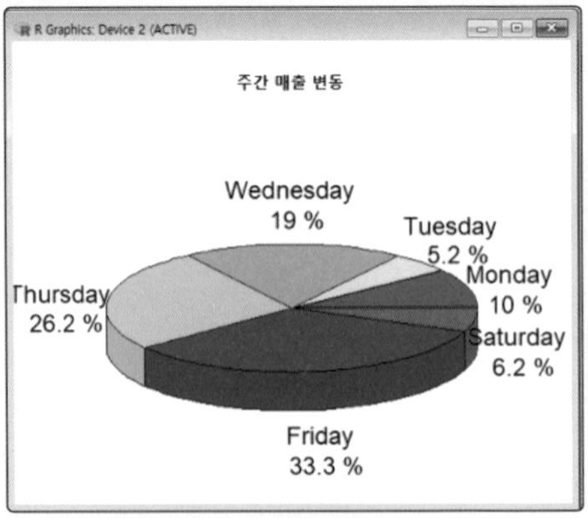

[그림 2-24] 3차원 파이그래프

연습 6 3차원 파이그래프를 예쁘게 다듬는 방법을 실습해 보자.

Label을 넣는 명령 수행

```
> legend(0.5,1,c("Mond", "Tue", "Wed", "Thu", "Fri", "Sat"), cex=0.8,
  fill=rainbow(length(T_sales)))
```

기본 명령어에 explode=0.05를 추가하면 그림이 좀 더 예뻐진다. 실습을 통해 확인해보자.

```
> pie3D(T_sales,main="주간 매출 변동", col=rainbow(length(T_sales)), cex=0.8,
  labels=label, explode=0.05)
```

2.5.7 박스 그래프

```
> abc                          # 그림을 그리기 위한 데이터를 정의한다.
[1] 110 300 150 280 310
> def
[1] 180 200 210 190 170
> ghi
[1] 210 150 260 210  70
> boxplot(abc,def,ghi)         # [그림 2-25] 참조
```

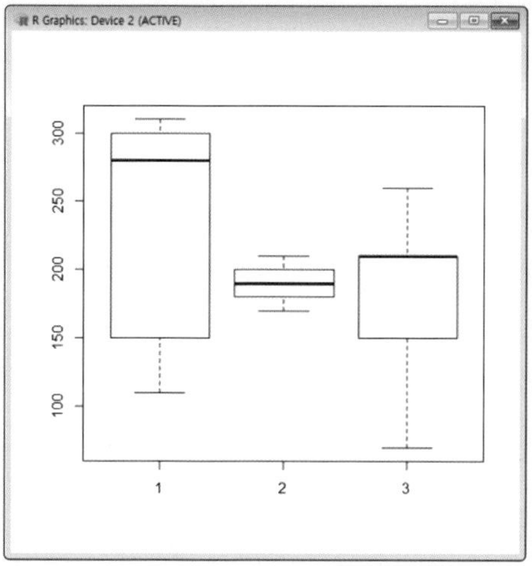

[그림 2-25] 박스 그래프 (1)

```
> boxplot(abc,def,ghi,col=c("yellow","cyan","green"),
+     names=c("BaseBall","SoccerBall","BeachBall"), horizontal=TRUE) # [그림 2-26] 참조
>
# col은 박스 내부의 색을 지정하는 데 사용한다.
# names는 각 막대의 이름을 지정하는 데 사용한다.
# horizontal=TRUE는 상자를 수평으로 그린다.
# range는 막대의 끝에서 사각형까지의 길이를 지정하고 width는 박스의 폭을 지정한다.
# notch=TRUE이면 상자의 허리를 가늘게 표시
```

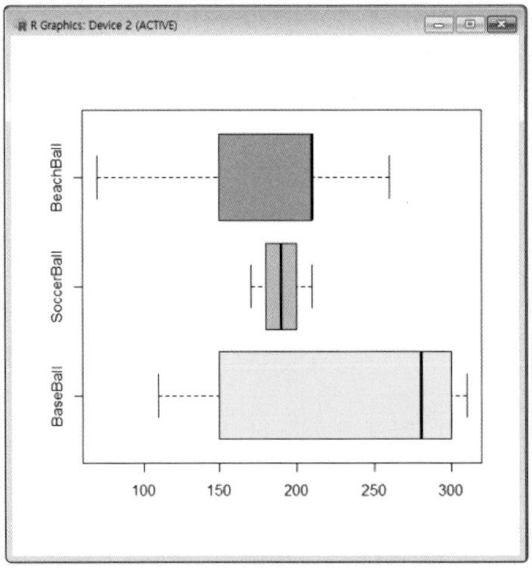

[그림 2-26] 박스 그래프 (2)

박스 그래프는 데이터가 어떤 범위에 걸쳐 존재하고 데이터를 대표하는 평균값이 데이터의 분포 중 어느 위치에 있는지 쉽게 파악할 수 있다. 특히, 이상값을 파악하는 방법으로 많이 사용한다. 즉, 특정 데이터가 전체 데이터의 범주를 벗어나는지, 얼마만큼 벗어나는지 등에 관한 것을 확인하기 위한 좋은 방법이다.

[그림 2-26]을 통해 확인할 수 있는 것은 다음과 같다.

- BeachBall은 평균이 한쪽에 치우치므로 매출이 꾸준하게 발생하지 않는다는 것을 알 수 있다.
- SoccerBall은 데이터의 범주도 작고 평균이 가운데에 있으므로 매출의 변동이 작고 꾸준하게 팔린다는 것을 알 수 있다.
- BaseBall은 데이터의 범주가 넓고 평균이 한쪽에 치우치므로 매출의 변동이 셋 중 가장 크고 팔릴 때는 많이 팔리는 경향이 있다는 것을 파악할 수 있다.

지금 시점에서 동일한 데이터를 이용해 표현한 박스 그래프와 막대 그래프를 비교해보고 각 그래프별로 어떤 점이 파악하기 쉽고, 파악하기 어려운지 생각해보자. 데이터 분석가에게는 데이터를 읽는 능력이 중요하다. 이번 기회에 그래프로 표현된 것을 분석하는 능력을 길러보자.

2.6 그래프의 부가적인 기능

앞에서 R의 그래픽 윈도우에 여러 개의 그림을 그리는 경우를 조절하는 데 필요한 `split.screen`, `par/mfrow` 명령어의 사용법과 데이터 분석가가 기본적으로 알아야 하는 막대, 점, 선, 파이, 박스 그래프를 그리는 방법에 대해 공부했다. 이번에는 좀 더 풍부한 그래픽을 그리기 위한 부가 기능을 설명한다.

2.6.1 R의 그래픽 윈도우 조절법

그래픽 명령에 따라 생성된 그래픽 윈도우를 지운 후 새로운 그래프를 그리는 방법을 공부한다.

```
> plot(1:10)   # 그림을 그린다. 그래픽 윈도우가 열린다.
# 현재의 그래픽 윈도우를 유지하고 새로운 그래픽 윈도우를 생성하지 않는다.
> par(new=T)
> plot(10:1)   # 현재의 그림 위에 새로운 그림을 추가한다([그림 2-27] 참조).
> plot.new()   # 그래픽 윈도우는 유지하고 그 안의 그래픽을 지운다.
> plot(1:100)  # 새로운 그래픽을 유지되고 있는 그래픽 윈도우에 그린다([그림 2-27] 참조).
```

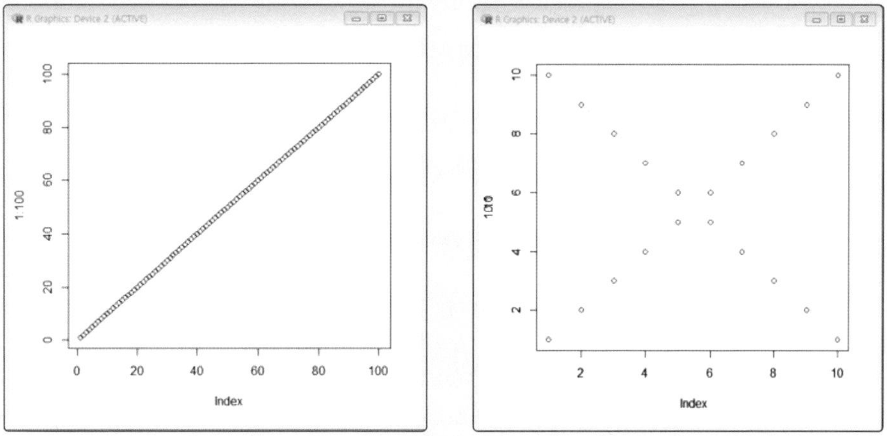

[그림 2-27] 그래프 다시 그리기 예

연습 7 다음 결과를 예측하고 실습해보자.

```
> plot.new()
> plot(-4:4, -4:4, type="n")                     # 점을 찍기 위한 바탕 사각형과 눈금을 그린다.
                                                 # 표시의 빨간색 점을 200개 그린다.
> points(rnorm(200), rnorm(200), pch="+", col="red")
>  par(new=T)                                    # 앞의 그림을 유지하라.
                                                 # 다음 그림을 그 위에 그려라.
>  points(rnorm(200), rnorm(200), pch="o", col="cyan")
```

2.6.2 꺾은선 그래프

R로 그래픽을 그리면서 꺾은선 그래프를 그리기 위해서는 lines 함수를 이용하면 된다. 이때 함수를 이용해 그림을 그리는 예를 보여준다.

```
> x <- c(1:10)
> y <- x*x
> plot(X, Y, type='n', main="Title")                # 그래프의 X, Y축과 제목을 출력한다.
> for(i in 1:5) lines(x, (y+i*5), col=i, lty=i) # 그래프를 출력한다. for문에서 5번 수행
```

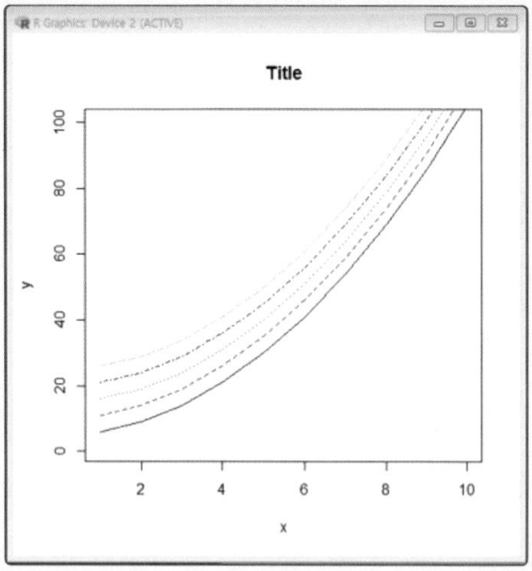

[그림 2-28] 함수를 사용한 그래픽 그리기

2.6.3 선분, 화살표, 사각형, 문자열, 직선

```
> x <- c(1,3,6,8,9)              # 그래픽을 위한 데이터를 구성한다.
> y <- c(12,56,78,32,9)
> plot(x, y)                      # 그래픽을 그린다([그림 2-29]의 오른쪽 참조).
```

여기까지가 일반 그래프를 그리는 과정이다. 지금부터는 그려진 그래프에 추가해 그래프를 그리는 방법을 설명한다.

```
# (6, 78)이 x의 세 번째와 y의 세 번째다(3과 4를 연결하는 선, [그림 2-29]의 오른쪽 참조).
> segments(6, 78, 8, 32)
> arrows(3, 56, 1, 12)            # 2와 1을 연결하는 화살표이다([그림 2-29]의 오른쪽 참조).
> rect(4,20, 6, 30, density=3) # 그래프상의 위치를 기준으로 (4,20)과 (6,30)을 연결
                                # 하는 사각형, 채우는 밀도는 3이다([그림 2-29]의 오른쪽 참조).
```

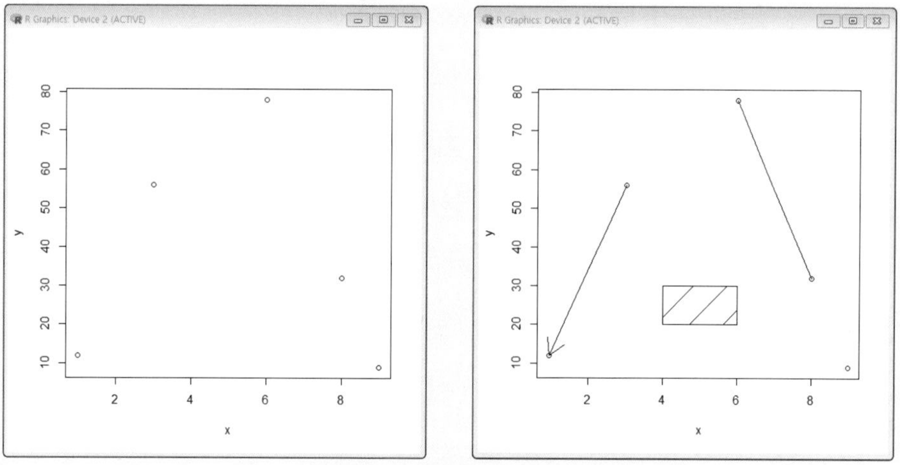

[그림 2-29] 추가 그래프 그리기 (1)

```
# 그래프 좌표로 (4, 40)이 중간이 되도록 해서 문자열 출력한다. 출력 각도는 55도다.
> text(4,40, "이것은 샘플이다.", srt=55)                # [그림 2-30] 참조
# 그래프의 위에 문자열을 출력한다.
> mtext("상단의 문자열이다.", side=3)
# 그래프의 오른쪽에 문자열을 출력한다.
> mtext("오른쪽의 문자열이다.", side=4, adj=0.3)
> box(lty=2, col="red")                              # 그림의 테두리를 빨간색으로 설정한다.
# X축을 Y축 40의 위치에 0~10까지의 범위로 빨간색(2)으로 표현한다.
> axis(1, pos=40, at=0:10, col=2)
> axis(2, pos=5, at=10:60)                           # Y축은 x의 5의 위치에 10~60까지 표현한다.
```

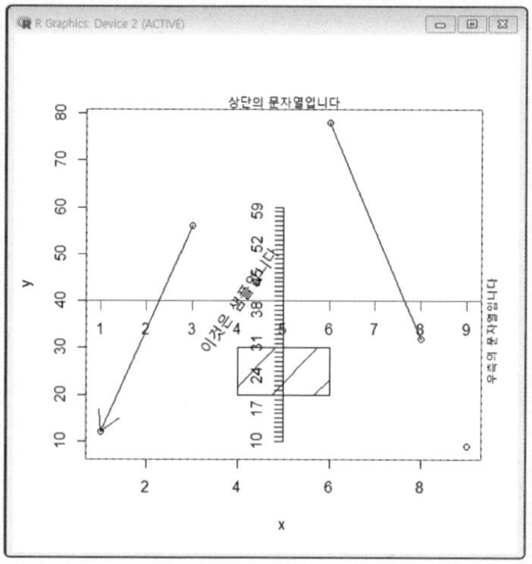

[그림 2-30] 추가 그래프 그리기 (2)

연습 8 다음 명령어를 보고 결과를 예측하고 실습해보자([그림 2-31] 참조).

```
> x <- c(1:10)
> y <- exp(x)
> plot(x, y, type='n', main="Title")
> for(i in 1:10) lines(x, (y+i*5), col=i, lty=i)
> y <- x*x
> plot(x, y, type='n', main="Title")
> for(i in 1:10) lines(x, (y+i*5), col=i, lty=i)

> mtext("Right Side Text", side=4, adj=0.5)
> abline(1:2)
> box(lty=2, col="red")
> axis(1, pos=50, at=0:10, col=2)
> axis(2, pos=6, at=0:100, col=3)
```

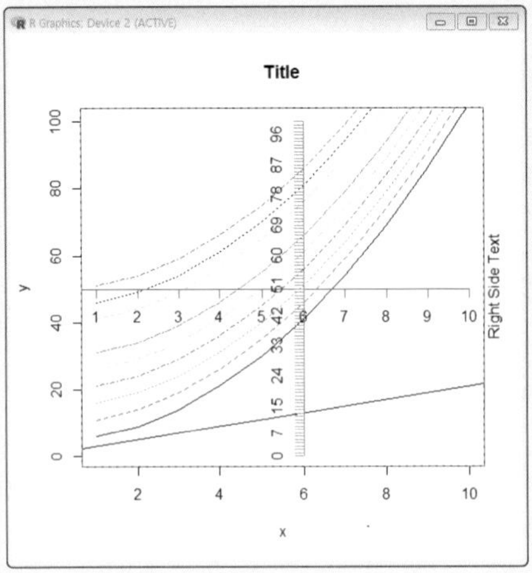

[그림 2-31] 추가 그래프 그리기 (3)

뉴스 2019년 데이터 분석가가 사용하는 도구 조사 결과

R 〉 파이썬 〉 SAS 〉기타 순으로 나타났고 머신러닝과 관련된 업무에 종사하는 데이터 분석가는 파이썬을 선호하고 일반 업무에 종사하는 데이터 분석가는 R을 사용한다. 일반 분석가 중 경력 7년 이하는 R을 주로 사용하고 7년 이상은 SAS를 사용한다.

2.6.4 2개의 그래프 조합하기

그려진 그래프에 다른 그래프를 추가하는 과정을 예제로 제시한다.

```
> x <- c(1,2,1,4,5,4,5,2,3,5,2,6,7,3,7,8,6,5,4,7,7,6,5,7,8,9,8)  # 데이터 선언
> par(mfrow=c(1,2))                                         # 최종 그림이 좌우 2개로 구성된다.
> hist(x)                                                   # 왼쪽 그림을 그린다([그림 2-32] 참조).
> hist(x, probability=T, main="Histogram with density line")  # 오른쪽 그림을 그린다.
> lines(density(x))       # 오른쪽 그림에 density를 보여주는 라인을 추가한다([그림 2-32] 참조).
```

2개의 그래프를 조합하는 것은 데이터 분석가가 자신의 의견을 그래프로 표현하기 위해 자주 사용하는 기술이다. R에서 제공하는 것 외에도 Excel이나 다른 그래픽 지원 도구를 사용해 그림을 그릴 수 있다.

2개의 그래프를 조합하면 설명하기 쉽고 사용자가 이해하기 쉬운 그림을 만들 수 있는 경우가 대부분이지만 만들기는 어렵다.

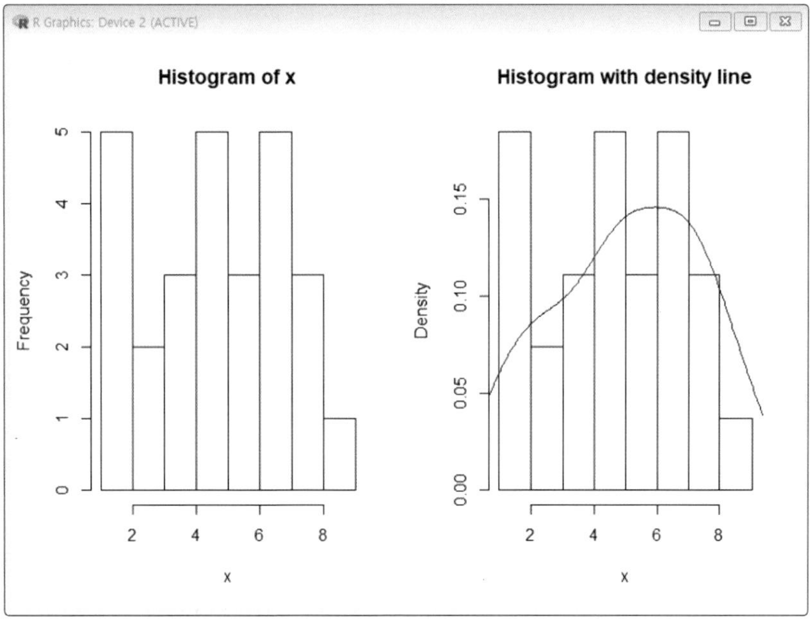

[그림 2-32] 2개의 그래프 조합

2.7 다양한 그래프 소개

기본적인 그래프만으로도 충분하다. 하지만 다른 사람과 차별되는 멋진 그림을 이용해 데이터가 가진 특성을 표현하는 것은 데이터 분석가로서 가치 있는 일이다. 이번에는 고급스럽고 멋진 그래프 중 R에서 별도의 설치 과정 없이 사용할 수 있는 그래프를 소개한다.

2.7.1 sunflowplot 그래프

```
> zz <- iris[1:2]                 # iris 데이터에서 Sepal.Length와 Sepal.Width를 뽑아낸다.
> sunflowerplot(zz)
# Sepal.Length와 Sepal.Width가 같은 것이 하나라면 점으로 표현하고, 많으면 빨간색으로 표현한다.
# 꽃잎의 크기가 커진다. 꽃잎이 여러 방향일수록 같은 것이 많다는 의미다.
```

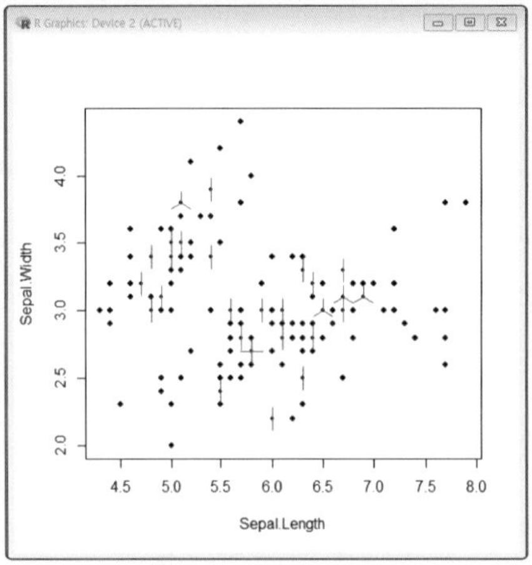

[그림 2-33] sunflowerplot 그래프

[그림 2-33]의 그래프에서 찾을 수 있는 것은 다음과 같다.

- 데이터에서 Sepal.Length와 Sepal.Width는 전체적으로 골고루 분포돼 있다. 그러므로 어느 한 쪽으로 치우치지 않는다.
- Sepal.Length가 5 정도이면 Sepal.Width는 3~3.5 정도의 값을 갖는 경우가 많다.
- Sepal.Length가 5.5~7 정도이면 Sepal.Width는 2.5~3 정도의 값을 가진다.
- 이외 빨간색 선으로 표현된 것은 동일한 값을 갖는 경우가 많다는 의미다.

여기서 언급한 것 외에 [그림 2-33]에서 얻을 수 있는 정보를 두 가지 이상 생각해보자.

2.7.2 stars 그래프

특정 항목에 영향을 미치는 요인을 종합적으로 정리해 보여줄 수 있는 그래프다.

사용할 데이터는 자동차마다 갖는 특징을 정리한 데이터다. 이를 바탕으로 특정 자동차에 관심 있는 분야가 미치는 영향을 그림으로 그릴 수 있다.

```
> data(mtcars)                    # mtcars 데이터의 사용을 선언한다.
> head(mtcars)
                   mpg  cyl  disp  hp   drat  wt    qsec  vs  am  gear carb
Mazda RX4          21.0 6    160   110  3.90  2.620 16.46 0   1   4    4
Mazda RX4 Wag      21.0 6    160   110  3.90  2.875 17.02 0   1   4    4
Datsun 710         22.8 4    108   93   3.85  2.320 18.61 1   1   4    1
Hornet 4 Drive     21.4 6    258   110  3.08  3.215 19.44 1   0   3    1
Hornet Sportabout 18.7 8    360   175  3.15  3.440 17.02 0   0   3    2
Valiant            18.1 6    225   105  2.76  3.460 20.22 1   0   3    1

> stars(mtcars[1:4]) # 네 가지 항목(mpg, cyl, disp, hp)만으로 그림을 그린다([그림 2-34] 참조).
```

그림을 통해 각 자동차마다 고려되는 네 가지 요인이 어느 정도 영향을 미치는지 한눈에 확인할 수 있다.

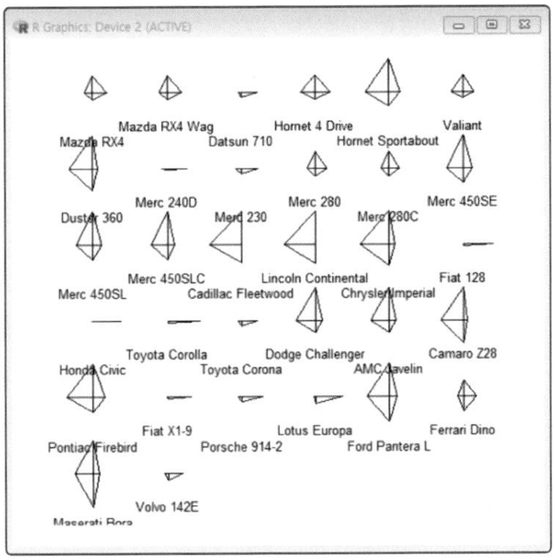

[그림 2-34] star 그래프

[그림 2-34]의 그래프에서 찾을 수 있는 것은 다음과 같다.

- mpg, cyl, disp, hp만을 고려하면 Honet Spotabout과 Pontiaq Firebird가 가장 균형 잡힌 자동차다.

이외에 [그림 2-34]에서 얻을 수 있는 정보를 두 가지 이상 생각해보자.

2.7.3 모자이크 그래프

```
# Titanic 데이터는 1,2,3등급 선실과 직원선실(Crew) 그리고 성별, 나이별, 생존에 대한
# 데이터이다. 데이터의 모양은 다음과 같다.
> Titanic
, , Age = Child, Survived = No                         # Child 중 죽은 경우

      Sex
Class   Male  Female
   1st     0       0
   2nd     0       0
   3rd    35      17                                   # 전부 3등칸에서 발생했다.
  Crew     0       0

, , Age = Adult, Survived = No # Adult 중 죽은 경우

      Sex                                              # 골고루 발생했는데, 선원의 피해가 크다.
Class   Male  Female
   1st   118       4
   2nd   154      13
   3rd   387      89
  Crew   670       3

, , Age = Child, Survived = Yes                        # 여기는 한번 읽어보자.

      Sex
Class   Male  Female
   1st     5       1
   2nd    11      13
   3rd    13      14
  Crew     0       0

, , Age = Adult, Survived = Yes

      Sex
Class   Male  Female
   1st    57     140
   2nd    14      80
   3rd    75      76
  Crew   192      20

> str(Titanic)                                         # 데이터의 모양을 확인한다.
 table [1:4, 1:2, 1:2, 1:2] 0 0 35 0 0 0 17 0 118 154 ...
 - attr(*, "dimnames")=List of 4
  ..$ Class   : chr [1:4] "1st" "2nd" "3rd" "Crew"
  ..$ Sex     : chr [1:2] "Male" "Female"
  ..$ Age     : chr [1:2] "Child" "Adult"
  ..$ Survived: chr [1:2] "No" "Yes"

> mosaicplot(Titanic, main="Titanic Data, Class,Sex,Age,Survival", col=TRUE)
```

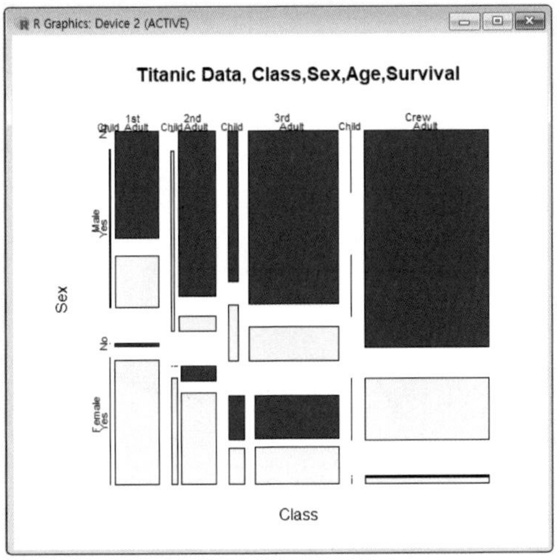

[그림 2-35] 모자이크 그래프

앞에서 데이터를 읽었던 것이 모자이크 그래프에서 어떻게 표현되는지 살펴보자. 데이터가 3차원 이상인 경우, 이를 표현하는 좋은 방법으로 모자이크 그래프를 많이 사용한다.

2.7.4 persp, contour 그래프

실무에서 잘 사용하지는 않지만, R의 그래픽을 공부하면서 3차원 그림을 생략할 수는 없다. 따라서 기본적으로 제공하는 3차원 그래픽을 소개한다.
다음 예를 수행해보면 멋진 그림이 그려진다. 이들 함수에 대해서는 의미를 설명하지 않고 그냥 멋진 그림이 그려진 것에 만족하기 바란다.

```
> x1 = seq(-3, 3, length=50)  # R에서는 =과 <-이 동일하다.
> x2 <-seq(-4, 4, length=60)
> f <- function(x1, x2) {
+    x1^2 + x2^2 + x1*x2
+ }
> y = outer(x1,x2, FUN=f)
> persp(x1, x2, y)              # 그림 [2-36] 참조
>
```

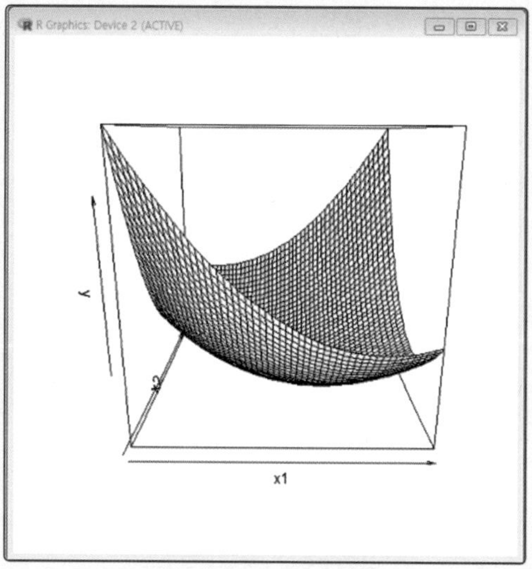

[그림 2-36] persp 그래프

```
# x1, x2, f는 위와 동일한 값을 사용한다. 다음 그래프를 참조한다.
> contour(x1, x2, y)          # contour는 등고선을 그리는 기능을 제공한다. 간혹 사용된다.
```

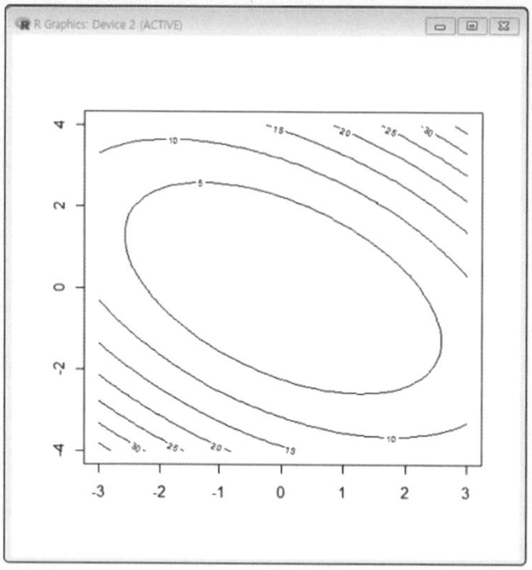

참고 R에서 제공하는 다양한 그래프 함수 정리

R에서 제공하는 모든 그래픽 명령어를 정리하는 것은 불가능하다. 다만, 중요하다고 생각한 것의 이름과 기능, 개요만 정리한다. 관심이 있는 분은 매뉴얼이나 기타 정보를 활용해 공부하기 바란다.

함수명	기능 및 사용 예
stripchart()	벡터 데이터로 1차원 산포도를 그린다. >stripchart(y-x, xlab="year", ylab="amount"
fourfoldplot()	배열과 행렬 데이터로 1개 변수에 대한 2개 변수 간의 관계 그래프를 그린다.
mosaicplot()	배열, 행렬, 리스트로 분할표 데이터의 결과를 그림으로 보인다.
assocplot()	행렬 데이터에 대한 그래프를 그린다.
symbol()	다변량 정보에 대한 그림을 그린다.
pair()	행렬 데이터에 대한 산포도를 그린다.
cocoplot()	3개 이상의 변량이 포함될 때 공변량 그래프를 그린다.
image()	3차원 그래프를 그린다.

2.8 패키지를 사용한 그래프 그리기

R에서 기본적으로 제공하는 그래픽 기능이 아니라 별도의 설치로 사용할 수 있는 그래픽 기능을 설명한다. 너무 많은 패키지가 나와 있기 때문에 전체를 소개하는 것은 어렵고 가장 많이 사용하는 패키지인 lattice, ggplot2와 유용하게 사용할 수 있는 plot3D를 소개한다. 이중 ggplot2는 많이 쓰이고 중요하며 설명할 양이 많아 별도의 장으로 분리했다.

2.8.1 plot3D 패키지

간혹 유용하게 사용할 수 있는 3차원 그래픽 패키지인 plot3D를 소개한다. 그래픽의 기능도 중요하지만, 그래프를 그리는 방법이 매번 명령어를 입력하는 것이 아니라 변수를 받는 함수의 형태로 만들어 변수만 바꿔 반복 수행하는 과정을 보여주는 것에 의미가 있다.
실제 데이터 시각화를 수행할 때는 다음 예와 같이 함수의 형태로 만들어 배치로 수행하는 과정을 거치므로 다음 예를 관심 있게 살펴보자.
`plot3DfishData`라는 함수를 배치 형태로 만들고 이를 전체 수행의 형태로 실행한다.

```
> plot3DfishData <- function(X, Y, z, data=iris)    # X, Y, z 값을 넘겨받는다. 데이터는
iris
+ {
+   require("scatterplot3d")                        # 필요한 패키지 선언, 없으면 미리 설치할 것
+   fish.variable <- colnames(data)                 # iris의 칼럼 이름을 fish.variable에 넣는다.
+   scatterplot3d(data[,x], data[,y], data[,z],     # 그림을 그릴 데이터 설정
+        color=c("blue", "black", "red", "green", "turquoise")        # 색 선정
+        [data$Species]                             # Species에 대해 그래프를 그린다.
+       , pch=19, xlab=fish.variable[x], ylab=fish.variable[y],       # 변수 설정
+        zlab=fish.variable[z])
+ }

> par(mfrow=c(2,2))           # 전체 그림은 2x2의 4개 그림으로 구성된다.
> plot3DfishData(1,2,5)       # 첫 번째 그림은 Sepal.Length, Sepal.Width, Species 사용
> plot3DfishData(1,2,3)       # 두 번째는 Speal.Length, Sepal.Width, Petal.Width 사용
> plot3DfishData(3,4,5)       # 세 번째 그림
> plot3DfishData(2,3,5)       # 네 번째 그림
>
```

최종적으로 4개의 그림이 하나씩 그려지고 전체 4개가 모여 하나의 그래프를 구성한다.

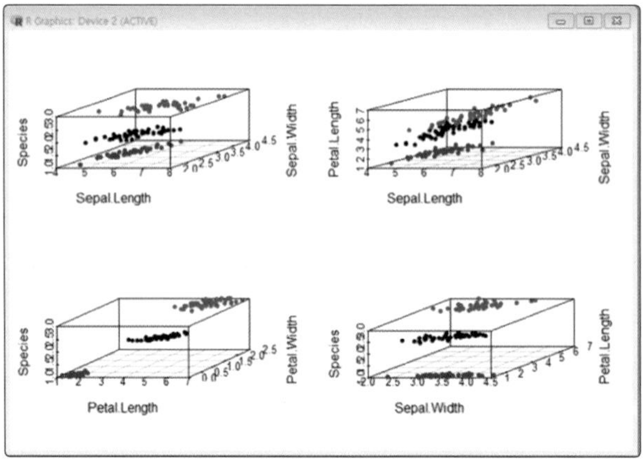

[그림 2-37] plot3D 그래프

2장의 핵심 내용은 위의 예와 같이 그림을 그리고자 하는 경우, 이를 함수로 만들고 이를 변수만을 바꿔 반복 수행하는 과정을 거치는 것이다. 물론, 3D 산점도를 그리는 방법을 아는 것이 중요하다.

2.8.2 lattice 패키지

이번에는 lattice 패키지를 소개한다. 다음 과정을 따라 하나씩 수행하다 보면 자연스럽게 패키지의 사용법을 익히게 된다.

```
> install.packages("lattice")                # 패키지를 설치한다.
> library(lattice)                           # 사용하겠다고 선언한다.
> data(quakes)                               # quakes 데이터를 사용하겠다고 선언한다.

> head(quakes)                               # quakes 데이터의 모습을 확인한다.
     lat   long  depth  mag stations
1 -20.42 181.62    562  4.8       41
2 -20.62 181.03    650  4.2       15
3 -26.00 184.10     42  5.4       43
4 -17.97 181.66    626  4.1       19
5 -20.42 181.96    649  4.0       11
6 -19.68 184.31    195  4.0       12

> str(quakes)                                # quakes 데이터의 구조를 파악한다.
'data.frame'  : 1000 obs. of 5 variables:
 $      lat : num  -20.4 -20.6 -26  -18 -20.4  ...
 $     long : num   182  181  184  182  182    ...
 $    depth : int   562  650   42  626  649 195  82 194 211  622  ...
 $      mag : num   4.8  4.2  5.4  4.1    4   4 4.8 4.4 4.7  4.3  ...
 $ stations : int    41   15   43   19   11  12  43  15  35   19  ...

# 그림을 위해 필요한 정보를 얻는 과정
> mini <- min(quakes$depth)                  # quakes의 depth 값 중 최솟값을 얻는다.
> maxi <- max(quakes$depth)                  # quakes의 depth 값 중 최댓값을 얻는다.
> mini
[1] 40
> maxi
[1] 680
>
> r <- ceiling((maxi-mini)/8)                # 그래프를 위한 구간값을 구한다.
> inf <- seq(mini, maxi,r)
> r                                          # 각 구간의 폭은 80이다.
[1] 80
> inf                                        # 구간을 만든다.
[1] 40 120 200 280 360 440 520 600 680

> quakes$depth.cat <- factor(floor((quakes$depth-mini)/r), labels = paste(inf, inf
+ r, sep = "-"))                             # 그림을 위한 새로운 변수를 생성한다.

# lat, long을 축으로 depth.cat에 대해 그림을 그린다([그림 2-38] 참조).
> xyplot(lat~long | depth.cat, data=quakes, main="EarthQuake Data")
>
```

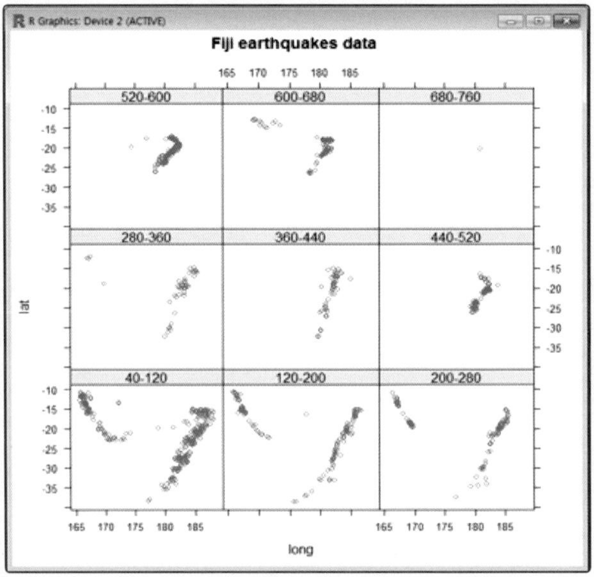

[그림 2-38] lattice 그래프 (1)

```
# 앞의 예와 동일한 과정을 수행한 후 그래프를 그리는 부분만 다음과 같이 변경한다.
> cloud(mag~lat*long, data=quakes, sub="Magnitude With Longitude and Lattide")
```

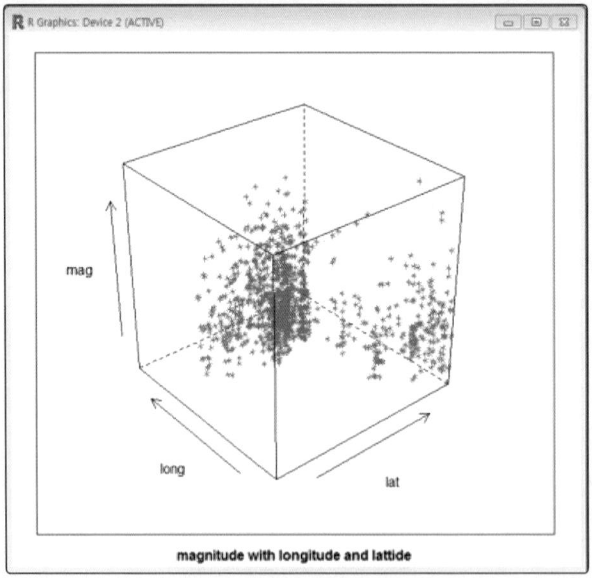

[그림 2-39] lattice 그래프 (2)

```
# 앞의 예와 동일한 과정을 수행한 후 그래프를 그리는 부분만 다음과 같이 변경한다.
> splom(quakes[, 1:4])
```

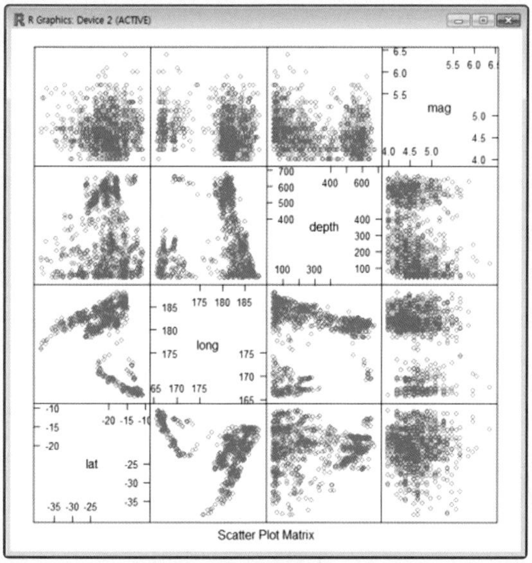

[그림 2-40] lattice 그래프 (3)

```
# 앞의 예와 동일한 과정을 수행한 후 그래프를 그리는 부분만 다음과 같이 변경한다.
> bwplot(mag~depth.cat, data=quakes, main="Depth and Strength Relationship")
```

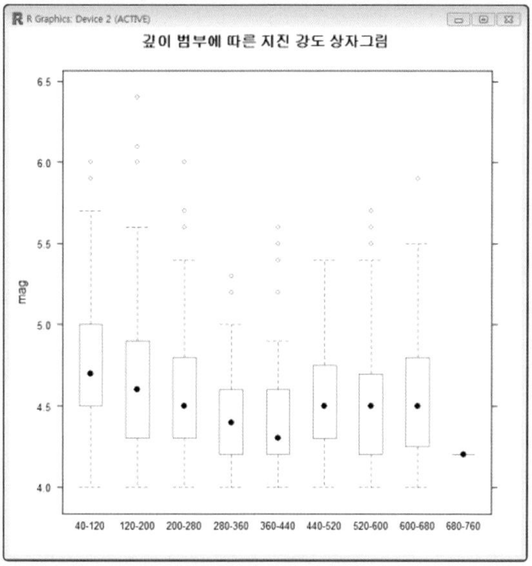

[그림 2-41] lattice 그래프 (4)

lattice 패키지는 그래프의 품질도 좋고 사용하기도 쉽다. 따라서 데이터 분석가가 알아둬야 한다. lattice 그래픽을 마치기 전에 lattice 그래픽의 그림이 갖는 의미를 되새겨보는 것이 중요하다. 지면 관계상 그림마다 어떤 의미가 있는지 설명하지는 않았지만, 지금까지의 과정을 바탕으로 충분히 이해할 수 있으리라 생각한다.

연습 9 우리가 익숙한 Iris 데이터를 바탕으로 다음 작업을 수행해보라. 그리고 그래프의 의미를 설명하라.

```
> cloud(Species~Sepal.Length+Petal.Length, data=iris, main="IRIS Data View")

> splom(iris[,1:4])

> bwplot(Sepal.Length~Sepal.Width, data=iris)
```

2.9 패키지를 사용한 그래프 그리기 – ggplot2 패키지

ggplot2는 R의 그래픽 패키지 중 가장 많이 사용하는 것이다. 데이터 분석가로서 데이터 시각화(Visualization)에 관심이 있다면 ggplot2를 익혀야 한다. 이번에는 ggplot2를 이용한 그래픽 그리기 과정과 응용 그래픽의 다양한 예를 소개한다. 마지막으로 이미 익숙한 iris 데이터를 대상으로 ggplot2를 이용해 멋진 그림을 그려본다.

2.9.1 ggplot2 그래픽 그리기 – 12가지 경우에 따른 사례 제시

데이터의 준비 및 관련 설명

```
> install.packages("ggplot2")                # 패키지를 설치한다.
> library(ggplot2)                           # 패키지를 사용할 수 있게 준비한다.

# ggplot2 그래픽에 사용할 데이터의 모습을 보여준다. 데이터의 모습을 정확하게 이해해야만
# 그래픽을 이용해 표현하는 것의 의미를 파악할 수 있다.
# 사용할 데이터는 5만 개 이상의 다이아몬드에 대해 열 가지 항목의 자료를 정리한 것이다.
# 데이터의 모습을 확인하고 이해하자.

> diamonds                                   # 사용할 데이터의 모습을 보여준다.
# A tibble: 53,940 x 10
   carat  cut     color  clarity depth  table  price  x      y      z
   <dbl>  <ord>   <ord>  <ord>   <dbl>  <dbl>  <int>  <dbl>  <dbl>  <dbl>
   1  0.230  Ideal   E      SI2     61.5   55.    326    3.95   3.98   2.43
   2  0.210  Premium E      SI1     59.8   61.    326    3.89   3.84   2.31
   3  0.230  Good    E      VS1     56.9   65.    327    4.05   4.07   2.31
   4  0.290  Premium I      VS2      62.4  58.    334    4.20   4.23   2.63
```

```
... with 53,930 more rows                   # 5만 개 이상의 데이터가 있다.
# 데이터 항목의 설명 - 중요한 부분이다. 그래프의 의미를 이해하는 데 필수다.
# carat: 다이아몬드의 무게(0.2~5.01)
# cut: 절삭의 품질
# color: 다이아몬드의 색(J(최하)~D(최상))
# clarity: 다이아몬드의 투명성 정도. (I1(최하), SI2, SI1, VS2, VS1, WS2, WS1, IF(최상))
# depth: 전체적인 깊이  2 * z/(x+y)(43-79)
# table: 다이아몬드의 품질 범위(43~95), 예제 데이터는 table의 범위가 43~79이다.
# x: 길이(0~10.74)
# y: 폭(0~58.9)
# z: 깊이(0~31.8)

> g <- diamonds[order(diamonds$table),]
> head(g)                                   # table의 가장 작은 값은 43
# A tibble: 6 x 10
   carat  cut     color   clarity depth  table  price  x      y      z
   <dbl>  <ord>   <ord>   <ord>   <dbl>  <dbl>  <int>  <dbl>  <dbl>  <dbl>
 1 1.04   Ideal   I       VS1     62.9   43.    4997   6.45   6.41   4.04
 2 0.290  Very    Good    E       VS1    62.8   44.    474    4.20   4.24   2.65
> tail(g)   # table의 가장 큰 값은 79
# A tibble: 6 x 10
   carat  cut     color   clarity depth  table price   x      y      z
   <dbl>  <ord>   <ord>   <ord>   <dbl>  <dbl> <int>   <dbl>  <dbl>  <dbl>
 1 0.710  Fair    D       VS2     55.6   73.    2368   6.01    5.96  3.33
 2 0.500  Fair    E       VS2     79.0   73.    2579   5.21    5.18  4.09
>                                           # 나머지 데이터의 범위와 특성은 각자 확인한다.
```

이후에는 그래픽을 그리는 방법을 집중적으로 설명한다. 하지만 독자들이 그래픽을 그리는 방법을 실습한 후에는 반드시 각 그래프가 어떤 의미를 갖는지 데이터의 구성을 바탕으로 설명할 수 있어야 한다. 제공된 그림에 대해 개별적으로 많은 설명을 제공하지는 않지만, 12개의 케이스별로 어떤 의미를 발견할 수 있는지 생각해보자.

뉴스 빅데이터의 특성

우리는 IoT에 기반을 둔 빅데이터의 시대에 살고 있다. 빅데이터의 특성은 다음과 같다.

- Volumn: 데이터의 양
- Velocity: 데이터가 생성되는 속도
- Variety: 데이터의 다양성
- Veracity: 데이터의 정확성

1번 케이스: 가장 기본적인 그래픽 그리기

```
# 그림을 그리기 위해 데이터(diamond)와 X, Y를 지정한다.
> gg <- ggplot(diamonds, aes(x=carat, y=price))
> gg+geom_point()                # 그림을 그린다.
```

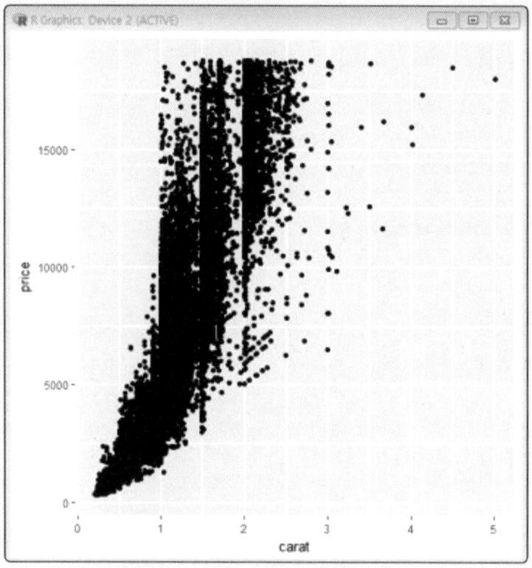

[그림 2-42] ggplot2 그래프 (1)

2번 케이스

```
# Carot이 커지면 가격은 급격히 비싸진다.
# 적은 Carot은 가격이 특정 범위에 집중되지만, 큰 Carot은 가격이 집중되는 정도가 약하다.
# Carot이 커진다고 해서 반드시 비싸다고 볼 수는 없다. 등을 파악할 수 있다.

<2번 케이스>: 그래픽 다듬기(size, shape, color, stroke 사용)
# 그림을 그리기 위해 데이터(diamond)와 X, Y를 지정한다.
> gg <- ggplot(diamonds, aes(x=carat, y=price))

# size는 점의 크기,
# shape 1은 원, 2는 삼각형,
# stroke는 각 점의 외곽선 두께를 말한다.
> gg+geom_point(size=1, shape=2, color="steelblue",stroke=1)
```

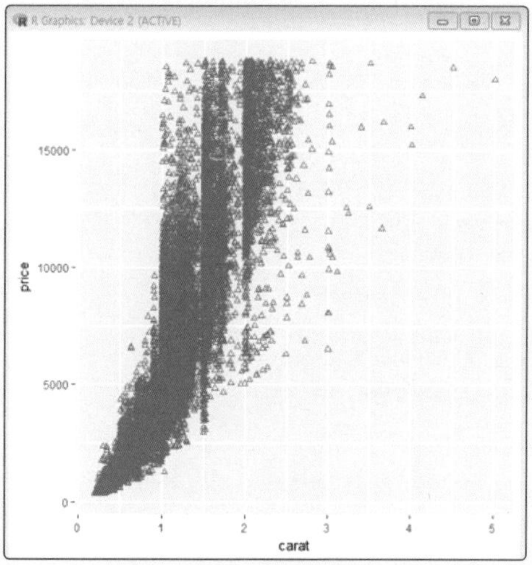

[그림 2-43] ggplot2 그래프 (2)

3번 케이스

```
# 그림을 보기 쉽게 하기 위해 점의 모양, 크기, 두께 등을 변경하는 방법을 설명한다.

<3번 케이스>: 그래픽 다듬기(aes를 활용한 주석 달기)
# 그림을 그리기 위해 데이터(diamond)와 X, Y를 지정한다.
> gg <- ggplot(diamonds, aes(x=carat, y=price))

# 크기는 carat의 숫자, 모양은 cut의 종류에 따라 다르게 보인다.
# 색은 color에 따라, 외곽선은 carat에 따라 그림을 그려라.
> gg+geom_point(aes(size=carat, shape=cut, color=color, stroke=carat))
```

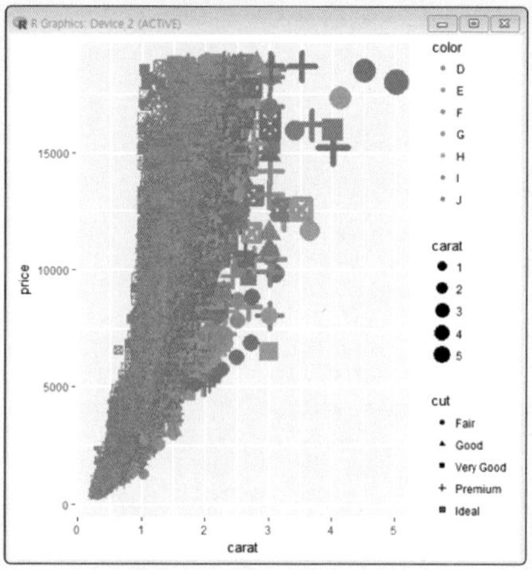

[그림 2-44] ggplot2 그래프 (3)

4번 케이스

다이아몬드의 color, carat, cut에 따라 다른 모양을 보여주는 예이다. 다양한 속성을 동시에 고려해 그래프에 반영할 수 있다는 것을 보여준다.

```
<4번 케이스>: 그래픽 다듬기(Title, x/Y축의 명칭 변경)
# 주어진 gg 환경에 color는 color의 값에 따라 그림을 그리고 gg1에 할당
# 이외 나머지 조건은 기본 설정을 사용한다.
> gg1 <- gg +geom_point(aes(color=color))

# gg1에 할당된 그림에 Title을 붙이고 이를 출력하라.
> gg2 <- gg1 + labs(title="Diamonds", x="Carat Layer", y="Price Layer")
> print(gg2)
>
```

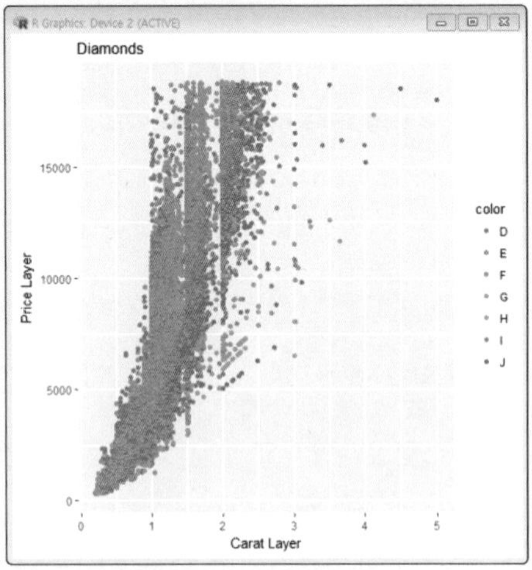

[그림 2-45] ggplot2 그래프 (4)

5번 케이스

carat과 price가 color에 따라 어떻게 변화하는지를 보여주는 그래프다.
그래프 축의 이름과 그래프의 제목을 추가하는 방법을 보여준다.

```
<5번 케이스>: 그래픽 다듬기(제목이나 글자의 색 변경)
# 앞의 예에 이어서 글자의 색을 변경하는 경우다.
# 기본인 검은색을 붉은색으로 변경한다.
> gg1 <- gg +geom_point(aes(color=color))
> gg2 <- gg1 + labs(title="Diamonds", x="Carat", y="Price")
> gg2 + theme(text=element_text(color="red"))
```

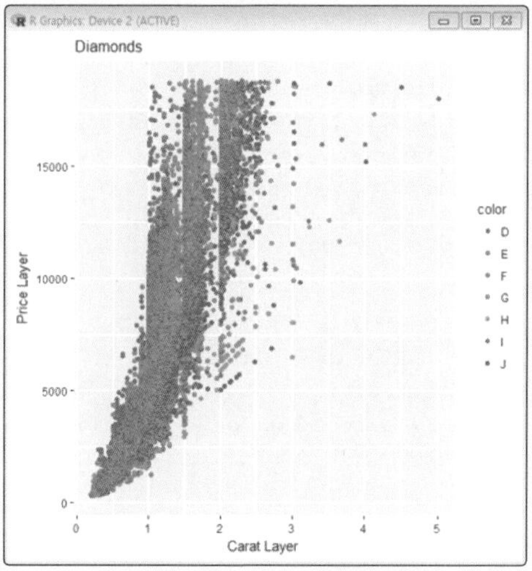

[그림 2-46] ggplot2 그래프 (5)

6번 케이스: 그래픽 다듬기(Title, X/Y축의 크기 변경)

```
> gg1 <- gg +geom_point(aes(color=color))
> gg2 <- gg1 + labs(title="Diamonds", x="Carat", y="Price")
> gg3 <- gg2 + theme(plot.title=element_text(size=25),
+ axis.title.x=element_text(size=20), axis.title.y=element_text(size=20),
+ axis.text.x=element_text(size=15), axis.text.y=element_text(size=15))
> print(gg3)
```

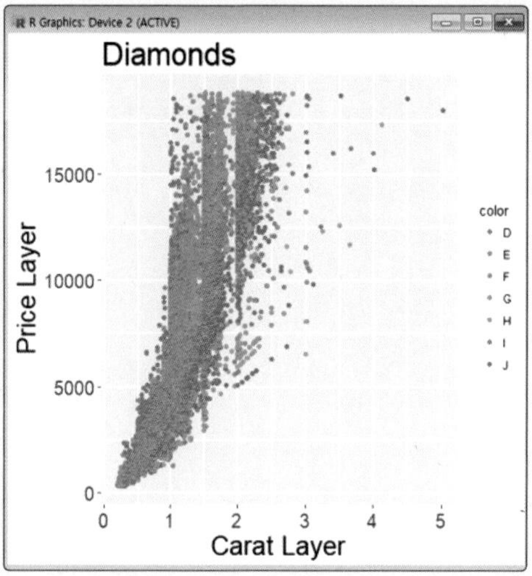

[그림 2-47] ggplot2 그래프 (6)

7번 케이스: 그래픽 다듬기(6번 케이스에 제목을 추가로 넣는 방법)

```
> gg1 <- gg +geom_point(aes(color=color))
> gg2 <- gg1 + labs(title="Diamonds", x="Carat", y="Price")
> gg3 <- gg2 + theme(plot.title=element_text(size=25),
+ axis.title.x=element_text(size=20), axis.title.y=element_text(size=20),
+ axis.text.x=element_text(size=15), axis.text.y=element_text(size=15))
> print(gg3)
>
# 위에서 그린 그림의 Title의 내용과 폰트 크기와 색을 바꾸는 방법이다.
# 다음 명령은 gg3에 추가하는 것이다. 그러므로 gg3의 원래
# 속성은 변하지 않는다(예 Title = Diamonds).
> gg3 + labs(title="Plot Title \nSecond Line of Plot Title") +
+ theme(plot.title=element_text(face="bold", color="steelblue", lineheight=1.2))
>
```

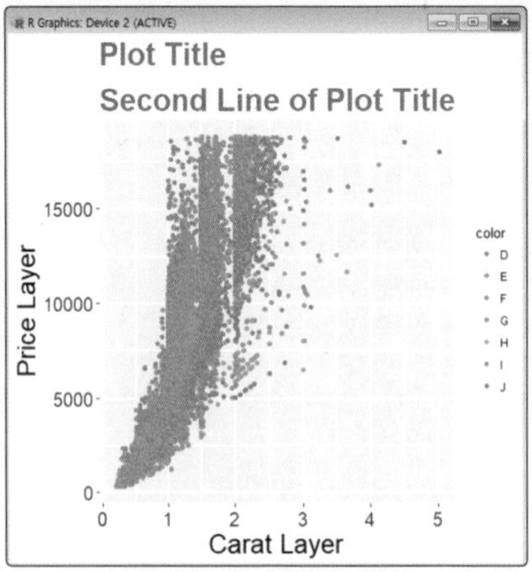

[그림 2-48] ggplot2 그래프 (7)

8번 케이스: 그래픽 다듬기(6번 케이스에 추가로 Legend 색상을 변경하는 방법)

```
> gg1 <- gg +geom_point(aes(color=color))
> gg2 <- gg1 + labs(title="Diamonds", x="Carat", y="Price")
> gg3 <- gg2 + theme(plot.title=element_text(size=25),
+ axis.title.x=element_text(size=20), axis.title.y=element_text(size=20),
+ axis.text.x=element_text(size=15), axis.text.y=element_text(size=15))
> print(gg3)
# 위에서 그린 그림의 Legend의 색상을 바꾸는 방법이다.
# 다음 명령은 gg3에 추가하는 것이다. 그러므로 gg3의 원래
# 속성은 변하지 않는다(예 Title = Diamonds).
> gg3 + scale_colour_manual(name='Legend',
+ values=c('D'='grey', 'E'='red', 'F'='blue', 'G'='yellow',
+ 'H'='black', 'I'='green', 'J'='firebrick'))
>
```

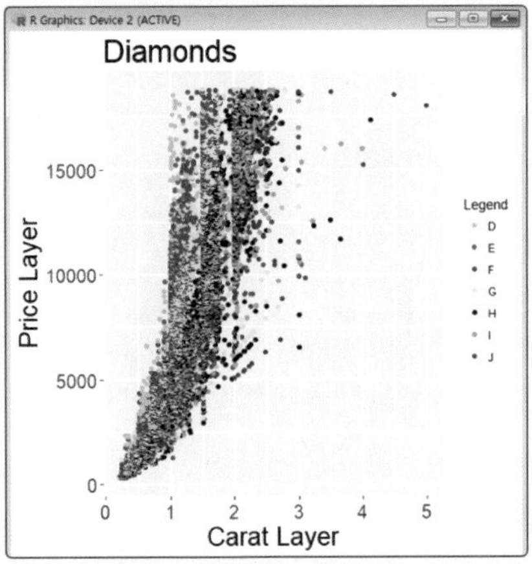

[그림 2-49] ggplot2 그래프 (8)

9번 케이스: 그래픽 다듬기(6번 케이스에 추가로 X, Y축의 범위를 변경하는 방법)

```
> gg1 <- gg +geom_point(aes(color=color))
> gg2 <- gg1 + labs(title="Diamonds", x="Carat", y="Price")
> gg3 <- gg2 + theme(plot.title=element_text(size=25),
+ axis.title.x=element_text(size=20), axis.title.y=element_text(size=20),
+ axis.text.x=element_text(size=15), axis.text.y=element_text(size=15))
> print(gg3)
# 위에서 그린 그림의 X, Y축의 범위를 바꾸는 방법이다.
# 다음 명령은 gg3에 추가하는 것이다. 그러므로 gg3의 원래
# 속성은 변하지 않는다(예 Title = Diamonds).
> gg3 + coord_cartesian(xlim=c(0,3), ylim=c(0, 5000)) + geom_smooth()
```

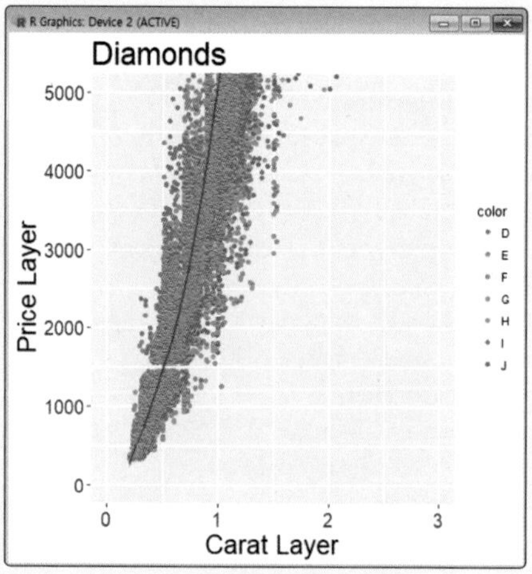

[그림 2-50] ggplot2 그래프 (9)

10번 케이스: 그래픽 다듬기(X, Y축을 변경하는 방법)

```
> gg1 <- gg +geom_point(aes(color=color))
> gg2 <- gg1 + labs(title="Diamonds", x="Carat", y="Price")
> gg3 <- gg2 + theme(plot.title=element_text(size=25),
+ axis.title.x=element_text(size=20), axis.title.y=element_text(size=20),
+ axis.text.x=element_text(size=15), axis.text.y=element_text(size=15))
> print(gg3)
>
# 위에서 그린 그림의 X축과 Y축을 바꾼다.
# 속성은 변하지 않는다(예 Title = Diamonds).
> gg3 + coord_flip()
```

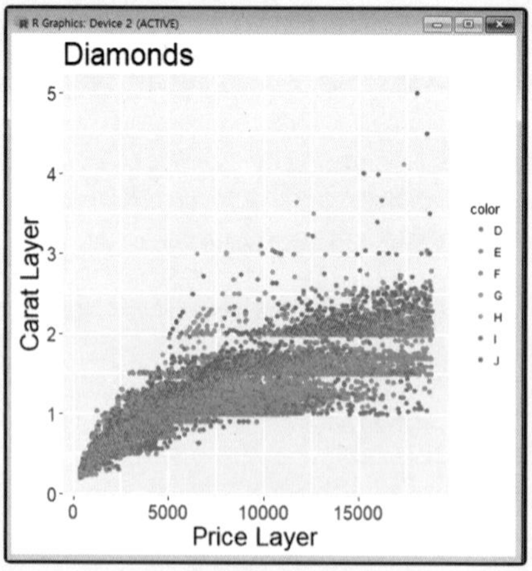

[그림 2-51] ggplot2 그래프 (10)

11번 케이스: 그래픽 다듬기(배경색을 설정하는 방법)

```
> gg1 <- gg +geom_point(aes(color=color))
> gg2 <- gg1 + labs(title="Diamonds", x="Carat", y="Price")
> gg3 <- gg2 + theme(plot.title=element_text(size=25),
+ axis.title.x=element_text(size=20), axis.title.y=element_text(size=20),
+ axis.text.x=element_text(size=15), axis.text.y=element_text(size=15))
> print(gg3)
>
# 위에서 그린 그림의 배경과 그림의 크기를 변경한다.
# 속성은 변하지 않는다(예 Title = Diamonds).
> gg3 + theme(plot.background=element_rect(fill="yellowgreen"),
+ plot.margin = unit(c(2, 4, 1, 3), "cm"))
>
```

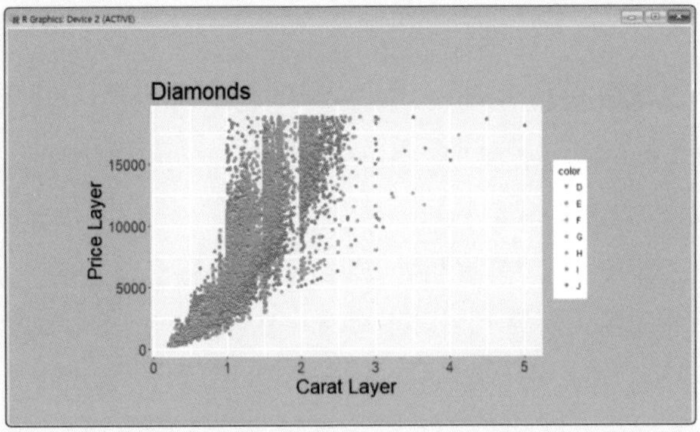

[그림 2-52] ggplot2 그래프 (11)

12번 케이스: 그래픽 다듬기(X축 선을 추가하는 방법)

```
> gg1 <- gg +geom_point(aes(color=color))
> gg2 <- gg1 + labs(title="Diamonds", x="Carat", y="Price")
> gg3 <- gg2 + theme(plot.title=element_text(size=25),
+ axis.title.x=element_text(size=20), axis.title.y=element_text(size=20),
+ axis.text.x=element_text(size=15), axis.text.y=element_text(size=15))
> print(gg3)
>
# 위에서 그린 그림에 추가 선을 그린다. 속성은 변하지 않는다(예 Title = Diamonds).
> p1 <- gg3 + geom_hline(yintercept=5000, size=2, linetype="dotted", color="blue")
> print(p1)
#> p2 <- gg3 + geom_vline(xintercept=4, size=2, color="firebrick") ... 추가해보자.
```

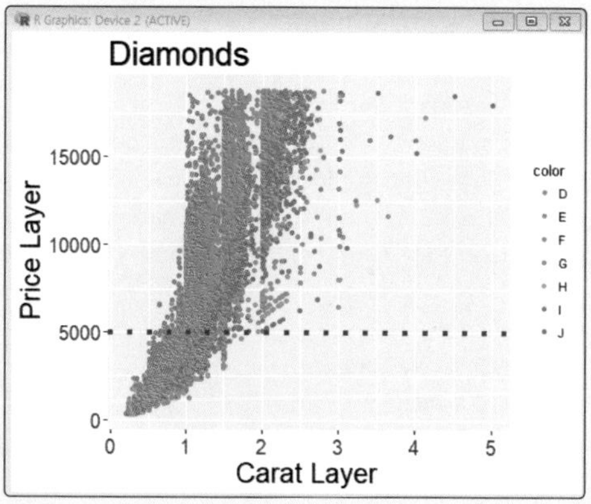

[그림 2-53] ggplot2 그래프 (12)

2.9.2 ggplot2 그래프 응용 사례 - 일곱 가지 경우에 따른 사례 제시

앞에서 ggplot2를 이용해 그래프를 그리는 방법을 공부했다. 이번에는 ggplot2를 이용해 그릴 수 있는 다양한 그래프의 모양을 보여준다.

프로그램을 제작하든, 데이터 시각화를 위한 그래프를 그리든 중요한 것은 참고할 수 있는 좋은 샘플을 갖는 것이다. 분석에 사용된 데이터를 멋지게 표현하는 방법은 적당한 그래프의 예를 찾아 내용을 이해한 후 수정, 보완하는 것이다.

여기서 보여주는 것 외에도 ggplot2를 이용해 그릴 수 있는 그래프의 모습은 참으로 다양하다. 일단 이 책의 예를 중심으로 멋진 그래프를 위한 첫걸음을 시작하자.

많은 웹사이트에서 ggplot2를 이용한 훌륭한 그래프 예제를 발견할 수 있다. 그중 하나가 'R 그래프 갤러리'다(rgraphgallery.blogspot.com). 이 책을 공부한 후에 참고하면 좋을 것이다.

이번에 설명하는 내용은 원하는 형태의 그림이 있으면 제공된 자료를 이용해 자신만의 그래프를 그리도록 돕는 것을 목적으로 한다.

그림이 마음에 들면 ggplot2 코드를 분석해 완벽하게 이해하기 바란다. 이 책에서 제공하는 예를 활용하면 멋진 보고서를 만들 수 있다.

1번 케이스

```
# 처음의 예제는 ggplot2 그래픽 기본 과정의 내용을 종합적으로 사용한 예이다.

> options(scipen=999)        # 1e+48 같은 과학적 표기를 하지 않는다.
> library(ggplot2)
> theme_set(theme_bw())
> data("midwest", package = "ggplot2")
>                            # Scatterplot 그림을 그린다.
> gg <- ggplot(midwest, aes(x=area, y=poptotal)) +
+   geom_point(aes(col=state, size=popdensity)) +
+   geom_smooth(method="loess", se=F) +
+   xlim(c(0, 0.1)) +
+   ylim(c(0, 500000)) +
+   labs(subtitle="Area Vs Population",
+        y="Population",
+        x="Area",
+        title="Scatterplot",
+        caption = "Source: midwest")
>
> plot(gg)
```

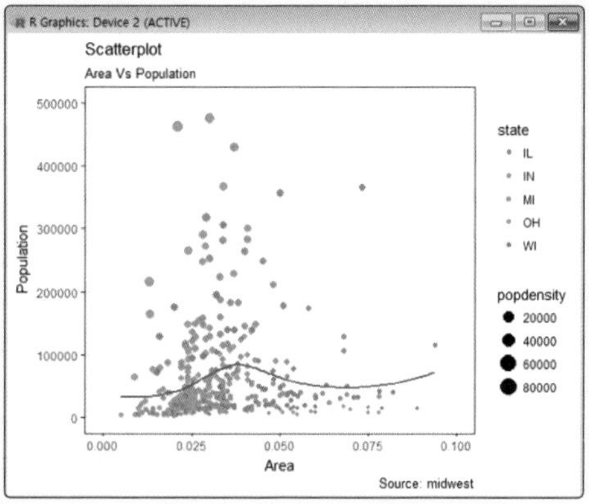

[그림 2-54] ggplot2 그래프 (13)

2번 케이스

```
# 이번의 예는 산점도를 그리고 그것을 대표하는 선을 추가하는 그림이다.

> library(ggplot2)
> data(mpg, package="ggplot2")# alternate source: "http://goo.gl/uEeRGu")
> theme_set(theme_bw())
>
> g <- ggplot(mpg, aes(cty, hwy))
>
>               # Scatterplot 그림을 그린다. 다음 내용은 배치로 만든 후에 실행할 것
> g + geom_point() +
+   geom_smooth(method="lm", se=F) +
+   labs(subtitle="mpg: city vs highway mileage",
+        y="hwy",
+        x="cty",
+        title="Scatterplot with overlapping points",
+        caption="Source: midwest")
>
```

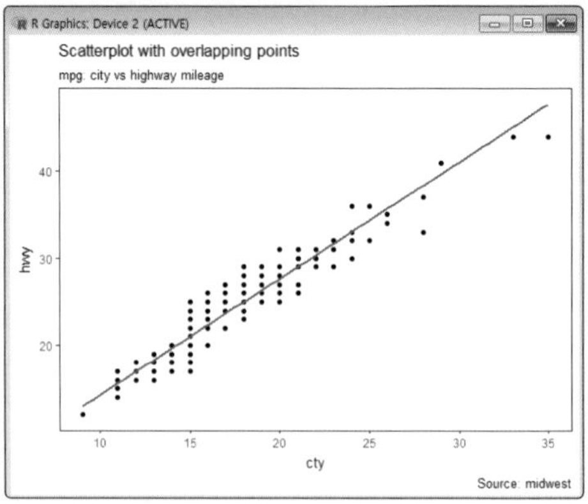

[그림 2-55] ggplot2 그래프 (14)

3번 케이스

```
# 데이터 중 cty와 hwy가 같은 것이 여러 개 있는 경우를 표현하는 그림이다.

> library(ggplot2)
> data(mpg, package="ggplot2")
>
>
> theme_set(theme_bw())
> g <- ggplot(mpg, aes(cty, hwy))
> g + geom_count(col="tomato3", show.legend=F) +
+   labs(subtitle="mpg: city vs highway mileage",
+        y="hwy",
+        x="cty",
+        title="Counts Plot")
>
```

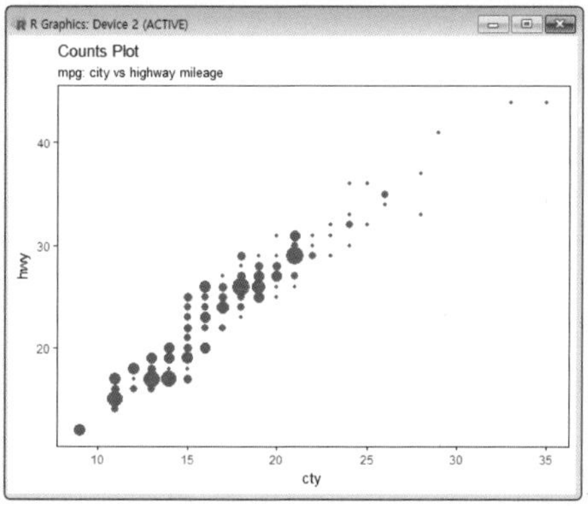

[그림 2-56] ggplot2 그래프 (15)

4번 케이스

```
# 이번의 예는 두 가지의 그림을 그리게 된다.
# 히스토그램과 박스 그래프를 연계해 표현하는 그림이다.
# 개인적으로 즐겨 쓰는 그림이다.

> library(ggplot2)
> library(ggExtra)             # install.packages("ggExtra")를 수행할 것
> data(mpg, package="ggplot2")
>
>                              # Scatterplot 그림을 그린다.
> theme_set(theme_bw())        # bw 테마를 사용하기 위해 설정한다.
> mpg_select <- mpg[mpg$hwy>= 35 & mpg$cty> 27,]
> g <- ggplot(mpg, aes(cty, hwy)) +
+   geom_count() +
+   geom_smooth(method="lm", se=F)
>
> ggMarginal(g, type = "histogram", fill="transparent")
> ggMarginal(g, type = "boxplot", fill="transparent")
>
```

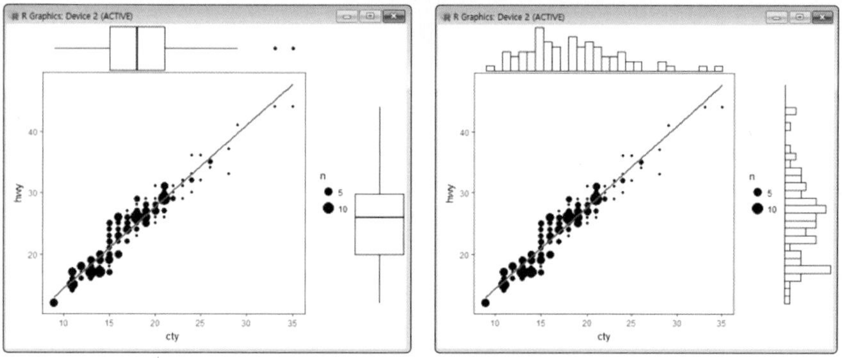

[그림 2-57] ggplot2 그래프 (16)

5번 케이스

이번의 예는 데이터를 구성하는 변수 간의 상관관계를 한 번에 보여주는 그림이다.

```
> library(ggplot2)
> library(ggcorrplot)          # ggcorrplot 패키지를 사용한다.
>
>                              # 상관관계를 구한다.
> data(mtcars)
> corr <- round(cor(mtcars), 1)
>
>                              # Plot 그림을 그린다.
> ggcorrplot(corr, hc.order = TRUE,
+          type = "lower",
+          lab = TRUE,
+          lab_size = 3,
+          method="circle",
+          colors = c("tomato2", "white", "springgreen3"),
+          title="Correlogram of mtcars",
+          ggtheme=theme_bw)
>
```

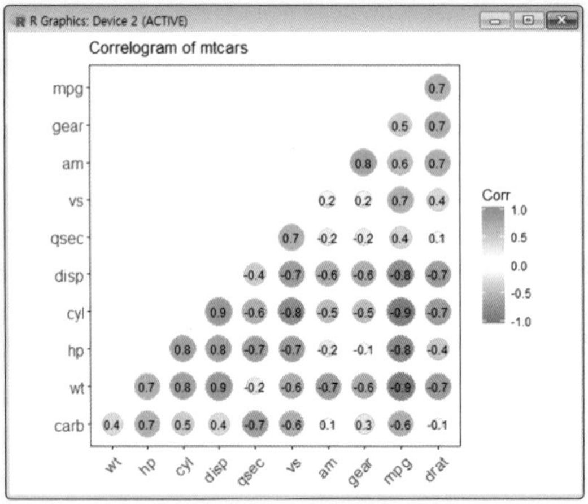

[그림 2-58] ggplot2 그래프 (17)

6번 케이스

```
> library(ggplot2)
> theme_set(theme_bw())
>
# Data Prep
> data("mtcars")                                # 데이터를 읽는다.
> mtcars$`car name` <- rownames(mtcars)         # 차 이름을 위한 칼럼(column)을 만든다.
# 정규분포로 변환된 mpg를 계산한다.
> mtcars$mpg_z <- round((mtcars$mpg - mean(mtcars$mpg))/sd(mtcars$mpg), 2)
# 평균 above/below를 표시한다.
> mtcars$mpg_type <- ifelse(mtcars$mpg_z <0, "below", "above")
> mtcars <- mtcars[order(mtcars$mpg_z),]        # 정렬한다.
# 정렬된 순서를 factor로 변환한다.
> mtcars$`car name` <- factor(mtcars$`car name`, levels = mtcars$`car name`)
>
# Diverging Barcharts를 그린다.
> ggplot(mtcars, aes(x=`car name`, y=mpg_z, label=mpg_z)) +
+   geom_bar(stat='identity', aes(fill=mpg_type), width=.5) +
+   scale_fill_manual(name="Mileage",
+                     labels = c("Above Average", "Below Average"),
+                     values = c("above"="#00ba38", "below"="#f8766d")) +
+   labs(subtitle="Normalised mileage from 'mtcars'",
+        title= "Diverging Bars") +
+   coord_flip()
```

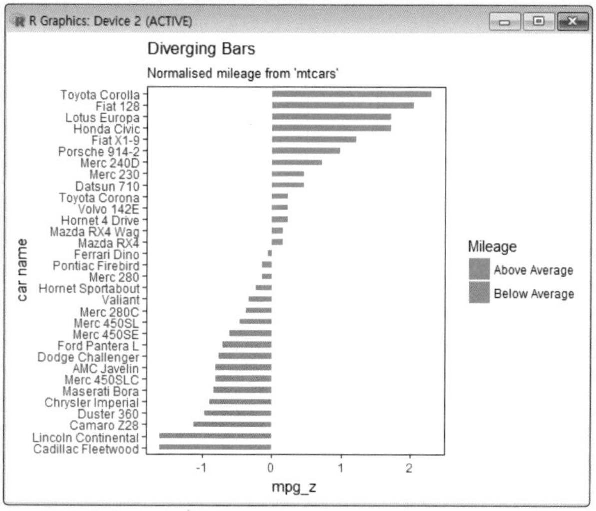

[그림 2-59] ggplot2 그래프 (18)

7번 케이스

```
> library(ggplot2)
> theme_set(theme_bw())
>
>             # Plot 그림을 그린다.
> g <- ggplot(mpg, aes(class, cty))
> g + geom_violin() +
+   labs(title="Violin plot",
+       subtitle="City Mileage vs Class of vehicle",
+       caption="Source: mpg",
+       x="Class of Vehicle",
+       y="City Mileage")
>
```

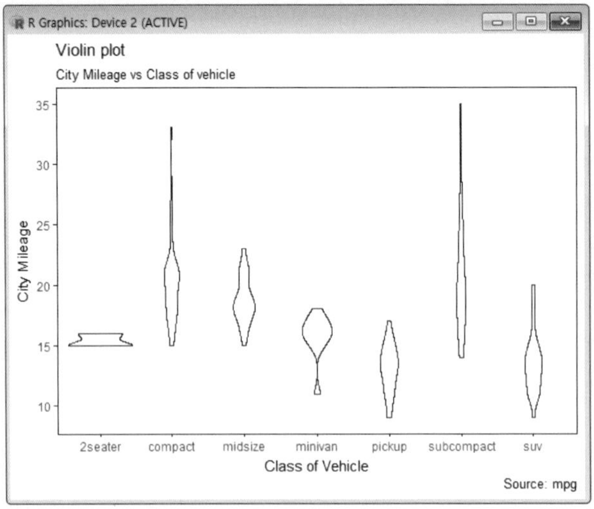

[그림 2-60] ggplot2 그래프 (19)

뉴스 분석을 위한 데이터를 얻을 수 있는 곳

공공 데이터 포털	http://www.data.go.kr/
서울시 열린 데이터 광장	http://data.seoul.go.kr/
국가 공간 정보 포털	http://www.nsdi.go.kr/
기상 자료 개발 포털	http://data.kma.go.kr/
금융 빅데이터 개발 시스템	https://credb.kcredit.or.kr/
문화 데이터 광장	https://www.culture.go.kr/data/
보건 복지 데이터 포털	https://data.kihasa.re.kr
국가 교통 DB	https://www.ktdb.go.kr
데이터 스토어	https://www.datastore.or.kr
전력 데이터 개발 포털	https://bigdata.kepco.co.kr/

2.9.3 Iris 데이터를 대상으로 ggplot2 그래프 제작 실습

이번에는 그래픽의 다양한 종류보다 우리가 익숙한 데이터를 바탕으로 그래픽을 통해 얼마나 많은 의미를 표현할 수 있는지 실습을 통해 알아본다. 이는 데이터 분석가가 되기 위한 가장 기본이고 앞의 그래픽 과정을 배운 이유이기도 하므로 마지막까지 집중하기 바란다.

설치 및 준비 과정

```
> install.packages("ggplot2")                # 패키지를 설치한다.
> library(ggplot2)                           # 패키지를 사용할 수 있게 준비한다.

> head(iris)                                 # 데이터의 모습을 확인한다.
  Sepal.Length  Sepal.Width Petal.Length  Petal.Width    Species
1          5.1          3.5          1.4          0.2     setosa
2          4.9          3.0          1.4          0.2     setosa
3          4.7          3.2          1.3          0.2     setosa
4          4.6          3.1          1.5          0.2     setosa
5          5.0          3.6          1.4          0.2     setosa
6          5.4          3.9          1.7          0.4     setosa
```

• Sepal.Length와 Petal.Length를 축으로 하는 기본 그래픽을 그린다.

데이터 분석가는 자신이 알고 싶은 내용을 파악하기 위해 다양한 관점에서 데이터를 살펴봐야 한다. 이번에는 주어진 iris 데이터에서 Sepal.Length(꽃받침 길이)와 Petal.Length(꽃잎 길이)의 관계를 알아보기 위해 간단한 그래프를 그려보자.

```
> qplot(Sepal.Length, Petal.Length, data=iris)          # 멋진 그래프를 그린다.
```

[그림 2-61]은 Sepal.Length가 커지면 Petal.Length가 커지는 관계는 보여주는데, 다음 내용에 관한 것은 보여주지 못한다.

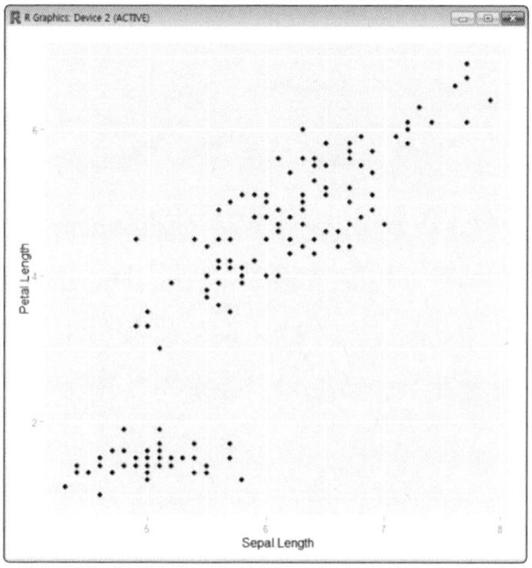

[그림 2-61] ggplot2 그래프 실습 (1)

- 주어진 데이터에 Species(종)이 4개 있는데, 각 종별로 Sepal.Length와 Petal.Length의 관계를 확인할 수 없다.
- Petal.Width(꽃잎의 크기), Sepal.Length(꽃받침 길이), Petal.Length(꽃잎 길이)의 관계가 알고 싶은데, 이에 대한 것도 표현되지 않는다.

그림을 개선해보자.

- 기본 그래픽에 Petal.Width의 크기에 따라 점의 크기가 다르게 표현되고 Species에 따라 다른 색으로 표현하도록 그래프를 개선해보자(1개의 그래픽에서 Sepal.Length/Petal.Length 외에 Petal.Width와 Species를 동시에 고려하는 그래프를 그릴 수 있다).

```
> qplot(Sepal.Length, Petal.Length, data = iris, color = Species, size = Petal.
Width)
```

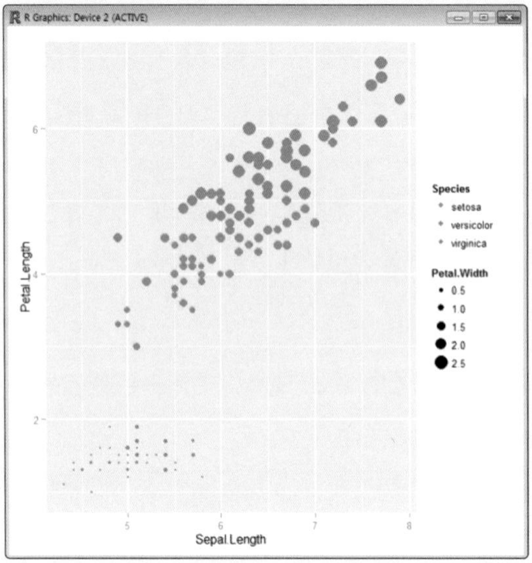

[그림 2-62] ggplot2 그래프 실습 (2)

[그림 2-62]를 통해 Species(종)별로 Sepal.Length와 Petal.Length의 관계가 다르다는 것을 확인할 수 있다. 그리고 점의 크기를 통해 Petal.Width와 Sepal.Length/Petal.Length의 관계도 확인할 수 있다. 실제로 그래픽을 그리는 이유는 글보다 많은 정보를 한 번에 표현할 수 있기 때문이다. 이번의 간단한 예를 통해 그래픽의 유용함을 확인했을 것이다.

연습 10 위의 그림을 보면 연관 관계가 표현돼 있는데, 이것이 상호 얼마나 큰 변화를 보이는지가 표현돼 있지 않다. 예를 들어 setosa라는 종은 Sepal.Length/Petal.Length의 연관 관계가 어떠한지 알고 싶다. 어떤 아이디어가 있는가?

연습 11 다음 명령어와 그림을 보고 의미를 해석해보자. 이미 앞에서 제시된 데이터에 대한 분석을 해봤으므로 스스로 해보도록 한다.

```
> qplot(age, circumference, data = Orange, geom = "line", colour = Tree, main =
"How does orange tree circumference vary with age?")
```

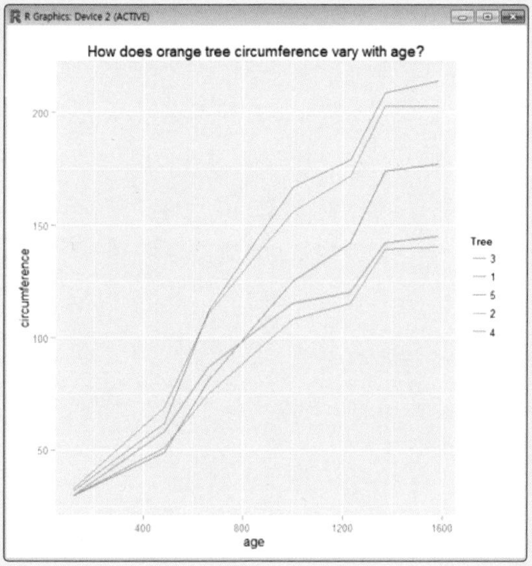

[그림 2-63] ggplot2 그래프 실습 (3)

뉴스 데이터 분석가가 알아야 하는 데이터 시각화 프로그램의 종류

- FineReport: 보고서 제작 및 의사결정 지원 시스템 개발
- Chartblock: HTML5 통계 차트의 생성
- Google Data Studio: 구글이 제공하는 도구
- Openheatmap: 지리 데이터를 포함한 지도 차트의 제작
- Microsoft Power BI: 시각화 갤러리와 무료 샘플 제공
- Python+graph Lib: 다양하고 복잡한 데이터의 조작
- D3: HTML, SVG, CSS를 이용한 데이터 시각화 지원

이외에 Open Refine, Tableau 등이 있다.

2.10 데이터 시각화 방법 정리

2.10.1 데이터 분석 과정

데이터 시각화는 데이터를 그래프로 표현하는 것을 말한다. 데이터를 그래프로 표현하는 것은 데이터에 대한 분석을 목적으로 하는 경우와 고객에게 전달하고자 하는 것을 정리하는 경우로 나뉜다.

데이터 시각화는 '데이터를 보여준다.', '적절하게 비교한다.', '연관된 여러 변수를 보여준다.'라는 세 가지 조건을 만족해야 한다. 데이터 시각화를 위해서는 데이터 분석 과정이 필요하다.

이번에는 데이터 분석이 어떻게 수행되는지에 대해 다음과 같은 데이터를 받았다고 가정하고 설명한다. 데이터는 출판사 홈페이지에서 다운로드할 수 있다.

데이터는 특정 연도(Year)에 임금 협상을 했는지(Nego), 남자/여자인지(Sex) 그리고 인상률(Incentive)은 얼마인지에 대한 자료다. 대략 3,000개 정도의 데이터가 있고 다음에 보이는 것은 그중 앞부분이다.

```
> employee <- read.csv("employees_kr.csv")
> head(employee)
    num  Incentive   Nego   Sex   Year
1     1       12.1   TRUE     M   2005
2     2        8.9   TRUE     F   2006
3     3        8.8   TRUE     M   2007
4     4        7.1   TRUE     F   2008
5     5       10.2   TRUE     M   2009
6     6        7.0   TRUE     F   2005
...
```

당신은 위의 자료를 보고 무엇을 알 수 있는가? 막연하고 어찌할 바를 모르겠다면 데이터에 대한 분석을 수행할 시간이다. 분석을 위한 방법으로 데이터의 시각화를 사용해보자. 먼저 간단하게 연도별 인상률을 히스토그램을 이용해 그래프로 표현해보자.

```
# employee에서 2008년 데이터를 뽑아 sub2008을 만든다.
> sub2008 <- subset(employee, employee$Year == 2008)
> head(sub2008)
    num  Incentive   Nego   Sex   Year
4     4        7.1   TRUE     F   2008
9     9        8.2   TRUE     M   2008
14   14       13.4   TRUE     F   2008
19   19        8.4   TRUE     M   2008
24   24        8.0   TRUE     F   2008
29   29        6.8   TRUE     M   2008

> hist(sub2008$Incentive)    # 2008년에 대한 히스토그램을 그린다([그림 2-64] 참조).
```

```
# employee에서 2009년 데이터를 뽑아 sub2009를 만든다.
> sub2009 <- subset(employee, employee$Year ==2009)
> hist(sub2009$Incentive)    # 2009년에 대한 히스토그램을 그린다([그림 2-64] 참조).
```

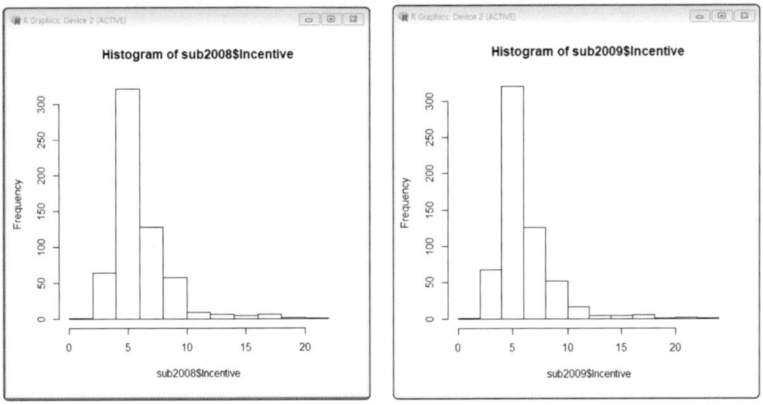

[그림 2-64] 연도별 인센티브의 히스토그램

위와 같이 그림을 그려보면 연도별 임금 인상률이 큰 차이가 없다는 것을 알 수 있다. 주어진 데이터가 지니고 있는 특성을 하나 파악했다. 이번에는 남, 여에 따라 임금 인상률이 차이가 있는지 알아보자.

```
# 앞과 동일하게 주어진 자료에서 필요한 부분을 갖는 부분 자료를 만든다.

> subMan <- subset(employee, employee$Sex == "M")
> hist(subMan$Incentive)
> subWoman <- subset(employee, employee$Sex == "F")
> hist(subWoman$Incentive)
>
```

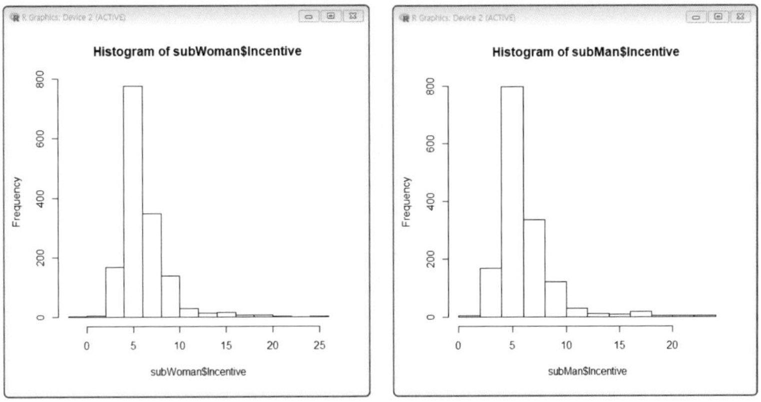

[그림 2-65] 남녀에 따른 인센티브 히스토그램

[그림 2-65]를 통해 남녀 간의 기준으로도 큰 차이가 없다. 또 하나의 특성을 파악했다. 이번에는 협상 여부에 따른 임금 인상률의 차이를 확인해보자.

```
# 필요한 부분 집합을 만들어 그림으로 비교한다.
> subNego <- subset(employee, employee$Nego == "TRUE")
> hist(subNego$Incentive)
> subNoNego <- subset(employee, employee$Nego == "FALSE")
> hist(subNoNego$Incentive)
>
```

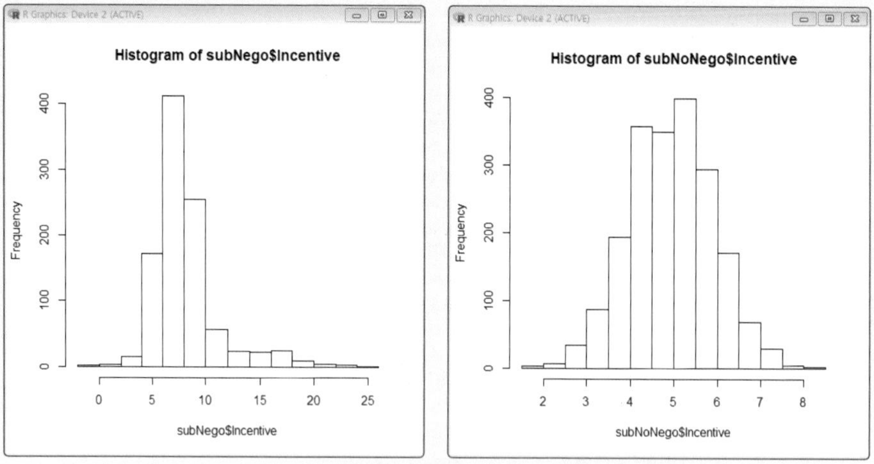

[그림 2-66] 협상에 따른 인센티브 히스토그램

[그림 2-66]을 보면 협상을 한 경우와 하지 않은 경우에 임금 인상률의 차이가 크게 나는 것을 확인할 수 있다. 이런 방식을 사용해 주어진 데이터가 갖는 특성을 하나씩 파악하는 것이 중요하다. 주어진 데이터에 대한 분석 방법으로 데이터 시각화가 많이 사용된다. R에는 데이터 시각화를 위한 엄청난 그래픽 기능이 있다.

2.10.2 데이터 시각화 방법 정리

데이터를 시각화하기 위해 그래프를 그리는 방법과 활용에 대해 설명했다. 이번에는 다양한 데이터의 모습과 그래프의 종류를 연계해 데이터 분석가가 그래프를 통한 데이터 시각화를 수행할 때 도움이 되도록 데이터 시각화를 위한 가이드라인을 정리한다.

다음 가이드라인은 변수의 숫자와 종류에 따라 어떤 그래프를 이용하면 좋은지에 대한 일반적인 가이드다.

- 1개의 변수가 연속형 데이터인 경우
  - 박스 그래프(Box Plot)

– 히스토그램(Histogram)
– 바이올린 그래프(Violin Plot): 별도의 패키지 설치 필요(Ggplot2)

- 1개의 변수가 범주형 데이터인 경우
  – 막대 그래프(Bar Plot)
  – 원 그래프(Pie Chart)
- 2개 이상의 변수가 연속형 데이터인 경우
  – 산점도(Scatter Plot)
  – 선 그래프(Line Chart)
- 2개 이상의 변수가 범주형 데이터인 경우
  – 모자이크 그림(Mosaic Chart)

2.11 요약

2장에서 설명한 내용에 대해 질문을 이용해 간단하게 정리한다. 해당 질문에 대한 답이 명확하지 않다면 본문으로 돌아가 내용을 확인하기 바란다.

- 데이터 시각화는 왜 하는가?
- R에서 그래프를 그리는 절차는 무엇인가?
- 하나의 윈도우에서 여러 그래프를 그리는 두 가지 방법은 무엇인가?
- R에서 그래프 옵션은 왜 필요하며 어떤 것이 있는가?
- 데이터 분석가가 기본적으로 알아야 하는 그래픽의 종류에는 어떤 것이 있는가?
- 이미 그려진 그림에 추가 그림을 그리는 방법은 무엇인가? 그리고 왜 추가 그림을 그려야 하는가?
- R에서 기본적으로 제공하는 그래픽의 종류에는 어떤 것이 있는가?
- R에서 패키지를 설치해 그릴 수 있는 그림 중 데이터 분석가가 알아야 할 것은 무엇인가?
- ggplot2를 이용해 그래프를 그리는 절차는 무엇인가?
- ggplot2를 이용한 멋진 그래픽 예 중 독자의 마음에 드는 것을 2개 골라 소스를 설명하시오.
- iris 데이터를 바탕으로 ggplot2를 이용해 그래프를 그린 것을 보고 그래프가 의미하는 바를 해석하라.

PART 02

R을 사용한 통계 분석

- 데이터 분석가의 기본인 통계 분석의 개념에 대해 알아본다.
- 표본 생성 및 기초 통계량에 대해 알아본다.
- 독립성과 적합성 검정에 대해 알아본다.
- 차이 검정에 대해 알아본다.
- 인과관계 검정에 대해 알아본다.

03 통계 분석

통계 분석은 과거에 컴퓨터가 없던 시절에 사용하던 것이다. 전체 데이터를 확보하기도 어렵고 분석하기도 어려웠던 시절에 부분적인 데이터를 확보한 상태에서 전체 데이터의 모습을 예측하고 이를 바탕으로 전체 데이터의 평균, 분산 등을 추정하는 학문이다. 즉, 부분적인 데이터만으로 전체를 대신해 분석을 수행했던 학문으로, 지금도 많은 곳에서 사용되고 있다. 추가로 2개의 집단에 각각 취득한 샘플을 통해 같다고 할 수 있는지 평가하는 과정도 포함한다.

이 책에서는 통계 분석을 구성하는 많은 수식과 근본 원리에 대해 설명하지 않고 데이터 분석가로서 통계 분석을 이용해 결과를 얻는 것에 집중한다. 수학식이나 원리는 이 책의 내용을 마친 후에 별도의 책을 이용해 공부하면 된다.

3.1 통계 분석의 설명에 대한 전체 요약

통계 분석이라는 주제에 대해 이 책에서 다루는 내용은 [그림 3-1]과 같다.

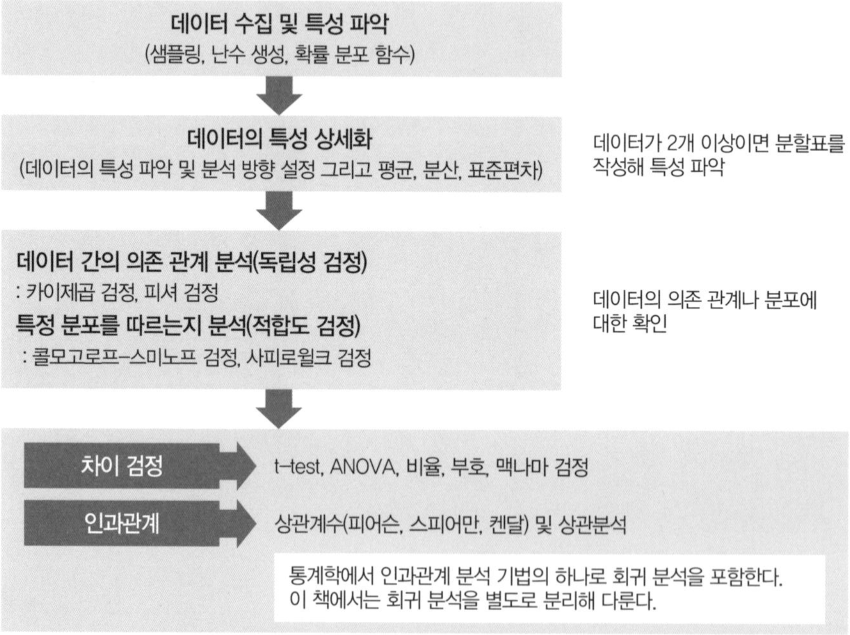

[그림 3-1] 통계 기법의 적용을 위한 전체 개념

설명은 [그림 3-1]의 순서대로 진행한다. 회귀 분석은 대부분의 통계학 책에 포함되는데, 기법의 성격상 예측의 성향이 있으므로 별도의 장으로 분리해 설명한다.
데이터 분석가로서 통계를 공부하는 좋은 요령은 여기에서 제시한 예제를 잘 기억하는 것이다. 실무에서 책의 예제와 비슷한 상황이 발생하면 이 책에서 제시하는 방법과 명령어를 적용하면 된다. 실제로 책의 예제는 독자들의 응용이 가능하도록 현실적이고 간단한 예를 제시하고자 노력했다. 상세히 설명하기 전에 통계 분석에 대해 기본적으로 이해해야 하는 용어나 기타 사항을 정리한다.

통계 분석을 수행하는 목적

- 어떤 그룹, 집단, 형태 등이 차이가 있다고 볼 수 있는지를 알아보는 것이다(차이 검정).
  예 샘플로 뽑은 데이터가 전체 모집단을 대표한다고 볼 수 있는지를 검정한다. 만약 대표한다면 샘플에서 얻은 데이터로 모집단을 예측할 수 있다.
  예 약을 먹기 전과 후의 환자의 상태를 조사한 후 차이가 있는지를 검정한다. 이를 통해 약이 효과가 있는지, 없는지를 알 수 있다.

- 어떤 그룹 간의 인과(상관)관계가 있는지를 알아보는 것이다(인과관계 검정).
  예 두 그룹의 데이터가 상관관계가 있는지 알아보는 것이다. 상관관계가 있다면 한쪽의 변화에 대해 다른 쪽의 변화를 예측할 수 있다. 상관관계가 어느 정도인지 보여주는 것이 상관계수, 이를 분석하는 것이 상관분석이다. 회귀 분석도 상관관계와 관련이 있다.

통계에서 사용하는 데이터의 유형

- **범주형 데이터(Categorical Data)**: 사전에 정해진 특정 유형으로 분류되는 데이터
  - 명목형: 분류된 데이터 간의 비교가 불가능한 경우(예 성별, 좌파/우파 등).
  - 순서형: 분류된 데이터 간의 순서가 가능한 경우(예 대/중/소, 수/우/미/양/가 등).
- **연속형 데이터(Continuous Data)**: 정량적으로 표현된 데이터
  - 등간 척도: 온도, 시간 등의 데이터
  - 비율 척도: 키, 몸무게, 영어 점수, 관찰 빈도 등의 데이터

참고 범주형, 연속형 데이터와 통계 기법

- 두 데이터의 차이를 검정하는 경우, 연속형이면 '티테스트(t-test)', '아노바(ANOVA)', 범주형이면 '카이스퀘어(Chi-Square)'를 사용한다.
- 인과관계를 검정하는 경우, 연속형이면 '선형 회귀 분석'을 사용하고 범주형이면 '로지스틱 회귀'나 '순서 회귀'를 사용한다.

통계학의 구분

- **기술 통계:** 관측을 통해 얻은 데이터에서 데이터의 특징을 알아보기 위한 기술이다(예 인구조사 데이터에서 도수분포표, 평균, 표준편차를 구하는 것).
- **추리 통계:** 전체를 파악할 수 없을 정도의 큰 대상이나 아직 발생하지 않은 미래의 일을 추측하는 기술이다(예 개표 방송, 주가 예상, 금융 상품의 가격 결정 기법).

3.2 표본 생성 및 기초 통계량

통계의 기본 전제는 표본을 대상으로 한다. 표본을 통해 모집단의 모습을 예측하고 표본이 모집단과 얼마나 일치하는지를 파악한 후 표본을 이용해 모집단의 특성을 파악하고자 하는 것이다. 이번에는 모집단의 종류와 표본을 이용해 알고자 하는 모집단의 기초 통계량에 대해 공부한다.

3.2.1 확률 분포 함수의 의미와 종류

예측하고자 하는 모집단은 상황에 따라 여러 가지 모습을 하고 있다. 예를 들면 성인 남자 신장의 분포는 정규분포를 하는 것으로 알려져 있고(대략 160~180이 가장 많고 그 이하 또는 이상은 점점 숫자가 줄어들어 그림을 그리면 종 모양이 된다), 은행에서 대기하는 사람의 대기 시간은 푸아송 분포를 따르는 것으로 알려져 있다. 다음 표는 모집단이 어떤 모습을 하는지를 조사해 정리한 것이다.

다음 표에 모집단이 구성할 수 있는 데이터의 모양(확률 분포)과 이런 형을 갖는 난수를 발생시키는 함수(난수) 그리고 각 데이터가 나오게 될 가능성을 그래프로 표현한 것(확률 밀도 함수)에 대해 정리했다. 분포 함수와 분위수 함수에 대한 설명은 생략한다.

데이터 분석가의 입장에서 알아야 하는 사항이지만, 각 확률 분포가 어떤 모양을 갖는지는 여기서 다루지 않는다. 다만, 중요한 정규분포의 경우에는 [그림 3-2]를 참고하라.

확률 분포의 종류

확률 분포	난수	확률 밀도 함수	분포 함수	분위수 함수
이항 분포	rbinom	dbinom	pbinom	quinom
F 분포	rf	df	pf	qf
기하 분포	rgeom	dgeom	pgeom	qgeom
초기하 분포	rhyper	dhyper	phyper	qhyper
음이항 분포	rnbinom	dnbinom	pnbinom	qnbinom
정규 분포	rnorm	dnorm	pnorm	qnorm
푸아송 분포	rpois	dposi	ppois	qpois
t 분포	rt	dt	pt	qt
연속 균등 분포	runif	dunif	punif	qunif

3.2.2 난수 생성 및 분포 함수 그리기

앞의 확률 분포 함수의 정리에 대한 설명을 하기 위해 실제 정규분포를 하는 난수를 생성하고 확률 밀도 함수를 그려본다. 다른 것도 이와 동일하다.

```
> rnorm(100, 0, 10)              # 평균 0, 표준편차 10인 정규분포를 하는 난수 100개를 생성하라.
  [1] -8.6908000 -16.9420152  -8.1202953  -6.8386017  -6.0783788 -11.9844896
-9.1096306  -8.4136899  -6.5878644 -30.5056987
 [11]  7.4329110 -22.8877100  -6.6272024  -7.2032074  -1.7306446   1.9470008
-12.1548737 -10.4939096   4.5199394  -8.7927954
 ...... (중략) .....
 [91]  9.8933360  -7.4981453   5.0733131   6.9081508   7.8607818  -4.8566544
2.2892844  -6.4722750  -8.1682585  14.6077224

# 데이터 1,000,000개, 평균 0, 표준편차 10인 정규분포를 하는 난수를 생성하고
# 확률 밀도 함수를 그려라.
> plot(density(rnorm(1000000, 0, 10)))

# [그림 3-2]는 총 데이터 1,000,000개 중 평균에 해당하는 0이 가장 많고
# 평균에서 멀어질수록 해당하는 숫자의 개수가 줄어든다는 것을 의미한다.

# 다음을 수행시켜보라.
> plot(dpois(x=c(0,1,2,3,4,5,6,7,8,9,10), lambda=3), type='h')
```

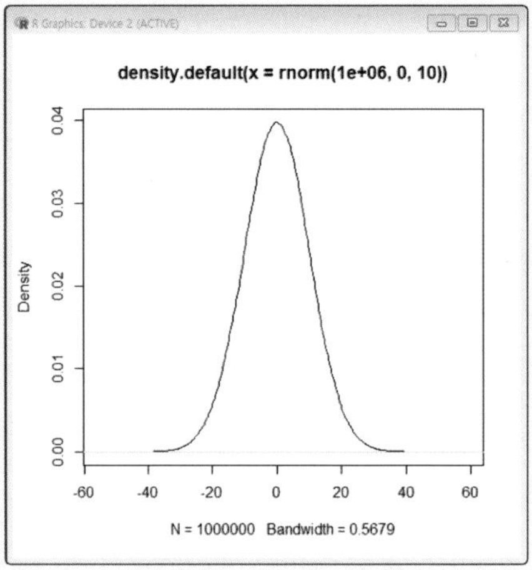

[그림 3-2] 정규분포의 모양

연습 12 다음 명령어를 수행해보고 결과를 확인하라.

```
> rnorm(4)
[1] -0.09054003 -0.16961901 -0.11651654  0.59008690
> rnorm(4, mean = 3)
[1] 1.625076 3.504356 3.811551 1.956441
> rnorm(4, mean = 3, sd = 3)
[1] 5.771605 1.849887 1.297479 2.095033
> y <- rnorm(200)
> hist(y)      # 그래프의 모습을 확인하고 [그림 3-2]와의 차이점을 생각해보라.
```

3.2.3 표본 추출 방법

통계는 표본을 다루는 학문이므로 표본을 구성하는 것이 중요하다. R에서 제공하는 표본 추출 방법(Sampling Method)을 알아보자.

단순 및 가중값을 부여한 표본 추출

```
# 단순 임의 추출의 예, 1~10 사이의 수중 5개를 뽑아내는 것
> sample(1:10, 5)
[1] 2  5  1 10  7
# 단순 임의 추출과 중복을 허용하는 예. 중복을 허용하는 것을 '복원 추출'이라고 한다.
> sample(1:10, 5, replace=TRUE)
[1] 8  3 10  3  3

# 1~10 사이의 값 중 5개를 뽑는데, 중복을 허용하고
# 각 값에 가중값을 1, 2, 3, 4, 5, 6, 7, 8, 9, 10으로 준 경우의 추출 예이다.
```

```
> sample(1:10, 5, replace=TRUE, prob=c(1,2,3,4,5,6,7,8,9,10))
[1] 10  8 10  9  9                 # 가중값이 높은 숫자가 많이 뽑혔다.

# 1~10 사이의 값 중 5개를 뽑는데, 중복을 허용하고
# 각 값에 가중값을 10, 22, 3, 4, 5, 6, 7, 8, 9, 10으로 준 경우의 추출 예이다.
> sample(1:10, 5, replace=TRUE, prob=c(10,22,3,4,5,6,7,8,9,10))
[1] 5 2 9 2 8
>
```

층화 임의 추출

모집단의 구성이 대졸 40%, 고졸 40%, 기타 20%인 경우, 이 비율을 유지하면서 표본을 추출하는 것을 층화 임의 추출(Stratified Random Sampling)이라고 한다.

```
> install.packages("sampling")                # 필요한 패키지를 설치한다.
> library(sampling)
```

층화 임의 추출은 sampling 패키지의 strata 명령어를 이용해 수행한다. 다음 예는 iris 데이터를 대상으로, Species가 세 가지이므로 각 종별로 3개씩 뽑으라는 층화 임의 추출 명령이다. 사용하는 파라미터의 의미는 'srswor'는 복원 단순 임의 추출, 'poisson'은 푸아송 분포에 따른 추출, 'systematic'은 계통 추출이다.

```
> (x <- strata(c("Species"), size=c(3,3,3), method="srswor", data=iris))
         Species  ID_unit   Prob  Stratum
13        setosa       13   0.06        1
26        setosa       26   0.06        1
43        setosa       43   0.06        1
59    versicolor       59   0.06        2
93    versicolor       93   0.06        2
97    versicolor       97   0.06        2
105    virginica      105   0.06        3
122    virginica      122   0.06        3
123    virginica      123   0.06        3

> getdata(iris, x)              # 선출된 X에 대한 나머지 값을 알아본다.
    Sepal.Length Sepal.Width  Petal.Length  Petal.Width     Species  IDt  Prob Stratum
13           4.8         3.0           1.4          0.1      setosa   13  0.06       1
26           5.0         3.0           1.6          0.2      setosa   26  0.06       1
43           4.4         3.2           1.3          0.2      setosa   43  0.06       1
59           6.6         2.9           4.6          1.3 versicolor   59  0.06       2
93           5.8         2.6           4.0          1.2 versicolor   93  0.06       2
97           5.7         2.9           4.2          1.3 versicolor   97  0.06       2
105          6.5         3.0           5.8          2.2   virginica  105  0.06       3
122          5.6         2.8           4.9          2.0   virginica  122  0.06       3
123          7.7         2.8           6.7          2.0   virginica  123  0.06       3
```

층화 임의 추출 중 계통 추출을 사용하는 경우

계통 추출(Systematic)은 모집단의 임의 위치에서 시작해 고정된 위치만큼 건너뛰면서 표본을 추출하는 단순한 방법을 말한다(예 5번에서 시작해 3개를 건너뛰면서 표본을 추출하는 것).

```
# R을 공부하는 중이므로 데이터를 준비하는 과정을 자세히 보여준다.
> library(doBy)
> x <- iris$Sepal.Length
> x
  [1] 5.1 4.9 4.7 4.6 5.0 5.4 4.6 5.0 4.4 4.9 5.4 4.8 4.8 4.3 5.8 5.7 5.4 5.1
5.7 5.1 5.4 5.1
 [23] 4.6 5.1 4.8 5.0 5.0 5.2 5.2 4.7 4.8 5.4 5.2 5.5 4.9 5.0 5.5 4.9 4.4 5.1
5.0 4.5 4.4 5.0
 .... (중략) ...
[133] 6.4 6.3 6.1 7.7 6.3 6.4 6.0 6.9 6.7 6.9 5.8 6.8 6.7 6.7 6.3 6.5 6.2 5.9
> x_dataframe <- data.frame(x)                    # x 데이터를 data.frame형으로 바꾼다.
> head(x_dataframe)                               # 바뀐 모습을 확인한다.
    x
1 5.1
2 4.9
3 4.7
4 4.6
5 5.0
6 5.4

# x_dataframe 데이터를 대상으로 1번부터 샘플링을 수행하는데, 전체 데이터의 30% 정도
# 에 해당하는 것을 Sampling한다. 처음 데이터는 ~의 오른쪽에 1이므로 1번 데이터인
# 5.1, 그리고 0.3이므로 3칸을 이동해서 4.6, 또 3칸을 이동해서 4.6 이런 형식으로 데이터
# 의 샘플링을 수행한다. 데이터가 총 150개이고 0.3이므로 45개의 데이터가 샘플링된다.
# 다음 예를 확인하라.

> sampleBy(~1, frac=0.3, data=x_dataframe, systematic=TRUE)        # 데이터를 확인하라.
   [,1] [,2] [,3] [,4] [,5] [,6] [,7] [,8] [,9] [,10] [,11] [,12] [,13] [,14] [,15] [,16]
1   5.1  4.6  4.6  5.4  4.3  5.4  5.4  5.1   5   4.8   5.5   5.5    5     5   5.1    7
   [,17] [,18] [,19] [,20] [,21] [,22] [,23] [,24] [,25] [,26] [,27] [,28] [,29] [,30] [,31]
1   5.5   6.3    5   6.1   5.6   5.9   6.1   6.8   5.5    6   6.7   5.5    5   5.7   6.3
   [,32] [,33] [,34] [,35] [,36] [,37] [,38] [,39] [,40] [,41] [,42] [,43] [,44] [,45]
1   6.3   4.9   6.5   5.7   6.5   6.9   6.3   6.2   7.4   6.3   6.3   6.7   6.8   6.3
>
```

3.2.4 통계의 기본 – 기초 통계량

기초 통계량은 주어진 데이터에 대한 기본적인 성격을 알려주는 수치를 말한다. 대표적인 예로는 '평균', '분산', '표준편차' 등이 있다. 기초 통계량은 표본을 이용해 알고 싶은 모집단에 대한 정보이다. 간단하지만 중요하므로 각 기초 통계량의 의미를 정확히 파악하자.

평균값

평균값은 '데이터의 합계를 총 개수로 나눈 값'이다. 평균값은 전체 데이터를 대표하는 값이라 할 수 있는데, 그 이유는 일반적으로 데이터가 많은 경우, 평균값 근처에 있는 값의 숫자가 가장 많기 때문이다. 대부분의 경우 평균값 근처에 값들이 많지만 그렇지 않은 경우도 있다. 이 경우에는 다른 값으로 전체 데이터를 설명할 수 있어야 한다.

분산과 표준편차

앞에서 언급한 평균값의 예외 상황 때문에 개발된 것이 '분산'과 '표준편차'이다. 평균은 흩어져 있는 데이터의 상태를 알 수 없다. 그래서 데이터가 흩어진 상태를 추정하는 통계량이 분산(variance)이다. 그리고 분산에 루트를 적용한 것이 표준편차(standard deviation)다(예 국민 소득의 평균이 100이라 해도, 국민의 대부분이 100을 벌어서 평균이 100이 되는 경우와 50%는 10 이하이고 50%는 90 이상을 벌어 평균이 100이 되는 경우는 의미가 다르다. 그래서 모집단의 상황을 파악하기 위해서는 평균과 표준편차를 함께 고려해야 한다).

표준편차로 알 수 있는 것

- 데이터가 주어지고 평균이 10, 표준편차가 2라고 가정해보자. 이때 데이터가 8~12 사이에 있다면 '평범한 데이터', 이 범위를 벗어나면 '특수한 데이터'라 할 수 있다(8~12는 평균-표준편차, 평균+표준편차다).
- 모의고사를 10번 봤는데, 민호는 평균 60점, 표준편차 10을 얻었고 주연은 평균 50, 표준편차 30을 얻었다고 가정한다. 이 경우 민호는 안정적인 점수를 보여주고 있지만, 합격점이 80인 학교는 갈 수 없을 것으로 판단하고 주연은 안정성은 떨어지지만, 합격점이 80점인 학교에 갈 가능성이 있다고 판단한다.

이제 R을 이용해 기초 통계량을 구하는 방법을 알아보자.

```
> x <- c(1:5)                    # 벡터 데이터를 구성한다.
> mean(x)                        # x의 평균을 구한다.
[1] 3
> var(x)                         # x의 분산을 구한다.
[1] 2.5
> sd(x)                          # x의 표준편차를 구한다.
[1] 1.581139
```

```
> fivenum(1:100)              # 1~100의 숫자 중 대표하는 다섯 가지 숫자를 뽑아라.
[1]  1.0  25.5  50.5  75.5 100.0

> summary(1:100)              # 1~100 사이의 숫자 중 대표 기초 통계량을 구하라.
   Min. 1st Qu.  Median    Mean 3rd Qu.    Max.
   1.00   25.75   50.50   50.50   75.25  100.00

# iris 데이터를 구성하는 변수에 대한 기초 통계량을 보여라.
> summary(iris)
Sepal.Length      Sepal.Width      Petal.Length      Petal.Width      Species
Min. :4.300       Min. :2.000      Min. :1.000       Min. :0.100      setosa :50
1st Qu.:5.100     1st Qu.:2.800    1st Qu.:1.600     1st Qu.:0.300    versicolor:50
Median :5.800     Median :3.000    Median :4.350     Median :1.300    virginica:50
Mean :5.843       Mean :3.057      Mean :3.758       Mean :1.199
3rd Qu.:6.400     3rd Qu.:3.300    3rd Qu.:5.100     3rd Qu.:1.800
Max. :7.900       Max. :4.400      Max. :6.900       Max. :2.500
___________________________________________________________

> x <- factor(c("A","B","C","D","D","C","A","A","A"))      # 범주형 데이터를 구성한다.
> table(x)                                                  # 각 범주별 빈도를 구한다.
x
A B C D
4 1 2 2
> which.max(table(x))                                       # 빈도가 가장 높은 범주를 구한다.
A
1
> which.min(table(x))                                       # 빈도가 가장 낮은 범주를 구한다.
B
2
>
```

정규분포

데이터가 갖는 분포 중 가장 많이 발견되는 분포다. [그림 3-2]에서 정규분포에 해당하는 난수를 생성하고 그림으로 표현해봤다. 그리고 데이터의 수가 충분히 많다면 대부분의 데이터는 정규분포(Normal Distribution)를 한다고 가정해도 크게 틀리지 않으므로 정규분포가 중요하다(중심극한 정리). 만약, 평균과 분산을 안다면 데이터의 95% 예언 적중 구간을 구할 수 있다. 이것이 앞으로 배울 추정과 검정의 핵심 전제다.

- 표준 정규분포 평균이 0, 표준편차가 1인 분포로, +1~−1의 범위에는 전체 데이터의 70%, +2~−2의 범위에는 95%가 위치한다.
- 일반 정규분포 표준 정규분포의 모든 데이터에 일정 수(a)를 더하고 일정 수(b)를 곱해 만들어진 분포로, 평균은 a, 분산은 b이다. (a+1)/b~(a−1)/b의 범위에는 전체 데이터의 70%, (a+2)/b~(a−2)/b의 범위에는 95%가 위치한다.

가설 검정

정규분포를 하는 모집단에서 모수(평균, 분산)가 어떤 수치인지 추측하는 것을 말한다. 관측된 데이터가 모집단의 예측 구간에 들어 있으면 가설을 채택하고 들어 있지 않으면 가설을 기각한다(뒷부분에서 자세히 배운다).

- 통계적 추정은 관측된 데이터로부터 모집단을 추리하는 것을 말한다(예 선거에서 출구 조사를 통해 당락을 추정하는 것).
- 검정은 통계적 추정의 대표주자이다(예 이상이 없는 N개의 동전 던지기를 할 때 앞면이 10개 나온다는 결과를 알고 있다. 이때 던진 횟수를 16이라고 하는 것이 타당한가?).

3.2.5 분할표의 작성

데이터를 뽑는 경우, 1개의 군을 뽑는 경우, 2개 이상의 군을 뽑는 경우가 있다. 1개의 군에서 뽑는 경우에는 대표적으로 t-test를 이용해 분석을 수행할 수 있다. 예를 들어, 샘플로 구성된 데이터군이 전체 모집단을 대신할 수 있는지를 알아보는 것이다. 만약, 대신할 수 있다면 전체 데이터가 아닌 샘플을 대상으로 분석을 진행하면 된다.

2개 이상의 군에서 뽑는 경우, 반드시 해야 하는 것은 아니지만 이들에 대한 분할표(Contingency Table)를 만들어 데이터의 특성을 파악한 후에 분석을 수행한다.

분할표(Contingency Table)는 데이터를 분류하는 통계 기법의 하나로, 데이터를 성격에 따라 명목형(Categorical) 또는 순서형(Ordinal) 데이터로 분류한 후 도수(Frequency)를 표 형태로 나타낸 것이다(명목형: 성별, 좌파/우파, 순서형: 대/중/소 등)

분할표를 통해 데이터의 특성이 파악되면 통계 분석을 수행하기 전에 자료에 대한 기본적인 검정을 수행해 어떤 분석을 수행할 것인지 판단하게 된다. 이때 수행하는 검정은 독립성 검정과 적합성 검정이다.

분할표에 적용하는 기본적인 검정

- **독립성 검정(Test of Independence):** 두 변수 간에 의존관계가 있는지를 검정하는 것
  - 카이제곱 검정(Chi-Square Test): 독립성 검정의 기본 방법이다.
  - 피셔 검증(Fisher Test): 표본 수가 작거나 분할표가 치우치게 분포된 경우에 적용
- **적합성 검정(Goodness of Fit Test):** 변수의 도수가 특정 분포를 따르는지 검정하는 것
  - 콜모고로프-스미노프 검정(Ks Test): 두 데이터의 분포가 같은지를 검정하는 것
  - 샤프로윌크 검정(Shapro Test): 데이터의 분포가 정규분포인지 검정하는 것

R에서 분할표를 제작 및 조작하는 방법

```
> x <- factor(c("A","B","C","D","D","C","A","A","A"))  # 데이터를 벡터형으로 구성한다.
> x                                                    # 데이터의 구성을 확인한다.
[1] A B C D D C A A A
Levels: A B C D
> table(x)                                             # x 데이터를 사용해 분할표를 만든다.
x
A B C D                                                # 각 데이터별로 빈도수가 출력됨을 확인한다.
4 1 2 2

# 데이터 프레임 형태의 테스트 데이터를 만든다.
> test <- data.frame(x = c("3","7","9","10"), y = c("A1","B2","A1","B2"), num =
c(4, 6, 2, 9))
> test                                                 # 만들어진 데이터의 모습을 확인한다.
   x  y num
1  3 A1   4
2  7 B2   6
3  9 A1   2
4 10 B2   9
> table(test)                                          # 분할표를 만든다. 지면 관계상 생략한다.
> xtabs(num~x, data=test)                              # 분할표에서 x에 대한 num의 값을 보여준다.
x
10  3  7  9
 9  4  6  2
> xtabs(num~y, data=test)                              # 분할표에서 y에 대한 num의 값을 보여준다.
y
A1 B2
 6 15
> temp <- xtabs(num~ x+y, data=test)                   # X, Y와 num 간의 분할표를 만든다.
> temp
    y
x    A1 B2
  10  0  9
  3   4  0
  7   0  6
  9   2  0
> margin.table(temp, 1)                                # 만들어진 분할표의 행에 대한 합을 구한다.
x
10  3  7  9
 9  4  6  2
> margin.table(temp, 2)                                # 만들어진 분할표의 열에 대한 합을 구한다.
y
A1 B2
 6 15
> margin.table(temp)                                   # 전체 데이터의 합을 구한다.
[1] 21
>
```

3.3 독립성 및 적합성 검정

데이터에 대한 분할표가 구성됐다면 분석을 하기 위한 준비가 완료된 것이다.

3.3.1 독립성 검정

카이제곱 검정

검정하려고 하는 가설은 'child1과 child2 사이에 갖고 있는 장난감 비율의 차이가 있는가?'에 관한 것이다. 분할표를 구성한 2개의 데이터 간의 상호 연관이 있는지를 검정하는 것이다.

- **검정을 위한 데이터**

```
# 독립성 검정의 수행
            child1   child2
     car         5        4
   truck        11        7
    doll         1        3

# 검정을 위한 데이터의 준비 과정을 자세히 제공한다(복습을 위해).
>child1 <- c(5, 11, 1)
>child2 <- c(4, 7, 3)
>Toy <- cbind(child1, child2)                    # 2개의 벡터를 결합하는 방법이다.
>rownames(Toy) <- c("car", "truck", "doll")  # 생성된 데이터에 이름을 부여한다.
>Toy                                               # 최종적으로 완성된 데이터의 모습을 확인한다.
            child1   child2
     car         5        4
   truck        11        7
    doll         1        3

# 카이제곱 검정의 수행이다.
>chisq.test(Toy)
  Pearson's Chi-squared test

  data:  Toy
  X-squared = 1.7258, df = 2, p-value = 0.4219

    Warning message:

     In chisq.test(Toy): 카이 자승 근사는 부정확할지도 모른다.
```

- **검정 결과**

두 데이터가 차이가 없는지를 검정하는 것이므로 귀무가설은 '차이가 없다.'이고 대립가설은 '차이가 있다.'이다. 결론은 p 값이 0.05보다 크기 때문에 귀무가설을 선택해 '차이가 없다.'고 본다. 이것은 아이에 따라 car, truck, doll 장난감을 갖는 비율이 차이가 없다는 의미다.

이를 근거로, 전체 아이들이 갖는 car, truck, doll 장난감의 비율은 같다고 볼 수 있다. 앞에서 카이제곱 검정을 했지만, 경고가 나왔기 때문에 정확한 결과를 위해 피셔 검정을 수행한다(피셔 검정은 표본 수가 적거나 분할표가 치우치게 분포된 경우에 적용)

피셔 검증

- **검정을 위한 데이터**

```
# 피셔 검정의 수행
> fisher.test(Toy)
  Fisher's Exact Test for Count Data
  data: Toy
  p-value = 0.5165
  alternative hypothesis: two.sided
```

- **검정 결과**

관련(차이)이 없는지를 검정하는 것이므로 귀무가설은 '관련(차이)이 없다.'이고, 대립가설은 '관련(차이)이 있다.'이다. 피셔 검정 결과 p-value가 0.05보다 크기 때문에 귀무가설을 선택해 '관련(차이)이 없다.'고 판정한다.

연습 13 냉장고 제품 A, B, C의 점유율은 A: 55%, B: 15%, C: 30%이다. 이때 특정 지역의 냉장고 제품 보유 대수를 조사해보니 320, 80, 265였다. 이때 특정 지역의 제품 보유 비율이 시장 점유율과 같다고 볼 수 있는지를 판단해보자[320, 80, 265와 265, 100, 200이 차이가 없는지, 있는지를 검증한다(265는 665*0.55를 해 구한 숫자다)].

3.3.2 적합성 검정

콜모고로프-스미노프 검정

두 데이터의 분포가 같은지를 검정하는 것이다. 즉, 주어진 2개의 데이터를 근거로 두 모집단의 분포가 같은지를 검정하는 것이다.

- **검정을 위한 데이터**

```
# 콜모고로프-스미노프 검정의 수행
> x <- rnorm(50)                # 데이터를 만든다.
> y <- runif(30)
# x와 y가 같은 분포를 하는지 검정해보자.
> ks.test(X, Y)                 # 검정을 수행한다.

  Two-sample Kolmogorov-Smirnov test

  data: x and y
      D = 0.42, p-value = 0.001826
      alternative hypothesis: two-sided
```

- **검정 결과**

KS 검정은 두 데이터의 분포가 같은지를 검정하는 것이므로 귀무가설은 '분포가 같다.'이고 대립가설은 '분포가 다르다.'이다. p의 값이 0.05보다 작으므로 대립가설을 채택해 분포가 다르다고 본다.

- **샤피로 윌크 검정**

데이터가 정규분포를 하는지 검정하는 것이다.

```
# 샤피로윌크 검정의 수행
> shapiro.test(rnorm(100, mean = 5, sd = 3))

Shapiro-Wilk normality test

data:  rnorm(100, mean = 5, sd = 3)
W = 0.98401, p-value = 0.2689
```

- **검정 결과**

샤피로 윌크 검정은 분포가 정규분포인지를 검정하는 것이므로 귀무가설은 '정규 분포를 한다.'이고 대립가설은 '정규 분포를 하지 않는다.'이다. p의 값이 0.05보다 크므로 귀무가설을 채택해 정규분포를 한다고 본다.

3.4 통계 분석의 종류

적합성과 독립성 검정을 통해 많은 것을 알 수 있다. 하지만 데이터에 대한 차이나 인과관계를 파악하는 것이 본격적인 통계 분석이다. 데이터 분석가의 입장에서 통계 분석(Statistical Analysis)을 통해 알고자 하는 것을 간단하게 정리했다.

- 하나의 표본이 모집단의 특성을 반영하고 있는지를 검정한다(즉, 표본의 평균이 모집단과 같은지를 검정하는 것이고, 같다면 표본의 평균이 모집단의 평균이 되므로 평균을 간단하게 알 수 있다).
- 혈압약을 먹었을 때의 혈압과 먹지 않았을 때의 혈압을 측정한 표본을 바탕으로 두 혈압이 차이가 있다고 말할 수 있는지를 검정한다(이를 통해 혈압약의 효과를 검정할 수 있다).
- 국어시험 점수 표본과 영어시험 점부 표본을 통해 국어시험 점수가 영어시험 점수와 상관이 있는지를 검정한다(이를 통해 상관이 있다면 영어 성적 향상을 위한 방안의 하나로 국어 성적 향상을 고려할 수 있다).

통계 분석에서 얻고자 하는 것을 예로 들어봤다. 어마어마한 것을 기대했다면 실망했겠지만 실무에서는 가치가 있다. 이제, 통계 분석의 구체적인 방향과 방법을 정리해보자. 앞에 제시한 예를 통계 분석의 관점에서 보면 '차이 검정'과 '연관(인과)관계 검정'으로 나눠볼 수 있다.

통계 분석의 방향과 구체적인 기법 정리

- **차이 검정:** 1개, 2개 또는 그 이상의 데이터가 상호 또는 모집단과 비교해 차이가 있다고 볼 수 있는지를 검정하는 것이다.
  - t-test: 1개 또는 2개의 데이터를 대상으로 한다.
  - ANOVA: 2개 이상의 데이터를 대상으로 한다.
  - 부호 검정(Sign Test): 특수 형태의 데이터에 적용한다.
  - 비율 검정(Proportions Test, Prop Test): 특수 형태의 데이터에 적용한다.
- **인과관계:** 원인과 결과 간의 관계를 밝혀 그 결과로 발생하는 현상을 설명하는 것이다.
  - 상관분석(Correlation Analysis): 변수와 변수 사이의 관계를 상관계수를 이용해 분석하는 통계적 기법이다.
  - 회귀 분석(Regression Analysis): 실험이나 조사를 통해 얻은 자료를 이용해 종속변수와 독립변수 간의 관계를 모형화해 분석하는 통계적 기법이다(이 책에서는 회귀 분석을 통계에 포함하지 않고 별도의 장으로 분리해 설명한다).

3.5 차이 검정

차이 검정은 1개 또는 그 이상의 표본이 상호 또는 모집단과 차이가 있는지를 검정하는 것이다.

3.5.1 t-test

t-test는 1개 또는 2개 집단의 평균을 비교하는 모수적 검정법(Parametric Test)이다. t-test는 데이터가 정규분포를 한다고 가정하고 평균이 데이터의 대푯값 역할을 한다고 전제하는 검정법이다.

t-test의 종류

- **정규분포를 하는 데이터(모수적 검정):** Two-Sample t-test(각각이 독립인 데이터에 적용) 또는 Paired t-test(두 데이터가 상호 연관이 있는 데이터에 적용)를 사용(짝 지어진 값들 간의 차이를 구한 후 차이 값들의 평균이 0인지를 검정하는 것)함. 만약 두 데이터의 분산이 동일하지 않으면 Smith-Scatterthwaite Test를 적용함.

- **정규 분포를 하지 않는 데이터(비모수적 검정):** Two-Sample t-test 대신 Wilcoxon Rank Sum Test(Mann-Whitney U Test)를 수행하거나 Paired t-test 대신 Wilcoxon Signed Rank Test를 수행함.

결론적으로 t-test를 수행하기 전에 분석할 데이터가 정규분포를 하는지를 검정해봐야 한다. 그 결과를 바탕으로 어떤 검정을 수행해야 할지가 결정된다(정규분포를 하는지에 대한 검정은 샤피로 윌크 검정을 사용하면 된다).

t-test 중 표본이 1개인 경우(1/2)

```
(상황) 회사에서 생산하는 건전지의 수명은 1,000시간이다. 이때 생산된 건전지에서 무작위로 10개를 뽑아 수명을
측정한 결과는 다음과 같다.

[980, 1008, 968, 1032, 1012, 996, 1021, 1002, 996, 1017]

샘플이 모집단과 다르다고 할 수 있는가?

# R에서 분석을 수행한다. 데이터를 입력한다.
> a <- c(980, 1008, 968, 1032, 1012, 996, 1021, 1002, 996, 1017)

# 주어진 데이터가 정규분포를 하는지 검사한다.
> shapiro.test(a)

        Shapiro-Wilk normality test

data:  a
W = 0.97571, p-value = 0.9382
샤피로 윌크 검정은 정규분포를 검정하는 것이므로 귀무가설은 '정규 분포를 한다.'이고 대립가설은 '정규 분포를 하지
않는다.'이다. p-value가 0.05보다 크므로 귀무가설을 채택해 '정규분포를 한다.'고 본다.

# t-test를 수행한다.
# mu는 비교하는 대상의 평균값을 설정한다.
# alternative="two sided"는 다른지를 확인하겠다는 의미다.
> t.test(a, mu=1000, alternative="two.sided")

        One Sample t-test

data:  a
t = 0.5269, df = 9, p-value = 0.611
alternative hypothesis: true mean is not equal to 1000
95 percent confidence interval:
  989.4613 1016.9387
sample estimates:
mean of x
   1003.2
>
```

검정 결과
One Sample t-test는 평균값이 같은지를 검정하는 것이므로(two.sidede) 귀무가설은 '평균값이 같다.'이고 대립가설은 '평균값이 다르다.'이다. p-value가 0.611로 0.05보다 크므로 귀무가설을 채택해 '평균값이 같다.'고 본다. 무작위로 뽑은 10개 건전지의 수명은 모집단 건전지의 수명과 평균값이 같다. 이것의 의미는 앞으로는 전체를 측정하지 않고 샘플의 수명을 측정해도 전체 제품의 수명을 측정한 것과 동일한 결과를 얻을 수 있다는 것이다.

t-test 중 표본이 1개인 경우(2/2)

(상황) 3학년 1반 학생의 중간고사 수학 평균 성적은 55점이다. 기말고사 시험 후 학생들의 수학 성적은 다음과 같다.
58, 49, 39, 99, 32, 88, 62, 30, 55, 65, 44, 55, 57, 53, 88, 42, 39

기말고사에서 학생들의 수학 성적이 올랐다고 할 수 있는가?

```
# R에서 분석을 수행한다. 데이터를 입력한다.
> a <- c(58, 49, 39, 99, 32, 88, 62, 30, 55, 65, 44, 55, 57, 53, 88, 42, 39)

# 주어진 데이터가 정규분포를 하는지 검사한다.
> shapiro.test(a)

        Shapiro-Wilk normality test

data:  a
W = 0.91143, p-value = 0.1058

# 샤피로 윌크 검정은 정규분포를 검정하는 것이므로
# 귀무가설은 '정규 분포를 한다.'이고 대립가설은 '정규 분포하지 않는다.'이다.
# p-value가 0.05보다 크므로 귀무가설을 채택해 '정규분포를 한다.'고 본다.

# t-test를 수행한다.
# mu는 비교하는 대상의 평균값을 설정한다.
# alternative="greater"는 올랐는지를 확인하겠다는 의미다.
> t.test(a, mu=55, alternative= "greater")

        One Sample t-test

data:  a
t = 0.24546, df = 16, p-value = 0.4046
alternative hypothesis: true mean is greater than 55
95 percent confidence interval:
 47.80855      Inf
sample estimates:
mean of x
 56.17647
```

검정 결과
One Sample t-test는 평균값이 변동이 있는지를 검정하는 것이므로(greater) 귀무가설은 '평균값이 안 올랐다.'이고 대립가설은 '평균값이 올랐다.'이다. p-value가 0.4046로 0.05보다 크므로 귀무가설을 채택해 '성적이 오르지 않았다.'고 본다.

t-test 중 표본이 2개인 경우(1/2)

2개의 표본에 대한 평균이 같다고 할 수 있는지를 검정하는 것이다.
(상황) 환자 10명을 대상으로 혈압약을 먹었을 때와 먹지 않았을 때의 혈압을 측정했다. 이 두 자료의 평균이 다르다고 할 수 있는지를 검정해보자.

```
# R에 데이터를 입력한다.
> pre <- c(13.2, 8.2, 10.9, 14.3, 10.7, 6.6, 9.5, 10.8, 8.8, 13.3)
> post <- c(14.0, 8.8, 11.2, 14.2, 11.8, 6.4, 9.8, 11.3, 9.3, 13.6)

# 입력된 두 자료가 정규분포를 하는지 샤피로 테스트를 통해 검정한다.
# 검정을 했고 정규분포를 한다는 결과가 나왔다고 가정한다.

# 두 데이터는 상호 관련이 있으므로 paired t-test를 수행한다.
> t.test(pre, post)

	Welch Two Sample t-test

data:  pre and post
t = -0.36891, df = 17.987, p-value = 0.7165
alternative hypothesis: true difference in means is not equal to 0
95 percent confidence interval:
 -2.745046  1.925046
sample estimates:
mean of x mean of y
    10.63     11.04
>
```

검정 결과
귀무가설은 '차이가 없다(평균이 같다)'이고 대립가설은 '차이가 있다.'이다. p-value가 0.05보다 크므로 귀무가설을 채택해 '평균이 같다.'고 본다. 혈압약은 특별한 효과가 없다고 판단한다.

t-test 중 표본이 2개인 경우(2/2)

2개의 표본에 대한 평균이 같다고 할 수 있는지를 검정하는 것이다. 그런데 이번에는 2개의 데이터가 정규분포를 하지 않는 상황이다.
(상황) 설문조사를 한 결과, A, B 두 사람의 답변은 유의한 차이가 있는지를 검정한다.

	5	4	3	2	1	합계
A	8	11	9	2	3	33
B	4	6	10	8	4	32

설문지는 5개의 문항으로 돼 있고 A, B 두 사람의 답변은 위와 같다.

```
# R에 데이터를 입력한다.
> A <- c(rep(5,8), rep(4,11), rep(3,9), rep(2,2), rep(1,3))
> B <- c(rep(5,4), rep(4, 6), rep(3, 10), rep(2,8), rep(1,4))

# 두 자료가 정규분포와 관련 없는 형태이므로 wilcox 테스트를 수행한다.
> wilcox.test(A, B, exact=F, correct=F)

	Wilcoxon rank sum test
```

```
data: A and B
W = 690, p-value = 0.02887
alternative hypothesis: true location shift is not equal to 0
```

검정 결과
귀무가설은 '유의한 차이가 없다.'이고 대립가설은 '유의한 차이가 있다.'이다. p-value가 .0.05보다 작으므로 대립가설을 채택해 '유의한 차이가 있다.'고 본다. 결국 A, B 두 사람의 응답은 차이가 있다고 말할 수 있다.

3.5.2 분산 분석

t-test는 2개의 모집단 평균이 같은지 판단하는 기법이다. 이를 확장해 2개 이상 k개의 데이터의 평균이 같다고 볼 수 있는지 판단하는 것을 '분산 분석(ANOVA, Analysis Of Variance)'이라 한다.

분산 분석(ANOVA)의 귀무가설은 '평균이 같다.'이고 대립가설은 '평균이 같지 않다.'이다.

```
# 상관관계의 분석을 위한 자료를 준비하는 과정이다.
# R을 공부하는 중이므로 일부러 여러 단계를 거쳐 자료를 준비하는 과정을 보여준다.

> xx <- c(1, 2, 3, 4, 5, 6, 7, 8, 9)
> yy <- c(1.09, 2.12, 2.92, 4.06, 4.90, 6.08, 7.01, 7.92, 8.94)
> zz <- c(1.10, 1.96, 2.98, 4.09, 4.92, 6.10, 6.88, 7.97, 9.01)
>
> mydata <-c(xx,yy,zz)        # 벡터형으로 자료를 생성한다.
>
> mydata
 [1] 1.00 2.00 3.00 4.00 5.00 6.00 7.00 8.00 9.00 1.09 2.12 2.92 4.06 4.90
 [15] 6.08 7.01 7.92 8.94 1.10 1.96 2.98 4.09 4.92 6.10 6.88 7.97 9.01

# 벡터로 된 자료를 다시 3개로 분리하는 과정이다.
# 처음 9개를 1로, 다음 9개를 2, 다음 9개를 3
> group <-c(rep(1,9), rep(2,9), rep(3,9))
>
> group
  [1] 1 1 1 1 1 1 1 1 1 2 2 2 2 2 2 2 2 2 3 3 3 3 3 3 3 3 3
>

# mydata를 3개로 그룹 지어 평균이 같은지 검증한다.
> oneway.test(mydata~group, var=T)

        One-way analysis of means

   data: mydata and group
   F = 6.526e-06, num df = 2, denom df = 24, p-value = 1

# ANOVA 분석 결과, p-value가 0.05보다 크므로 귀무가설을 채택해
# '평균이 같다.'고 판단한다.
```

3.5.3 부호 검정

2개의 데이터 사이에 차이가 있는지를 검정하는 것이다. 식사 전과 후의 음료수 맛에 대한 평가가 같은지 다른지는 제품의 마케팅을 주관하는 담당자에게는 중요한 일이다. 이런 경우에 밥을 먹기 전후에 음료수 제품에 대한 맛의 평가를 사용자로부터 받아 검증 작업을 수행할 수 있다.

식사 전, 후 음료수 맛에 대한 평가

음료수 맛에 대한 평가: 5점 만점, 높을수록 좋다는 의미

	A	B	C	D	E	F	G	H	I	J
식사 전 만족도	4	1	1	4	3	3	2	5	3	3
식사 후 만족도	1	1	3	2	5	1	4	4	3	1
전 · 후	−	0	+	−	+	−	+	0	0	−

```
# 분석을 위해 R에 데이터를 넣는다.
> x <- c(4, 1, 1, 4, 3, 3, 2, 5, 3, 3)
> y <- c(1, 1, 3, 2, 5, 1, 4, 4, 3, 1)

# 부호 검정을 수행한다.
> binom.test(c(length(x[x>y]), length(x[x<y])))
        Exact binomial test

data:  c(length(x[x> y]), length(x[x <y]))
number of successes = 5, number of trials = 8, p-value = 0.7266
alternative hypothesis: true probability of success is not equal to 0.5
95 percent confidence interval:
 0.2448632 0.9147666
sample estimates:
probability of success
              0.625
>
# 귀무가설은 '유의한 차이가 없다.'이고 대립가설은 '유의한 차이가 있다.'이다.
# p-value가 0.05보다 크므로 귀무가설을 채택해 '유의한 차이가 없다.'고 본다.
```

3.5.4 비율 검정

2개의 데이터 사이에 비율의 차이가 있는지를 검정하는 것이다. 두 지역에서 특정 제품에 대한 선호도가 차이가 있는지를 통계적으로 분석하기 위해 사용한다.

국내 맥주와 외국 맥주를 대상으로 '국내 맥주를 더 좋아하시나요?'라는 질문에 서울에서는 400명 중 360명, 부산에서는 200명 중 136명이 좋아한다고 답했다고 가정하면 서울과 부산의 비율은 차이가 있다고 할 수 있는가?

```
# 분석을 위해 R에 데이터를 넣는다.
> reply <- c(360, 136)
> origin <- c(400,200)

# 비율 분석을 수행한다.
> prop.test(reply, origin)

	2-sample test for equality of proportions with continuity correction

data:  reply out of origin
X-squared = 43.515, df = 1, p-value = 4.207e-11
alternative hypothesis: two.sided
95 percent confidence interval:
 0.14523 0.29477
sample estimates:
prop 1 prop 2
  0.90   0.68

# 귀무가설은 '유의한 차이가 없다.'이고 대립가설은 '유의한 차이가 있다.'이다.
# p-value가 0.05보다 작으므로 대립가설을 채택해 '유의한 차이가 있다.'고 본다.
# 서울과 부산은 국내 맥주, 외국 맥주에 대한 선호도의 차이가 있다고 본다.
```

3.6 인과(상관)관계 검정

인과관계 검정(Correlation Test)은 상관분석을 통해 수행한다. 상관분석은 두 변수 사이의 관련성을 파악하는 것으로, 상관계수에 대한 분석을 통해 수행한다.

3.6.1 상관계수

상관계수(Correlation Coefficient)는 상관분석을 수행하기 위해 필요한 것이다.

상관계수의 종류

- **피어슨 상관계수(Pearson Correlation Coefficient)**: 두 변수 간의 선형적 상관관계를 측정하며 (−1~1) 사이의 값을 가진다. 0 보다 큰 상관계수는 한 변수가 커지면 다른 변수도 선형적으로 증가한다는 것을 뜻한다. 가장 대표적으로 사용되는 상관계수다.
- **스피어만 상관계수(Spearman Correlation Coefficient)**: 두 데이터의 실제 값 대신 두 값의 순위를 사용해 상관계수를 계산하는 방식이다.

  예를 들어 공업수학 점수와 유체역학 점수 간의 상관관계는 피어슨 상관계수로 계산하고 공업수학 석차와 유체역학 석차의 상관계수는 스피어만 상관계수로 계산한다.

- **켄달의 순위 상관계수(Kendall's Correlation Coefficient)**: (X, Y) 형태의 순서쌍 데이터에서 x가 증가할 때 y가 증가하면 상관관계가 있다고 본다. −1~1 사이의 값을 가진다.

```
# R에서 실습을 위한 iris 데이터를 사용한다.
> head(iris)
  Sepal.Length  Sepal.Width Petal.Length  Petal.Width      Species
1          5.1          3.5          1.4          0.2       setosa
2          4.9          3.0          1.4          0.2       setosa
3          4.7          3.2          1.3          0.2       setosa
4          4.6          3.1          1.5          0.2       setosa
5          5.0          3.6          1.4          0.2       setosa
6          5.4          3.9          1.7          0.4       setosa

# iris 데이터의 Sepal.Length와 Petal.Length 간의 피어슨 상관계수를 구한다.
> cor(iris$Sepal.Length, iris$Petal.Length)
[1] 0.8717538                         # 0.87의 상관계수를 가지므로 둘 사이에는 양의 상관관계가 강하다.

# iris 데이터를 구성하는 데이터 간의 상관계수를 한꺼번에 구하는 것이다.
> cor(iris[, 1:4])
             Sepal.Length  Sepal.Width Petal.Length  Petal.Width
Sepal.Length    1.0000000   -0.1175698    0.8717538    0.8179411
Sepal.Width    -0.1175698    1.0000000   -0.4284401   -0.3661259
Petal.Length    0.8717538   -0.4284401    1.0000000    0.9628654
Petal.Width     0.8179411   -0.3661259    0.9628654    1.0000000
> symnum(cor(iris[, 1:4]))       # 상관계수를 요약해 보여준다.
             S.L S.W P.L P.W
Sepal.Length 1
Sepal.Width      1
Petal.Length +   .   1
Petal.Width  +   .   B   1
attr(,"legend")
[1] 0 ' ' 0.3 '.' 0.6 ',' 0.8 '+' 0.9 '*' 0.95 'B' 1
# B이면 0.95 이상으로 상관관계가 아주 강하다.
# *이면 0.9~0.95, +이면 0.8~0.9 등으로 해석한다.
>
# 동일 데이터에 대해 spearman, pearson, kendall의 차이점을 살펴보자.
> spear <- matrix(c(12,11,15,16,18, 32), c(15, 13, 18, 21, 29), ncol=2)
> spear
      [,1] [,2]
 [1,]   12   16
 [2,]   11   18
 [3,]   15   32
 [4,]   16   12
 [5,]   18   11
 [6,]   32   15
 [7,]   12   16
 [8,]   11   18
 [9,]   15   32
[10,]   16   12
[11,]   18   11
[12,]   32   15
[13,]   12   16
[14,]   11   18
```

```
[15,] 15   32
> cor(spear, method="spearman")                    # 12와 16, 11과 18의 상관계수다.
          [,1]       [,2]
[1,] 1.0000000 -0.6146789
[2,] -0.6146789  1.0000000
> cor(spear, method="pearson")                     # 두 데이터의 석차 관계는 상관성이 거의 없다.
          [,1]       [,2]
[1,] 1.0000000 -0.2017797
[2,] -0.2017797  1.0000000
> cor(spear, method="kendall")                     # 쌍으로 분석했을 때 상관성이 거의 없다.
          [,1]       [,2]
[1,] 1.0000000 -0.4408602
[2,] -0.4408602  1.0000000
>
```

연습 14 다음의 경우 kendall의 상관계수가 1과 0.8이 나온 이유를 생각해보자.

```
> cor(c(7,8,9,2,3), c(7,8,10,2,3), method="kendall")
[1] 1
> cor(c(7,8,9,2,3), c(7,8,10,2,1), method="kendall")
[1] 0.8
>
```

3.6.2 상관관계 분석

상관관계 분석(Correlation Analysis)은 상관계수를 구했을 때 이것이 통계적으로 유의한지를 판단하는 과정이다.

```
# 상관관계 분석의 실습을 위한 데이터를 설정한다.
> x <- c(70, 72, 62, 64, 71, 76, 0,65, 74, 72)
> y <- c(70,74, 65, 68, 72, 74, 61, 66, 76, 75)

# 상관관계 분석을 수행한다.
> cor.test(X, Y, method="pearson")

        Pearson's product-moment correlation

data:  x and y
t = 3.4455, df = 8, p-value = 0.008752
alternative hypothesis: true correlation is not equal to 0
95 percent confidence interval:
 0.2791495 0.9434286
sample estimates:
     cor
0.7729264
>
검정 결과
상관관계 분석의 귀무가설은 '상관관계가 없다.'이고 대립가설은 '상관관계가 있다.'이다. 분석 결과 p-value가
0.05보다 작으므로 대립가설을 채택해 '상관관계가 있다.'고 본다. 상관관계는 양의 관계이고 0.77이다.
상관관계에 대해 다음과 같이 정리한다.
```

- 상관계수는 한 변수의 변화가 다른 변수의 변에 따라 어떤 영향을 받는지를 보여주는 지표다.
- 상관관계는 한 변수의 변화에 따른 다른 변수의 변화 정도와 방향을 예측하는 기법이다.
- 상관계수와 상관관계의 연관성(음, 양은 무관하고 크기만으로 판단한다)은 다음과 같다.
  - 상관계수 0.9 이상: 상관관계가 매우 높다.
  - 상관계수 0.7~0.9: 상관관계가 높다.
  - 상관계수 0.4~0.7: 상관관계가 있다.
  - 상관계수 0.2~0.4: 상관관계가 있지만 낮다.
  - 상관계수 0.2 이하: 상관관계가 거의 없다.

3.7 요약

과거에는 통계에 대한 공식을 외우고 추정 검정을 계산했다. 하지만 오늘의 데이터 분석가는 그렇게 공부할 필요가 없다. R을 배우고 다양한 예제를 익힌 후 분석해야 하는 내용과 일치하는 예제를 찾아 적용하는 방향으로 응용하면 큰 어려움 없이 통계 분석을 실무에 사용할 수 있다.

내용을 확인하기 위해 다음 질문에 답해보자.

- 통계 분석은 무엇을 하는 것인가?
- 통계 분석에서 사용하는 통계량은 어떤 것이 있고 어떤 의미를 갖는가?
- 통계 분석의 목적은 무엇인가?
- 통계에 필요한 표본을 추출하는 방법에는 어떤 것이 있는가?
- 독립성 검정은 무엇이며, 어떤 검정이 있는가?
- 독립성 검정의 결과를 통해 무엇을 얻을 수 있는가?
- 적합성 검정은 무엇이며, 어떤 검정이 있는가?
- 적합성 검정은 결과를 이용해 무엇을 얻을 수 있는가?
- 차이 검정은 무엇인가?
- 차이 검정의 종류에는 어떤 것이 있고, 언제 사용하는가?
- t-test와 ANOVA는 각각 언제 사용하는 기법인지 정리하라.
- 상관계수 분석은 언제 사용하며, 무엇을 얻을 수 있는가?

PART 03

R의 활용법

- 통계학의 오랜 주제인 회귀 분석에 대해 알아본다.
- 선형 회귀 분석 외에 비선형, 중선형 회귀 분석에 대해 알아본다.
- 회귀의 응용으로 신경망을 공부하며 딥러닝과 관련된 역사와 기술 흐름에 대해 알아본다.
- 복잡한 데이터를 위한 커널 방법론에 대해 알아본다.
- 특수한 경우에 사용하는 로지스틱 회귀, 다항 로지스틱 회귀에 대해 알아본다.

04 회귀 분석

회귀 분석(Regression Analysis)은 데이터 마이닝의 지도학습에 속하는 기법으로, 입출력 데이터 간의 함수적 의존 관계를 수식의 형태로 추정함으로써 미래를 예측하는 방법이다. 통계학에서 주로 다루는 분야이지만, 최근에는 머신러닝(Machine Learning) 중 지도학습에 속하는 기법으로 분류하는 경우가 많다. 회귀 분석을 언제, 어떻게 이용하는지를 아는 것이 중요하다.

4.1 선형회귀

선형회귀(Linear Regression)는 회귀 모델에서 가장 기본적인 것으로 독립변수(x)와 종속변수(y) 간에 직선의 관계가 있는 경우를 말한다. 간단하지만 다양한 곳에 많이 사용되는 기법이다.
선형회귀를 설명하는 데 사용할 데이터를 살펴본다. 데이터에 대한 이해는 모든 분석의 기본이다. 차근차근 따라오기 바란다.

```
# 분석할 데이터를 읽는다.
> salary <- read.csv("regdata.csv")
> head(salary)
    X  Incentive   Salary  negotiated  gender   year
1   1       12.1      9.5        TRUE       M   2005
2   2        8.9      9.9        TRUE       F   2006
3   3        8.8     18.1        TRUE       M   2007
4   4        7.1     11.8        TRUE       F   2008
5   5       10.2     12.5        TRUE       M   2009
6   6        7.0     10.2        TRUE       F   2005

# 데이터는 연도별, 성별, 임금 협상을 했을 때(negotiated), 급여 인상률(Salary)과 인센티브
# 인상률(received)에 대한 자료다.

# 분석을 위해 다양한 그림을 통해 데이터가 갖는 특성을 파악해보자. 그중 하나가
# 협상을 했을 때 급여 인상률과 받은 인센티브 인상률에 대한 그래프다. 이외에도 급여
# 인상률과 연도와의 관계, 임금 협상을 하지 않은 경우에 인상률 변화 등 다양한 상황을
# 가정해 히스토그램, 산점도 등을 그려 데이터의 특성을 파악한다.

# 분석을 위해 협상을 한 경우에 인센티브(Incentive)와 셀러리(Salary) 관계를 파악하기
# 위해 산점도를 그린다([그림 4-1] 참조).

> plot(salary$Incentive[salary$negotiated==TRUE], salary$Salary [salary$negotiated
== TRUE])
# [그림 4-1]을 보면 협상을 한 상태에서
# 급여 인상률이 10 이하이면 인센티브 인상률과 밀접한 관계가 있다고 생각한다.
```

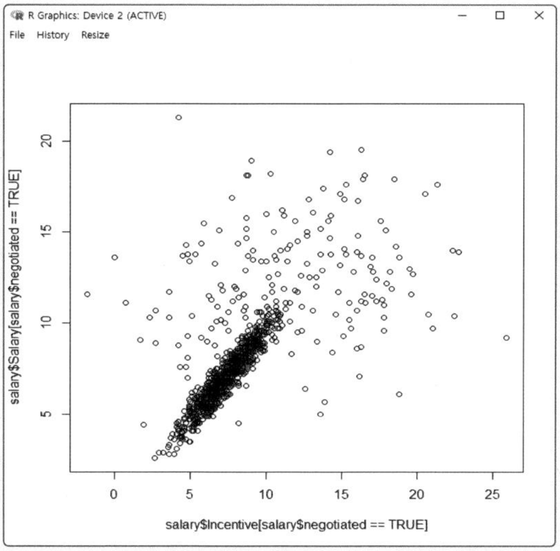

[그림 4-1] 협상한 경우, 월급과 인센티브의 관계

데이터를 이리저리 분석하다가 [그림 4-1]과 같은 산점도를 보게 되면 '임금 인상률이 9%라면 몇 %의 인센티브 인상률을 받을까?' 또는 '인센티브 인상률이 5%라면 이때 월급의 인상률은 얼마일까?'라는 질문에 대한 답을 구하고 싶을 것이다. 이때 사용하는 기법이 '회귀 분석(Regression Analysis)'이다(물론, 인센티브 인상률이 10 이상인 경우에는 너무 흩어져 있어서 회귀 분석을 적용하기 어렵다. 이런 경우에 적용할 수 있는 다양한 방법이 있기는 하지만, 이 책의 범위를 넘어서는 내용이므로 설명하지 않는다. 궁금해하는 독자를 위해 간단하게 설명하면 축을 변경하거나 흩어진 데이터를 조작해 일정 분포를 하도록 변경하는 것이다).

```
# 협상을 했을 때 급여 인상률과 인센티브 인상률 사이의 관계를 상관관계로 표현한다.
> cor(salary$Incentive[salary$negotiated==TRUE], salary$Salary [salary$negotiated
== TRUE])
[1] 0.6656481    # 0.66의 값을 가지므로 어느 정도 상관관계가 있다고 본다.
# 급여 인상률과 인센티브 인상률 사이에 회귀 분석을 수행한다.
# lm은 Linear Model의 약자이다.
> RegResult <- lm(Incentive[negotiated==TRUE]~Salary [negotiated == TRUE],
data=salary)
> RegResult

Call:
lm(formula = Incentive[negotiated == TRUE]~Salary[negotiated ==
    TRUE], data = salary)

Coefficients:
             (Intercept)  Salary[negotiated == TRUE]
                 2.3121                      0.7251
```

회귀 분석의 결과는 y=2.3121+0.7251*x이다. 즉, Y축의 절편이 약 2.3이고 기울기가 약 0.7인 직선이 두 변수 사이의 관계를 가장 잘 표현하는 직선이다. 이를 이용하면 협상을 한다는 조건에서 내가 5%의 인센티브 인상률을 받았다면 급여는 대략 5.8%를 인상받을 수 있다는 것을 알 수 있다(2.3 + 0.7 * 5 = 5.8).

[그림 4-1]을 근거로 보면 회귀 분석을 위한 선의 모습에서 y의 절편이 -2 정도의 값을 갖는 것이 적당해 보이는데, 실제로는 2.3이 나온 이유는 무엇일까? 답은 데이터의 일부가 아닌 전체를 대상으로 계산해 그런 결과가 나온 것이다. 이런 문제를 해결하기 위해 다음 연습 문제를 풀어보자.

연습 15 nogotiated==TRUE인 상태에서 Incentive와 Salary 간의 상관관계는 0.66이 나왔다. 그림으로 볼 때 Incentive가 10보다 작으면 보다 높은 상관관계를 보일 것이다. 그래서 Incentive가 10보다 작은 경우의 상관관계를 구해보자.

```
# 분석을 위해 Incentive가 10보다 작은 조건에 맞는 임시 데이터를 생성한다.
> temp <- subset(salary, salary$Incentive <=10)
> head(temp)
      X  Incentive  Salary  negotiated  gender  year
2     2        8.9     9.9        TRUE       F  2006
3     3        8.8    18.1        TRUE       M  2007
4     4        7.1    11.8        TRUE       F  2008
6     6        7.0    10.2        TRUE       F  2005
9     9        8.2    11.4        TRUE       M  2008
11   11        1.9     4.4        TRUE       M  2005
# 새로 구성한 데이터를 이용해 상관관계를 구해본다([그림 4-2] 참조).
>cor(temp$Incentive[temp$negotiated==TRUE], temp$Salary[temp$negotiated==TRUE])
[1] 0.5068886   # 상관관계가 오히려 줄어들었다. 그림을 그려 원인을 파악해보자.
> plot(temp$Incentive[salary$negotiated==TRUE], temp$Salary [salary$negotiated ==TRUE])
```

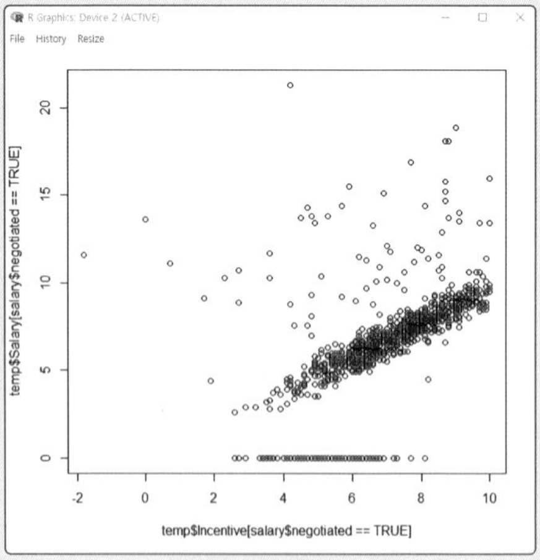

[그림 4-2] 수정된 데이터의 모습

[그림 4-2]를 살펴보니 Salary 데이터가 너무 흩어져 있는 것이 보인다. 데이터에서 Salary 데이터가 8보다 큰 것을 지우고 데이터를 새로 구성해보자.

```
# 데이터를 새로 구성한다.
> temp2 <- subset(temp, temp$Salary <= 8)
>cor(temp2$Incentive[temp2$negotiated==TRUE], temp2$Salary [temp2$negotiated ==
TRUE])
[1] 0.8704326    # 이제 관계가 높은 데이터를 구할 수 있다.
>
```

이제 위의 데이터를 근거로 회귀 분석을 수행해 미래를 예측하는 작업을 수행해보자. 과정은 앞에서 수행한 것을 그대로 반복하면 된다.

연습 16 회귀 분석과는 상관없지만, 회귀 분석을 하려면 어차피 수행해야 하는 과정인 salary 데이터의 특성을 복습을 겸해 간단하게 파악해보자.

1단계

```
> split.screen(c(1,2))          # 하나의 윈도우에서 2개의 그림을 동시에 그린다.
[1] 1 2
> screen(1)
> hist(salary$Incentive)        # [그림 4-3] 참조
> screen(2)
> hist(salary$Salary)           # [그림 4-3] 참조
>
```

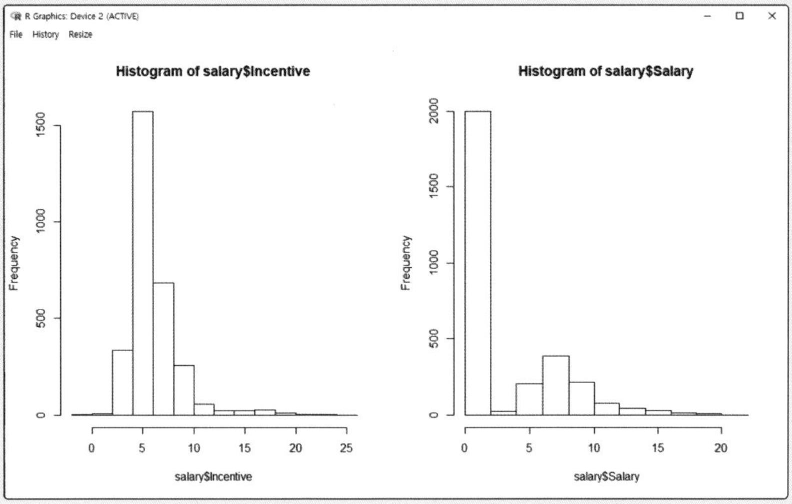

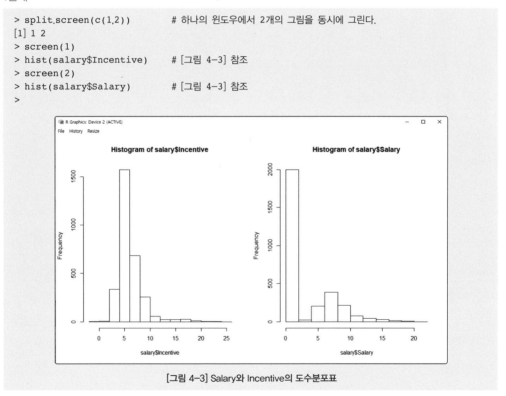

[그림 4-3] Salary와 Incentive의 도수분포표

인센티브 데이터는 아래쪽에 모여 있는 모습을 보이고 있다. 즉, 10% 이내를 받는 사람이 대부분이다. 월급은 적게 받는 사람이 대부분이며, 그렇지 않은 사람도 5~10 사이의 월급을 받고 있다. 위와 같은 방식으로 주어진 데이터에 대한 다양한 특성을 파악할 수 있다.

2단계

남, 여에 따라 급여 인상률과 인센티브 인상률에 차이가 있는지를 확인하고자 한다면 다음처럼 해당하는 데이터 집합을 임시로 만들고 그림을 그려 비교하면 된다.

```
> salary <- read.csv("regdata.csv")
> head(salary)
    X  Incentive   Salary  negotiated  gender  year
1   1       12.1      9.5        TRUE       M  2005
2   2        8.9      9.9        TRUE       F  2006
3   3        8.8     18.1        TRUE       M  2007
4   4        7.1     11.8        TRUE       F  2008
5   5       10.2     12.5        TRUE       M  2009
6   6        7.0     10.2        TRUE       F  2005
> temp <-subset(salary, salary$gender == 'M')
> temp2 <-subset(salary, salary$gender == 'F')

# 위의 과정을 거쳐 준비된 데이터인 temp(남자 데이터), temp2(여자 데이터)를 갖고
# 남, 여에 차별이 있는지를 확인하기 위해 분석을 수행한다([그림 4-4] 참조).

> split.screen(c(2,2))
[1] 1 2 3 4
> screen(1)
> hist(temp$Incentive)
> screen(2)
> hist(temp$Salary)
> screen(3)
> hist(temp2$Incentive)
> screen(4)
> hist(temp2$Salary)
>
```

[그림 4-4]를 기준으로 보면 남, 여 사이에 인센티브와 급여는 특별한 차이를 보이지 않고 있다는 것을 확인할 수 있다.

연습으로 연도에 따라 급여 인상률과 인센티브 인상률에 차이가 있는지를 조사해보자. 앞의 예를 따라 해보면 된다.

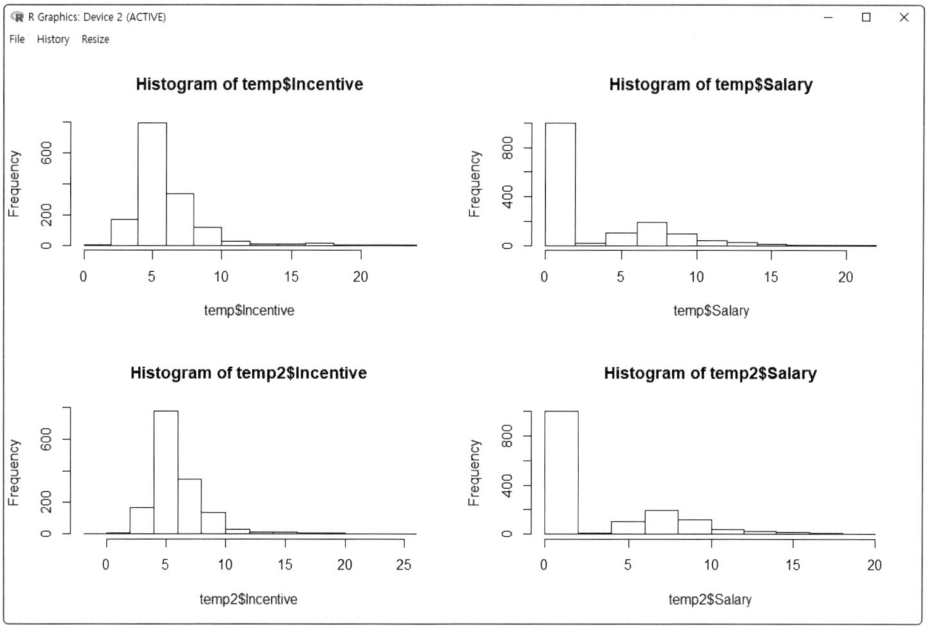

[그림 4-4] 남, 여의 인센티브와 급여의 차이 비교

4.2 중선형회귀 및 적절한 변수의 선택

중선형회귀(다중선형회귀, Multiple Linear Regression)는 독립변수가 2개 이상인 회귀 분석을 말한다. 즉, 종속변수 y에 영향을 미치는 변수가 2개 이상인 경우에 사용하는 방법이다.
회귀식의 형태는 $y = a_0 + a_1x_1 + a_2x_2 + \cdots + a_nx_x$와 같은 형태가 된다.

분석의 과정은 다음과 같다.

- 전체 독립변수를 넣어 모델을 만든다.
- 모델을 평가한 후 유효하다고 판단되면 기여도가 낮은 변수부터 하나씩 제거해 나가는 backward elimination 방식을 사용한다.
- 모델을 최적화한다.

중선형회귀의 실습을 위해 attitude 데이터를 사용한다. 여기서는 rating(등급)에 영향을 미치는 요인을 회귀를 이용해 식별한다. 종속변수 rating에 영향을 미치는 독립변수가 complaints(불평), privileges(특권), learning(학식), raises(수준), critical(비판), advance(발전)이므로 독립변수가 많다. 그러므로 중선형회귀를 사용한다.

```
# 데이터의 모습을 파악한다.
> head(attitude)
  rating  complaints  privileges   learning   raises  critical  advance
1     43          51          30         39       61        92       45
2     63          64          51         54       63        73       47
3     71          70          68         69       76        86       48
4     61          63          45         47       54        84       35
5     81          78          56         66       71        83       47
6     43          55          49         44       54        49       34

# 중선형회귀를 수행하는 명령어이다.
> model <- lm(rating~. , data=attitude)
> summary(model)              # 수행 결과를 보여준다.

Call:
lm(formula = rating~., data = attitude)

Residuals:
    Min       1Q   Median      3Q      Max
-10.9418  -4.3555  0.3158   5.5425  11.5990

Coefficients  :
            Estimate Std.      Error   t value      Pr(>|t|)
(Intercept)    10.78708     11.58926     0.931     0.361634
complaints      0.61319      0.16098     3.809    0.000903 ***
privileges     -0.07305      0.13572    -0.538     0.595594
learning        0.32033      0.16852     1.901     0.069925 .
raises          0.08173      0.22148     0.369     0.715480
critical        0.03838      0.14700     0.261     0.796334
advance        -0.21706      0.17821    -1.218     0.235577
---
Signif. codes:  0 '***' 0.001 '**' 0.01 '*' 0.05 '.' 0.1 ' ' 1

Residual standard error: 7.068 on 23 degrees of freedom
Multiple R-squared:  0.7326,   Adjusted R-squared:  0.6628
F-statistic:  10.5 on 6 and 23 DF, p-value: 1.24e-05
```

중선형회귀를 수행한 결과를 정리하면 다음과 같다.

- Coefficients의 값을 통해 중선형 회귀식을 구하고 조건에 따른 예측을 수행한다.

```
y = 10.78 + 0.61*complaints + (-0.07)*privileges + 0.32*learning + 0.08*raises +
0.038*critical + (-0.21)*advance
```

- summary의 p-value 값이 0.05보다 작으므로(0.000012) 통계적으로 의미가 있어서 이를 이용하면 예측이 가능하고 예측의 정확성은 Adjusted R-squared 값인 66.26%이다.
- 각 항목별 평가값(Coefficients)의 각 항목에 대해 통계적으로 유의한 것은 complaint와 learning이고 나머지는 유의한 영향을 미치지 않는다.

<Coefficients의 평가 의미>

***: 0~0.001

**: 0.001~0.01

*: 0.01~0.05

.: 0.05~0.1

(* 표시가 있는 변수는 0.05보다 작으므로 의미가 있는 변수라고 판단할 수 있다.)

앞의 결과를 바탕으로 주어진 데이터에서 의미 있는 것은 complaints와 learning이라는 것을 확인할 수 있다. 이제 의미 없는 변수를 제거해 모델을 간략하게 만들어보자. 많은 방식이 있지만, 여기에서는 backward 방식을 사용한다.

```
# step 명령을 이용해 독립변수를 제거하는 과정을 수행한다.
> reduced <- step(model, direction="backward")
Start:  AIC=123.36
rating~complaints + privileges + learning + raises + critical + advance

                Df        Sum of Sq           RSS           AIC
- critical       1             3.41        1152.4        121.45
- raises         1             6.80        1155.8        121.54
- privileges     1             4.47        1163.5        121.74
- advance        1            74.11        1223.1        123.24
<none>                                     1149.0        123.36
- learning       1           180.50        1329.5        125.74
- complaints     1           724.80        1873.8        136.04

Step: AIC=121.45                           # critical을 제거했다.
rating~complaints + privileges + learning + raises + advance
                Df        Sum of Sq           RSS           AIC
- raises         1            10.61        1163.0        119.73
- privileges     1            14.16        1166.6        119.82
- advance        1            71.27        1223.7        121.25
<none>                                     1152.4        121.45
- learning       1           177.74        1330.1        123.75
- complaints     1           724.70        1877.1        134.09

Step:  AIC=119.73                          # raises를 제거했다.
rating~complaints + privileges + learning + advance

                Df        Sum of Sq           RSS           AIC
- privileges     1            16.10        1179.1        118.14
- advance        1            61.60        1224.6        119.28
<none>                                     1163.0        119.73
- learning       1           197.03        1360.0        122.42
- complaints     1          1165.94        2328.9        138.56
Step:  AIC=118.14
```

```
rating~complaints + learning + advance

               Df        Sum of Sq           RSS          AIC
- advance       1            75.54        1254.7       118.00
<none>                                    1179.1       118.14
- learning      1           186.12        1365.2       120.54
- complaints    1          1259.91        2439.0       137.94

Step:  AIC=118
rating~complaints + learning

               Df        Sum of Sq           RSS          AIC
<none>                                    1254.7       118.00
- learning      1           114.73        1369.4       118.63
- complaints    1          1370.91        2625.6       138.16
> summary(reduced)

Call:
lm(formula = rating~complaints + learning, data = attitude)

Residuals:
    Min        1Q        Median          3Q          Max
-11.5568  -5.7331        0.6701      6.5341      10.3610

Coefficients:
         Estimate              Std.        Error   t value Pr(>|t|)
(Intercept)  9.8709          7.0612        1.398        0.174
complaints   0.6435          0.1185        5.432     9.57e-06 ***
learning     0.2112          0.1344        1.571        0.128
---
Signif. codes:  0 '***' 0.001 '**' 0.01 '*' 0.05 '.' 0.1 ' ' 1

Residual standard error: 6.817 on 27 degrees of freedom
Multiple R-squared:  0.708,   Adjusted R-squared:  0.6864
F-statistic: 32.74 on 2 and 27 DF, p-value: 6.058e-08

>
step 명령어의 수행을 통해 통계적으로 유의한 것을 선별하고 최종적으로 만들어진 회귀식은 다음과 같다.
y = 9.87 + 0.645 * complaits + 0.2112 * learning

위의 식은 p-value가 0.05보다 작으므로 통계적으로 유의하며 Adjuste R-squared가 0.6864이므로 약
68%의 정확성을 가진다고 볼 수 있다.
```

중선형회귀에 대한 설명을 마무리했다. 중선형회귀는 실제 많은 곳에서 사용한다. 주어진 실습은 간단하지만 필요한 것은 빠짐없이 다뤘으므로 필요할 때 참고하기 바란다.

4.3 신경망

신경망(Neural Network)을 비선형 회귀에 포함시키는 것에 대해서는 많은 사람이 다른 의견을 가질 수 있다. 다만, 신경망 모델이 회귀와 비슷한 성질을 가지며, 예측을 수행한다는 측면에서 설명하고자 한다.

4.3.1 신경망이란?

인간 뇌를 구성하는 뉴런의 작동 원리를 컴퓨터 환경에서 구현하고 이를 이용해 학습을 수행한 후에 예측하는 기법을 말한다. 인공신경망은 생물학적 뉴런을 바탕으로 1943년 워런 매컬러(Warren McCulloch)와 월터 피트(Walter Pitts)의 논문에서 처음 소개됐고 이를 개량한 퍼셉트론이 1957년 프랭크 로젠블랫(Frank Rosenblatt)에 의해 제안되고 활용되면서 신경망에 대한 연구가 본격화됐다.
퍼셉트론은 입출력 그리고 활성 함수로 표현되고 이를 여러 번 반복해 연결함으로써 학습을 통한 예측이 가능하다. 1980년대에 다층 신경망과 역전파(Back Propagation) 알고리즘의 결합으로 좋은 예측 결과를 얻었고 2010년 이후 딥러닝으로 발전해 현재에 이르고 있다.

4.3.2 신경망

신경망으로 예측하는 경우, 예측의 정확도에 영향을 미치는 요인은 층의 개수와 함수의 설정값(decay)이다.
우리가 하는 실습에서는 층은 3, 함수의 설정값은 0으로 하는데, 대부분 설정값을 5e-04로 하는 경우에 예측값이 가장 정확하다고 한다. 다음 실습을 마친 후 층의 숫자를 변화시키고 설정값을 변화해 예측의 정확도를 확인해보기 바란다.
이제 신경망을 실습해보자. iris 데이터를 이용해 모델을 만들고 Sepal.Length, Sepal.Width, Petal.Length, Petal.Width를 제공했을 때 이것이 setosa, verisicolor, virginica 중 어느 것인지를 맞추는 것이다.

회귀 분석과 다른 점은 맞추고자 하는 것이 숫자가 아니라 Factor형의 데이터라는 점이다. 즉, setosa, verisicolor, virginica 중 어느 것인지를 맞추는 것이다(범주형 데이터).

```
> data(iris)                    # iris 데이터의 사용을 선언한다.
> str(iris)                     # iris 데이터의 모습을 확인한다. Species의 모양을 확인할 것
'data.frame':  150 obs. of  5 variables:
 $ Sepal.Length: num  5.1 4.9 4.7 4.6 5 5.4 4.6 5 4.4 4.9 ...
 $ Sepal.Width: num  3.5 3 3.2 3.1 3.6 3.9 3.4 3.4 2.9 3.1 ...
 $ Petal.Length: num  1.4 1.4 1.3 1.5 1.4 1.7 1.4 1.5 1.4 1.5 ...
```

```
 $ Petal.Width: num  0.2 0.2 0.2 0.2 0.2 0.4 0.3 0.2 0.2 0.1 ...
 $ Species    : Factor w/ 3 levels "setosa","versicolor",..: 1 1 1 1 1 1 1 1 1 1
...

# 학습에 사용할 데이터와 실제 예측에 사용할 데이터를 분리하기 위해, 실제 데이터 중
# 임의의 숫자를 정해진 개수만큼 뽑는다.
# 1~50 사이에 임의의 숫자를 30개 뽑는다. 나머지도 동일하다.
> temp <- c(sample(1:50, 30), sample(51:100, 30), sample(101:150, 30))
> temp  # 뽑은 숫자를 보여준다.
[1]  1   8   21  24  32  50  48  6   40  31  10  16  47  26  25  2   27  36  34  22
[21] 33  12  43  4   14  37  1   7   17  29  73  89  74  76  54  61  56  93  86  98
[41] 70  80  97  72  52  60  64  94  66  55  69  91  68  71  62  82  88  100 78  95
[61] 133 150 124 121 103 118 119 125 123 113 101 112 108 148 138 104 129 139 131 140
[81] 145 141 127 107 116 147 106 117 143 102

# 뽑은 숫자에 해당하는 iris 데이터를 iris.training으로 저장하고 나머지는 iris.testing에
# 저장한다.
> iris.training <- iris [temp,]
> iris.testing <- iris [-temp,]

> library(nnet)  # 신경망 패키지를 구동한다. 없다면 > install.packages("nnet")를 수행한다.

# 신경망을 수행한다. 층은 3개로 하고 설정값은 0으로 한다.
> neuralNetResult <- nnet(Species~., data=iris.training, size=3, decay=0)
# weights:  27
initial        value   113.139762
iter    10     value    33.621759
iter    20     value     2.195832
iter    30     value     0.004486
final          value     0.000034
converged
> neuralNetResult
a 4-3-3 network with 27 weights
inputs: Sepal.Length Sepal.Width Petal.Length Petal.Width
output(s): Species
options were - softmax modelling
> summary(neuralNetResult)
a 4-3-3 network with 27 weights
options were - softmax modelling
  b->h1    i1->h1    i2->h1    i3->h1    i4->h1
   1.12       7.48      1.81      6.46      1.16
  ... 중략 ...
 b->o3 h1->o3 h2->o3 h3->o3
-19.77 -17.35  59.59  -3.20
```

앞의 neuralNetResult와 summary(neuralNetResult) 명령어는 수많은 숫자와 문자를 이용해 신경망에 대한 설명을 하고 있지만, 읽기는 어렵다. 이 정보를 이용해 그래프로 표현하는 명령어가 바로 plot.nnet이다.

plot.nnet은 마치 함수와 같다. 그래서 소스를 출판사의 웹페이지나 다른 웹사이트에서 구해 R GUI에서 새 스크립트를 열고 소스를 넣는다. 그다음 마우스로 스크립트 윈도우를 선택한 상태에서 R GUI의 [편집(Edit)]-[전부 실행하기(Run All)]를 선택하면 스크립트의 plot.net 함수가 실행된다. 이후 다음 명령어를 실행하면 숫자로 된 결과를 그래프로 볼 수 있다([그림 4-5] 참조). plot.nnet 파일의 소스는 출판사의 웹사이트에서 다운로드해 사용하면 된다.

```
> plot.nnet(neuralNetResult)
```

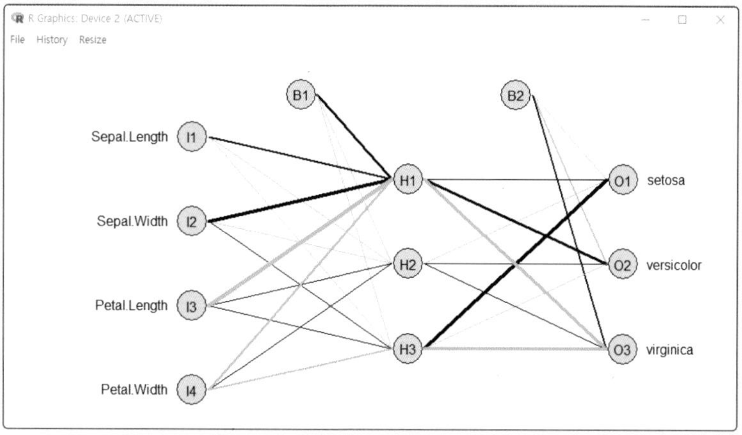

[그림 4-5] 신경망의 그래프 표현

그림의 의미는 입력이 Sepal.Length, Sepal.Width, Petal.Length, Petal.Width이고 중간에 3개의 층을 거쳐 결과는 setosa, vericolor, virginica 중 하나라는 것이다.

앞에서 nnet으로 모델을 만들고 학습했다면 이제 만들어진 모델을 이용해 예측해보자. 다음은 앞에서 개발한 모델에 테스트 데이터를 적용해 예측 결과의 정확성을 검증하는 과정이다. 테스트 데이터를 입력한 후 이것이 setosa인지, veriscolor인지, virginica인지를 맞추는 것이다.

```
# 테스트 데이터로 예측을 수행한다.
> pred <- predict(neuralNetResult, iris.testing, type="class")
> pred          # 테스트 데이터에 대한 예측 결과
[1]  "setosa"     "setosa"     "setosa"     "setosa"     "setosa"     "setosa"     "setosa"     "setosa"
[9]  "setosa"     "setosa"     "setosa"     "setosa"     "setosa"     "setosa"     "setosa"     "setosa"
[17] "setosa"     "setosa"     "setosa"     "setosa"     "versicolor" "versicolor" "versicolor" "versicolor"
[25] "versicolor" "versicolor" "versicolor" "versicolor" "versicolor" "versicolor" "versicolor" "versicolor"
[33] "versicolor" "versicolor" "versicolor" "versicolor" "versicolor" "versicolor" "versicolor" "versicolor"
[41] "virginica"  "virginica"  "virginica"  "virginica"  "virginica"  "virginica"  "virginica"  "virginica"
[49] "versicolor" "virginica"  "versicolor" "versicolor" "versicolor" "versicolor" "virginica"  "virginica"
[57] "virginica"  "virginica"  "virginica"  "virginica"
```

```
# 실제 데이터와 예측 데이터를 비교하기 위해 실제 데이터를 real에 저장한다.
> real <- iris.testing$Species
> table(real, pred)                                # 2개의 값을 비교해 정확성을 확인한다.
           pred
real         setosa  versicolor  virginica
setosa           20           0          0         # 전부 맞췄다.
versicolor        0          20          0         # 전부 맞췄다.
virginica         0           5         15         # 약간의 예측 오류가 있다!
>
```

신경망에 대한 설명은 여기서 마친다. 필요한 경우에는 딥러닝 관련 서적을 참고하면 좋은 정보를 얻을 수 있다.

중요한 점은 데이터 분석가로서 신경망을 회귀와 같이 미래를 예측하는 데 사용할 수 있다는 점이다. 언제 회귀를 사용하고 언제 신경망을 사용하면 좋을지는 이미 설명했다. 신경망은 범주형 데이터를 예측하는 데 사용하는 것이 좋다.

회귀와 신경망의 차이점은 신경망은 학습을 통해 발전할 수 있는 모델이라는 것이다. 즉, 데이터의 개수, 계층의 개수가 증가하면 예측의 정확성도 좋아진다는 점이다.

연습 17 신경망을 사용할 때 층을 5개로 하고 설정값을 5e-04로 한 경우에 신경망을 이용한 모델을 생성하고 이들의 결과를 그래프로 보이고 실제 예측을 수행한 후에 앞에서 수행한 것과 이번에 수행한 것의 결과를 비교하고 신경망의 유용성에 대해 논의해보자. 회귀로 분석한 경우와의 차이에 대해서도 생각해보자(명령어에 제공할 수치만 바꾸면 되고 그림을 그리는 것은 변동이 없다. 개인적으로 중요한 부분이라 생각하므로 실습해보자).

4.4 커널 방법론

주어진 데이터의 독립변수(x)와 종속변수(y) 사이의 관계가 선형이라는 가정은 모델의 구성과 계산의 간편성 때문에 많이 사용된다. 그런데 특수한 경우에는 선형이라는 가정이 맞지 않는 경우가 발생한다. 이런 상황에 대비해 비선형 모형화 기법이 개발됐다.

커널 방법론(Kernel Methods)은 대표적인 비선형 모형화 기법으로, 국소 선형회귀(Kernel Smoothing: Local Linear Regression)를 사용한다. 간단히 말해 근처에 있는 점들의 위치를 고려해 종속변수(y)의 좌표를 조정하는 것이다.

내부적으로 어마어마한 이론이 있지만, 여기서는 데이터 분석가로서 필요한 부분만 설명한다.

먼저, 선형으로 예측하기 어려운 환경을 임의로 만들어보자.

```
# 선형으로 예측이 안 되는 환경을 구성하는 절차다.
> set.seed(1)              # 난수 생성을 위한 초깃값을 설정한다.
> n <- 100                 # 생성할 데이터의 숫자다.
> x <- runif(n) * 4        # 0~1 사이의 숫자 100개를 생성하고 여기에 4를 곱한다.
> x                        # 0~4 사이의 숫자 100개를 확인한다.
  [1] 1.06203465 1.48849560 2.29141345 3.63283116 0.80672772 3.59355874 3.77870107
2.64319117
  [9] 2.51645618 0.24714508 0.82389830 0.70622701 2.74809139 1.53641487 3.07936568
1.99079697
   ... 중략 ...
 [97] 1.82109781 1.64033633 3.24348097 2.41973316

# 생성된 x 숫자에 직선 성향을 갖지 않도록 변화를 준다.
> y <- sin(x) + rnorm(n, sd=0.3)
> y
  [1] 0.992780125  0.813007288  0.853734570 -0.810527231  1.151934182  0.157384921 -0.705040068
  [8] 0.164781709  0.756123834  0.204120408  1.454285098  0.637195846  0.590346240  1.007809664
   ... 중략 ...
 [99] -0.487602280  0.168599848

# XValue의 값을 0~4 사이에 0.05 간격으로 생성한다.
> XValue <- seq(from=0, to=4, by=0.05)
> YValue <- sin(XValue)      # YValue 값은 XValue 값에 sin한 것이다.

# XValue, YValue로 그림을 그린다. 점선의 그림이 그려진다(type은 영문자 l이다).
> plot(XValue, YValue, type='l', ylim=c(min(YValue), max(YValue)), lty=2)
# 위의 그림에 x, y 값 100개를 추가로 표시한다.
> points(x,y)
```

[그림 4-6]을 살펴보자. 그린 순서는 고려하지 말고 현재 그려진 그림을 중심으로 보면 표시된 점들을 모델링하는 것은 그림의 점선과 같은 곡선이다. 현재 주어진 점을 모델링하기 적합한 직선은 존재하지 않는다. 이런 경우에 적용하는 것이 커널 방법론이다.

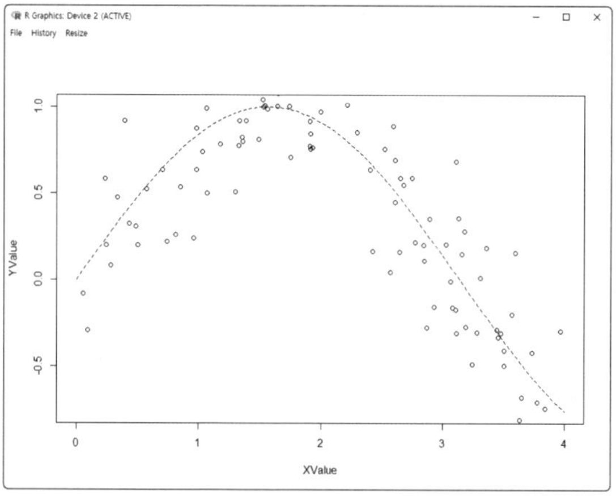

[그림 4-6] 커널 방법론을 적용하기 위한 데이터의 모습

```
> install.packages("KernSmooth")                    # 패키지 설치
> library(KernSmooth)                               # 패키지 사용

> h <- c(0.1, 0.3, 1.5)                             # 국소 선형 회귀를 위한 bandwidth 설정이다.

# 국소 선형 회귀를 수행하고 그 결과를 기존의 그림 위에 선으로 표현한다([그림 4-7] 참조).
> for(k in 1:length(h)) {
+    res.lp <-locpoly(x, y, bandwidth=h[k])
+    lines(res.lp, col=k+1)
+ }
# 그려진 그림을 식별하기 위해 legend를 추가한다([그림 4-7] 참조).
> legend(3, 1.0, c(paste("bandwidth = ", h[1]), paste("bandwidth = ", h[2]),
paste("bandwidth = ", h[3]), "True Curve"), col=c(2:4, 1), lty=c(rep(1,3),2))
>
```

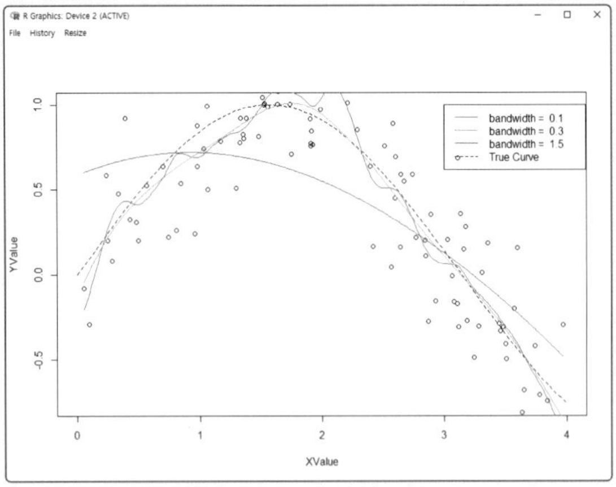

[그림 4-7] 커널 방법론을 적용한 예측 라인

[그림 4-7]을 보면 bandwidth가 0.3인 경우, 우리가 사전에 만든 최적화된 라인과 매우 비슷한 모습을 지닌다. 그러므로 현실적으로 많이 사용되지는 않지만, bandwidth를 잘 조정하면 정확한 예측이 가능하다는 점을 보여주고 있다.

위의 예는 설명을 위해 사례를 임의로 만들고 커널 방법론을 적용한 것이다. 하지만 실무에서는 사용하기가 다소 어려울 것이다. 그래서 현실성 있는 방법으로 데이터에 대해 회귀 분석을 수행해 결과를 직선의 수식으로 표현해보도록 한다.

```
# 원래의 그림을 그리고 그 위에 최적화된 0.3의 bandwidth를 가진 선을 그린다.
> plot(XValue, YValue, type='l', ylim=c(min(YValue), max(YValue)), lty=2)
> points(x,y)
> temp2 <- locpoly(x,y,bandwidth=0.3)

# 기존의 그림위에 선을 그린다. 위의 그림으로 보면 녹색이다. 직선 형태이다.
> lines(temp2)

# 주어진 자료에 대해 선형회귀를 구한다.
```

```
> res.lm <- lm(y~x)
> res.lm

Call:
lm(formula = y~x)

Coefficients:
(Intercept)           x
     1.0435     -0.2871

# 선형회귀로 구한 식을 그림으로 표현한다. 다음 그림에서 회색 선이 이에 해당한다.
> points(x, predict(res.lm), col=8, pch="*")
```

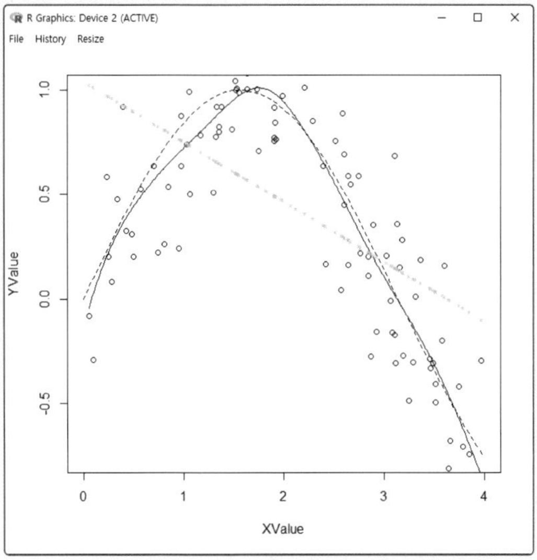

[그림 4-8] 직선으로 표현한 회귀식을 추가한 모습

회귀 분석과 비슷한 목적을 갖지만, 비선형 모델에 대한 처리 방법의 하나로 커널 방법론에 대해 설명했다.

데이터 분석가의 입장에서 이론상으로 비선형인 경우에도 데이터를 설명하는 모델을 만드는 것은 가능하지만, 현실적으로 얼마나 사용할지에 대해서는 의문이다. 실무에서는 사용하기 어려울 것으로 보이고 데이터를 변환하는 방식을 대신 선택할 가능성이 높다. 여기에서는 용어와 의미, 활용법에 대해 파악하는 것이 데이터 분석가의 관점에서 중요하기 때문에 개념과 실습 중심으로 설명했다.

4.5 로지스틱 회귀

회귀 분석은 두 변수(독립변수: x, 종속변수: y)의 관계를 선형으로 표현하고 이를 이용해 미래를 예측했다. 그런데 종속변수(y)가 0과 1, 합격과 불합격 같은 이산형 변수인 경우에는 처리하기 어렵다. 그래서 개발된 방법이 '로지스틱 회귀(Logistic Regression)'다.

사례를 통해 로지스틱 회귀를 수행하는 과정을 진행한다. 데이터는 grp, gpa 점수와 석차의 정보를 바탕으로 합격(1), 불합격(0) 여부를 보여주는 것이다. 특정 gre, gpa, rank 점수가 부여됐을 때 합격/불합격 여부를 판단하고자 한다. 이것이 로지스틱 회귀의 대표적인 예이다.

```
# 실습을 위해 웹에 있는 데이터를 가져온다(출판사 웹사이트에서도 다운로드할 수 있다).
> data <- read.csv("http://stats.idre.ucla.edu/stat/data/binary.csv")
> str(data)                    # 데이터의 모습을 확인한다. 400개, 1개의 데이터는 4개의 데이터로 구성
'data.frame':  400 obs. of  4 variables:
 $ admit: int  0 1 1 1 0 1 1 0 1 0 ...
 $ gre : int  380 660 800 640 520 760 560 400 540 700 ...
 $ gpa : num  3.61 3.67 4 3.19 2.93 3 2.98 3.08 3.39 3.92 ...
 $ rank: int  3 3 1 4 4 2 1 2 3 2 ...

> head(data)
   admit     gre     gpa    rank
1      0     380     3.61      3
2      1     660     3.67      3
3      1     800     4.00      1
4      1     640     3.19      4
5      0     520     2.93      4
6      1     760     3.00      2

> trainData <- data[1:200,]    # 모델을 만들기 위해 사용하는 학습 데이터를 생성한다.
> testData <- data[201:400,]   # 생성된 모델을 테스트하기 위한 데이터를 생성한다.

# 로지스틱 회귀를 수행한다. y 값인 admit이 0, 1이므로 binomial을 설정한다.
> model <- glm(admit~gre+gpa+rank, data=trainData, family="binomial")
> summary(model)

Call:
glm(formula = admit~gre + gpa + rank, family = "binomial",
    data = trainData)

Deviance Residuals:
  Min        1Q         Median      3Q         Max
  -1.6074    -0.7894    -0.5327     0.8980     2.4587

Coefficients:
               Estimate    Std. Error   z value    Pr(>|z|)
(Intercept)    -2.79966    1.67734      -1.669     0.095096 .
```

```
gre          0.00366     0.00171     2.141     0.032266 *
gpa          0.42816     0.49834     0.859     0.390245
rank        -0.75502     0.19512    -3.870     0.000109 ***
---
Signif. codes:  0 '***' 0.001 '**' 0.01 '*' 0.05 '.' 0.1 ' ' 1

(Dispersion parameter for binomial family taken to be 1)

Null deviance:     237.18  on 199  degrees of freedom
Residual deviance: 206.84  on 196  degrees of freedom
AIC: 214.84

Number of Fisher Scoring iterations: 4

# 앞에서 만들어진 로지스틱 회귀 모델을 대상으로 testData를 입력해 결과를 확인한다.
# 이때 나온 결과가 숫자이므로 0.5를 기준으로 0,1로 변환한다.
> predictData <- predict(model, newdata=testData, type="response")
> head(predictData)
201        202        203        204        205        206
0.32756502 0.30649104 0.67265609 0.06888056 0.57617406 0.35832794

# 위에서 201이 0.32, 0, 203이 0.67이므로 1로 변환됐다는 것을 확인한다.
> round(predictData)
   201 202 203 204 205 206 207 208 209 210 211 212 213 214 215 216 217 218 219
     0   0   1   0   1   0   1   1   0   0   0   0   0   0   0   0   0   0   0
   ... 중략 ...
   383 384 385 386 387 388 389 390 391 392 393 394 395 396 397 398 399 400
     0   1   0   0   1   0   0   0   0   0   0   0   0   0   0   0   0   0

# 예측값 predictData와 testData의 admit의 값을 table 형태로 보여준다.
> table(round(predictData), testData$admit)

      0   1
  0 121  58
  1   8  13
>
```

위의 결과를 보면 총 200개의 testData에서 예측해 맞춘 확률이 66.5%(133/200)이다. 다소 실망스러운 예측 성공 확률이기는 하지만 로지스틱 모델은 머신러닝의 모델이므로 데이터가 많아지면 예측 성공 확률이 올라간다. 이런 특성은 신경망에서도 확인할 수 있는데, 그 이유는 신경망도 머신러닝 모델이기 때문이다.

4.6 다항 로지스틱 회귀

다항 로지스틱 회귀(Multinomial Logistic Regression)는 종속값이 0, 1이 아닌 3개 이상의 값을 갖는 경우에 적용한다. iris 데이터는 Species가 3개이므로 다항 로지스틱 회귀에 해당한다. 즉, Sepal.Length, Sepal.Width, Petal.Length, Petal.Width를 주고 이것이 어떤 종(Species)인지를 맞추기 위해 기존 데이터로 학습하고 테스트하는 과정을 진행한다.

```
# 필요한 패키지를 로드한다.
> library(nnet)

# iris 데이터로 다항 로지스틱 회귀를 수행한다.
> Mmodel <- multinom(Species ~., data=iris)
# weights:  18 (10 variable)
initial       value    164.791843
iter  10      value     16.177348
iter  20      value      7.111438
iter  30      value      6.182999
iter  40      value      5.984028
iter  50      value      5.961278
iter  60      value      5.954900
iter  70      value      5.951851
iter  80      value      5.950343
iter  90      value      5.949904
iter 100      value      5.949867
final         value      5.949867
stopped after 100 iterations

# iris 데이터로 만들어지고 학습된 모델로 iris 데이터의 1, 51, 101번의 결과를 예측한다.
> predict(Mmodel, newdata=iris[c(1, 51, 101),], type="class")
[1] setosa     versicolor virginica
Levels: setosa versicolor virginica              # 3개 모두 정확하게 예측했다.

# 만들어진 모델을 이용해 전체 iris 데이터를 대상으로 결과를 예측한다.
> predict(Mmodel, newdata=iris)
  [1] setosa     setosa     setosa     setosa     setosa     setosa
setosa     setosa     setosa
              ... 중략 ...
[136] virginica  virginica  virginica  virginica  virginica  virginica  virginica
virginica  virginica
[145] virginica  virginica  virginica  virginica  virginica  virginica
Levels: setosa versicolor virginica

# 예측한 값을 predicted라는 변수에 할당한다.
> predicted <- predict(Mmodel, newdata=iris)

# 예측의 정확도를 계산해 출력한다. 맞춘 개수/전체 개수
> sum(predicted == iris$Species) / NROW(predicted)
[1] 0.9866667                                    # 예측의 정확도가 98%라는 것에 주목하자.
>
```

이상으로 다항 로지스틱 회귀가 언제 어떻게 사용되는지에 대해서는 충분히 이해했으리라 생각한다. 앞의 예는 iris 데이터를 갖고 모델을 만들고 다시 iris 데이터를 갖고 예측한 형태다. 하지만 대부분의 경우에는 학습을 위한 데이터와 평가를 위한 데이터는 분리하는 것이 일반적이다. 그런 점에서 다음의 연습을 통해 학습을 위한 데이터를 분리하고 모델을 학습시키고 테스트 데이터를 이용해 모델을 테스트하는 과정을 익히기 바란다.

연습 18 이번에는 iris 데이터를 학습용 데이터와 테스트용 데이터로 나눠 학습용 데이터로 모델을 만들고 학습시킨 후 테스트 데이터로 모델에서 나온 결과와 실제 결과를 비교해 정확성을 계산해보자(이미 앞에서 했던 것이지만, 복습의 의미에서 차근차근 수행해보자).

```
# 다음 과정에 대한 설명이 필요하면 신경망 부분을 참고하자.
> data(iris)
> temp <- c(sample(1:50, 30), sample(51:100, 30), sample(101:150, 30))
> iris.training <- iris[temp,]
> iris.testing <- iris[-temp,]
> trainModel <- multinom(Species~., data=iris.training)
# weights:  18 (10 variable)
initial      value    98.875106
iter  10     value     8.381502
iter  20     value     1.728377
iter  30     value     0.818568
iter  40     value     0.198011
iter  50     value     0.177270
iter  60     value     0.170390
iter  70     value     0.153279
iter  80     value     0.141881
iter  90     value     0.134556
iter 100     value     0.126046
final        value     0.126046
stopped after 100 iterations
> predict(trainModel, newdata=iris.testing)
 [1]     setosa     setosa     setosa     setosa     setosa     setosa     setosa     setosa     setosa
[10]     setosa     setosa     setosa     setosa     setosa     setosa     setosa     setosa versicolor
[19]     setosa     setosa versicolor versicolor versicolor versicolor versicolor versicolor versicolor
[28] versicolor versicolor versicolor versicolor versicolor  virginica versicolor versicolor versicolor
[37] versicolor versicolor versicolor versicolor  virginica  virginica  virginica  virginica  virginica
[46]  virginica  virginica  virginica  virginica  virginica  virginica  virginica versicolor  virginica
[55]  virginica  virginica  virginica  virginica  virginica  virginica
Levels: setosa versicolor virginica
> predicted <- predict(trainModel, newdata=iris.testing)
> sum(predicted == iris.testing$Species) / NROW(predicted)
[1] 0.95         # 데이터를 분리해 실행함으로써 예측의 정확도가 다소 하락했다.
>
>
```

4.7 요약

앞의 설명을 잘 이해했는지를 확인하기 위해 다음 질문에 답해보자.

- 회귀 분석은 어떤 경우에 사용하는가?
- 신경망 모델은 어떤 경우에 사용하는가?
- 로지스틱 회귀는 어떤 경우에 사용하는가?
- 중선형회귀와 선형회귀를 비교해보라.
- 커널 방법론은 어떤 경우에 사용할 수 있는 방법인가 ?
- 로지스틱 회귀와 다항 로지스틱 회귀를 비교해 각각 어떤 경우에 사용하는지 설명하라.

뉴스 데이터 과학의 영역

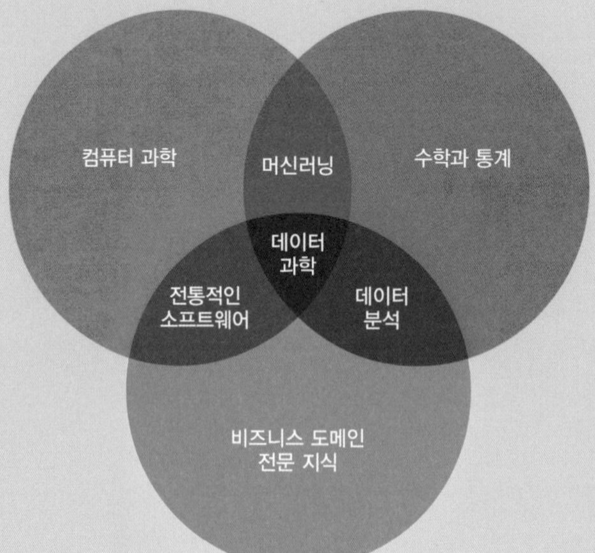

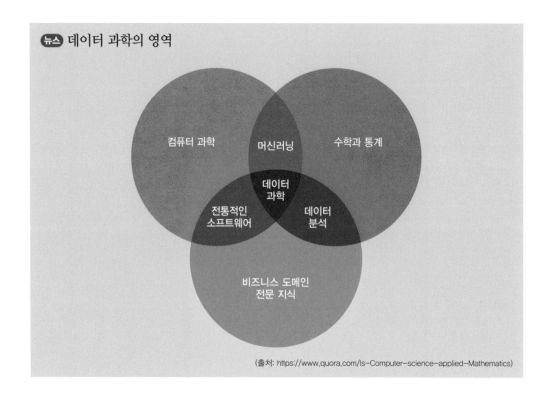

(출처: https://www.quora.com/Is-Computer-science-applied-Mathematics)

05 기계학습

5.1 개념

5.1.1 머신러닝의 정의

"머신러닝(Machine Learning)은 컴퓨터가 명시적으로 프로그램되지 않고도 학습할 수 있도록 하는 연구 분야이다."

– 아서 사무엘(Arthur Lee Samuel)

일반적인 컴퓨터 프로그램은 인간이 만든 입력, 조건에 따라 결과가 생성된다. 하지만 머신러닝은 특정 입력에 대해 특정 결과를 산출하는 조건을 찾도록 기계를 학습시키는 것이다.
머신러닝은 다음 세 가지 종류로 나눌 수 있으며, 최근 유행하는 딥러닝(Deep Learning)은 신경망을 이용하는 지도학습 방법 중 하나이다(신경망은 4장에서 학습했다).

- **지도학습(Supervised Learning):** 5장에서 설명
- **비지도학습(Unsupervised Learning) 또는 빅데이터 분석:** 6장에서 설명
- **강화학습(Reinforcement Learning):** 결괏값 대신 보상(reward)이 주어지고 이를 근거로 행동과 정책에 대한 학습이 발생하는 방식으로, MDP(Markov Decision Process)를 예로 들 수 있다. 딥러닝 책을 참고하기 바란다.

5.1.2 지도학습의 정의

자료가 입력 변수와 출력 변수로 주어지고 입력 변수와 출력 변수 간의 함수적 의존 관계를 자료로부터 학습을 통해 추정함으로써 미래를 예측할 수 있는 모형을 얻는 것을 말한다.

지도학습에 속하는 분석 방법

- **회귀 분석(Regression Analysis)**
  – 선형 회귀 분석
  – 비선형 회귀 분석
  – 로지스틱 회귀
  – 신경망(Neural Network)
  – 커널 방법론(Kernel Methods)

- **의사결정 트리**(Decision Tree)
- **앙상블**(Ensemble)
- **서포트 벡터 머신**(Support Vector Machine)
- **베이지안 추론**(Bayesian Inference)

지도 학습에 속하는 방법 중 회귀 분석은 4장에서 설명했다. 여기서는 의사결정 트리, 앙상블, 서포트 벡터 머신, 베이지안 추론에 대해 설명한다. 6장은 비지도학습에 대한 것을 다루는데, 이는 데이터 마이닝, 빅데이터 분석 분야에 속하는 것이다.

5.2 의사결정 트리

의사결정 트리는 간단하면서 효과가 좋은 예측 기법이다. 실무에서는 스팸 메일 등을 거르기 위해 자주 사용한다. 앞에서 설명한 회귀 분석이나 신경망, 다항 로지스틱 회귀 기법과 비교할 때 분류와 예측을 수행한다는 측면은 비슷하지만, 개념, 절차, 과정은 다르다.

의사결정 트리 알고리즘의 종류는 다음과 같다.

- CART(Classification and Regression Tree): 가장 많이 사용하는 알고리즘이다.
- C4.5와 C5.0: CART와는 달리 각 마디에서 다지 분리(multiple split)가 가능하다
- CHAID(Chi-squared Automatic Interaction Detection): 범주형 변수에 적용한다.

5.2.1 CART 알고리즘

의사결정 트리 기법 중 가장 먼저 설명할 것은 CART 알고리즘이고 이는 R의 rpart 패키지에 구현돼 있다. 실습은 익숙한 iris 데이터를 이용해 진행한다.

Sepal.Length, Sepal.Width, Petal.Length, Petal.Width가 주어졌을 때 setosa, versicolor, virginica 중 어떤 종인지를 맞추는 것이 목적이다.

```
# 필요한 패키지를 로드한다.
> library(rpart)

# rpart 패키지를 이용해 의사결정 트리를 만든다.
> rpartTree <- rpart(Species~., data=iris)
> rpartTree    # 생성된 의사결정 트리를 확인한다.

n= 150
node), split, n, loss, yval, (yprob)              # 다음 내용을 읽는 기준이다.
      * denotes terminal node
```

```
1) root 150 100 setosa (0.33333333 0.33333333 0.33333333)
  2) Petal.Length<2.45 50   0 setosa (1.00000000 0.00000000 0.00000000) *
  3) Petal.Length>=2.45 100  50 versicolor (0.00000000 0.50000000 0.50000000)
    6) Petal.Width<1.75 54   5 versicolor (0.00000000 0.90740741 0.09259259) *
    7) Petal.Width>=1.75 46   1 virginica (0.00000000 0.02173913 0.97826087) *
```

위의 결과를 기준에 따라 읽어보면 다음과 같다.

1) 전체 데이터는 150개이고 y의 값을 setosa로 하면 100개가 설명할 수 없다. 각 종의 확률은 33%로 동일하다.
2) Petal.Length가 2.45보다 작은 것이 50개 있고 y의 값을 setosa로 했을 때 설명되지 않는 부분은 없다.
3) Petal.Length가 2.45보다 크거나 같은 것이 100개 있고 y의 값을 versicolor로 했을 때 50개가 설명되지 않는다.

이하 위의 실습 결과 중 6), 7)은 각자 읽어보자.

생성된 의사결정 트리는 숫자로 돼 있어서 내용을 파악하기 어렵다. 그래서 그래프로 표현해 전체의 구조를 파악하는 방법이 사용된다.

```
> plot(rpartTree, margin=.1)  # 의사결정 트리를 그린다.
> text(rpartTree, cex=1)      # 의사결정 트리에 필요한 text를 넣는다.
```

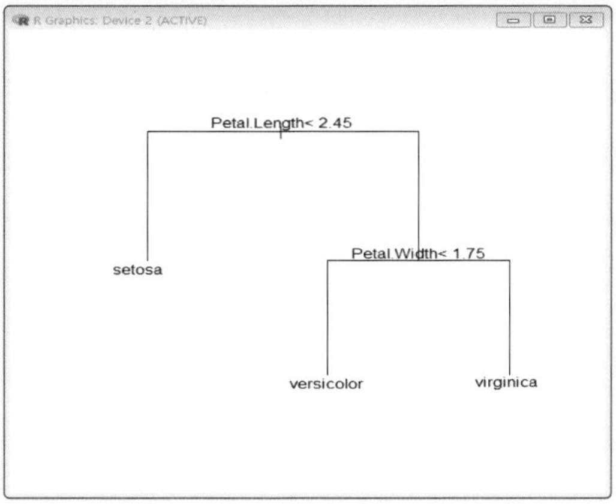

[그림 5-1] iris 데이터에 대한 rpart 결과

[그림 5-1]의 의사결정 트리를 보면 Species의 종인 setosa, versicolor, virginica를 식별하기 위해 4개의 항목 중 Patal.Length와 Petal.Width만을 사용하고 있다는 것을 알 수 있다. 자료를 분석한 결과, 두 가지면 충분히 분리할 수 있다는 의미다.
위의 그래프를 사용해 어떤 종인지 판단하는 과정은 다음과 같다.

Petal.Length가 2.45보다 작으면 setosa, Petal.Length가 2.45보다 크고 Petal.Width가 1.75보다 작으면 versicolor로 판단한다. 이외는 virginica로 판단한다.

```
# 생성된 rpartTree를 사용해 iris 데이터의 종을 전체를 대상으로 예측한다.
> predict(rpartTree, newdata=iris, type="class")
        1          2          3          4          5          6          7
   setosa     setosa     setosa     setosa     setosa     setosa     setosa
          ... 중략 ...
      144        145        146        147        148        149        150
virginica virginica virginica virginica virginica virginica virginica
Levels: setosa   versicolor  virginica

# 위의 결과만으로는 정확성을 파악하기 어렵다. 그러므로 정확도를 수치로 나타내보자.
# 수행 결과를 predicted에 저장한다.
> predicted <- predict(rpartTree, newdata=iris, type="class")

# 저장된 것을 실제 Species와 비교해 성공 확률을 구한다.
> sum(predicted == iris$Species) / NROW(predicted)
[1] 0.96

# 단순한 수치 외에도 실제 종과 예측한 종을 대비시켜보는 것도 의미가 있다.
> real <- iris$Species        # 실제 종의 정보를 저장한다.
> table(real, predicted)      # 실제 종과 예측한 종을 테이블로 대비시켜본다.
          predicted
        real      setosa versicolor  virginica
      setosa          50          0          0
  versicolor           0         49          1    # versicolor에서 1개가 오류다.
   virginica           0          5         45    # virginica에서 오류가 있다.
```

CART 알고리즘을 써서 iris 데이터를 의사결정 트리로 구성했다. 구성된 모델은 주어진 데이터를 바탕으로 어떤 종인지를 예측하는 데 사용했다. 예측의 정확도는 96% 정도다. 아주 단순한 작업이었는데도 예측의 정확도는 높다. CART 알고리즘은 데이터의 크기나 형태 등에 크게 구애받지 않으며 정확성이 높은 기법으로 실무에서 많이 사용되고 있다.

5.2.2 조건부 추론 트리

CART 알고리즘으로 구현한 의사결정 트리는 두 가지 문제점을 갖고 있다.

- 첫 번째는 통계적 유의성에 대한 판단 없이 노드를 분할하는 데 대한 과적합(Overfitting) 문제다(과적합이 발생하면 특정 데이터에는 정확한데 다른 데이터는 정확도가 떨어지는 현상이 발생한다).
- 두 번째는 다양한 값으로 분할할 수 있는 변수가 다른 변수에 비해 선호되는 현상이다.

그래서 이 두 가지를 문제를 해결한 새로운 방법이 '조건부 추론 트리(Conditional Inference Tree)' 이고 R에서는 party 패키지에 `ctree` 명령어로 수행할 수 있다.
조건부 추론 트리의 실습을 위해 CART 알고리즘과 동일하게 iris 데이터를 사용한다.

CART 알고리즘에서는 전체 iris 데이터를 갖고 학습 모델을 만들고 학습한 후 동일한 데이터로 예측에 대한 테스트를 했다. 이 방법은 학습과 테스트가 동일한 데이터를 사용하므로 정확성은 올라가지만, 신뢰성은 다소 떨어진다.
따라서 이번에는 iris 데이터를 학습 데이터와 테스트 데이터로 분리해 진행한다. 이것이 바로 실무에서 일반적으로 사용되는 방법이다.

```
> str(iris)                    # iris 데이터의 구조를 보여준다.
'data.frame'        : 150 obs. of 5variables:
  $SepalLength  : num  5.1  4.9  4.7  4.6   5  5.4  4.6   5  4.4  4.9  ...
  $SepalWidth   : num  3.5    3  3.2  3.1  3.6  3.9  3.4  3.4  2.9  3.1  ...
  $PetalLength  : num  1.4  1.4  1.3  1.5  1.4  1.7  1.4  1.5  1.4  1.5  ...
  $PetalWidth   : num  0.2  0.2  0.2  0.2  0.2  0.4  0.3  0.2  0.2  0.1  ...
  $Species      : Factorw / 3levels"setosa","versicolor",..: 1 1 1 1 1 1 1 1 1 1 ...

> set.seed(1567)               # 난수 생성을 위한 초깃값 설정, 동일한 난수의 생성 방지용.

# 1, 2로 구성된 난수 150개(nrow(iris))를 7:3의 비율로 생성하는데, 복원 방식을 사용한다.
> num <- sample(2, nrow(iris), replace=TRUE, prob=c(0.7,0.3))
> num                          # 생성된 난수를 살펴본다.
  [1] 2 2 1 2 1 1 1 1 1 2 1 2 1 1 1 1 1 1 1 1 1 2 1 1 1 1 2 2 1 1 2 1 1 1 2 1
 [37] 1 2 1 2 1 2 2 1 2 2 2 1 1 2 1 1 2 1 1 1 1 1 2 1 2 1 1 1 2 2 1 2 1 2 1 2
 [73] 2 1 2 2 2 2 1 1 1 1 1 1 1 1 2 1 2 2 2 1 1 1 2 1 1 1 1 1 1 1 1 1 2 2 2 1
[109] 1 1 1 1 1 2 1 1 2 2 1 1 1 1 1 1 1 2 2 1 1 1 1 1 1 1 2 1 1 1 2 2 1 2 1
[145] 1 1 1 2 1 2
# iris 데이터 중 num이 1인 것을 뽑아 trainData를 구성한다.
> trainData <- iris[num==1,]

# 위의 num을 보면 1인 것이 3, 5, 6, 7, 등으로 구성된다. 실제 구성된 데이터를 살펴보자.
> head(trainData)              # 데이터가 3, 5, 6, 7, 8로 돼 있는 이유를 파악할 것
  Sepal.Length  Sepal.Width Petal.Length  Petal.Width     Species
3          4.7          3.2          1.3          0.2      setosa
5          5.0          3.6          1.4          0.2      setosa
6          5.4          3.9          1.7          0.4      setosa
7          4.6          3.4          1.4          0.3      setosa
8          5.0          3.4          1.5          0.2      setosa
9          4.4          2.9          1.4          0.2      setosa

# 위와 동일하게 testData를 구성한다. 전체 데이터 중 30%에 해당한다.
> testData <- iris[num == 2,]
> head(testData)               # 데이터가 1,2,4,10으로 돼 있는 이유를 파악할 것
  Sepal.Length  Sepal.Width Petal.Length  Petal.Width     Species
1          5.1          3.5          1.4          0.2      setosa
2          4.9          3.0          1.4          0.2      setosa
4          4.6          3.1          1.5          0.2      setosa
10         4.9          3.1          1.5          0.1      setosa
12         4.8          3.4          1.6          0.2      setosa
22         5.1          3.7          1.5          0.4      setosa

# 분석을 위해 패키지를 로드한다.  설치하려면 > install.packaged("party") 수행
> library(party)
```

```
# 복잡한 식을 간단히 하기 위해 미리 설정한다.
> myF <- Species~Sepal.Length+Sepal.Width+Petal.Length+Petal.Width

# ctree를 이용해 학습 모델을 만들고 학습을 수행한다.
> ctreeResult <- ctree(myF, data=trainData)

# 학습 모델의 예측값과 학습 데이터의 Species를 비교해보자.
> table(predict(ctreeResult), trainData$Species)

             setosa   versicolor   virginica
  setosa         32            0           0
  versicolor      0           30           0
  virginica       0            2          36

# 학습 모델을 이용해 testData를 대상으로 정확성을 확인해보자.
> forcasted <- predict(ctreeResult, data=testData)


# 테스트 데이터의 값과 모델에서 예측한 테스트 데이터의 값을 테이블 형태로 살펴보자.
> table(forcasted, testData$Species)

forcasted    setosa   versicolor   virginica
   setosa        18            0           0
   versicolor     0           14           1
   virginica      0            4          13
>
# 앞의 수행 결과를 그림으로 표현한다.
> plot(ctreeResult)
>
```

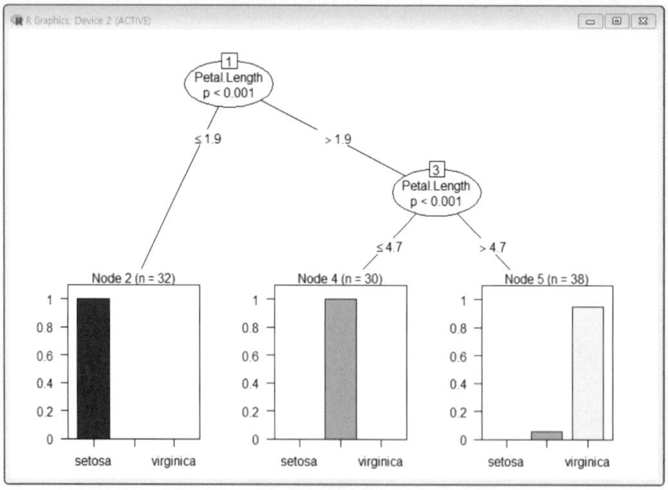

[그림 5-2] iris 데이터에 대한 ctree 결과

ctree를 이용한 조건부 추론은 CART가 생성한 것과 다른 트리를 보여주고 있다. [그림 5-2]에 따른 종(Species)의 판단 절차는 다음과 같다.

Petal.Length가 1.9보다 작으면 setosa, Petal.Length가 1.9보다 크고 Petal.Length가 4.7보다 작으면 versicolor로 판단한다. 이외는 virginica로 판단하는데, versicolor인 경우도 있다. ctree를 이용한 조건부 추론은 CART 알고리즘과는 다른 의사결정 트리를 구성한다. 데이터 분석가로서 특정 데이터를 이용해 미래 예측을 하는 경우, 어떤 의사결정 트리 알고리즘을 적용할 것인지는 스스로 판단해야 하는 문제다. 앞에서 주어진 2개의 예제를 잘 살펴보고 판단해보자. 사실 어떤 것을 사용해도 결과는 거의 동일하다.

5.3 앙상블

앙상블(Ensemble)은 지금까지 미래를 예측하기 위해 가장 많이 사용하는 방법이다. 특히, 앙상블의 랜덤 포레스트와 6장에서 소개할 서포트 벡터 머신은 2010년 딥러닝이 나오기 전까지 가장 유행하던 머신러닝 방법이었다. 지금도 머신러닝이 학습을 위해 큰 데이터와 엄청난 시간을 필요로 하는 문제 때문에 많은 경우 랜덤 포레스트와 서포트 벡터 머신이 사용되고 있다.

의사결정 트리는 데이터의 작은 변화에 따라서도 예측 모델이 크게 변하는 문제점이 있다. 이를 개선하기 위해 유의성을 고려하는 조건부 추론 트리 기법이 도입됐다. 앙상블은 의사결정 트리의 문제점을 조건부 추론 트리와는 다른 방식으로 보완하기 위해 개발된 방법이다.

앙상블은 주어진 자료로부터 여러 개의 예측 모형을 만든 후 이를 결합해 하나의 최종적인 예측모형을 만드는 방법을 통칭하는 것이다. 앙상블 기법 중 최초로 제안된 것은 브레이먼(Breiman, 1996)의 '배깅(Bagging)'이다. 이후에 부스팅(Boosting)이 도입되고 랜덤 포레스트가 개발됐다. 최근에는 거의 랜덤 포레스트를 사용하지만 다른 기법에 대한 것도 이해하고 있을 필요가 있으므로 개념을 간단하게 정리한다.

앙상블에서 사용하는 기법의 소개

- **배깅(Bagging)**: 불안정한 예측 모형에서 불안전성을 제거함으로써 예측력을 향상시키는 기법이다. 여기에서 불안정한 예측 모형이라는 의미는 데이터의 작은 변화에도 예측 모형이 크게 바뀌는 경우를 말한다. 배깅은 'Bootstrap Aggregating'의 준말로, 주어진 자료에 대해 여러 개의 부트스트랩 자료를 생성하고 각 부트스트랩 자료에 예측 모형을 만든 후 이를 결합해 최종 예측 모형을 만드는 방법이다. 여기서 부트스트랩 자료는 주어진 자료로부터 동일한 크기의 표본을 랜덤 복원 추출로 뽑은 것을 말한다.

- **부스팅(Boosting):** 데이터의 특성상 예측력이 약한 모형만이 생성되는 경우, 예측력이 약한 모형을 결합해 강한 예측 모형을 만드는 방법이다. 여기서 예측력이 약한 모형이란, 랜덤하게 예측하는 것보다 약간 좋은 예측력을 가진 모형을 말한다. 지면 관계상 실습은 생략한다.
- **랜덤 포레스트(Random Forest):** 2001년 브레이먼에 의해 개발됐다. 배깅과 부스팅보다 많은 무작위성을 주어 약한 학습 모델을 생성한 후 이를 선형 결합해 최종 학습기를 만드는 방법이다. 랜덤 포레스트는 예측력이 매우 높은 방법이다. 특히, 입력변수의 개수가 많을 때는 배깅, 부스팅보다 좋은 예측력을 보여 많이 사용된다.

5.3.1 배깅

실습을 통해 배깅을 이해하도록 한다. 앞의 예와 마찬가지로 iris 데이터를 사용할 것이고 예측에 적용해볼 것이다.

```
> library(party)                                        # 배깅의 수행에 필요한 패키지를 로드한다.
> library(caret)                                        # 배깅의 수행에 필요한 패키지를 로드한다.

# 부트스트랩 자료를 생성한다. 5개를 기존 자료에서 임의로 뽑아 구성한다.
> data1 <- iris[sample(1:nrow(iris), replace=T),]      # 기존 자료의 수만큼 임의로 뽑는다.
> data2 <- iris[sample(1:nrow(iris), replace=T),]
> data3 <- iris[sample(1:nrow(iris), replace=T),]
> data4 <- iris[sample(1:nrow(iris), replace=T),]
> data5 <- iris[sample(1:nrow(iris), replace=T),]

# 부트스트랩 자료에서 예측 모형을 만든다.
> ctree1 <- ctree(Species~., data1)
> ctree2 <- ctree(Species~., data2)
> ctree3 <- ctree(Species~., data3)
> ctree4 <- ctree(Species~., data4)
> ctree5 <- ctree(Species~., data5)

# 부트스트랩 예측 모형에서 예측을 수행한다.
> predicted1 <- predict(ctree1, iris)
> predicted2 <- predict(ctree2, iris)
> predicted3 <- predict(ctree3, iris)
> predicted4 <- predict(ctree4, iris)
> predicted5 <- predict(ctree5, iris)

# 예측 모형을 결합해 새로운 예측 모형을 만든다.
> test <- data.frame(Species=iris$Species, predicted1,predicted2,predicted3,
+ predicted4,predicted5)
> head(test)
   Species  predicted1  predicted2  predicted3  predicted4  predicted5
1   setosa      setosa      setosa      setosa      setosa      setosa
2   setosa      setosa      setosa      setosa      setosa      setosa
3   setosa      setosa      setosa      setosa      setosa      setosa
4   setosa      setosa      setosa      setosa      setosa      setosa
5   setosa      setosa      setosa      setosa      setosa      setosa
6   setosa      setosa      setosa      setosa      setosa      setosa
```

```
# 최종 모형의 통합을 위해 사용하는 함수이다. 특별한 일이 없다면 그냥 사용한다.
> funcResultValue <- function(x) {
+     result <- NULL
+     for(i in 1:nrow(x)) {
+        xtab <- table(t(x[i,]))
+        rvalue <- names(sort(xtab, decreasing = T) [1])
+        result <- c(result,rvalue)
+     }
+     return (result)
+  }

# 최종 예측 모형의 두 번째~여섯 번째를 통합해 최종 결과를 얻는다.
> test$result <- funcResultValue(test[, 2:6])

# 최종 결과를 원데이터와 비교해 정확성을 확인한다.
> table(test$result, test$Species)

              setosa versicolor  virginica
    setosa        50          0          0
 versicolor        0         47          1
  virginica        0          3         49
>
```

위 결과를 살펴보면 배깅을 적용한 결과가 의사결정 트리를 적용한 것보다 좋게 나온 것을 확인할 수 있다. iris 데이터가 작아 정확성의 차이가 크게 느껴지지 않을 수 있지만, 데이터가 커지면 정확성의 차이는 눈에 띄게 커진다.

다음 연습을 통해 배깅을 수행하기 위해 만들었던 다섯 가지 모형과 의사결정 트리, 조건부 추론 트리의 차이를 확인해보기 바란다.

연습 19 앞에서 수행한 예측 모형에 대해 그래프를 그리고 의미를 읽어보자. 〉plot(ctree3) # ctree3의 그림을 그린다([그림 5-3] 참조)의 의미를 파악해보자.

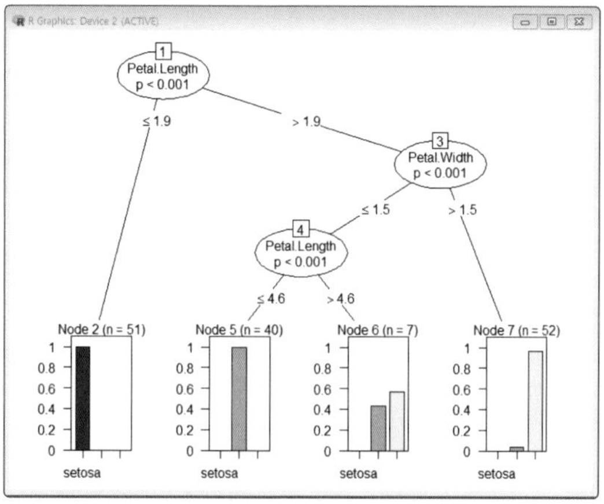

[그림 5-3] iris 데이터에 대한 배깅 수행 결과

나머지에 대해서도 동일한 작업을 수행하고 의미를 파악해보자. 그리고 CART 알고리즘이나 조건부 추론 트리의 결과와 비교해보자. 데이터가 작아 큰 차이는 못 느끼겠지만, 동일 데이터에서 하나의 모델을 만드는 것과 여러 모델을 만드는 것의 차이를 생각해보자.

5.3.2 랜덤 포레스트

드디어 랜덤 포레스트의 시간이 됐다. 실제로 사용하는 기법이며 대부분의 경우에 랜덤 포레스트를 사용한다. 구체적인 설명은 실습을 하면서 제공한다.

예제는 iris 데이터를 이용해 학습 데이터와 테스트 데이터를 분리하고 학습 데이터로 모델을 구축한 후 테스트 데이터로 모델을 테스트하는 과정으로 진행한다.

```
# 데이터의 모양을 확인한다.
> head(iris)
   Sepal.Length     Sepal.Width    Petal.Length      Petal.Width         Species
1           5.1             3.5             1.4              0.2          setosa
2           4.9             3.0             1.4              0.2          setosa
3           4.7             3.2             1.3              0.2          setosa
4           4.6             3.1             1.5              0.2          setosa
5           5.0             3.6             1.4              0.2          setosa
6           5.4             3.9             1.7              0.4          setosa

# 1, 2로 구성된 150개의 데이터를 7:3의 비율로 생성한다.
> idx <- sample(2, nrow(iris), replace=T, prob=c(0.7, 0.3))
> trainData <- iris[idx == 1,]   # 1로 정의된 70%의 데이터로 학습 데이터를 만든다.
> nrow(trainData)
[1] 111
> testData <- iris[idx == 2,]    # 2로 정의된 30%의 데이터로 테스트 데이터를 만든다.
> nrow(testData)
[1] 39

> install.packages("randomForest")
> library(randomForest)           # 랜덤 포레스트 패키지를 메모리에 올린다.

# 100개의 Tree를 다양한 방법(proximity=T)으로 만든다. 이를 결합해 최종 model을
# 생성한다.
> model <- randomForest(Species~., data=trainData, ntree=100, proximity=T)
> model                           # 생성된 model의 내용을 확인한다. 읽기가 어렵다.

Call:
 randomForest(formula = Species~., data = trainData, ntree = 100,     proximity = T)
             Type of random forest: classification
                   Number of trees: 100
No. of variables tried at each split: 2

       OOB estimate of  error rate: 4.5%
Confusion matrix:
          setosa     versicolor      virginica      class.error
```

```
setosa        39          0           0        0.00000
versicolor     0         38           2        0.05000
virginica      0          3          29        0.09375
```

```
# 생성된 모델의 특성을 파악하기 위해 그림을 그린다.
> plot(model, main="RandomForest Model of iris")
```

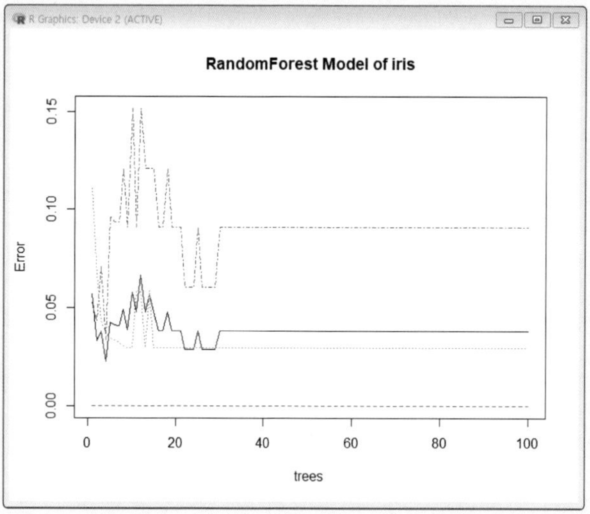

[그림 5-4] iris 데이터에 대한 랜덤 포레스트 수행 결과

[그림 5-4]에 따르면 생성된 모델의 오류는 tree가 20개 이상인 경우 안정적인 상태를 보인다. 그러므로 iris 데이터에서는 20개 이상의 tree를 생성해 랜덤 포레스트를 수행하면 만들어진 모델의 예측 결과에서 발생하는 오류가 큰 변화 없이 거의 동일한 결과를 만들어낸다는 것을 알 수 있다.

다음으로 모델에 사용된 변수 중 중요한 것이 무엇인지 확인해보자.

```
> importance(model)
           MeanDecreaseGini
Sepal.Length       5.906592
Sepal.Width        1.636411
Petal.Length      28.743794
Petal.Width       36.730185
```

중요 변수가 많은 경우에 숫자이면 파악하기 어려우므로 그림으로 표현해보자.

```
> varImpPlot(model)
```

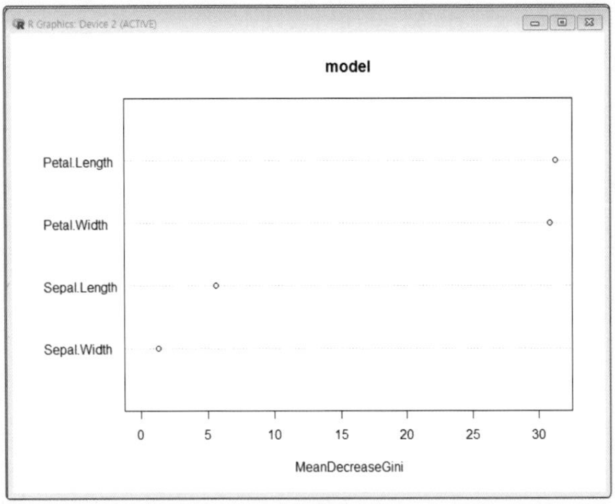

[그림 5-5] iris 데이터에 대한 랜덤 포레스트 수행 결과 (2)

[그림 5-5]를 보면 트리를 구성함에 있어서 중요한 변수는 Petal.Width 그리고 Petal.Length라는 것을 확인할 수 있다.

이제 모델을 활용해 예측의 정확성을 확인해보자.

```
# 학습 데이터와 모델이 예측한 결과를 비교한다.
> table(trainData$Species, predict(model))

             setosa  versicolor  virginica
  setosa         39           0          0
  versicolor      0          38          2
  virginica       0           3         29

# 이번에는 테스트 데이터를 이용해 모델의 정확성을 확인해보자.
> pred <- predict(model, newdata=testData)
> table(testData$Species, pred)
            pred
             setosa  versicolor  virginica
  setosa         11           0          0
  versicolor      0           9          1
  virginica       0           1         17

# 테스트 데이터와 모델 간 예측에 대한 정확도를 그림으로 살펴보자.
> plot(margin(model, testData$Species))
>
```

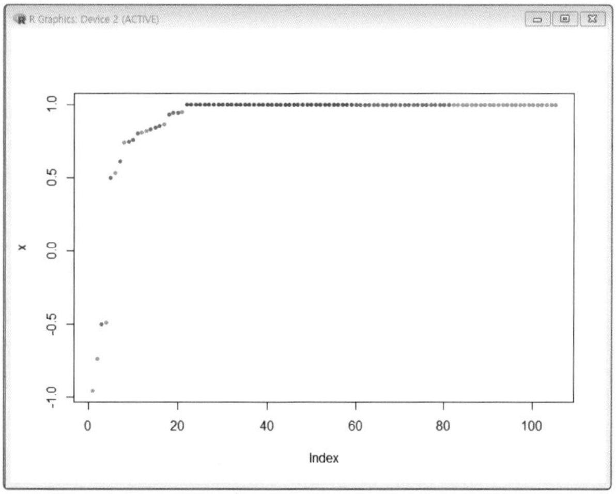

[그림 5-6] iris 데이터에 대한 랜덤 포레스트 수행 결과 (3)

[그림 5-6]에 따르면, 데이터가 40개 이상이 되면 거의 정확한 답을 맞히고 있다고 볼 수 있다.

랜덤 포레스트에 대한 설명을 마쳤다. 랜덤 포레스트는 많이 사용되므로 단순한 예측 기법 외에도 데이터의 상태나 중요 변수, 예측 그래프 등의 사용에 익숙해질 필요가 있다. 앞의 예에서 사용한 데이터가 작아 예측 정확성에 대해 큰 차이를 느끼지 못할 수도 있지만, 랜덤 포레스트는 전반적으로 우수한 성능을 보이는 기법이다.
특히, 앞의 실습에서 제시한 순서대로 작업을 수행하면 모델의 개발 외에도 중요 변수의 식별이나 서브 모델의 개수 등에 대한 가이드를 얻을 수 있어 유용하게 활용할 수 있다.

5.4 서포트 벡터 머신

서포트 벡터 머신(Support Vector Machine)은 1995년 코르테스(Cortes)와 베프니크(Vapnik)에 의해 제안됐다. 분류 문제 외에 회귀에도 적용할 수 있으며 예측이 정확하고 여러 자료에 적용하기 쉬워 많이 사용된다.
데이터 분석가의 관점에서 보면 서포트 벡터 머신은 데이터 분석에 유용한 여러 가지 개념을 포함하고 있어서 간단하게 정리한다.

5.4.1 이론

초평면

데이터가 있을 때 이를 곡선이 아닌 직선이나 평면으로 구별하는 방법을 '최대 마진 분류기(Maximum Margin Classifier)'라 하고 최대 마진 분류기가 경계로 사용하는 선이나 면을 '초평면(Hyperplane)'이라 한다.

다음 그림에서 데이터를 분리하는 직선과 평면을 확인할 수 있다.

- 2차원 데이터는 선에 의해 분할된다(초평면은 1차원).
- 3차원 데이터는 평면에 의해 분할된다(초평면은 2차원).

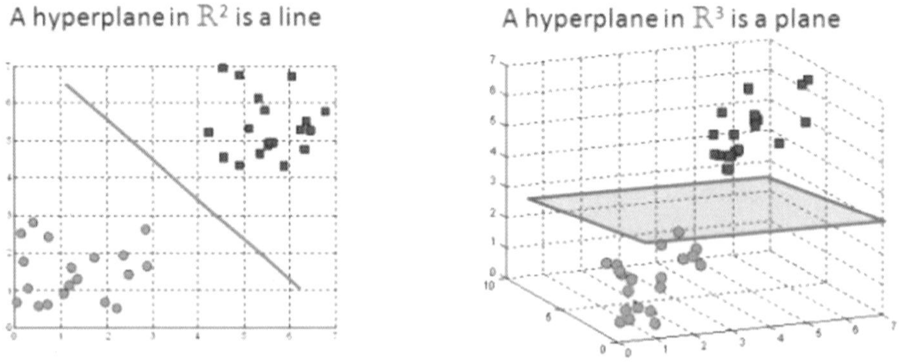

분리 초평면

데이터를 완벽하게 분리하는 초평면이 존재하면 이를 '분리 초평면(Separating Hyperplane)'이라고 한다. 다음 그림처럼 여러 개의 분리 초평면이 존재한다면 이때 어느 것을 선택해야 하는지가 해결해야 할 문제다.

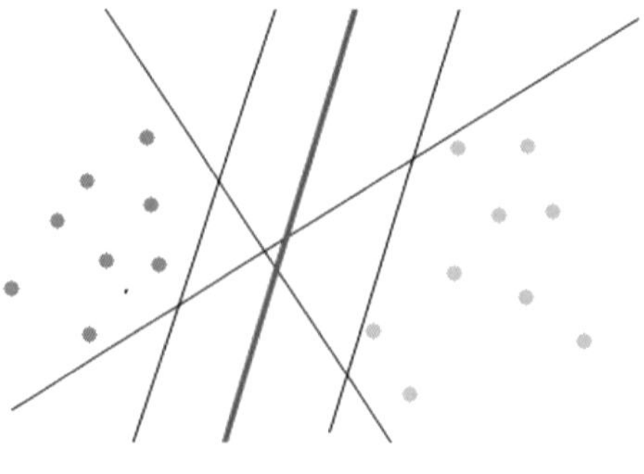

최대 마진 분류기

일반적으로 초평면을 사용해 데이터를 분리하면 여러 개의 초평면이 존재하게 된다. 초평면을 선택하는 기준은 데이터로부터 가장 멀리 떨어진 분리 초평면을 선택하는 것이다. 그래야만 데이터를 명확하게 분리할 수 있다. 분리 초평면의 그림에서 빨간색 선이 다른 선들보다 데이터에서 멀리 떨어져 있다. 이때 데이터와 초평면의 수직 거리(가장 짧은 거리)를 '마진(margin)'이라 하고 마진이 가장 큰 초평면을 '최대 마진 초평면(Maximal Margin Classifier)'이라 한다. 최대 마진 초평면은 데이터를 가장 완벽하게 분류할 수 있다.

데이터가 초평면에 의해 잘 분류된다고 가정할 때 데이터가 초평면의 어느 쪽에 놓이는지를 바탕으로 데이터를 분류하는데, 이를 '최대 마진 분류기(Maximal Margin Classifier)'라 한다. 또한 초평면에 걸쳐 있는 데이터들을 '서포트 벡터(Support Vector)'라고 하는데, 그 이유는 이 값들이 약간 이동하면 최대 마진 초평면도 이동할 수밖에 없다는 의미에서 최대 마진 초평면을 '서포트(Support)'하기 때문이다.

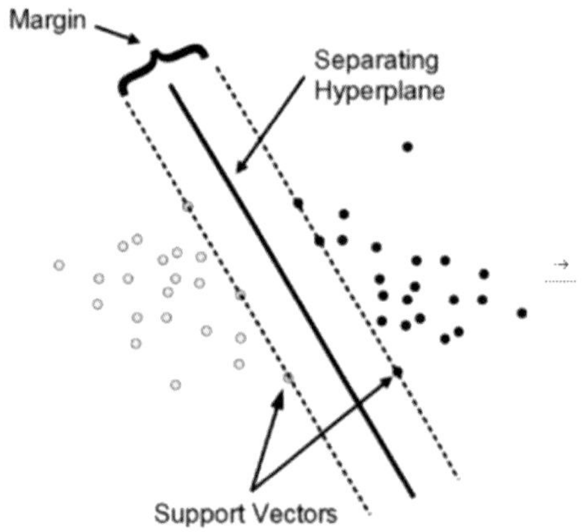

서포트 벡터 분류기

최대 마진 분류기는 분리 초평면이 존재하는 경우에 데이터를 분류하기 위한 가장 좋은 방법이다. 하지만 대부분의 경우에 분리 초평면이 존재하지 않을 수도 있다. 따라서 최대 마진 분류기 또한 존재할 수 없는 경우가 많다. 다음 그림은 선이나 평면으로는 데이터를 분류할 수 없는 상황에 대한 예를 보여준다.

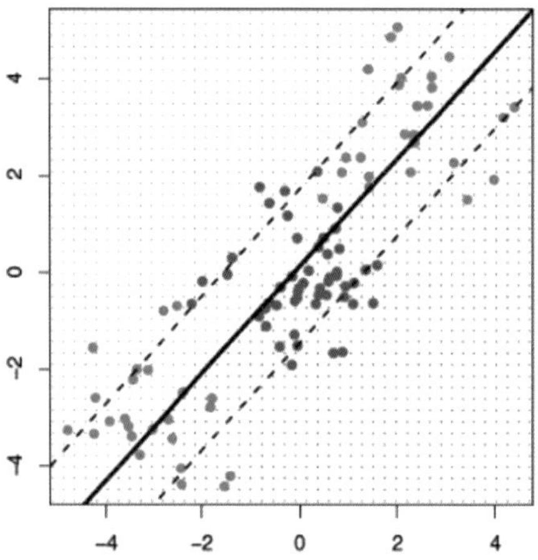

이런 문제를 해결하기 위해 데이터를 분류할 때 약간의 오차를 허용하는 방식이 있는데, 이를 '소프트마진(Soft Margin)'이라 한다. 그리고 소프트마진을 이용해 데이터를 분류하는 것을 '서포트 벡터 분류기(Support Vector Classifier)'라고 한다. 결국 서포트 벡터 분류기는 최대 마진 분류기를 확장한 것으로 몇몇 관측 값을 희생하더라도 나머지 관측 값을 더 잘 분류할 수 있는 방법이다. 다음 그림을 보면 빨간색 데이터 1개가 분리 초평면의 반대에 있고 파란색 데이터 1개가 분리 초평면의 반대에 있다. 이런 오류를 허용함으로써 분류의 수행에서 과적합(Overfitting)을 방지할 수 있다.

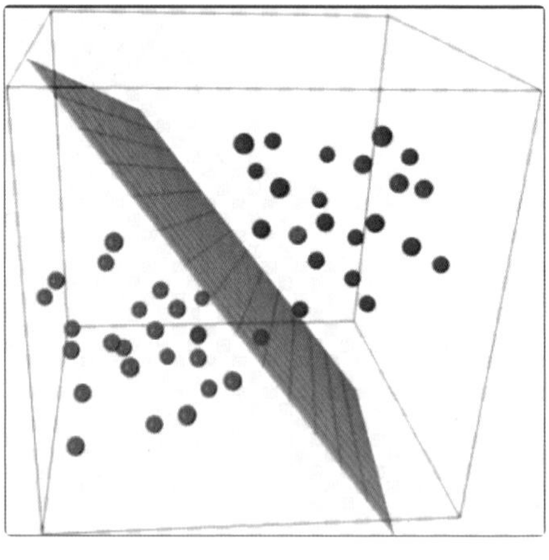

일정 수준의 오류를 허용하기로 했으므로 이제는 허용하는 오류의 정도가 중요하다. 이를 '코스트(Cost)'라 한다.

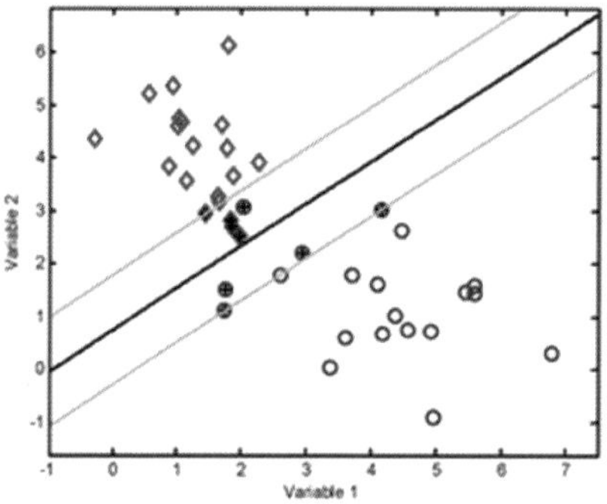

높은 cost로 margin의 폭이 적음

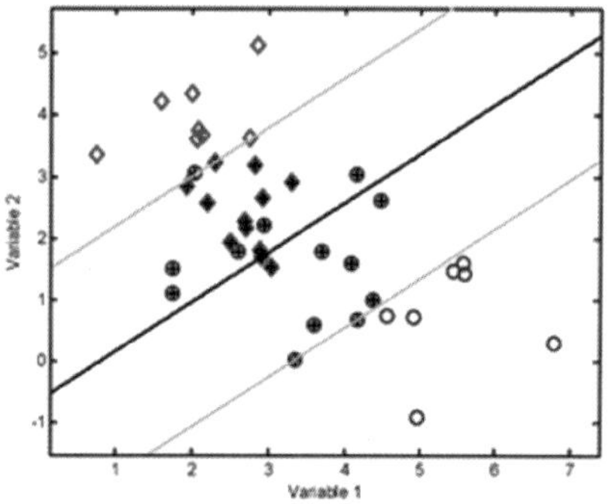

낮은 cost로 margin의 폭이 넓음

위의 그림에 따르면 코스트가 작으면 큰 폭의 마진(margin), 코스트가 크면 작은 폭의 마진을 갖게 된다. R에서는 `tune.svm` 함수를 이용해 코스트 값을 계산할 수 있다.

서포트 벡터 머신

앞에서 설명한 서포트 벡터 분류기를 확장해 비선형의 클래스 경계를 수용할 수 있도록 개발된 분류 방법이다. 즉, 선형 분류기를 비선형 구조로 변경해 데이터를 분류하는 것이다. 대표적인 경우가 이미 설명한 커널 방법을 사용해 변수 공간을 분리하는 것이다. 이때 커널의 차원을 높임으로써 좀 더 다양한 경계를 만들 수 있는데, 이를 '다항식 커널'이라 한다.

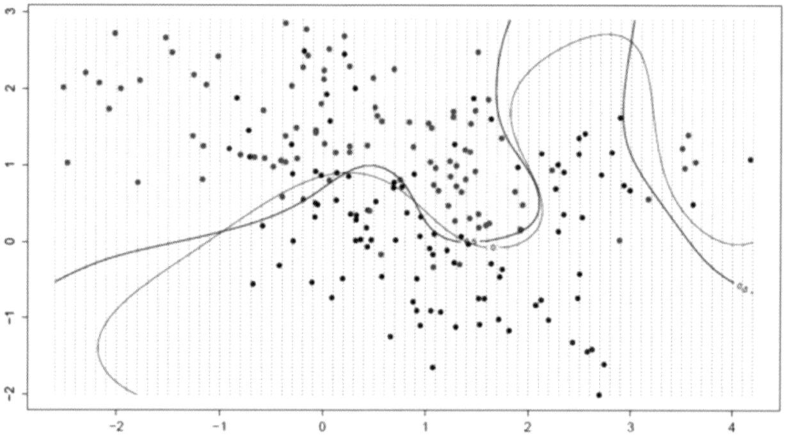

[그림 5-7] 다항식 커널에 따른 분류의 예

실제로 커널 방법을 사용해 [그림 5-7]과 같은 분류가 이뤄졌다고 가정하면 중요한 파라미터는 2개가 있다. 이 두 가지 파라미터는 분석을 수행하기 전에 결정돼야 한다.

- **코스트**(Cost): 오차 허용 정도의 파라미터
- **감마**(Gamma): 초평면이 아닌 커널과 관련된 파라미터

서포트 벡터 머신에서 범주형 변수의 처리 방안

- 타깃(target) 변수가 팩터형의 데이터라면 분류(Classification), 연속형이면 회귀(Regression)를 수행한다.
- 팩터형의 독립변수가 범주형 변수의 순서형 변수(예 0 – 저소득, 1 – 중간소득, 2 – 고소득)라면 팩터 형태로 할 필요 없이 연속형 변수, 즉 int나 num 형태로 지정하고 분석을 수행해도 된다.
- 만약, 범주형 변수인데 순서형이 아니면 one hot encoding을 수행해 각 요인별 관측 값을 0, 1, ...형의 변수로 만들어 수행한다.

5.4.2 사용

서포트 벡터 머신으로 예측하는 경우에 진행해야 하는 분석 절차는 다음과 같다.

- 필요한 데이터의 확보, 전처리 그리고 학습 데이터와 테스트 데이터를 생성한다.
- 서포트 벡터 머신을 수행하기 위한 파라미터를 구한다.
- 확보된 파라미터를 이용해 서포트 벡터 머신을 이용한 예측을 수행한다.

서포트 벡터 머신의 사용 방법을 설명하기 위해 credit 데이터를 사용한다.

실습하기 전에 데이터를 로드하고 데이터의 모양을 살피고 분석하기 쉽게 데이터를 num에서 팩터형으로 전처리하는 작업을 수행한다.

```
> credit <- read.csv("credit.csv", header=TRUE)
> str(credit)
'data.frame':   1000 obs. of  21 variables:
 $ Creditability                    : int  1 1 1 1 1 1 1 1 1 1 ...
 $ Account.Balance                  : int  1 1 2 1 1 1 1 1 4 2 ...
 $ Duration.of.Credit..month.       : int  18 9 12 12 12 10 8 6 18 24 ...
 $ Payment.Status.of.Previous.Credit: int  4 4 2 4 4 4 4 4 4 2 ...
 $ Purpose      : int  2 0 9 0 0 0 0 0 3 3 ...
 $ Credit.Amount                    : int  1049 2799 841 2122 2171 2241 3398 1361 1098 3758 ...
 $ Value.Savings.Stocks             : int  1 1 2 1 1 1 1 1 1 3 ...
 $ Length.of.current.employment     : int  2 3 4 3 3 2 4 2 1 1 ...
 $ Instalment.per.cent              : int  4 2 2 3 4 1 1 2 4 1 ...
 $ Sex...Marital.Status             : int  2 3 2 3 3 3 3 3 2 2 ...
 $ Guarantors  : int  1 1 1 1 1 1 1 1 1 1 ...
 $ Duration.in.Current.address      : int  4 2 4 2 4 3 4 4 4 4 ...
 $ Most.valuable.available.asset    : int  2 1 1 1 2 1 1 1 3 4 ...
 $ Age..years.  : int  21 36 23 39 38 48 39 40 65 23
...
 $ Concurrent.Credits               : int  3 3 3 3 1 3 3 3 3 3 ...
```

```
 $ Type.of.apartment                : int  1 1 1 1 2 1 2 2 2 1 ...
 $ No.of.Credits.at.this.Bank       : int  1 2 1 2 2 2 2 1 2 1 ...
 $ Occupation  : int  3 3 2 2 2 2 2 2 1 1 ...
 $ No.of.dependents                 : int  1 2 1 2 1 2 1 2 1 1 ...
 $ Telephone   : int  1 1 1 1 1 1 1 1 1 1 ...
 $ Foreign.Worker                   : int  1 1 1 2 2 2 2 2 1 1 ...
```

credit$Creditability 명령어로 확인해보면 Creditability는 숫자 1과 0으로 구성돼 있는 것을 알 수 있다. 그래서 이를 팩터형 1과 2로 구성하도록 바꾼다.

```
> credit$Creditability <- as.factor(credit$Creditability)
> str(credit)
'data.frame':   1000 obs. of  21 variables:
 $ Creditability                    : Factor w/ 2 levels "0","1": 2 2 2 2 2 2
2 2 2 2 ...
 $ Account.Balance                  : int  1 1 2 1 1 1 1 1 4 2 ...
 $ Duration.of.Credit..month.       : int  18 9 12 12 12 10 8 6 18 24 ...
 $ Payment.Status.of.Previous.Credit: int  4 4 2 4 4 4 4 4 4 2 ...
 $ Purpose                          : int  2 0 9 0 0 0 0 0 3 3 ...
 ... 이하 생략 ...
```

다음으로 학습 데이터와 테스트 데이터를 생성하도록 한다.

```
> library(caret)                   # 필요한 패키지를 로드한다.

> set.seed(1000)                   # 난수의 초깃값을 설정한다.

# Creditability를 기준으로 70%(700개)를 선발해 trainData에 할당한다.
> trainData <- createDataPartition(y = credit$Creditability, p=0.7, list=FALSE)
> head(trainData)                  # trainData에 1, 2, 3, 5, 6, 7 ...으로 700개가 할당됐다.
     Resample1
[1,]         1
[2,]         2
[3,]         3
[4,]         5
[5,]         6
[6,]         7

# credit 데이터에서 trainData 열에 해당하는 것을 뽑아 train 데이터를 만든다.
> train <- credit[trainData,]
> test <- credit[-trainData,]      # trainData 이외의 것을 뽑아 test 데이터를 만든다.

# 만들어진 train 데이터를 확인한다. 700개 열이 있다는 것을 확인한다.
> str(train)
'data.frame':   700 obs. of  21 variables:
 $ Creditability                    : Factor w/ 2 levels "0","1": 2 2 2 2 2 2
2 2 2 2 .
 $ Account.Balance                  : int  1 1 2 1 1 1 1 4 2 1 ...
  ... 이하 생략 ...
```

```
>
```

이제 준비가 됐으므로 서포트 벡터 머신을 수행하기 위한 파라미터를 구한다.

```
> library("e1071")              # 패키지를 로드한다.

# 커널(kernel)에 따른 기본형, 선형, 다항식에 대한 조정 인자의 튜닝 과정이다.

# 기본형에 대한 튜닝 과정
> result <- tune.svm(Creditability~., data=train, gamma=2^(-5:0), cost = 2^(0:4),
kernel="radial")

# 선형 초평면 사용에 대한 튜닝 과정
> result1 <- tune.svm(Creditability~., data=train, cost = 2^(0:4), kernel="linear")

# 다항식 커널의 사용에 대한 튜닝 과정
> result2 <- tune.svm(Creditability~., data=train, cost = 2^(0:4), degree=2:4,
kernel="polynomia")
>
# 튜닝된 파라미터의 확인
> result$best.parameters
   gamma cost
2 0.0625    1
> result1$best.parameters
  cost
2    2
> result2$best.parameters
  degree cost
5      3    2
>
```

구한 파라미터를 바탕으로 서포트 벡터 머신을 수행하고 결과를 확인한다.

```
> normal_svm <- svm(Creditability~., data=train, gamma=0.0625, cost=1, kernel =
"radial")
> normal_svm1 <- svm(Creditability~., data=train, cost=2, kernel="linear")
> normal_svm2 <- svm(Creditability~., data=train, cost=2, degree=3, kernel =
"polynomia")

> summary(normal_svm)

Call:
svm(formula = Creditability~., data = train, gamma = 0.0625, cost = 1, kernel =
"radial")


Parameters :
   SVM-Type :  C-classification
 SVM-Kernel:  radial
       cost  :  1
```

```
    gamma :  0.0625

Number of Support Vectors:  471

 (273 198)


Number of Classes:  2

Levels:
 0 1

>
```

normal_svm외에 normal_svm1, normal_svm2에 대해서도 내용을 파악한다.

다음으로 아직은 크게 쓰이지 않겠지만 모델의 서포트 벡터를 확인할 수 있다.

```
> normal_svm$index

> normal_svm1$index

> normal_svm2$index
```

이제 드디어 서포트 벡터 머신을 이용해 예측해보자.

```
# 기본형을 이용해 예측한다.
> normal_svm_predict <- predict(normal_svm, test)
# 예측한 결과를 보여준다.
> confusionMatrix(normal_svm_predict, test$Creditability)
Confusion Matrix and Statistics

        Reference
Prediction   0   1
         0   28  16
         1   62 194

              Accuracy: 0.74      # 예측의 정확도가 74%라는 의미다.
                95% CI: (0.6865, 0.7887)
   No Information Rate: 0.7
   P-Value [Acc> NIR]: 0.07228

                 Kappa: 0.2751
 Mcnemar's Test P-Value: 3.483e-07

           Sensitivity : 0.31111
           Specificity : 0.92381
        Pos Pred Value : 0.63636
        Neg Pred Value : 0.75781
            Prevalence : 0.30000
        Detection Rate : 0.09333
```

```
  Detection Prevalence : 0.14667
     Balanced Accuracy : 0.61746

      'Positive' Class: 0

# 다른 모델에 대해서도 예측하고 결과를 살펴보자.
> normal1_svm_predict <- predict(normal_svm1, test)
> confusionMatrix(normal1_svm_predict, test$Creditability)
Confusion Matrix and Statistics

        Reference
Prediction   0   1
         0  35  22
         1  55 188

              Accuracy: 0.7433
                95% CI: (0.69, 0.7918)
    No Information Rate: 0.7
    P-Value [Acc> NIR]: 0.0560757

                 Kappa: 0.3174
 Mcnemar's Test P-Value: 0.0002656

            Sensitivity : 0.3889
            Specificity : 0.8952
         Pos Pred Value : 0.6140
         Neg Pred Value : 0.7737
             Prevalence : 0.3000
         Detection Rate : 0.1167
   Detection Prevalence : 0.1900
      Balanced Accuracy : 0.6421

      'Positive' Class: 0

> normal2_svm_predict <- predict(normal_svm2, test)
> confusionMatrix(normal2_svm_predict, test$Creditability)
Confusion Matrix and Statistics

        Reference
Prediction     0    1
         0    28   14
         1    62  196

              Accuracy: 0.7467
                95% CI: (0.6935, 0.7949)
    No Information Rate : 0.7
      P-Value [Acc> NIR] : 0.04285

                 Kappa: 0.2884
 Mcnemar's Test P-Value : 6.996e-08
```

```
          Sensitivity : 0.31111
          Specificity : 0.93333
       Pos Pred Value : 0.66667
       Neg Pred Value : 0.75969
           Prevalence : 0.30000
       Detection Rate : 0.09333
 Detection Prevalence : 0.14000
    Balanced Accuracy : 0.62222

     'Positive' Class : 0
```

서포트 벡터 머신에 대한 설명을 마친다. 이 책에서 언급한 것보다 많은 원리와 응용 그리고 개념들이 숨어 있다. 하지만 데이터 분석가의 입장에서 데이터를 파악하고 예측하는 것에 중점을 둬 설명하고자 했으므로 이 정도에서 설명을 마친다. 실무에서 사용하는 경우에는 이 책에서 설명한 내용이면 충분하다.

연습 20 서포트 벡터 머신을 사용하기 위해서는 R에서 e1071 패키지 또는 kernlab 패키지를 사용한다. 다음 예는 iris 데이터를 대상으로 kernlab을 이용해 예측하는 과정을 보여준다.

```
> library(kernlab)

# 서포트 벡터 머신의 모델을 만든다.
> model <- ksvm(Species~., data=iris)

> predicted <- predict(model, newdata=iris)  # 모델을 사용해 예측한다.

> table(predicted, iris$Species)             # 예측한 결과의 정확성을 확인한다.

 predicted    setosa  versicolor  virginica
    setosa        50           0          0
versicolor         0          48          2
 virginica         0           2         48
>
```

서포트 벡터 머신은 이론은 복잡하지만 간단하게 실행할 수 있고 실제 예측 결과의 정확성도 매우 높다. 그래서 분류나 예측을 수행하는 경우에 랜덤 포레스트나 서포트 벡터 머신을 사용하는 경우가 많다.

5.5 베이지안 추론

베이지안 추론(Bayesian Inference)은 베이즈 확률 이론을 적용한 예측 모델이다. 베이지안 확률 모델은 전통 통계학의 빈도주의와 함께 현대 통계학의 중요한 축이다.

빈도주의는 오차 범위나 통계적 유의성 검증 등을 이용해 분석의 불확실성을 제거할 수 있다고 믿는 방법이고 베이지안 확률 모델은 주관적인 추론을 바탕으로 만들어진 '사전 확률'의 추가 관찰을 통한 '사후 확률'로 업데이트하는 방법으로 불확실성을 제거할 수 있다고 믿는 방법이다.

R에서는 베이즈 추론을 바탕으로 하는 예측 기능을 제공하는데, 만들어진 모델의 정확성은 랜덤 포레스트나 트리 분류에 뒤지지 않는다. 다만, 데이터의 숫자가 적은 경우(몇백이나 몇천 정도 수준)에는 정확성이 다른 방법에 비해 떨어지는 단점이 있다.

5.5.1 개념

베이지안 추론을 이해하기 위해 다음 예를 살펴보자.

어떤 사람이 '열이 난다.'라고 가정해보자. 열이 나면 의사는 병명이 무엇인지를 알기 위해 본인의 경험을 통해 몸살인 경우, 감기인 경우, 냉방병인 경우 등으로 나눠 가장 가능성이 높은 것을 골라 병명을 확정한다. 여기에서 중요한 점은 순위가 높은 것을 선택한다는 것이다.

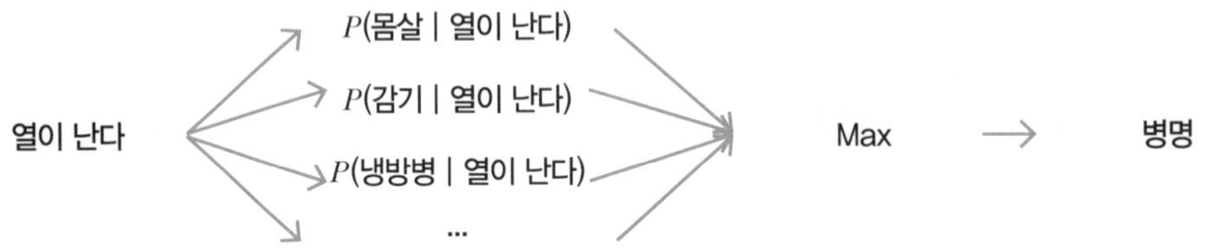

위에서 판정에 필요한 P(00 | 열이 난다)를 계산해보자. 우리의 관심은 병명에 따른 증상이 아니라 증상에 따른 병명이라는 것을 기억하고 다음 내용을 살펴보자.

$P(00 \mid \text{열이 난다}) = \dfrac{P(00 \cap \text{열이 난다})}{P(\text{열이 난다})}$ 가 된다.

좌우를 바꾸면

$P(\text{열이 난다} \mid 00) = \dfrac{P(\text{열이 난다} \cap 00)}{P(00)}$ 이 된다.

양쪽에 $P(00 \cap \text{열이 난다})$는 $P(\text{열이 난다} \cap 00)$과 같은 의미이므로 합치면 $P(00 \mid \text{열이 난다})P(\text{열이 난다}) = P(\text{열이 난다} \mid 00)P(00)$이 된다.

따라서

$$P(00 \mid \text{열이 난다}) = \frac{P(\text{열이 난다} \mid 00)\,P(00)}{P(\text{열이 난다})} \;(\text{베이즈 정리})$$

여기에서 우리의 관심은 증상에 따른 병명이다. 그러므로 $P(\text{열이 난다})$는 모든 병명에 동일하게 적용되고 순위에 영향을 미치지 않으므로 생략해도 무방하다.

그래서 $P(00 \mid \text{열이 난다}) \propto P(\text{열이 난다} \mid 00)P(00)$로 표시할 수 있다.

그러므로 앞의 그림을 베이즈 정리를 이용해 다시 그리면 다음과 같다.

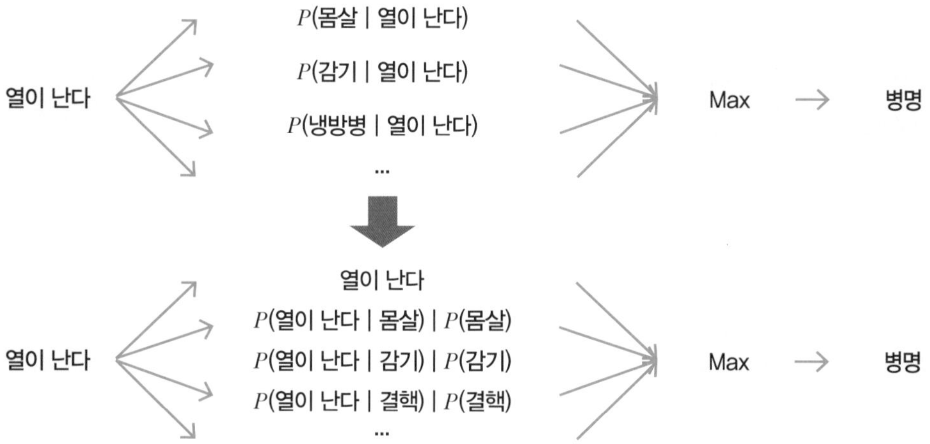

열이 나는 사람 중 몸살일 확률은 알기 어렵지만 몸살 환자 중 열이 나는 사람은 바로 알 수 있다.

$P(\text{열이 난다} \mid \text{몸살}) = 0.2$

$P(\text{열이 난다} \mid \text{감기}) = 0.5$ 그리고 $P(\text{몸살}) = 0.3$, $P(\text{감기}) = 0.1$이라는 것을 파악했다면

$P(\text{몸살} \mid \text{열이 난다}) = P(\text{열이 난다} \mid \text{몸살})\,P(\text{몸살}) = 0.2 \times 0.3 = 0.06$

$P(\text{감기} \mid \text{열이 난다}) = P(\text{열이 난다} \mid \text{감기})\,P(\text{감기}) = 0.5 \times 0.1 = 0.05$로 계산할 수 있다.

마지막으로 정리해보자. 베이즈 정리(추론)는 다음 모양과 같다. 이와 관련된 용어의 의미를 파악하자.

$P(\text{몸살} \mid \text{열이난다}) \propto P(\text{열이난다} \mid \text{몸살})P(\text{몸살})$

이 중에서

$P(\text{몸살} \mid \text{열이난다})$는 a *p*osteriori 확률이라 하고, $P(\text{열이난다} \mid \text{몸살})$은 likelyhood 확률이라 하며, $P(\text{몸살})$은 *P*rior 확률이라고 한다.

결국 베이즈 정리(추론)은 a posteriori 확률을 찾는 과정이라 할 수 있다. 따라서 베이즈 추론을 'MAP(maximum a posteriori) 문제'라고 한다. 베이즈 추론은 외부로 드러난 증상(여기서는 '열이 난다')에 기반을 두고 숨겨진 가설(여기에서는 병명)을 추론할 때 사용한다. 즉, 관찰된 현상을 통해 그 속에 숨겨진 본질을 찾는 것이 목표다. 앞의 예를 기준으로 하면 열이 나는 증상을 통해 몸살이라는 질병을 찾아내는 것이다.

앞에서 MAP에 대해 설명했으므로 깊게 공부하고자 하는 독자를 위해 조금만 보충한다. 인공지능 분야에 대한 공부를 하다 보면 확률을 이용해 분류(Classification) 문제를 푸는 방법에는 ML(Maximum Likelyhood) 방법과 MAP(Maximum A Posteriori) 방법이 있다는 사실을 알게 된다. 이 두 가지 방법이 어떻게 다른지 간단한 예를 이용해 설명한다.

인공지능에서 확률을 이용해 분류 문제를 푸는 예

- 바닥에 떨어진 머리카락의 길이(z)를 보고 그것이 남자의 것인지, 여자의 것인지를 판단하는 경우, ML 방법은 P(z|남자)와 P(z|여자)를 비교해 가장 확률이 큰 것을 선택하고 MAP 방법은 P(남|z)과 P(여|z)를 비교해 가장 확률이 큰 것을 선택한다.
- 모집단이 남자 90%, 여자 10%인 경우라고 가정하면 ML 방법은 성비를 무시하고 남자가 해당 길이의 머리카락을 가질 확률과 여자가 해당 길이의 머리카락을 가질 확률을 비교하는 것이고 MAP 방법은 각각의 성에서 해당 길이의 머리카락이 나올 확률뿐 아니라 남녀의 성비까지 고려해 결정하는 것이다.

다음 식을 살펴보면 확인할 수 있다.

$$P(\text{여}|z)=\frac{P(\text{여}\wedge z)}{P(z)}=\frac{P(\text{여}\wedge z)}{P(\text{여}\wedge z)+P(\text{남}\wedge z)}=\frac{P(z|\text{여})P(\text{여})}{P(z|\text{여})P(\text{여})+P(z|\text{남})P(\text{남})}$$

단, 모집단의 남녀 성비가 같다면 두 방법은 같은 결과를 보여준다.

이상의 과정을 통해 베이지안 추론이 인공지능에 적용되는 경우, MAP이 많이 사용되는 이유를 확인할 수 있다.
여기까지 베이즈 정리(추론)에 대한 본질적인 이해와 실무에 응용하는 경우에 대한 이해를 했다고 생각한다. 복습을 위해 모든 통계학 책에 나오는 예제를 간단하게 소개한다.

예

질병에 걸릴 확률은 0.01이고 병에 걸린 사람이 검사하면 0.99의 비율로 양성 반응을 보인다. 건강한 사람이 검사하면 0.1의 비율로 양성 반응을 보인다.
이때 양성인 사람이 병어 걸릴 확률은 얼마인가? P(A) = 0.01, P(양성|A) = 0.99, P(양성|B) = 0.1이라고 표현하면 문제는 P(A|양성)으로 나타낼 수 있다.

P(A|양성) = P(양성|A) P(A) / P(양성) → 베이즈 정리이다. P(양성) = P(양성|A)x p(A) + P(양성|B) x P(B)이다. 이제 필요한 모든 것이 구해졌으니 계산만 하면 된다. P(A|양성) = (0.99 x 0.01) / (0.99 x 0.01 + 0.1 x 0.99) = 0.091이다.

5.5.2 예측

베이지안 추론을 이용한 예측 과정에 대한 실습을 수행한다.

```
# 베이지안 추론을 위해 패키지를 불러온다.
> library(e1071)

# 웹에서 필요한 데이터를 가져온다.
> data <- read.csv("http://www-bcf.usc.edu/~gareth/ISL/Heart.csv")
> head(data)
  X Age Sex    ChestPain RestBP Chol Fbs RestECG MaxHR ExAng Oldpeak Slope Ca
Thal AHD
1  1  63  1  typical       145   233  1   2   150 0   2.3  3   0   fixed       No
2  2  67  1  asymptomatic  160   286  0   2   108 1   1.5  2   3   normal      Yes
3  3  67  1  asymptomatic  120   229  0   2   129 1   2.6  2   2   reversable  Yes
4  4  37  1  nonanginal    130   250  0   0   187 0   3.5  3   0   normal      No
5  5  41  0  nontypical    130   204  0   2   172 0   1.4  1   0   normal      No
6  6  56  1  nontypical    120   236  0   0   178 0   0.8  1   0   normal      No
> str(data)
'data.frame'    : 303 obs. of  15 variables:
 $ X            : int 1 2 3 4 5 6 7 8 9 10 ...
 $ Age          : int 63 67 67 37 41 56 62 57 63 53 ...
 $ Sex          : int 1 1 1 1 0 1 0 0 1 1 ...
 $ ChestPain    : Factor w/ 4 levels "asymptomatic",..: 4 1 1 2 3 3 1 1 1 1 ...
 $ RestBP       : int 145 160 120 130 130 120 140 120 130 140 ...
 $ Chol         : int 233 286 229 250 204 236 268 354 254 203 ...
 $ Fbs          : int 1 0 0 0 0 0 0 0 0 1 ...
 $ RestECG      : int 2 2 2 0 2 0 2 0 2 2 ...
 $ MaxHR        : int 150 108 129 187 172 178 160 163 147 155 ...
 $ ExAng        : int 0 1 1 0 0 0 0 1 0 1 ...
 $ Oldpeak      : num 2.3 1.5 2.6 3.5 1.4 0.8 3.6 0.6 1.4 3.1 ...
 $ Slope        : int 3 2 2 3 1 1 3 1 2 3 ...
 $ Ca           : int 0 3 2 0 0 0 2 0 1 0 ...
 $ Thal         : Factor w/ 3 levels "fixed","normal",..: 1 2 3 2 2 2 2 2 3 3 ...
 $ AHD          : Factor w/ 2 levels "No","Yes": 1 2 2 1 1 1 2 1 2 2 ...
> library(caret)

# 실습을 위한 학습 데이터와 테스트 데이터를 분리한다.
> set.seed(1000)
> train_data <- createDataPartition(y=data$AHD, p=0.7, list=FALSE)
> train <- data[train_data,]
> test <- data[-train_data,]
```

```
# 베이지안 모델을 생성한다.
> Bayes <- naiveBayes(AHD~. ,data=train)
> Bayes
... 내용 생략 ...

# 베이지안 모델을 이용해 예측을 수행한다.
> predicted <- predict(Bayes, test, type="class")
> table(predicted, test$AHD)              # 결과를 확인한다.

predicted No Yes
      No  41   8
      Yes  8  33
> confusionMatrix(predicted, test$AHD)
Confusion Matrix and Statistics

          Reference
Prediction No Yes
       No  41   8
       Yes  8  33

               Accuracy: 0.8222            # 정확도가 82%이다.
                 95% CI: (0.7274, 0.8948)
    No Information Rate: 0.5444
    P-Value [Acc> NIR]: 2.84e-08

                  Kappa : 0.6416
 Mcnemar's Test P-Value : 1

            Sensitivity : 0.8367
            Specificity : 0.8049
         Pos Pred Value : 0.8367
         Neg Pred Value : 0.8049
             Prevalence : 0.5444
         Detection Rate : 0.4556
   Detection Prevalence : 0.5444
      Balanced Accuracy : 0.8208

       'Positive' Class : No

>
```

베이지안 추론은 간단하지만 다른 기법에 비해 예측의 정확도가 높은 기법이다. 최근에는 베이지안 통계가 많이 사용되는 추세로 흘러가고 있으므로 데이터 분석가로서 베이지안 통계에 대한 관심을 갖는 것이 중요해 보이는 시점이다.

5.6 요약

5장에서는 머신러닝 기법 중 지도학습에 대한 것들을 이론과 실습을 통해 공부했다. 실무에서 예측과 분류를 하는 경우에 많이 사용하는 기법이므로 데이터 분석가라면 정확하게 이해하고 활용할 수 있어야 하는 부분이다. 다음 질문에 대해 답해보고 부족하면 본문의 내용을 통해 확인하기 바란다.

- 지도학습은 무엇을 말하는가?
- 의사결정 트리에 사용되는 알고리즘은 어떤 종류가 있는가?
- CART/조건부 추론 트리에 사용되는 R 패키지와 명령어는 무엇인가?
- 의사결정 트리의 용도는 무엇인가?
- 앙상블이란 어떤 것을 말하는가?
- 배깅과 랜덤 포레스트에 사용되는 R 패키지와 명령어는 무엇인가?
- 서포트 벡터 머신에 사용되는 R 패키지와 명령어는 무엇인가?
- 베이지안 추론은 기존 통계와 어떻게 다른가?
- 베이지안 추론을 사용하기 위한 R 패키지와 명령어는 무엇인가?

뉴스 데이터 활용의 진화 방향

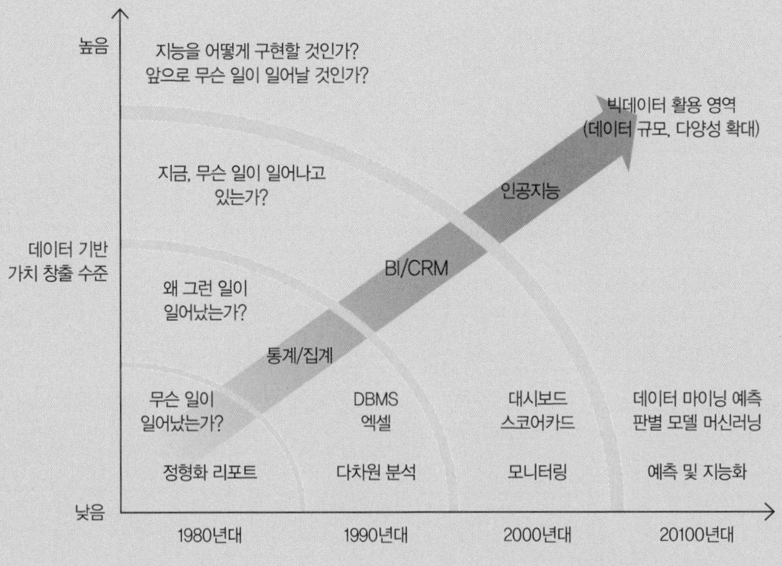

(출처: 데이터 활용의 진화 방향, 자료: KT 경제경영연구소)

06 빅데이터 분석

6.1 개념

샘플로 모집단을 추정하는 통계와 달리, 데이터 마이닝은 전체 데이터를 대상으로 데이터의 숨은 의미를 찾아내는 것이다. 요구가 다양한 만큼 많은 기법이 있다. 이 책에서는 5장의 '지도학습'과 6장의 '빅데이터 분석'으로 분류해 정리했다.

지도학습에 대한 것은 5장에서 설명했고 이번에 설명하는 내용은 출력 변수가 없이 입력 변수만 주어진 경우에 입력 변수들 간의 상호관계나 입력 자료 값들 간의 관계에 대해 탐색하는 것을 말한다.

데이터 마이닝에 속하는 분석 방법

- **군집 분석**(Cluster Analysis)
  - 비지도학습에 속한다.
- **자원 축소 기법**(Dimension Reduction)
  - 주성분 분석(Principle Component Analysis)
  - 인자 분석(Factor Analysis)
  - 다차원 척도법(Multidimensional Scaling)
  - 독립 성분 분석(Independent Component Analysis)
- **연관 규칙 분석**(Association Rule Analysis)
- **판별 분석**(Discriminant analysis)

위 기법들은 대부분 빅데이터 분석에 유용하게 사용된다. 그러므로 6장의 내용을 잘 이해한다면 빅데이터 분석의 세계에 한 걸음 다가가는 셈이 될 것이다.

참고 빅데이터란?

웹과 많은 책들이 '빅데이터'를 큰 데이터라고 설명하는 데, 이는 크다는 의미가 명확하지 않으므로 정확한 표현이 아니다. 빅데이터는 IoT 시대에 인터넷에 연결된 다양한 장비(핸드폰, 웹서버, CCTV 등)에서 자동으로 생성되는 데이터를 말한다. 이러한 데이터의 특성은 크기가 무한정 커지고(빅데이터라는 단어의 유래) 생성되는 데이터의 모양이 장비마다 다양하며 생성된 데이터가 잘못되거나 부정확한 정보를 포함하는 경우가 많다는 것이다.

데이터 마이닝에서는 분석 기법의 다양성이 중요했는데, 빅데이터에서는 데이터의 모양을 통일시키고 부정확한 정보를 보완하는 데이터 전처리 과정이 중요하다.

6.2 군집 분석

6.2.1 개요

군집 분석(Cluster Analysis)은 데이터를 구성하는 각 개체의 유사성을 측정해 상호 유사성이 높은 대상을 집단으로 분류하고 군집에 속한 개체들의 유사성과 서로 다른 군집에 속한 개체 간의 상이성을 파악하는 분석 방법이다.

군집 분석의 적용 예는 트위터에서 여행에 대해 이야기하는 사용자 그룹과 음식에 대해 관심이 있는 사용자 그룹을 군집 분석을 통해 분류하는 것이다. 이렇게 분류된 고객 그룹에는 다른 방식의 마케팅 활동을 할 수 있다.

군집 분석은 군집 내의 객체들은 동질적 특성을 갖도록 하고 다른 군집은 서로 이질적이 되도록 분류하는 것이 중요하다([그림 6-1] 참조). 개별 군집의 특성은 군집 객체들의 평균값으로 나타낼 수 있는데, 이를 '프로필'이라 한다.

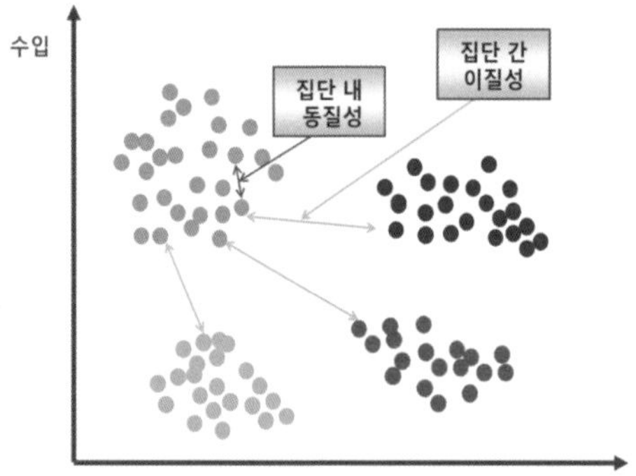

[그림 6-1] 데이터의 군집화 및 동질성, 이질성

군집 분석을 수행할 때 겪는 어려움은 데이터의 형태가 [그림 6-1]과 같이 돼 있지 않고 대부분 혼재돼 있는 모습을 갖는다는 것이다. 이런 경우에 대비해 다양한 군집 분석 기법이 개발돼 있다.

대표적인 군집 분석 방법

- **분할적 군집(Partitional Clustering)**: 특정 점을 기준으로 가까운 것끼리 묶는 것이다.
  - k-평균 군집법(k-means Clustering)
  - The k-medoids 군집법(The k-medoids Clustering): 중앙 객체 군집법
  - 계층적 군집법(Hierarchical Clustering)
- **계층적 군집(Hierarchical Clustering)**: 트리 구조처럼 분리하는 것이다.
  - 밀도 기반 군집법(Density Based Clustering)

6.2.2 k-평균 군집법

k-평균 군집법(k-mean Clustering)은 k개의 평균(mean)을 찾는 것이다. 각 군집(클러스터)은 평균값으로 대표되므로 N개의 점이 주어진 경우, k개의 군집으로 분할하는 방식이다. 각 점은 가장 가까운 군집에 속하게 된다. 주어진 데이터를 몇 개의 군집으로 나눌 것인지를 정한 후 분석을 수행한다.

```
# 실습을 위해 iris 데이터를 사용한다. 분석의 목적상 Species가 필요하지 않으므로
# 전처리 과정을 수행해 Species를 제거한다.
> iris2 <- iris                 # iris 데이터를 iris2로 복사한다. 수정할 것이므로 복사본을 만든다.
> iris2$Species <- NULL         # Species에 NULL을 입력해 제거한다.
> head(iris2)                   # 만들어진 데이터의 모습을 확인한다.
  Sepal.Length  Sepal.Width  Petal.Length  Petal.Width
1          5.1          3.5           1.4          0.2
2          4.9          3.0           1.4          0.2
3          4.7          3.2           1.3          0.2
4          4.6          3.1           1.5          0.2
5          5.0          3.6           1.4          0.2
6          5.4          3.9           1.7          0.4

# 준비된 데이터를 3개의 클러스터로 나눠보자. 3개는 임의로 정한 것이다.
> kmeans_result <- kmeans(iris2, 3)
> kmeans_result
K-means clustering with 3 clusters of sizes 50, 38, 62# 3개 군집의 크기

Cluster means:
  Sepal.Length  Sepal.Width  Petal.Length  Petal.Width
1     5.006000     3.428000      1.462000     0.246000     # 첫 번째 군집에 대한 평균
2     6.850000     3.073684      5.742105     2.071053
3     5.901613     2.748387      4.393548     1.433871
Clustering vector:              # 각 데이터가 3개의 클러스터로 분리됐다. 1~50열은 1번 클러스터
  [1] 1 1 1 1 1 1 1 1 1 1 1 1 1 1 1 1 1 1 1 1 1 1 1 1 1 1 1 1 1 1 1 1 1 1 1
1 1 1 1 1 1 1 1 1 1 1
 [47] 1 1 1 1 3 3 2 3 3 3 3 3 3 3 3 3 3 3 3 3 3 3 3 3 3 3 3 3 3 3 3 3 2 3 3 3
3 3 3 3 3 3 3 3 3 3 3
 [93] 3 3 3 3 3 3 3 3 2 3 2 2 2 2 3 2 2 2 2 2 2 3 3 2 2 2 2 3 2 3 2 3 2 2 3
3 2 2 2 2 2 3 2 2 2 2
[139] 3 2 2 2 3 2 2 2 3 2 2 3   # 마지막은 3번 클러스터에 속한다.

Within cluster sum of squares by cluster:
[1] 15.15100 23.87947 39.82097
 (between_SS / total_SS =  88.4 %)

Available components:

[1] "cluster"     "centers"     "totss"      "withinss"     "tot.withinss"
"betweenss"
[7] "size"       "iter"       "ifault"
```

위의 결과를 보면 iris2 데이터를 우리의 요구에 따라 3개의 군집으로 나눴음을 확인할 수 있다. 그런데 위의 결과는 읽기 어렵다. 그래서 이를 그림으로 표현하는 방법이 있다.

각 군집(클러스터)에 속하는 열을 그래프로 나타낸다. 예를 들어 Sepal.Length와 Sepal.Width만을 고려한 군집 상황을 그림으로 표현하는 경우를 생각해보자. 1번 군집은 위의 분석 결과를 바탕으로 보면 Sepal.Length가 5.006, Sepal.Width는 3.428이다. 그러므로 그림에서 이 좌표를 평균값으로 인식하고 화면에 표시한다. 나머지 2개 군집(클러스터)의 좌표도 동일하게 표시하게 된다. 이후 다른 자료들을 포함해 화면에 표시한 결과를 [그림 6-2]에서 확인할 수 있다.

```
> plot(iris2[c("Sepal.Length", "Sepal.Width")], col=kmeans_result$cluster)

# 점으로 표시된 클러스터에 평균값을 추가로 표시한다. 평균값은 별 모양이다.
> points(kmeans_result$centers[, c("Sepal.Length", "Sepal.Width")], col=1:3, pch=8,
cex=2)
>
```

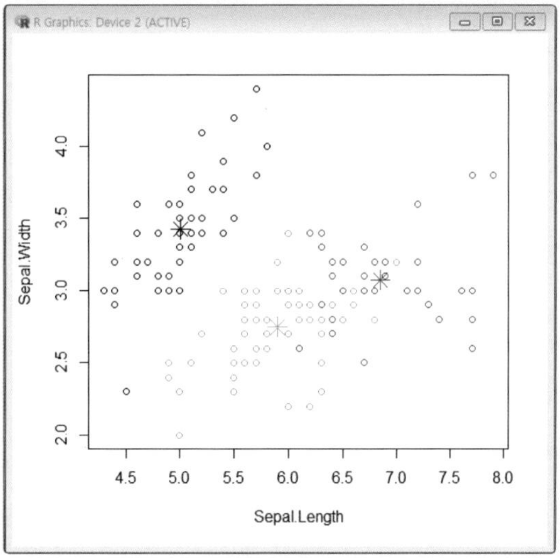

[그림 6-2] iris 데이터의 3개 군집 표현

[그림 6-2]를 기준으로 보면 iris 데이터는 Sepal.Length와 Sepal.Width를 기준으로 3개 클러스터로 나누는 경우에 1번 클러스터는 구분이 확실하지만 2, 3번 클러스터는 혼재돼 있는 것을 확인할 수 있다.

연습 21 주어진 데이터(iris2)를 갖고 3개의 클러스터로 나눈 후 Petal.Length와 Petal.Width를 축으로 하는 클러스터 그림을 그려라. 그리고 각 클러스터의 평균값을 별로 표시하라. 3개 클러스터로 분리한 경우 Sepal.Length, Sepal.Width를 기준으로 하는 것과 Petal.Length, Petal.Width를 기준으로 하는 것 중 어떤 것이 더 좋은지를 판단하라. 앞의 실습과 다르지 않으므로 별도로 답을 제시하지 않는다. 동일한 명령어에 Petal.Length, Petal.Width만 대신 넣으면 된다.

연습 22 동일한 iris2 데이터를 갖고 클러스터를 몇 개로 나누는 것이 클러스터 분석의 목적상 가장 적당한지 생각해보라. 정답은 없고 2, 3, 4, 5...의 클러스터로 나눈 후 그래프를 분석한 다음 독자가 판단하면 된다. 클러스터를 3개로 나누는 것은 이미 설명을 했고 그래프로 표현했다. 클러스터를 5개로 나눈 다음 그래프로 표현하는 명령어는 다음과 같다. 나머지는 독자들이 수행하면 된다. 최종적으로 몇 개로 나누고 어떤 축을 기준으로 구분하는 것이 가장 합리적인지 스스로 결정해보기 바란다.

```
> kmeans_result <- kmeans(iris2, 5)
> plot(iris2[c("Sepal.Length", "Sepal.Width")], col=kmeans_result$cluster)
```

6.2.3 The k-medoids 군집법

k-modoids 클러스터링(the k-medoids Clustering) 알고리즘은 k-mean과 흡사하다. 다만, k-mean이 임의의 좌표를 중심점으로 잡는 반면, k-medoids는 실제 점 하나를 중심점으로 잡아 계산한다. 이때 사용하는 대표적인 방법이 Partitioning Around Mediods(PAM) 알고리즘이다.
k-mean과 k-medoids는 거의 동일한 결과가 산출되며 어떤 것을 사용하는지는 분석가의 취향이다. 다만 k-medoids가 주어진 데이터를 임의의 그룹 수로 분류해 그래프로 표현하는 과정이 좀 더 쉽다.

```
> install.packages("fpc")
> library(fpc)                  # 필요한 패키지를 로드한다.

# iris2 데이터를 이용해 k-medoids 군집 분석을 수행한다.
# 기본은 2개의 군집으로 분리한다. pamk(iris2, 3)으로 하면 3개의 군집으로 나뉜다.
> pamk_result <- pamk(iris2)
> pamk_result # 결과를 확인한다.
$pamobject
Medoids:
      ID  Sepal.Length   Sepal.Width  Petal.Length   Petal.Width
[1,]   8           5.0           3.4           1.5           0.2
[2,] 127           6.2           2.8           4.8           1.8
Clustering vector:              # 2개의 군집으로 나눠졌다는 것을 확인한다.
  [1] 1 1 1 1 1 1 1 1 1 1 1 1 1 1 1 1 1 1 1 1 1 1 1 1 1 1 1 1 1 1 1 1 1 1 1
1 1 1 1 1 1 1 1 1 1 1
 [47] 1 1 1 1 2 2 2 2 2 2 2 2 2 2 2 2 2 2 2 2 2 2 2 2 2 2 2 2 2 2 2 2 2 2 2
2 2 2 2 2 2 2 2 2 2 2
 [93] 2 2 2 2 2 2 1 2 2 2 2 2 2 2 2 2 2 2 2 2 2 2 2 2 2 2 2 2 2 2 2 2 2 2 2
2 2 2 2 2 2 2 2 2 2 2
[139] 2 2 2 2 2 2 2 2 2 2 2 2
Objective function:
```

```
   build      swap
0.9901187 0.8622026

Available components:
 [1] "medoids"  "id.med"    "clustering"     "objective"     "isolation"      "clusinfo"
"silinfo"
 [8] "diss"      "call"      "data"

$nc
[1] 2
$crit
 [1] 0.0000000 0.6857882 0.5528190 0.4896972 0.4867481 0.4703951 0.3390116
0.3318516 0.2918520
[10] 0.2918482

> pamk_result$nc                  # 몇 개의 군집으로 나눴는지를 확인하는 명령이다.
[1] 2

# iris의 Species가 2개의 군집의 어디에 어떻게 포함되는지를 요약해 보여준다.
> table(pamk_result$pamobject$clustering, iris$Species)

        setosa   versicolor    virginica
1           50            1            0
2            0           49           50

# split.screen이나 par(mfrow)를 이용하지 않고 다른 방식으로 한 윈도우에서 여러 개의
# 그림을 그려본다([그림 6-3] 참조).
> layout(matrix(c(1,2),1,2))
> plot(pamk_result$pamobject)
```

[그림 6-3]과 같은 그림을 통해 주어진 데이터를 2, 3, 4... 등으로 나누는 경우에 어떤 것이 바람직한지를 결정해야 한다. 데이터 분석가의 입장에서 이것이 모든 분석의 출발점이 된다는 점을 기억해야 한다. 이어지는 연습을 통해 이를 훈련하라.

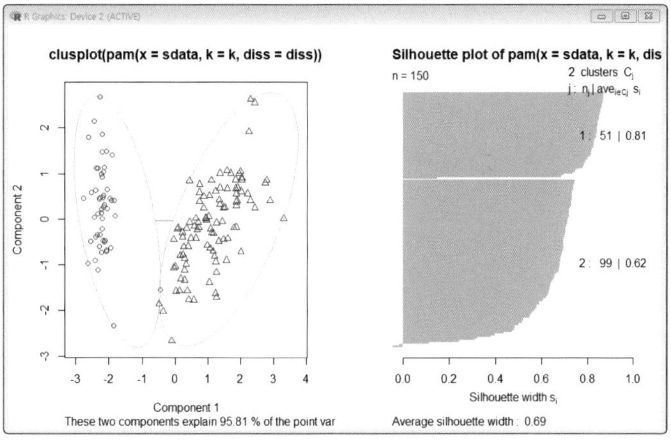

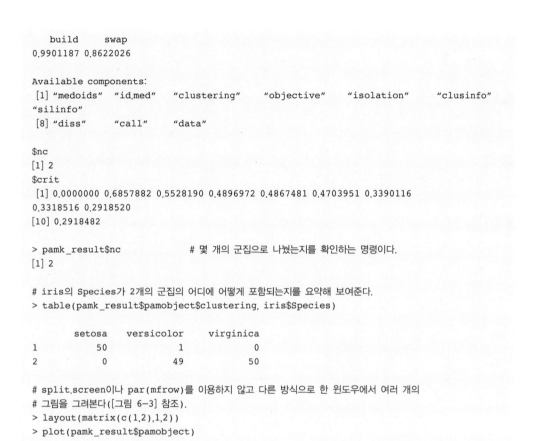

[그림 6-3] k-medoids 군집법의 결과 그래프

[그림 6-3]을 살펴보면 2개의 군집으로 분리한 경우에 상호 혼재되지 않고 정확히 분리되고 있는 것을 확인할 수 있다. 좋은 결과를 보여주고 있다.

연습 23 iris2 데이터를 이용해 3개의 군집으로 나누고 iris2의 Species가 3개 군집의 어디에 속하는지를 개략적으로 파악해보자. 그리고 3개의 군집으로 나눠진 것을 그림으로 표현하자. 앞의 실습과 동일하므로 별도의 답을 제공하지 않는다.

연습 24 iris2 데이터는 몇 개의 군집으로 표현하는 것이 가장 좋을지 군집 분석을 통해 결정하고 이유를 설명해보자. 가능하면 그림을 그려 상황을 파악해보자.

6.2.4 계층적 군집법

계층적 군집법(hierarchical clustering)을 수행하는 과정은 주어진 데이터를 순차적으로 가까운 값들끼리 묶어주는 '병합(agglomeration)' 방법과 관측 값들을 나눠주는 '분할(division)' 방법이 있다. 주로 병합 방법을 사용한다.

```
# 데이터 전처리 과정: 실습을 위해 데이터를 구성한다.
# 여기에서는 iris에서 40개의 인덱스를 임의로 선정한다.
> idx <- sample(1:dim(iris)[1], 40)
> idx                                # 선정된 인덱스를 확인한다.
[1] 33  47  99  36 139  98 140  10  20   8  23  59  69  94   7  62  18 124
148 150  54  80  89
[24] 88   5 132  91 102  84 101 149  25  16  61 117   2  31  85  60  50
> irisSample <- iris[idx,]           # 인덱스에 해당하는 열을 뽑아 실습 데이터를 구성한다.
> head(irisSample)
    Sepal.Length  Sepal.Width  Petal.Length  Petal.Width     Species
33           5.2          4.1           1.5          0.1      setosa
47           5.1          3.8           1.6          0.2      setosa
99           5.1          2.5           3.0          1.1  versicolor
36           5.0          3.2           1.2          0.2      setosa
139          6.0          3.0           4.8          1.8   virginica
98           6.2          2.9           4.3          1.3  versicolor
> irisSample$Species <- NULL         # Species를 제거한다.
> head(irisSample)
    Sepal.Length  Sepal.Width  Petal.Length  Petal.Width
33           5.2          4.1           1.5          0.1
47           5.1          3.8           1.6          0.2
99           5.1          2.5           3.0          1.1
36           5.0          3.2           1.2          0.2
139          6.0          3.0           4.8          1.8
98           6.2          2.9           4.3          1.3

# 계층적 군집법의 수행
> hc_result <- hclust(dist(irisSample), method="ave")
> hc_result

Call:
hclust(d = dist(irisSample), method = "ave")
```

```
Cluster method : average
Distance       : euclidean
Number of objects: 40

# 계층적 군집법의 수행 결과를 그래프로 보여준다([그림 6-4] 참조).
> plot(hc_result, hang=-1, labels = iris$Species[idx])

# 보여준 그래프를 3개의 그룹을 나누고 표시하라([그림 6-4] 참조).
> rect.hclust(hc_result, k=3)
```

[그림 6-4]의 결과는 3개의 군집으로 분리했을 때 setosa는 잘 분리됐지만, virginica, versicolor는 잘 분리되지 않았다. 이점을 개선하기 위해 군집의 크기를 변경할 필요가 있다. 다음 연습을 통해 개선 과정을 수행하라.

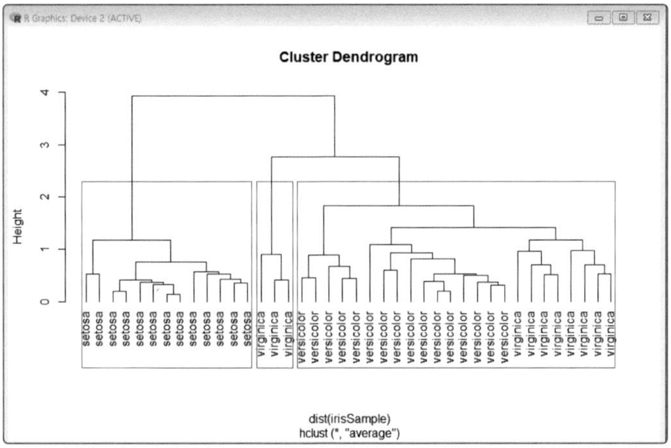

[그림 6-4] 계층적 군집법의 그림

연습 25 다음 명령을 수행한 후 나온 결과를 위의 그림과 비교하고 어떤 것이 더 잘 분류했는지 생각해보자.

```
> plot(hc_result, hang=-1, labels = iris$Species[idx])
> rect.hclust(hc_result, k=5)
```

최적의 분류를 위한 군집은 몇 개인지를 정해 보자.

6.2.5 밀도 기반 군집법

밀도 기반 군집법(Density Based Clustering)은 특정 기준에 의거해 많이 모여 있는 것을 군집으로 파악하는 방법이다.

```
> library(fpc)
> iris2 <- iris[-5]
> head(iris2)
  Sepal.Length  Sepal.Width  Petal.Length  Petal.Width
1          5.1          3.5           1.4          0.2
2          4.9          3.0           1.4          0.2
3          4.7          3.2           1.3          0.2
4          4.6          3.1           1.5          0.2
5          5.0          3.6           1.4          0.2
6          5.4          3.9           1.7          0.4
> db_result <- dbscan(iris2, eps=0.42, MinPts=5)
> db_result
dbscan Pts=150 MinPts=5 eps=0.42
       0  1  2  3
border 29  6 10 12
seed    0 42 27 24
total  29 48 37 36
```

위의 결과에서 iris2 데이터는 0, 1, 2, 3의 4개 군집으로 나눌 수 있고 그에 따른 군집별 소속 데이터 숫자, 경계선에 있는 숫자 등을 보여준다. 하지만 이것만으로는 정확한 상황의 판단이 되지 않으므로 그림으로 표현해 상황을 파악한다([그림 6-5] 참조).

```
> plot(db_result, iris2)
```

[그림 6-5]의 결과는 iris2 데이터를 변수 간의 군집 상황을 전체적으로 보여주고 있다. 그림을 통해 iris2 데이터의 변수 간 관계에 대한 것을 파악할 수 있다. 전체를 파악한 후 특정 변수 간의 군집 상황에 대한 자세히 보고 싶거나 db_result의 결과로 나온 0, 1, 2, 3 군집을 자세한 그림으로 보고 싶다면 연습 26을 수행해보라.

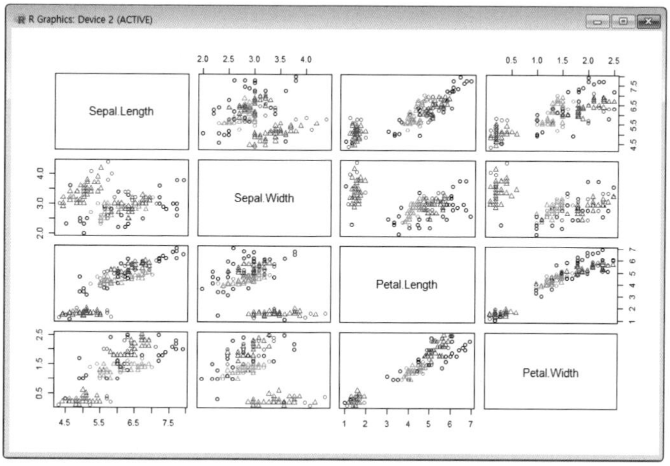

[그림 6-5] 밀도 기반 군집법 분석의 결과

연습 26 다음 명령어를 수행한 결과를 해석해보자. 데이터는 동일한 iris2를 사용한다.

```
> plot(db_result, iris2[c(1,4)])

> plotcluster(iris2, db_result$cluster)
```

군집 분석에 대한 설명을 마친다. 데이터 분석가로서 알아야 하는 사항에 중점을 두고 설명했다. 이론 설명이 부족하지만, R 패키지가 많은 부분을 보완해주고 있다. 이 책에 있는 내용만으로도 데이터를 군집화하고 분석하는 데는 문제가 없다.

군집 분석에 관련된 여러 기법이 있는데, 이에 대해 간단히 정리해보자. 가벼운 마음으로 살펴보면 된다.

계층적 군집 분석(Hierarchical Clustering)

- **병합(Agglomeration) 방법**
  - 단일(최단) 연결법(Single Linkage Method)
  - 완전(최장) 연결법(Complete Linkage Method)
  - 평균 연결법(Average Linkage Method)
  - 중심 연결법(Centroid Linkage Method)
  - Ward 연결법(Ward Linkage Method)
- **분할(Division) 방법**
  - 다이아나 방법(Diana Method)

분할 군집 분석(Partitional Clustering)

- **프로토타입 기반(Prototype Based)**
  - K 중심 군집(K-Centrold Clustering)
  - 퍼지 군집(Fuzzy Clustering)
- **분포 기반(Distribution Based)**
  - 혼합 분포 군집(Mixture Distribution Clustering)
- **밀도 기반(Density Based)**
  - 중심 밀도 군집(Center Density Clustering)
  - 결자 기반 군집(Grid Based Clustering)
  - 커넬 기반 군집(Kernel Based Clustering)
- **그래프 기반(Graph Based)**
  - 코호넨 군집(Kohonen Clustering)

군집 분석에 대한 것만 정리해도 대충 이 정도다. 데이터 분석가로서 이 모든 기법에 대해 알아야 할 이유는 없다. 우리가 군집 분석을 사용하는 목적을 달성하면 충분하다. 다만 이런 용어들이 있다는 정도는 알고 있는 것이 중요해 정리했다.

6.3 차원 축소 기법

6.3.1 개요

차원 축소 기법(Dimensionality Reduction Method)은 분석 대상이 되는 변수의 수를 줄이는 과정을 말한다. 변수의 수가 많아질수록 이를 표현하는 모델링이 어려워지기 때문에 변수의 수를 줄이는 방법을 많이 사용한다. 변수의 수를 줄인다는 의미는 실제 데이터를 잘 설명할 수 있는 잠재 공간(Latent Space)을 찾는 것이다.

데이터의 차원을 줄이는 방법에는 특징 선택(Feature Selection)과 특징 추출(Feature Extraction)이 있다.

- **특징 선택:** 특징의 부분 집합을 선택해 간결한 특징 집합을 만드는 것으로 원본 데이터에서 불필요한 특징(변수)을 제거하는 방식이다(예 다항회귀에서 step 명령으로 불필요한 변수를 제거하는 것이 특징 선택에 속한다. 독립 성분 분석이 이에 속한다).
- **특징 추출:** 원데이터의 특징을 조합해 새로운 특징을 생성하는 것이다(예 주성분 분석, 인자 분석, 다차원 척도법이 이에 속한다).

차원 축소 기법의 종류

- **주성분 분석**(Principal Component Analysis)
- **인자 분석**(Factor Analysis)
- **다차원 척도법**(Multidimentional Scaling)
- **독립 성분 분석**(Independent Component Analysis)

개념은 정리가 됐으므로 차원 축소 기법에 대해 구체적으로 알아보자.

6.3.2 주성분 분석

주성분 분석(Principal Component Analysis)은 많은 변수로 구성된 데이터에 대해 주성분이라는 새로운 변수를 생성한 후 기존 변수들보다 차원을 축소해 분석을 수행하는 방법을 말한다. 예를 들어 설문지 데이터 x1~x10의 10개 변수를 P1, P2의 2개로 줄이는 경우에 사용한다.

주성분 분석에서 주성분 P1은 데이터의 분산을 가장 많이 설명할 수 있는 것을 선택하고 나머지는 P1과 수직인 성분을 만드는 방법이다. 주성분이 P1, P2가 서로 수직이므로 다중공선성(MuliCollinearity)도 해결할 수 있다.

다중공선성은 통계학의 회귀 분석에서 독립변수(x)들 간에 강한 상관관계가 나타나 종속변수에 영향을 미치는 경우를 말한다. 독립변수들 간에 정확한 선형관계가 존재하는 경우는 '완전 공선성', 독립변수들 간에 높은 선형관계가 존재하는 경우에는 '다중공선성'이라 한다. 분석과 예측의 정확성을 위해서는 피하거나 해결해야 하는 요인이다.

실습은 iris 데이터를 이용해 주성분 분석을 수행해 Sepal.Length, Sepal.Width, Petal.Length, Petal.Width로 구성된 상황에서 효과는 동일하게 하면서 변수의 숫자를 줄여본다.

```
# 사용할 데이터를 확인한다.
> head(iris)
  Sepal.Length  Sepal.Width  Petal.Length  Petal.Width     Species
1          5.1          3.5           1.4          0.2      setosa
2          4.9          3.0           1.4          0.2      setosa
3          4.7          3.2           1.3          0.2      setosa
4          4.6          3.1           1.5          0.2      setosa
5          5.0          3.6           1.4          0.2      setosa
6          5.4          3.9           1.7          0.4      setosa

# iris 데이터 간에 다중공선성이 있는지 살펴보기 위해 y(종속변수)변수가 될 Speceis를 제외하고
# 나머지 데이터 간의 상관계수를 구한다.
> cor(iris[1:4])
             Sepal.Length Sepal.Width Petal.Length Petal.Width
Sepal.Length    1.0000000  -0.1175698    0.8717538   0.8179411
Sepal.Width    -0.1175698   1.0000000   -0.4284401  -0.3661259
Petal.Length    0.8717538  -0.4284401    1.0000000   0.9628654
Petal.Width     0.8179411  -0.3661259    0.9628654   1.0000000
```

위의 상관계수 표에 따르면 Sepal.Length와 Petal.Length는 0.87, Sepal.Length와 Petal.Widtheh는 0.8로 독립변수 간의 상관계수가 높다. 그래서 다중공선성 문제의 발생이 예상된다. 그러므로 독립변수를 새로 설계할 필요가 있다(주성분 분석의 필요성).

```
# 분석을 위한 데이터의 전처리 과정 수행
> iris2 <- iris[, 1:4]            # 분석을 위해 iris 데이터의 4개 변수를 iris2에 저장한다.
> ir.species <- iris[,5]          # iris의 Species 부분을 별도의 변수 ir.species에 저장한다.

# 주성분 분석 수행. 중앙을 0으로(center=T), 분산은 1로(scale=T) 설정한다.
> prcomp.result2 <- prcomp(iris2, center=T, scale=T)
> prcomp.result2
Standard deviations (1, .., p=4):
[1] 1.7083611 0.9560494 0.3830886 0.1439265

Rotation (n x k) = (4 x 4):
                    PC1         PC2        PC3        PC4
Sepal.Length  0.5210659 -0.37741762  0.7195664  0.2612863
Sepal.Width  -0.2693474 -0.92329566 -0.2443818 -0.1235096
Petal.Length  0.5804131 -0.02449161 -0.1421264 -0.8014492
Petal.Width   0.5648565 -0.06694199 -0.6342727  0.5235971
```

주성분 분석을 수행한 결과를 해석해보자.

Sepal.Length, Sepal.Width, Petal.Length, Petal.Width의 4개의 변수를 PC1, PC2, PC3, PC4의 4개 변수로 변환한다.

예를 들어, PC1 = 0.52 * Sepal.Length + (-0.269) * Sepal.Width + 0.58 * Petal.Length + 0.56 * Petal.Width로 표현할 수 있다. 나머지, PC2, PC3, PC4도 동일한 방식으로 표현할 수 있다.

다음 단계는 주성분 분석 결과를 바탕으로 주성분으로 몇 가지를 사용할지를 결정한다([그림 6-6] 참조).

```
> plot(prcomp.result2, type="l")
```

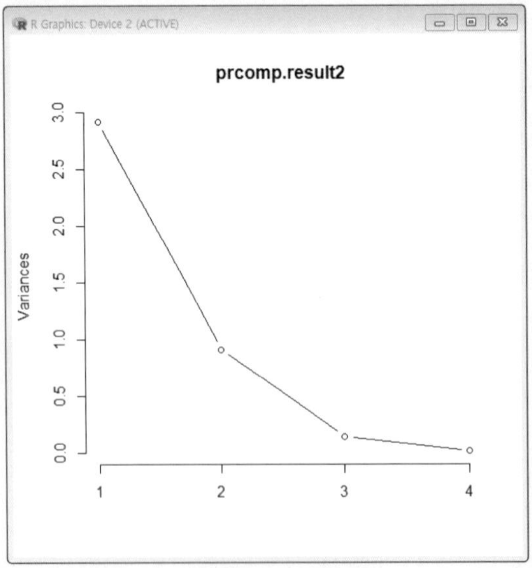

[그림 6-6] 주성분 영향도

```
> summary(prcomp.result2)
Importance of components:
                          PC1    PC2     PC3     PC4
Standard deviation     1.7084 0.9560 0.38309 0.14393
Proportion of Variance 0.7296 0.2285 0.03669 0.00518
Cumulative Proportion  0.7296 0.9581 0.99482 1.00000
>
```

[그림 6-6]과 summary의 결과를 바탕으로 살펴보면 PC1 변수만으로도 전체 데이터 분산의 약 73%를 설명할 수 있다. PC1에 PC2를 추가하면 전체 데이터 분산의 약 95.8%를 설명할 수 있다. 그러므로 PC1~PC4 중 PC1과 PC2를 선택한다.

이제 새로운 모습의 데이터를 생성하고 이를 바탕으로 예측 모델을 제작한다.

```
# prcomp.result2에서 데이터만 살펴본다.
> prcomp.result2$rotation
                    PC1         PC2        PC3        PC4
Sepal.Length  0.5210659 -0.37741762  0.7195664  0.2612863
Sepal.Width  -0.2693474 -0.92329566 -0.2443818 -0.1235096
Petal.Length  0.5804131 -0.02449161 -0.1421264 -0.8014492
Petal.Width   0.5648565 -0.06694199 -0.6342727  0.5235971

> head(iris2) # iris2 데이터의 모습을 확인한다.
  Sepal.Length Sepal.Width Petal.Length Petal.Width
1          5.1         3.5          1.4         0.2
2          4.9         3.0          1.4         0.2
3          4.7         3.2          1.3         0.2
4          4.6         3.1          1.5         0.2
5          5.0         3.6          1.4         0.2
6          5.4         3.9          1.7         0.4
>

# iris2 데이터와 prcomp.result2 데이터를 매트릭스곱(%*%)을 해 변환한다.
> NewResult <- as.matrix(iris2) %*% prcomp.result2$rotation
> head(NewResult)
          PC1       PC2      PC3        PC4
[1,] 2.640270 -5.204041 2.488621 -0.1170332
[2,] 2.670730 -4.666910 2.466898 -0.1075356
[3,] 2.454606 -4.773636 2.288321 -0.1043499
[4,] 2.545517 -4.648463 2.212378 -0.2784174
[5,] 2.561228 -5.258629 2.392226 -0.1555127
[6,] 2.975946 -5.707321 2.437245 -0.2237665
>
```

매트릭스 곱에 익숙하지 않다면 일단 이렇게 된다고 이해하고 넘어간다. 계산은 R이 해준다. 이제 기존의 iris2 대신 새로운 형태의 데이터 구조(NewResult)가 만들어졌다.

```
# NewResult 앞에 ir.species를 추가한다.
> final2 <- cbind(ir.species, as.data.frame(NewResult))
> final2[,1] <- as.factor(final2[,1])  # 추가한 것을 팩터형으로 바꾼다.
> colnames(final2)[1] <- "label"       # 추가한 것의 열 이름을 label로 바꾼다.
> head(final2)                         # 최종 완성된 데이터의 모습이다.
   label      PC1       PC2      PC3        PC4
1 setosa 2.640270 -5.204041 2.488621 -0.1170332
2 setosa 2.670730 -4.666910 2.466898 -0.1075356
3 setosa 2.454606 -4.773636 2.288321 -0.1043499
```

```
4      setosa     2.545517    -4.648463     2.212378    -0.2784174
5      setosa     2.561228    -5.258629     2.392226    -0.1555127
6      setosa     2.975946    -5.707321     2.437245    -0.2237665
```

새로 구성한 데이터(final2)를 이용해 회귀 분석을 수행한다.

```
# 회귀 분석은 final2 데이터를 쓰고 그중 PC1, PC2만을 고려한다.
> fit2 <- lm(label~ PC1 + PC2, data=final2)

# 생성된 회귀 분석 모델(fit2)을 final2 데이터를 이용해 예측을 수행해보자.
> fit2_pred <-predict(fit2, newdata=final2)

# 산출된 결과물이 소수이므로 반올림해 정수로 바꿔준다.
> b2 <- round(fit2_pred)

# 이제 예측된 것을 기존 자료의 데이터와 비교해 정확성을 검증한다.
> a2 <- ir.species
> table(b2,a2)
   a2
 b2   setosa versicolor virginica
  1       50          0         0
  2        0         44         5
  3        0          6        45
>
```

위와 같이 주성분 분석은 기존의 데이터를 바탕으로 공산성 분석을 수행한 후에 공산성이 의심되는 상황이 되면 공산성을 제거한 새로운 변수를 만들어 이들 중 영향력이 있는 것만을 골라 예측이나 다른 분석을 수행하는 과정이다.

여기서 확인해야 하는 것은 다음과 같다.

- 언제 주성분 분석을 수행하는가?
- 주성분 분석 수행 후에 새로운 데이터를 만드는 방법은 무엇인가?
- 주성분 분석에서 생성된 새로운 변수 중 중요한 변수를 뽑는 방법은 무엇인가?

연습 27 iris 데이터를 로그 변환한 것을 이용해 위의 과정을 수행하고 최종 예측 결과를 기존의 것과 비교하라. iris2 대신 log.ir을 사용하라는 의미다.

```
> log.ir <- log (iris [, 1:4])
```

위의 명령어는 iris 데이터의 분포가 편향되는 면을 보이기 때문에 로그 변환해 데이터의 성격은 그대로 두고 편향성을 감소하는 과정이라고 볼 수 있다. iris 대신 log.ir을 이용해 주성분 분석을 수행하면 수행 결과가 좀 더 좋아진다. 이 연습을 통해 편향된 데이터에 대한 데이터 전처리 과정의 중요성을 파악할 수 있다.

6.3.3 인자 분석

인자 분석(Factor Analysis)은 여러 개의 서로 관련이 있는 변수들로 구성된 데이터에서 이 변수를 설명할 수 있는 새로운 공통 변수를 파악하는 통계적 분석 방법을 말한다. 예를 들면, 학생 100명을 대상으로 국어, 영어, 수학, 사회, 역사, 물리, 화학, 지구과학, 생물의 9개 과목에 대한 시험을 실시해 성적을 구했을 때 전체 데이터를 설명할 수 있는 공통 인자(변수)를 파악하는 것을 말한다.

- **국어, 영어:** 언어 능력
- **수학, 물리, 화학:** 수리 능력
- **사회, 역사, 지구과학, 생물:** 인지 능력

위와 같이 9개의 데이터를 3개의 공통 인자(변수)로 분리해내는 것을 말한다. 즉, 인자 분석은 9개의 변수를 각 분야를 대표하는 3개의 변수로 축소하는 과정이다.

인자 분석과 주성분 분석의 차이

- **공통점:** 데이터를 구성하는 여러 개의 변수로부터 적은 수의 새로운 변수를 생성하는 것이다.
- **차이점:** 주성분 분석에는 각 변수들이 중요하다. 즉, 제1 주성분, 제2 주성분 등으로 구분되지만 인자 분석은 변수들이 기본적으로 대등한 관계를 가진다.

인자 분석의 추정 종류 및 차이점

- **주성분 인자법(Principle Factor Method):** 관측 값의 분산, 공분산 행렬 또는 상관계수 행렬의 고유근과 고유 벡터를 이용해 인자 부하 값과 특수 분산을 추정하는 방법이다.
- **최우추정법(Maximum Likelihood Method):** 관측 값이 다변량 정규 분포를 따른다는 가정에 기반을 두고 추정하며, 추정의 신뢰성이 높아서 많이 사용되는 방법이다.

인자의 수와 유의성 판단 기준

- 인자 분석에서 인자는 상관계수 행렬 R의 고윳값이 1 이상인 경우에 채택한다(분석 대상이다).
- 인자의 유의성은 다음 기준을 따른다.

  - 요인 부하값> 0.3: 유의함
  - 요인 부하값> 0.4: 좀 더 유의함
  - 요인 부하값> 0.5: 매우 유의함

인자 회전이란?

데이터의 구성으로 볼 때 기존의 X, Y 기준에 따른 방법이 아니라 다른 관점에서 보면 데이터를 구성하는 변수에 대한 해석을 쉽게 할 수 있다.

인자 회전을 위한 방법은 다음과 같다. 이 중 OBLIMIN 방법이 많이 사용된다.

- **직교 회전(Orthogonal Rotation)**: VARIMAX, QUARTIMAX 방법이 있다.
- **사각 회전(Oblique Rotation)**: COVARIMAN, QUARTIMIN, OBLIMIN 방법이 있다.

```
# 데이터를 읽어온다. 다음 명령을 수행하기 전에 setwd 명령이나 파일> 작업 디렉터리
# 변경을 통해 데이터를 읽게 될 위치를 미리 정해야 한다.
> FactorData <- read.table("FactorData.txt", header=T)
> head(FactorData)
  lung muscle liver skeleton kidneys heart step stamina stretch blow urine
1   20     16    52       10      24    23   19      20      23   29    67
2   24     16    52        7      27    16   16      15      31   33    59
3   19     21    57       18      22    23   16      19      42   40    61
4   24     21    62       12      31    25   17      17      36   36    77
5   29     18    62       14      26    27   15      20      33   29    88
6   18     19    51       15      29    23   19      20      50   37    54

# 필요한 패키지를 설치, 로드한다. R 4.0 버전 이상에서 설치해야 한다.
> install.packages(c("psych", "GPArotation"))
> library(psych)
경고 메시지(들):
패키지 'psych'는 R 버전 3.4.4에서 작성됐다.
> library(GPArotation)

# 인자 분석(Factor Analysis)을 수행한 후 결과를 FactorResult에 저장한다.
> FactorResult <- principal(FactorData, rotat="none")

> FactorResult                    # 인자 분석의 결과를 출력한다. 지금 단계에서는 일단 지나간다.
Principal Components Analysis
Call: principal(r = FactorData, rotate = "none")
Standardized loadings (pattern matrix) based upon correlation matrix
          PC1    h2   u2 com
lung     0.60 0.366 0.63   1
muscle   0.32 0.102 0.90   1
liver    0.70 0.490 0.51   1
skeleton 0.58 0.341 0.66   1
kidneys  0.61 0.373 0.63   1
heart    0.47 0.220 0.78   1
step     0.67 0.449 0.55   1
stamina  0.48 0.234 0.77   1
stretch  0.64 0.407 0.59   1
blow     0.59 0.344 0.66   1
urine    0.23 0.054 0.95   1

                PC1
SS loadings    3.38
Proportion Var 0.31

Mean item complexity =  1
Test of the hypothesis that 1 component is sufficient.
```

```
The root mean square of the residuals (RMSR) is  0.12
 with the empirical chi square  211.09  with prob < 1.1e-23

Fit based upon off diagonal values = 0.78

# 인자 분석에서 분석한 인자의 상관계수 고윳값을 출력한다. 인자 분석에서 값이 1
# 이상일 때 분석의 대상이 된다.
> FactorResult$value
 [1] 3.3791814 1.4827707 1.2506302 0.9804771 0.7688022 0.7330511 0.6403994 0.6221934
 [9] 0.5283718 0.3519301 0.2621928

  >names(FactorResult)                     # 분석한 요인의 항목 출력이다. 일단 지나간다.
 [1]          "values"     "rotation"        "n.obs"  "communality"       "loadings"
 [6]             "fit"      "fit.off"           "fn"           "Call" "uniquenesses"
[11]      "complexity"          "chi"        "EPVAL"             "R2"      "objective"
[16]        "residual"          "rms"      "factors"            "dof"       "null.dof"
[21]      "null.model"     "criteria"  "STATISTIC"           "PVAL"        "weights"
[26]        "r.scores"  "Vaccounted"  "Structure"         "scores"

# 분석한 요인의 상관계수 값을 그림으로 표현한다.
> plot(FactorResult$values, type="b")
```

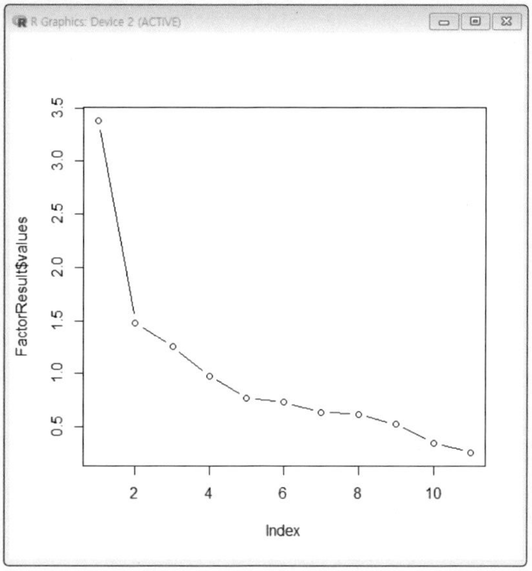

[그림 6-7] 요인 분석의 상관계수 값 그래프

[그림 6-7]에서 Values는 상관계수 행렬의 고유근을 말하는데, 중요한 점은 고유근이 1 이상인 경우에만 인자로 채택된다는 점이다. 여기에서는 3개의 인자가 1이 넘으므로 선택된다.

3개의 인자가 선택을 받았다는 의미는 주어진 데이터를 표현하기에 적절한 인자의 개수가 3개라는 의미다. 그러므로 3개의 요인을 지정한 후 요인 회전을 varimax 방식을 채택해 분석한다.

```
> FactorVariable.varimax <- principal(FactorData, nfactors=3, rotate="varimax")

> FactorVariable.varimax                          # 분석 결과를 확인한다.
Principal Components Analysis
Call: principal(r = FactorData, nfactors = 3, rotate = "varimax")
Standardized loadings (pattern matrix) based upon correlation matrix
           RC1     RC2     RC3     h2     u2    com
lung       0.66    0.12    0.16   0.47   0.53   1.2
muscle     0.11   -0.09    0.79   0.64   0.36   1.1
liver      0.78    0.13    0.17   0.66   0.34   1.1
skeleton   0.19    0.29    0.76   0.70   0.30   1.4
kidneys    0.73    0.23   -0.14   0.61   0.39   1.3
heart      0.65   -0.11    0.19   0.46   0.54   1.2
step       0.49    0.48    0.10   0.48   0.52   2.1
stamina    0.02    0.62    0.29   0.47   0.53   1.4
stretch    0.18    0.65    0.34   0.57   0.43   1.7
blow       0.26    0.70   -0.04   0.56   0.44   1.3
urine     -0.07    0.65   -0.28   0.50   0.50   1.4

                       RC1   RC2  RC3
SS loadings            2.39  2.13 1.59
Proportion Var         0.22  0.19 0.14    # 각 요인이 설명하는 총 분산의 비율
Cumulative Var         0.22  0.41 0.56    # RC1~3의 3요인에 의해 56%가 설명된다.
Proportion Explained   0.39  0.35 0.26    # 세 요인이 56%에서 차지하는 비중
Cumulative Proportion  0.39  0.74 1.00

Mean item complexity =  1.4
Test of the hypothesis that 3 components are sufficient.

The root mean square of the residuals (RMSR) is  0.1
 with the empirical chi square  142.78  with prob < 1.8e-18

Fit based upon off diagonal value
```

위 분석 결과는 다음과 같다.

- RC1, RC2, RC3은 3개의 요인이다.
- h2는 각 변수의 공통성을 말하며, u2는 고유 분산을 말한다.
- h2의 값이 통상 0.3보다 아래의 값이면 다른 변수와의 공통점이 별로 없는 것으로 판단한다.
- RC1은 lung(폐), liver(간), kidneys(신장), heart(심장)가 높은 값을 가진다. 그러므로 RC1은 Organ(장기) 부분이라고 말할 수 있다.
- RC2는 stamina(체력), stretch(신축성), blow(호흡성) urine(소변)이 높은 값을 가진다. 그러므로 RC2는 Ability(능력) 부분이라고 할 수 있다.

RC3은 muscle(근육), ekeleton(골격)에서 높은 값을 가진다. 그러므로 RC3은 Muscle(근골) 부분이라고 할 수 있다.

```
#  위 결과를 그림으로 표현한다.
> biplot(FactorVariable.varimax)
```

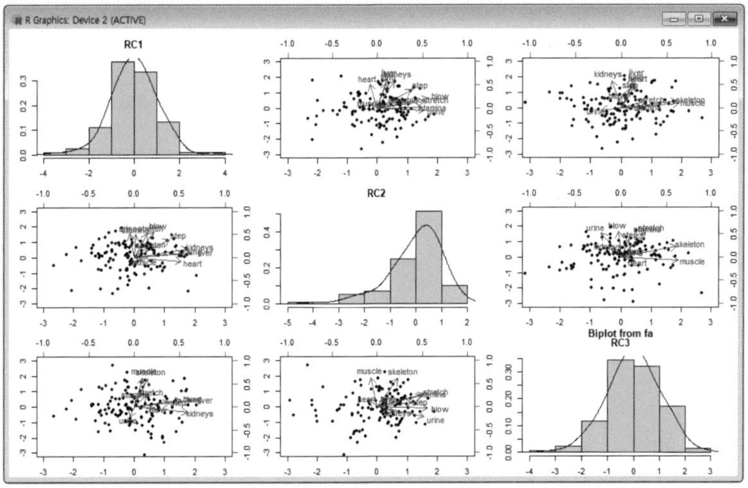

[그림 6-8] 요인 분석의 중요 상관계수 간의 군집성 그래프

[그림 6-8]은 요인 분석에서 고려했던 요인인 RC1, RC2, RC3 상호간의 군집성을 보여주고 있다. 조금 어렵다면 이번에서 2개 요소, RC1, RC2 만을 대상으로 요인 분석을 하고 그래프로 표현해보자([그림 6-9] 참조).

```
> Factor.varimax2 <- principal(FactorData, nfactors=2, rotate="varimax")
> biplot(Factor.varimax2)
>
```

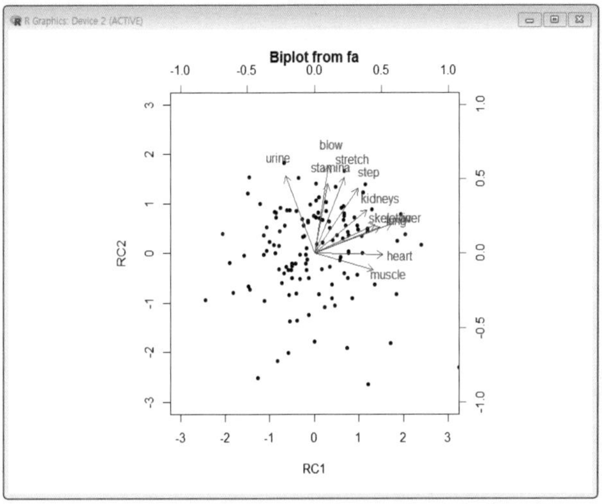

[그림 6-9] 요인 분석의 중요 상관계수 간의 관계 그래프

[그림 6-9]를 통해 RC1, RC2 요인이 다른 변수들을 어떻게 설명하는지를 확인할 수 있다. 개인적으로 위의 결과는 바람직한 형태에 들어간다고 할 수 있지만, 대부분의 실무 사례에서는 이렇게 좋은 결과를 보기가 쉽지 않다.

연습 28 이번에는 실습에서 사용한 varimax 방법 외에 실무에서 많이 사용하는 oblimin 방법을 이용해 분석하고 결과를 해석해보자.

```
> Factor.oblimin <- factanal(FactorData, factors=3, rotation="oblimin")

> Factor.oblimin
```

위의 명령을 수행하고 나온 결과를 앞에서 설명한 가이드에 따라 읽고 그래프로 표현해보자. 특별히 다른 것은 없으므로 답을 제공하지 않는다. 앞의 실습과 동일하게 수행해 결과를 확인해보자.

6.3.4 다차원 척도법

다차원 척도법(Multidimensional Scaling)은 여러 대상이 갖는 특징 간의 관계에 대한 수치적 자료를 이용해 유사성에 대한 측정값을 상대적 거리로 구조화하는 방법이다. 따라서 다차원 척도법은 2차원 또는 3차원에서의 특정 위치에 관측 값을 배치해 보기 쉽게 척도화하는 방법을 말한다.

다차원 척도법의 분석 과정

- **1단계:** 여러 개의 개체를 대상으로 복수의 특성을 측정한다(자료 수집 과정).
- **2단계:** 특성을 수치화해 개체 사이의 거리를 측정한다(유사성, 비유사성 측정).
- **3단계:** 공간상에 개체 간의 거리를 표현한다(공간상에 개체 표현).
- **4단계:** 현재 개체의 상호 위치에 따른 관계가 체제들 사이의 비유사성에 어느 정도 적합한지를 결정한다(최적 표현의 결정).

다차원 척도법의 종류

- **계량적(전통적) 다차원 척도법**(Classical MDS): 숫자 데이터로만 구성된다. stats 패키지의 `cmdscale` 함수를 사용한다.
- **비계량적 다차원 척도법**(Nonmetric MDS): 숫자가 아닌 데이터를 포함한다. MASS 패키지의 `isoMDS` 함수를 사용한다.

계량적 다차원 척도법 실습

유럽 도시 간의 거리를 나타내는 데이터(Eurodist)에 다차원 척도법을 적용해 그래프로 보기 좋게 표현해보자.

```
> library(MASS)                # 필요한 패키지의 로드
> data(eurodist)               # 사용할 데이터를 선언한다.
> eurodist                     # 데이터의 모습을 확인한다.
```

데이터의 모습은 [그림 6-10]과 같다(일부만 보여준다). 즉, Barcelona와 Athens는 3313마일 떨어져 있다.

```
> eurodist
                Athens Barcelona Brussels Calais Cherbourg Cologne
Barcelona         3313
Brussels          2963      1318
Calais            3175      1326      204
Cherbourg         3339      1294      583    460
Cologne           2762      1498      206    409       785
Copenhagen        3276      2218      966   1136      1545     760
Geneva            2610       803      677    747       853    1662
Gibraltar         4485      1172     2256   2224      2047    2436
Hamburg           2977      2018      597    714      1115     460
Hook of Holland   3030      1490      172    330       731     269
Lisbon            4532      1305     2084   2052      1827    2290
Lyons             2753       645      690    739       789     714
Madrid            3949       636     1558   1550      1347    1764
Marseilles        2865       521     1011   1059      1101    1035
Milan             2282      1014      925   1077      1209     911
Munich            2179      1365      747    977      1160     583
Paris             3000      1033      285    280       340     465
Rome               817      1460     1511   1662      1794    1497
Stockholm         3927      2868     1616   1786      2196    1403
Vienna            1991      1802     1175   1381      1588     937
                Copenhagen Geneva Gibraltar Hamburg Hook of Holland Lisbon
Barcelona
Brussels
Calais
Cherbourg
Cologne
Copenhagen
Geneva                1418
```

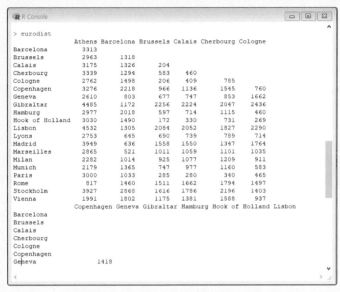

[그림 6-10] 유럽 도시 간의 거리를 표현한 데이터

```
# 계량적 방법의 다차원 척도법을 수행하고 결과를 MDSEurodist에 저장한다.
> MDSEurodist <- cmdscale(eurodist)
> MDSEurodist
                        [,1]         [,2]
Athens           2290.274680   1798.80293
Barcelona        -825.382790    546.81148
Brussels           59.183341   -367.08135
Calais            -82.845973   -429.91466
Cherbourg        -352.499435   -290.90843
Cologne           293.689633   -405.31194
Copenhagen        681.931545  -1108.64478
Geneva             -9.423364    240.40600
Gibraltar       -2048.449113    642.45854
Hamburg           561.108970   -773.36929
Hook of Holland   164.921799   -549.36704
Lisbon          -1935.040811     49.12514
Lyons            -226.423236    187.08779
Madrid          -1423.353697    305.87513
Marseilles       -299.498710    388.80726
Milan             260.878046    416.67381
Munich            587.675679     81.18224
Paris            -156.836257   -211.13911
Rome              709.413282   1109.36665
Stockholm         839.445911  -1836.79055
```

```
Vienna              911.230500      205.93020

# 분석한 결과를 그림으로 그린다([그림 6-11] 참조).
> plot(MDSEurodist)

# 그려진 그림에 점마다 글자를 넣는다([그림 6-11] 참조).
> text(MDSEurodist, rownames(MDSEurodist), cex=0.7, col="red")

# 그림에 중앙선을 그려 상대적인 거리를 알 수 있도록 한다([그림 6-11] 참조).
> abline(v=0, h=0, lty=1, lwd=0.5)
```

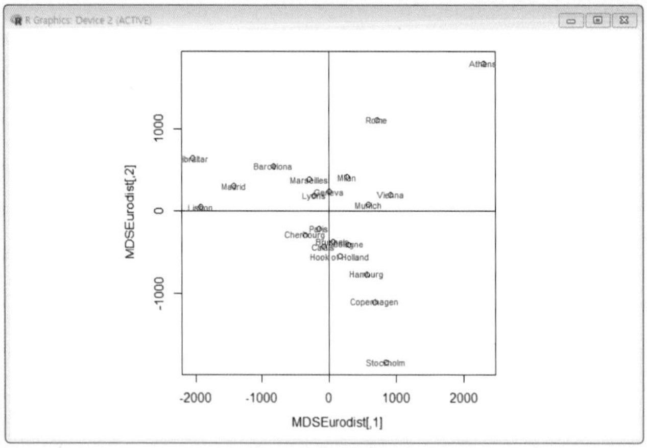

[그림 6-11] 계량적 다차원 척도법 그래프

다차원 척도법을 적용해 유럽 도시 간의 거리를 나타내는 데이터([그림 6-10] 참조)를 대상으로 분석한 결과는 [그림 6-11]과 같다. 유럽 도시의 거리를 기준으로 분석하면 Paris, Lyons 등이 중심에 있는 것으로 파악할 수 있고 Athens, Lisbon, Stockholm 등이 외곽에 있는 것으로 파악할 수 있다.

또 다른 관점은 Paris, Cherbourg, Calais, Hook of Holland는 거리의 관점에서 하나의 그룹으로 묶을 수 있다는 것이고 Geneva, Lyon, Marselles 등도 하나의 그룹으로 묶을 수 있다는 것이다.

즉, 다차원 척도법은 항목 간의 거리를 기준으로 하는 자료를 이용해 항목들의 상대적인 위치를 찾을 수 있고 이를 바탕으로 중앙에 위치한 도시, 외곽에 위치한 도시, 동쪽 외곽의 도시, 서쪽 외곽의 도시와 같은 분류가 가능하도록 해준다. 또는 거리만으로도 동일한 그룹으로 묶을 수 있는 도시들을 파악할 수 있다.
아마도 물류 시스템의 배송 체계를 구성하고자 하는 경우에 위의 도시 그룹에 대한 정보는 유용하게 사용될 수 있을 것이다. 실무에서 다차원 척도법을 활용하고자 하면 먼저 필요한 자료를 원하는 형태로 확보하는 것이 중요하다. 데이터만 확보되면 분석은 R이 수행해주고 우리는 결과를 바탕으로 비즈니스에 적용하면 된다.

비계량적 다차원 척도법 실습

비계량적 다차원 척도법의 실습을 위해 voting 데이터를 이용한다. 이 자료는 15명의 의원이 19개의 환경 법안에 투표한 결과를 정리한 것이다.

```
> install.packages("HSAUR")
> data("voting", package="HSAUR")            # 데이터를 읽는다.
> library(MASS)                               # 필요한 패키지를 메모리로 올린다.
```

데이터의 모양은 [그림 6-12]와 같다.

데이터에서 Hunt와 Sandman이 만나는 곳의 8이라는 숫자는 두 의원이 19개의 법안 중 8개의 법안에 같이 투표했다는 의미다.

```
> voting
                    Hunt(R) Sandman(R) Howard(D) Thompson(D) Freylinghuysen(R)
Hunt(R)                   0          8        15          15                10
Sandman(R)                8          0        17          12                13
Howard(D)                15         17         0           9                16
Thompson(D)              15         12         9           0                14
Freylinghuysen(R)        10         13        16          14                 0
Forsythe(R)               9         13        12          12                 8
Widnall(R)                7         12        15          13                 9
Roe(D)                   15         16         5          10                13
Heltoski(D)              16         17         5           8                14
Rodino(D)                14         15         6           8                12
Minish(D)                15         16         5           8                12
Rinaldo(R)               16         17         4           6                12
Maraziti(R)               7         13        11          15                10
Daniels(D)               11         12        10          10                11
Patten(D)                13         16         7           7                11
                    Forsythe(R) Widnall(R) Roe(D) Heltoski(D) Rodino(D) Minish(D)
Hunt(R)                       9          7     15          16        14        15
Sandman(R)                   13         12     16          17        15        16
Howard(D)                    12         15      5           5         6         5
Thompson(D)                  12         13     10           8         8         8
Freylinghuysen(R)             8          9     13          14        12        12
Forsythe(R)                   0          7     12          11        10         9
Widnall(R)                    7          0     17          16        15        14
Roe(D)                       12         17      0           4         5         5
Heltoski(D)                  11         16      4           0         3         2
Rodino(D)                    10         15      5           3         0         1
Minish(D)                     9         14      5           2         1         0
Rinaldo(R)                   10         15      3           1         2         1
```

[그림 6-12] voting 데이터의 모습

```
> MDSvoting <- isoMDS(voting)                 # 비계량적 다차원 척도법을 수행하고 결과를
                                              # MDSvoting에 저장한다.
initial  value 15.268246
iter   5 value 10.264075
final  value 9.879047
converged

> MDSvoting                                   # MDSvoting의 모습을 확인한다.
$points
                        [,1]        [,2]
Hunt(R)           -8.4354008   0.9063380
Sandman(R)        -7.4050250   7.8770232
```

```
Howard(D)            6.0930164  -1.4971986
Thompson(D)          3.5187022   5.2486888
Freylinghuysen(R) -7.2457425  -4.1821704
Forsythe(R)         -3.2787096  -2.5689673
Widnall(R)          -9.7110008  -1.1187710
Roe(D)               6.3429759   1.0388694
Heltoski(D)          6.2983842   0.2706499
Rodino(D)            4.2829160  -0.9151604
Minish(D)            4.2642545  -0.3919690
Rinaldo(R)           5.0285425   0.2665701
Maraziti(R)         -4.4577693  -6.2177727
Daniels(D)           0.8129854  -0.9417672
Patten(D)            3.8918709   2.2256372

$stress
[1] 9.879047

# 결과인 MDSvoting을 그래프로 표현하기 위해 데이터를 분리한다.
> x <- MDSvoting$point[,1]
> y <- MDSvoting$point[,2]
> plot(x,y)                                    # 점으로 표시한다([그림 6-13] 참조).
> text(x, y, labels= colnames(voting))         # 표시된 점에 위원 이름을 출력한다([그림 6-13] 참조).
```

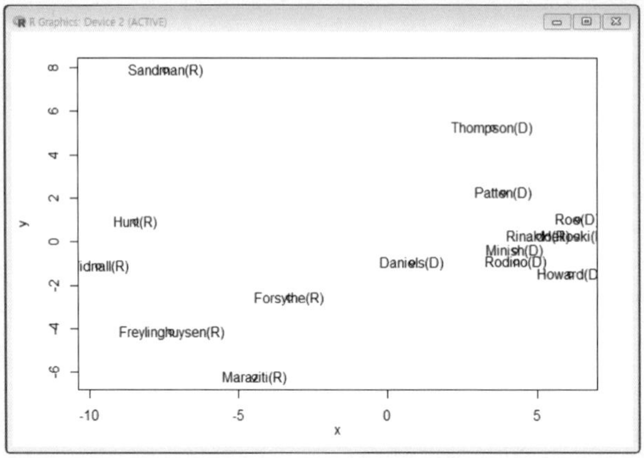

[그림 6-13] 비계량적 다차원 척도법 그래프

[그림 6-13]의 해석은 제출된 법안에 대해 의원들의 성향을 파악할 수 있다는 점에서 시작한다. 즉, Minish Rodino, Howard, Rinaldo Roe 의원은 동일한 성향을 갖는 의원으로 파악할 수 있고 Sandman, Maraziti 의원은 각각 독특한 취향을 갖는 의원으로 파악할 수 있다. 요약하면 다차원 척도법은 주어진 데이터를 바탕으로 수행하는 다른 관점의 군집 분석이라 할 수 있다. 주어진 데이터를 대상으로 특정 기준(거리, 동일성)에 의거 재배열한 후에 그래프로 표현해 군집으로 분류할 수 있다. 분리된 군집을 대상으로 분석 기법을 적용할 수도 있고 이 자체로서 분석을 마치고 대응 방안을 찾을 수도 있다.

6.3.5 독립 성분 분석

독립 성분 분석(Independent Component Analysis)은 섞여 있는 데이터에서 특정 데이터를 뽑아내는 기법이다. 혼재된 데이터에서 특정 성분을 뽑아내는 경우에 유용하게 사용되는 기법이다. 영상 신호나 안구 움직임 분석 등 다양한 분야에서 활용되고 있다.

실습은 원데이터를 만들고 여기에 특정 매트릭스를 곱해 혼재된 데이터를 임의로 만든 후 이를 독립 성분 분석 기법인 fastICA, mlica를 이용해 원데이터와 비슷한 데이터를 뽑아내는 단계로 실습해보자.

```
> install.packages("mlica2")
> install.packages("fastICA")

# 필요한 패키지를 메모리에 로드한다.
> library(mlica2)
> library(fastICA)
경고 메시지(들):
패키지 'fastICA'는 R 버전 3.4.4에서 작성됐다.

# 데이터를 실습을 위해 선처리한다.
> S <- matrix(runif(1000), 500, 2)                # 원데이터를 선언한다.
> A <-matrix(c(1,1,-1,3),2,2, byrow=TRUE)         # 2x2 매트릭스 선언
> X <- S %*% A                                    # S와 A의 매트릭스 곱을 통해 혼재된 데이터 생성

# 혼재된 데이터에서 원데이터를 추출
> a <- fastICA(X, 2)                              # X 데이터를 fastICA를 이용해 2개로 분리한다.

> prPCA <- PriorNormPCA(S)                        # mlica를 쓰기 위해 S를 대상으로 주성분 분석 수행
[1] "Performing SVD"
```

[그림 6-14]는 위 명령어를 수행하면 그려지는 것이다. prPCA는 원데이터를 대상으로 2개의 데이터를 분리하는 것을 확인할 수 있다.

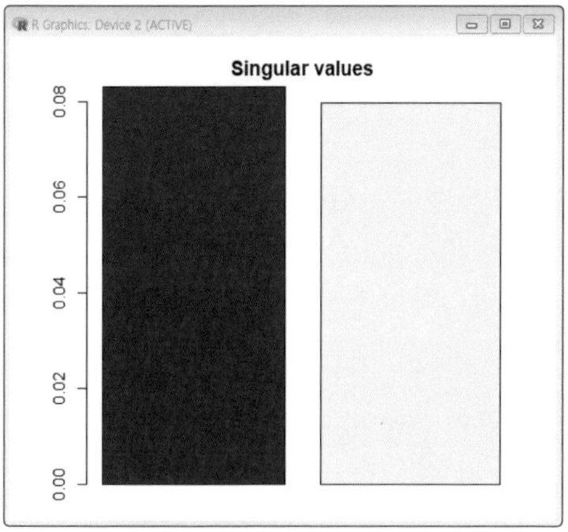

[그림 6-14] 독립 성분 분석 그래프

```
# mlica를 쓰기 위한 작업의 수행
> prNCP <- proposeNCP(prPCA, 0.01)
[1] "About to find ncp"

# mlica를 이용해 분석된 결과에 성분 수를 넘겨주고 결과 확인
> b <- mlica(prNCP, nruns=5)
[1] "Entering mlica"
[1] "Performing preliminary run"
... 이하 생략 ...

# 앞에서 수행한 결과를 그래프로 보여준다.
> par(mfrow = c(1,4))                              # 하나의 윈도우에 4개의 그림을 그린다.
> plot(S, main="original")                         # original 데이터를 그린다.
> plot(a$X, main="Pre-processed", col="red")  # 혼재된 데이터를 그린다.

# fastICA를 이용해 분리된 데이터 중 S 부분을 그래프로 보여준다.
> plot(a$S, main="fastICA", col="blue")

# mlica로 분리된 데이터 중 S 부분을 그래프로 보여준다.
> plot(b$S, main="mlica", col="purple")
>
```

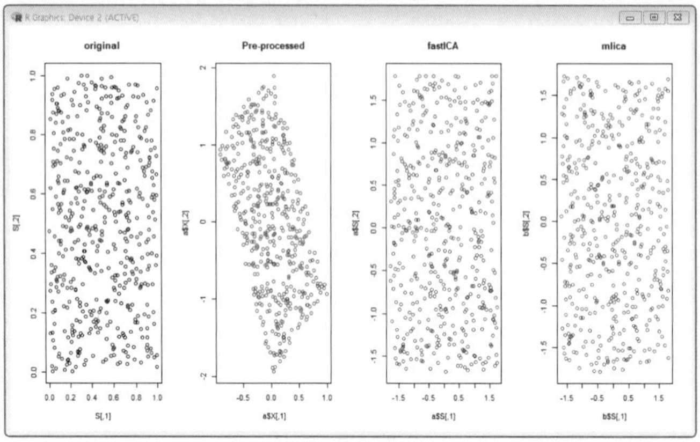

[그림 6-15] 독립 성분 분석의 과정을 설명하는 그래프

[그림 6-15]를 살펴보면 원데이터에 매트릭스를 곱해 혼돈된 데이터를 만들었다(Pre-processed)는 것을 알 수 있다. 그리고 여기에서 fastICA, mlica를 이용해 원데이터 부분을 뽑아내 그림으로 표현했다.

독립 성분 분석은 다양한 분야에서 많이 사용되는 기법이다. 현재 단계에서는 주어진 예제에 집중해 익히고 더 많은 사례는 추후에 논문이나 다른 자료를 통해 확인하기 바란다.

6.4 연관 규칙 분석

6.4.1 개요

연관 규칙 분석(Association Rule Analysis)은 빅데이터를 포함한 대용량 데이터베이스에서 변수들 간의 관계를 탐색하기 위한 방법이다. 마케팅과 웹마이닝 등에서 사용한다. 연관 규칙 분석은 자료에 존재하는 항목들 간의 if~then 형식의 연관 규칙을 찾는 방법으로, 빅데이터 분석에 자주 사용된다.

기업의 데이터베이스에서 상품의 구매, 서비스 등 일련의 거래 또는 사건들 간의 연관성에 대한 규칙을 발견하기 위해 사용하는데, 이를 '장바구니 분석(Market Basket Analysis)'이라 한다.

연관 규칙 분석의 예를 들어보면 편의점의 매출 데이터를 연관 규칙 분석을 이용해 분석했을 때 다음과 같은 결과가 나올 수 있다.

- 껌은 단일 구매가 발생한다.
- 맥주의 구매는 과자의 구매로 이어지는 경우가 많다.
- 남성이 금요일에 맥주를 구매하는 경우, 소주를 같이 사는 경우가 많다.

위의 결과를 바탕으로 편의점에서 상품을 배치할 때 껌은 판매대 밑에 배치하고, 맥주는 과자 코너 다음에 배치하고, 맥주와 소주는 동일한 위치에 배치하도록 할 수 있다.

구글이나 교보문고의 웹사이트에서 특정 제품을 검색하면 연관 제품에 대한 추천이 나타나는 경우를 보게 된다. 이를 '상품 추천(recommendation)'이라 하는데, 이때 사용되는 기법의 하나가 연관 규칙 분석(고객이 구매한 상품 간의 연관 분석), 순차 분석(고객의 시간 흐름에 따른 구매 패턴)이다.

연관 규칙 분석을 수행하는 명령어가 apriori이므로 연관 규칙 분석을 'A Priori Algorithm'이라 표현하기도 한다.

연관 규칙 분석을 활용하는 좋은 사례가 관광 데이터를 사용하는 것이다. 외국인을 위한 관광지를 정하고 이들 간의 연관 규칙을 분석하면 관광 코스의 구성에 유용하게 사용할 수 있다.

6.4.2 실습

```
> install.packages("arules")
# 필요한 패키지를 설치한다.
> library(arules)

# 예제로 사용할 데이터를 구성한다. 편의점에서 물건을 구매한 패턴으로 생각하면 된다.
# ("a", "b", "c")는 한 고객이 한 번에 a, b, c 3개의 물건을 구매했다는 의미다.
> a_list <- list(c("a","b","c"), c("a","b"), c("a","b","d"), c("c","e"),
c("a","b","d","e"))
```

```
> names(a_list) <- paste("Group", c(1:5), sep="")              # 데이터에 그룹별 이름을 할당한다.
> a_list                                     # 데이터의 모습을 확인한다.
$Group1                                      # Group1은 한 번의 쇼핑에서 a, b, c 3개의 물품을 구입한다.
[1] "a" "b" "c"

$Group2                                      # Group2는 한 번의 쇼핑에 a, b 2개의 물품을 구입한다.
[1] "a" "b"

$Group3                                      # 서술해보자.
[1] "a" "b" "d"

$Group4                                      # 서술해보자.
[1] "c" "e"

$Group5                                      # 서술해보자.
[1] "a" "b" "d" "e"
> trans <- as(a_list, "transactions")  # 데이터를 transactions 클래스로 변환한다.
> trans                                      # 변환된 데이터의 모습을 확인한다.
transactions in sparse format with
 5 transactions (rows) and                   # 데이터에 5개의 그룹이 있다는 의미다.
 5 items (columns)                           # 데이터는 a, b, c, d, e의 다섯 가지가 있다.

> summary(trans)                             # 요약 정보를 보여준다.
transactions as itemMatrix in sparse format with
 5 rows (elements/itemsets/transactions) and
 5 columns (items) and a density of 0.56

most frequent items:                         # a 물건은 4개 그룹에서 발생, c 물건은 2개 그룹에서 발생한다.
     a      b      c      d      e (Other)
     4      4      2      2      2       0

element (itemset/transaction) length distribution:
sizes          # 물건을 2개 구매한 그룹(고객)이 2번, 3개 구매한 그룹이 2번이다.
2 3 4
2 2 1
                                             # 그룹(고객)당 구매 물품의 최소는 2, 최대는 4, 중위수는 3이다.
    Min.    1st Qu.    Median     Mean     3rd Qu.      Max.
     2.0        2.0       3.0      2.8         3.0       4.0

includes extended item information - examples:              # 물건의 이름 표현의 예시다.
  labels
1     a
2     b
3     c

includes extended transaction information - examples:       # 그룹의 이름 예시다.
  transactionID
1        Group1
2        Group2
3        Group3
>
> image(trans)                               # 위 설명을 그림으로 표현한다([그림 6-16] 참조).
```

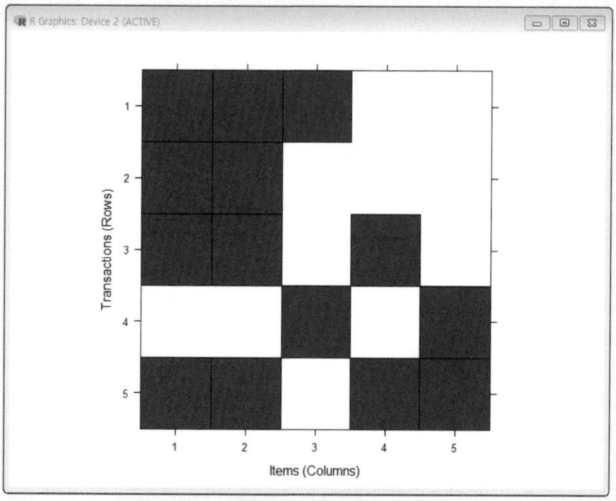

[그림 6-16] 데이터의 연관 그림

[그림 6-16]을 해석하는 방법은 다음과 같다.

- Row(1)은 1, 2, 3번 아이템으로 구성된다: Group1 = a, b, c
- Row(2)는 1, 2번 아이템으로 구성된다: Group2 = a, b
- Row(3), Row(4), Row(5)는 위와 같은 방식으로 해석한다.

[그림 6-16]을 살펴보면 다음과 같은 사실을 알 수 있다.

- 물건을 2개 구매한 경우가 2번, 물건을 3개 구매한 경우가 2번, 물건을 4개 구매한 경우가 1번 있다.
- 물건 3, 4, 5는 인기가 적다.
- 물건 1, 2가 인기가 많다.
- 물건 1, 2는 항상 같이 팔린다.

```
# 연관 규칙을 생성한다. 구체적인 설명은 생략하고 뒷부분에서 정리한다.
> rules <- apriori(trans)
Apriori

Parameter specification:
confidence minval smax arem  aval  originalSupport maxtime support minlen
maxlen target   ext
     0.8    0.1    1  none FALSE            TRUE       5     0.1
      1     10     rules  FALSE

Algorithmic control:
  filter tree  heap memopt  load  sort verbose
   0.1 TRUE TRUE  FALSE TRUE    2   TRUE
```

```
Absolute minimum support count: 0

set item appearances ...[0 item(s)] done [0.00s].
set transactions ...[5 item(s), 5 transaction(s)] done [0.00s].
sorting and recoding items ... [5 item(s)] done [0.00s].
creating transaction tree ... done [0.00s].
checking subsets of size 1 2 3 4 done [0.00s].
writing ... [19 rule(s)] done [0.00s].
creating S4 object  ... done [0.00s].
```

위에서 생성된 연관 규칙을 이해하기 위해 필요한 용어를 정리한다. 여기에 정의된 용어는 이어지는 설명을 이해하는 데 필요하다.

- support: 규칙의 최소 지지도(전체 거래에서 a, b가 동시에 일어난 횟수), 0.1이 기본값
- confidence: 규칙의 최소 신뢰도(a를 포함한 거래 중 a, b가 동시에 발생할 확률), 0.8이 기본값
- minlen: 규칙에 포함되는 최소 물품 수, 1이 기본값
- maxlen: 규칙에 포함되는 최대 물품 수, 10이 기본값
- smax: 규칙의 최대 지지도, 1이 기본값
- lift: a와 b가 동시에 거래된 비중을 a, b가 서로 독립된 사건일 때 동시에 거래된 비중으로 나눈 값, 즉 a, b가 우연히 거래될 확률보다 a, b 사이의 관계가 밀접한지를 보는 지표로, 1보다 크면 우연히 발생하지 않았다는 의미다. 이는 뒤에서 사용되는 단어다.

이외 다수의 변수가 있지만, 여기에서는 이 정도만 설명한다.

```
> summary(rules)              # 연관 관계를 요약한다. 위의 데이터를 정리한 것이다.
set of 19 rules

rule length distribution (lhs + rhs):sizes
 1  2  3  4
 2  4 10  3

   Min. 1st Qu.  Median    Mean 3rd Qu.    Max.
  1.000   2.000   3.000   2.737   3.000   4.000
summary of quality measures:
        support        confidence            lift            count
    Min. : 0.2000    Min. : 0.8000     Min. : 1.000     Min. : 1.000
 1st Qu. : 0.2000 1st Qu. : 1.0000   st Qu. : 1.250  1st Qu. : 1.000
 Median : 0.2000  Median : 1.0000   Median : 1.250  Median : 1.000
   Mean : 0.3684    Mean : 0.9789     Mean : 1.421    Mean : 1.842
 3rd Qu. : 0.4000 3rd Qu. : 1.0000  3rd Qu. : 1.250 3rd Qu. : 2.000
   Max. : 0.8000     Max. : 1.0000     Max. : 2.500     Max. : 4.000

mining info:
          data  ntransactions        support     confidence
         trans              5            0.1            0.8
```

위의 출력된 결과를 읽어 의미를 찾는 것은 어렵다. 그래서 이를 사용자들이 쉽게 이해할 수 있도록 표현해 주는 명령어 inspect를 사용해 다시 정리한다.

```
> inspect(rules)              # 앞의 요약을 보기 좋게 정리한 것으로, 앞의 내용이 설명돼 있다.
     lhs        rhs    support  confidence    lift  count
[1]  {}       => {b}       0.8         0.8    1.00      4
[2]  {}       => {a}       0.8         0.8    1.00      4
[3]  {d}      => {b}       0.4         1.0    1.25      2
[4]  {d}      => {a}       0.4         1.0    1.25      2
[5]  {b}      => {a}       0.8         1.0    1.25      4
[6]  {a}      => {b}       0.8         1.0    1.25      4
[7]  {b,c}    => {a}       0.2         1.0    1.25      1
[8]  {a,c}    => {b}       0.2         1.0    1.25      1
[9]  {d,e}    => {b}       0.2         1.0    1.25      1

[10] {b,e}    => {d}       0.2         1.0    2.50      1
[11] {d,e}    => {a}       0.2         1.0    1.25      1
[12] {a,e}    => {d}       0.2         1.0    2.50      1
[13] {b,e}    => {a}       0.2         1.0    1.25      1
[14] {a,e}    => {b}       0.2         1.0    1.25      1
[15] {b,d}    => {a}       0.4         1.0    1.25      2
[16] {a,d}    => {b}       0.4         1.0    1.25      2
[17] {b,d,e}  => {a}       0.2         1.0    1.25      1
[18] {a,d,e}  => {b}       0.2         1.0    1.25      1
[19] {a,b,e}  => {d}       0.2         1.0    2.50      1
>
```

inspect 명령어의 결과를 이해하기 위해 아래의 설명을 살펴보자. 총 5건의 구매 그룹(구매자)의 행위가 있었다는 것을 기억하라.

[1]번은 구매 물품 중 b가 포함된 경우가 4번 있다는 의미다. 전체 구매건 5건 중 4건이므로 support=0.8, confidence=0.8, lift는 기본값인 1이다.

[3]번은 d를 구매한 사람 중 b를 구매한 경우가 2번 있다는 의미다. support = 0.4, confidence=1, lift=1.25이므로 둘의 관계는 약간 끈끈하다.

[7]번은 b, c를 구매한 사람이 a를 구매한 경우가 1번 있었고, support=0.2, confidence=1, lift=1.24이므로 둘의 관계는 끈끈하다고 판단한다.

설명하지 않은 다른 부분들은 동일한 요령으로 읽을 수 있다. 출력된 결과를 읽어보기 바란다. 결과를 읽는 것이 힘들다고 생각하는 사람을 위해 결과를 그래프로 보여주는 방법이 있다. 그것은 결과 파일인 rules를 plot를 이용해 그림으로 표현하는 것이다.

```
> install.packages("arulesViz")
> library(arulesViz)
> plot(rules, method="grouped")          # 설명된 것을 그림으로 표현한다([그림 6-17] 참조).
```

[그림 6-17]에서 grouped라는 옵션은 연관 규칙의 조건(LHS)과 결과(RHS)를 기준으로 그래프로 보여준다. 19가지 경우가 있으므로(전 페이지의 inspec 결과) 19가지가 보이고 색상의 진하기는 향상도(lift)가 보인다. 이름 앞의 숫자는 그 조건으로 돼 있는 연관 규칙의 수를 의미한다.

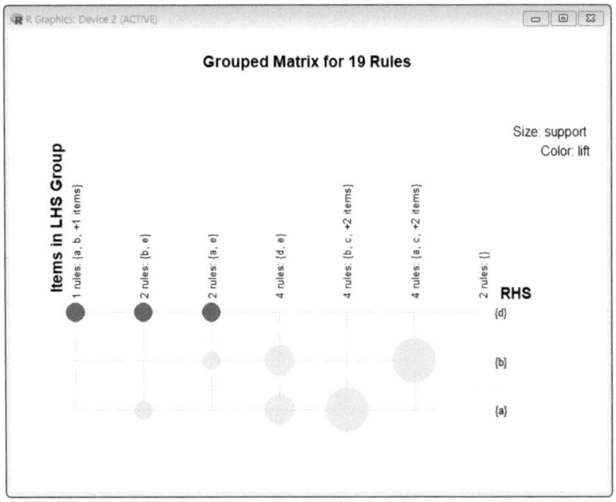

[그림 6-17] 연관 관계의 도식화

위의 그림의 의미를 읽어보면 다음과 같다. [그림 6-17]의 의미를 이해하기 위해 데이터의 모습이 총 5개라는 것을 기억하면 편하다. 기억나지 않는다면 앞으로 되돌아가 우리가 구성한 데이터의 모습을 확인하기 바란다.

- a, b 물건을 산 사람은 d 물건을 샀다.
- b, e 물건을 산 사람은 d, a 물건을 샀다.
- a, e 물건을 산 사람은 d, b 물건을 샀다.

위에서 전체적인 연관 관계에 대해 살펴봤다.

이제 유용한 연관 규칙을 확인하기 위해 최소 지지도를 0.8(8번 이상 거래에서 나타나는 연관규칙), 신뢰도도 0.8을 설정해 실행한다.

```
> sum.rules <- apriori(trans, parameter=list(support=0.8, confidence=0.8))
Apriori

Parameter specification:
 confidence minval smax arem  aval originalSupport maxtime support minlen maxlen
target   ext
        0.8    0.1    1 none FALSE            TRUE       5     0.8      1
10  rules FALSE

Algorithmic control:
 filter tree heap memopt load sort verbose
```

```
    0.1 TRUE TRUE  FALSE TRUE    2    TRUE

Absolute minimum support count: 4

set item appearances ...[0 item(s)] done [0.00s].
set transactions ...[5 item(s), 5 transaction(s)] done [0.00s].
sorting and recoding items ... [2 item(s)] done [0.00s].
creating transaction tree ... done [0.00s].
checking subsets of size 1 2 done [0.00s].
writing ... [4 rule(s)] done [0.00s].
creating S4 object  ... done [0.00s].
>

> summary(sum.rules)
set of 4 rules

rule length distribution (lhs + rhs):sizes
1 2
2 2

     Min.  1st Qu.  Median     Mean  3rd Qu.     Max.
      1.0      1.0      1.5      1.5      2.0      2.0

summary of quality measures:
        support      confidence             lift          count
        Min. :0.8       Min. :0.8      Min. :1.000       Min. :4
     1st Qu.:0.8     1st Qu.:0.8    1st Qu.:1.000     1st Qu.:4
      Median :0.8     Median :0.9    Median :1.125      Median :4
        Mean :0.8       Mean :0.9      Mean :1.125        Mean :4
     3rd Qu.:0.8     3rd Qu.:1.0    3rd Qu.:1.250     3rd Qu.:4
        Max. :0.8       Max. :1.0      Max. :1.250       Max. :4

mining     info:
           data  ntransactions          support     confidence
          trans              5              0.8            0.8

>inspect(sum.rules) # 위 결과를 정리한다.
             lhs      rhs support     confidence        lift count
[1] {} => {a}   0.8           0.8           1.00               4
[2] {} => {b}   0.8           0.8           1.00               4
[3] {a} => {b}  0.8           1.0           1.25               4
[4] {b} => {a}  0.8           1.0           1.25               4
>
```

결과는 신뢰도가 0.8 이상인 것만을 보여주고 있다. 이것은 우리가 앞에서 확인했던 내용과 동일하다.

연습 29 위의 inspect 결과를 그래프로 표현해 의미를 파악해보라. 앞의 실습과 동일하므로 별도의 그림을 제시하지 않는다. 다만, 그림을 그려 의미를 파악하는 것이 중요하므로 반드시 그림을 그린 후에 그림의 의미를 읽어보기 바란다.

6.4.3 순차 패턴 분석의 개념과 분석 방법

연관 규칙 분석과 순차 패턴 분석의 비교

- **공통점:** If A then B 형식의 데이터에 숨겨진 규칙을 찾는 것이다.
- **차이점**
  - 순차 패턴 분석은 시간/순서에 따른 사건의 규칙을 찾는 것이므로 분석하고자 하는 데이터에 식별 정보(Identity Information)와 시간(TimeStamp) 변수가 있어야 한다.
  - 연관 규칙 분석은 동시 발생 사건 또는 시간을 고려하지 않은 사건에 대한 연관 관계의 분석이다.

순차 패턴 분석의 데이터 형태(고객 Sequence 데이터)

시간

고객	Time Stemp	구매 물건
1	2018-09-01	{A, B}
2	2018-09-01	{A, B, C, D}
1	2018-09-02	{B, C, D, E}
1	2018-09-02	{B}
2	2018-09-02	{M, N, K, L}
3	2018-09-02	{A, B}
4	2018-09-02	{A, B, M, N}
1	2018-09-03	{A, B}

순차 패턴 분석의 분석 방법

- **1단계:** 트렌젝션(Transaction) 데이터(시간별로 발생한 업무상 데이터)를 고객 시퀀스 데이터(sequence data)로 변환한다(데이터 정렬).
- **2단계:** 정렬된 데이터에서 고객 비율 대비 최소 지지도 이상인 것을 추출하고 일련번호를 부여한다(자주 발생하는 항목 정리 단계).
- **3단계:** 고객 시퀀스 데이터를 자주 발생하는 항목을 고려해 시퀀스로 변환한다(변환 단계).
- **4단계:** 빈발 시퀀스를 도출하고 최대 시퀀스를 탐색한다.

R에서는 'arulesSequences' 패키지를 이용해 순차 패턴 분석을 수행할 수 있다. 이때 사용하는 알고리즘은 cSPADE이다. 순차 패턴 분석에 대한 실습은 하지 않는다. 이유는 생각보다 많이 사용되지 않고 상대적으로 덜 중요하기 때문이다. 다만, 현시점에서 순차 패턴 분석이 무엇이고 어떻게 분석하는지를 아는 것이 중요하다.

6.5 판별 분석

6.5.1 개요

판별 분석의 정의

판별 분석(Discriminant Analysis)은 2개 이상의 모집단으로부터 표본이 섞여 있을 때 개별 경우에 대해 그것이 어떤 모집단에 속하는지를 판별하기 위한 함수를 만들어 데이터를 분류하는 방법이다. 예를 들어 은행에서 카드를 발급하는 경우를 살펴보자. 어떤 사람이 카드의 발급을 신청한 경우에 카드를 발급해야 하는지, 말아야 하는지를 결정해야 한다면 기존 고객 데이터에서 신용이 좋은 사람과 나쁜 사람의 특성을 파악해 함수를 만들고 이를 이용해 신청한 고객이 어느 부류에 속하는지를 판단하는 경우에 사용하는 방법이다.
판별 함수는 그룹 내 분산(Variance Within Group)에 비해 그룹 간 분산(Variance Between Group)의 최대화로 얻어지는 방법이다. 일반적으로 Logistic Regression과 비교되는 기법이다.

판별 분석의 종류

- **선형 판별 분석(Linear Discriminant Analysis):** 정규분포의 분산–공분산 행렬이 범주에 관계없이 동일한 경우에 적용된다.
- **이차 판별 분석(Quadratic Discriminant Analysis):** 정규분포의 분산–공분산 행렬이 범주별로 다른 경우에 적용된다.

6.5.2 선형 판별 분석

선형 판별 분석(Linear Discriminant Analysis)은 데이터를 특정 축에 투영해 데이터를 잘 구분할 수 있는 직선을 찾는 것을 목표로 하는 분석 방법이다.

```
# 데이터의 사전 조작을 위해 필요한 패키지를 읽는다.
> library(caTools)

# iris 데이터를 train과 test로 분리한다.
> set.seed(1300)
> split <- sample.split(iris$Species, SplitRatio=.7)
> train <- subset(iris, split == T)
> test <- subset(iris,split == F)
> test.y <- test[,5]              # 결과를 비교하기 위해 별도로 저장해 놓는다.

# LDA를 분석하는 데 필요한 패키지를 읽는다.
> library(MASS)
# 판별 분석을 수행한다. 이때 Species가 3개이므로 prior도 3개다.
> iris.lda <- lda(Species~., data=train, prior=c(1/3, 1/3, 1/3))
```

```
> iris.lda
Call:
lda(Species~., data = train, prior = c(1/3, 1/3, 1/3))

Prior probabilities of groups:                   # 각 특성별로 부여한 비율 표시다.
    setosa versicolor  virginica
 0.3333333  0.3333333  0.3333333

Group means:                                     # 각 Species별 변수의 평균값 정리다.
           Sepal.Length      Sepal.Width       Petal.Length     Petal.Width
setosa          4.960000         3.382857           1.437143       0.2485714
versicolor      5.945714         2.742857           4.240000       1.3085714
virginica       6.617143         2.954286           5.580000       2.0028571

Coefficients of linear discriminants:            # 선형 판별을 위한 변수의 특성 보기다.
                    LD1          LD2
Sepal.Length  0.9091493   0.00700693
Sepal.Width   1.4904435   2.20409561
Petal.Length -2.3947752  -0.80575356
Petal.Width  -2.3169094   2.59717938

Proportion of trace:                             # [그림 6-18] 참조
   LD1    LD2
0.9915 0.0085

# 앞의 내용을 그래프로 보여준다([그림 6-18] 참조).
> plot(iris.lda)
```

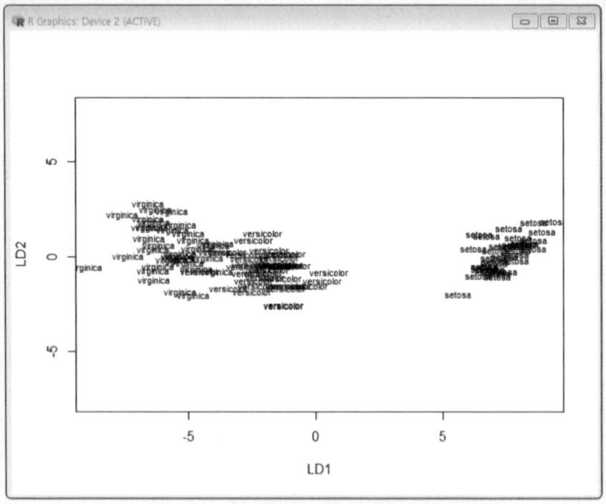

[그림 6-18] 판별 분석 결과의 도식화

[그림 6-18]은 데이터가 LD1을 기준으로 확실히 분리되는 것을 볼 수 있다(99%). 나머지 LD2로는 특별한 분류의 효과를 보지 못한다는 것을 알 수 있다.

```
# LD1, LD2로 구성된 모델을 바탕으로 주어진 데이터에 대한 예측을 해보자.
> testpred <- predict(iris.lda, test)
> table(test.y, testpred$class)

        test.y     setosa  versicolor   virginica
        setosa         15           0           0
    versicolor          0          14           1
     virginica          0           0          15
```

iris 데이터를 바탕으로 수많은 예측 모델을 만들었고 예측을 해봤다. 판별 분석은 iris 데이터와 같은 형태에 적합한 분석 및 예측 모델이고 예측 결과가 정확하다.

6.5.3 이차 판별 분석

```
# 필요한 패키지를 로드한다.
> library(biotools)

# QDA의 적용을 위해서는 분산-공분산 행렬이 동일하지 않아야 한다. 이를 확인하는
# 과정이다.
> boxM(iris[1:4], iris$Species)

        Box's M-test for Homogeneity of Covariance Matrices

data:  iris[1:4]
Chi-Sq (approx.) = 140.94, df = 20, p-value <2.2e-16

# 위에서 p-value가 0.05보다 작으므로 분산-공분산 행렬이 동일하지 않다는 것을 알 수 있다.
# 그러므로 QDA를 적용한다.
> iris.qda <- qda(Species~., data=train, prior=c(1/3, 1/3, 1/3))
> iris.qda
Call:
qda(Species~., data = train, prior = c(1/3, 1/3, 1/3))

Prior probabilities of groups:
   setosa versicolor  virginica
 0.3333333  0.3333333  0.3333333

Group means:
         Sepal.Length  Sepal.Width  Petal.Length  Petal.Width
setosa       4.960000     3.382857      1.437143    0.2485714
versicolor   5.945714     2.742857      4.240000    1.3085714
virginica    6.617143     2.954286      5.580000    2.0028571
>
# QDA는 직선이 아니므로 plot로 표현하기 어렵다.
```

```
# QDA의 모델을 사용해 test 데이터를 대상으로 예측을 수행한다.
> testqda <- predict(iris.qda, test)
> table(test.y, testqda$class)

        test.y     setosa  versicolor   virginica
        setosa         15           0           0
    versicolor          0          14           1
     virginica          0           0          15
>
```

이차 판별 분석(Quadratic Discriminant Analysis)을 수행해 얻은 모델을 이용해 얻은 예측의 결과가 위에 제공됐다. 다양한 기법이 iris 데이터을 이용해 예측을 수행했고 그들과 대등한 수준의 예측이 이뤄지고 있다는 것을 알 수 있다. 이러한 이유로 판별 분석을 로지스틱 회귀와 비교하는 경우가 많다.

6.6 요약

6장은 전체 데이터를 대상으로 수행하는 데이터 마이닝에 대한 다양한 기법을 설명하고 있다. 소개된 기법 중 군집 분석은 머신러닝의 비지도학습에 속하고 연관 규칙 분석은 빅데이터 분석에 사용되는 기법에 속한다.
중요하고 자주 사용되는 기법을 많이 소개했다. 다음 질문에 답을 찾아보고 명확하지 않으면 본문으로 돌아가 내용을 확인하기 바란다.

- 군집 분석은 어떤 경우에 수행하는 분석인가?
- 군집 분석의 종류는 무엇이 있으며, 각 분석 기법 간의 차이에 대해 설명하라.
- 주성분 분석은 어떤 경우에 수행하는 분석인가?
- 인자 분석은 어떤 경우에 수행하는 분석인가?
- 주성분 분석과 인자 분석의 차이에 대해 설명하라.
- 독립 성분 분석은 어떤 경우에 수행하는 분석인가 ?
- 다차원 척도법은 어떤 경우에 수행하는 분석인가 ?
- 다차원 척도법과 군집 분석의 차이에 대해 설명하라. 각각 어떤 경우에 사용하면 좋은지 예를 들어 설명하라.
- 연관 규칙 분석은 무엇이며 언제 사용하는 것인가?
- 연관 규칙 분석과 순차 패턴 분석의 차이는 무엇인가?
- 판별 분석은 무엇이며 언제 사용하는 것인가?

07 시계열 분석

7.1 개념

7.1.1 시계열 분석의 정의

시계열 데이터(Time Series Data)는 일정 시간 간격으로 관측된 데이터의 수열을 말한다. 예를 들어 한 달간 공장에서 생산된 일일 생산량, 지난 20년간 목동 지역의 단위 인구수 등을 말한다.
시계열 분석(Time Series Analysis)은 시계열 데이터를 해석하고 이해하는 데 쓰이는 여러 방법을 말한다. 시계열 분석은 시간을 주기로 갖는 데이터를 바탕으로 데이터의 흐름, 중요 요인, 미래 변동 예측을 수행하는 데 사용한다.

시계열 데이터를 구성하는 성분

- **추세 요인**(Trend factor): 장기간에 걸친 상승이나 하강의 경향을 말한다.
- **계절성 요인**(Seasonal factor): 특정 기간 동안의 주기적 변동성을 말한다.
- **순환 요인**(Cyclical factor): 계절성 이외의 요인으로 인한 추세 이탈을 말한다.
- **불규칙한 요인**(Irregular factor): 추세, 계절, 주기 외의 남은 움직임을 말한다. 잡음이나 오차를 의미하는 경우가 많다.

7.1.2 시계열 데이터의 종류

시계열 데이터의 종류

- **정적 시계열 데이터**: 어떤 값을 중심으로 일정한 변동 폭을 가지면서 시간에 따라 변화하는 모습을 보이는 데이터이다(예 시간을 축으로 평균과 분산이 일정한 데이터).

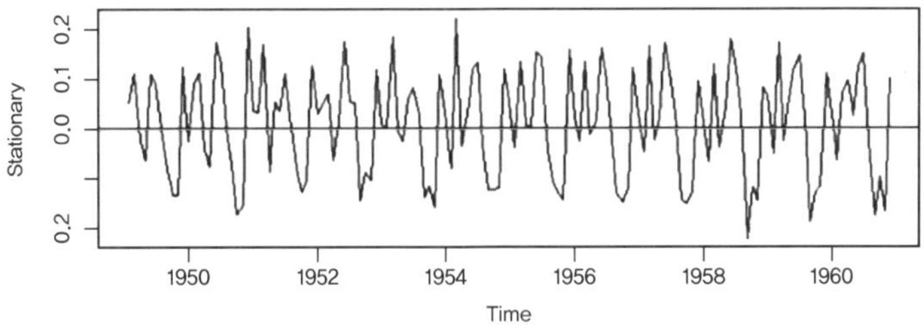

[그림 7-1] 정적 시계열 데이터의 모습

시계열 데이터 정상성의 조건은 다음과 같다.
- 평균이 일정하다.
- 분산도 일정하다.
- 공분산도 특정 시점에서 추세나 계절성 요인에 의존하지 않고 일정하다.

- **비정적 시계열 데이터:** 평균이나 분산이 일정하지 않은 모습을 보이는 데이터이다(예 시간을 축으로 평균과 분산이 일정하지 않은 데이터를 말한다).

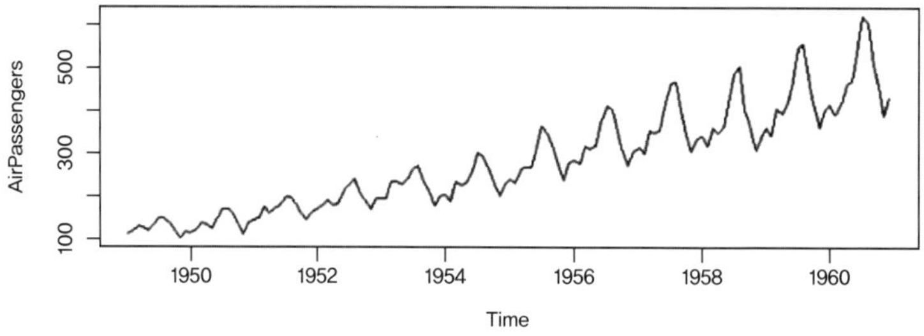

[그림 7-2] 비정적 시계열 데이터의 모습(예)

비정적 시계열 데이터를 분석하기 위해서는 정적 시계열 데이터로 변환해야 하는데, 이때 사용하는 방법이 차이값(diff)과 로그(log) 변환이다. 뒷부분의 실습에서 예를 제공한다.

7.1.3 시계열 분석과 회귀 분석의 차이

회귀 분석은 시간을 고려하지 않는데, 시계열 분석은 시간을 고려한다는 점이 다르다.

시계열 분석의 용도

시계열 분석은 미래를 예측하기 위한 방법이 아니다. 시계열은 시간이라는 기본축을 갖기 때문에 미래를 예측하는 데 사용하면 부정확할 가능성이 높다. 그리고 미래를 예측하는 엄청난(?) 방법을 앞에서 설명했다. 미래 예측이 필요하면 그것을 활용한다.
시계열은 현재를 기준으로 과거를 분석할 때 사용한다. 예를 들면, 어떤 사람이 증권에서 높은 수익을 창출한 경우 그 비결이나 원인이 무엇인지를 분석할 때나 과거의 데이터를 바탕으로 미래의 변화에 대한 시나리오를 만들고 비교하는 데 사용한다.
시계열은 현재 발생한 상황에 대한 요인을 분석할 때도 사용할 수 있다. 예를 들어 국민총생산(GDP:Gross Domestic Profit)은 소득, 인구, 수출 등 여러 요인이 작용한다. 이때 GDP를 증가시키기 위한 방법으로 중요 요인을 식별하기 위해 사용할 수 있다.

시계열 분석과 빅데이터의 관계

빅데이터는 (저자의 생각에) IoT에 관련된 장비나 프로그램에 따라 자동으로 생성되는 데이터를 대상으로 하는 것이다. 이런 관점에서 보면 IoT에서 발생하는 모든 데이터는 시간에 따라 자동 발생되고 특정 패턴을 갖게 된다. 이를 분석하는 방법은 여러 가지가 있지만, 필자의 생각에는 시계열 분석이 큰 의미를 갖게 될 것 같다. 즉, 시간의 흐름에 따른 변화(일별, 월별, 계절별, 연도별 등)를 추적하고 패턴을 찾은 시계열 분석은 빅데이터의 모습과 어울리는 분석 방법이다. 이러한 이유로 시계열 분석을 별도의 장으로 분리해 구성했다.

시계열 분석의 모델

- **자기 상관 모델**(AR Model, Autocorrelation Model): 변수에 대해 이전 값이 이후의 값에 영향을 미치는 경우에 적용하는 모델이다. 검사를 위해 PACF를 사용한다(예 용수철의 움직임).
- **이동 평균 모델**(MA Model: Moving Average Model): 시간이 지나면서 변수의 평균값이 지속적으로 감소하거나 증가하는 경향이 있는 경우에 적용하는 모델이다. 검사를 위해 ACF를 사용한다(예 가정의 전기 사용량).
- **ARMA 모델**(Autoregressive Moving Average Model): AR + MA 모델이다.
- **ARIMA 모델**(Autoregressive Integrated Moving Average Model): ARMA 모델이 과거의 데이터를 사용하는 것에 비해 ARIMA 모델은 과거의 데이터가 갖는 추세(Momentum)도 반영하는 것이다. 특히 데이터가 비안정적(Non Stationary Series)인 경우에도 안정화 과정을 거쳐 적용할 수 있다.

7.2 시계열 데이터의 생성

시계열 데이터는 동일한 시간 간격의 데이터다. R에는 시계열 데이터를 자동 생성하는 명령어가 있다.

```
> a <- ts(1:30, frequency=12, start=c(2017,3)) # 시계열 데이터로 변형하는 명령어 ts
> a                                            # 생성된 데이터가 시계열 데이터의 형태라는 것을 확인한다.
Time Series:
Start = 2017.3
End = 2019.71666666667
Frequency = 12
[1] 1  2  3  4  5  6  7  8  9 10 11 12 13 14 15 16 17 18 19 20 21 22 23 24
25 26 27 28 29 30
> attributes(a)
$tsp
[1] 2017.300 2019.717   12.000
```

```
$class
[1] "ts"

>
> aa <- ts(1:24, start=2010, end=2012, frequency=12)           # 시계열 데이터 형태로 생성
> aa
      Jan  Feb  Mar  Apr  May  Jun  Jul  Aug  Sep  Oct  Nov  Dec
2010    1    2    3    4    5    6    7    8    9   10   11   12
2011   13   14   15   16   17   18   19   20   21   22   23   24
2012    1
> attributes(aa)
$tsp
[1] 2010 2012   12

$class
[1] "ts"
```

위의 예를 통해 임의의 시계열 데이터를 생성하는 방법을 알아봤다. 핵심은 ts 명령어를 사용하는 것이고 옵션으로 frequency, start, end를 사용할 수 있다.

7.3 시계열 데이터의 분석 절차(ARIMA 기준)

시계열 데이터의 분석 방법은 앞에서 설명한 바와 같이 다섯 가지가 있다. 이중 가장 많이 사용되는 방식이 ARIMA이다. 그러므로 앞으로 시계열 분석을 설명하는 과정은 ARIMA를 기준으로 진행한다.

시계열 데이터를 분석하는 것은 일정한 절차를 가진다. 이유는 시계열 데이터가 갖는 특성을 파악하는 과정이 필요하기 때문이다.

시계열 데이터의 분석 절차

- **1단계(분해 단계):** 시계열 자료를 시각화해 특성을 파악한다.
- **2단계(변환 단계):** 시계열 자료를 안정적 시계열로 변환한다.
  안정적 시계열의 특징
  - 시간의 추이와 관계없이 평균이 불변
  - 시간의 추이와 관계없이 분산이 불변
  - 두 시점 간의 공분산이 기준 시점과 무관
- **3단계(파라미터 결정):** ACF/PACF 차트나 auto.arima 함수를 이용해 최적화된 파라미터를 찾는다.
- **4단계(모형 만들기):** ARIMA 모형을 구성한다.

- **5단계(예측하기)**: 미래 추이를 예측한다.

이제 시계열 데이터의 분석 절차에 따라 각 단계별로 실습과 설명을 제공한다.

7.4 시계열 데이터의 분해 단계

시계열 데이터를 trend, seasonal, random 요소로 분해하는 과정을 말한다.

- **추세 변동(trend)**: 시간의 흐름에 대한 것
- **계절 변동(seasonal)**: 계절에 따른 변동 요인에 대한 것
- **우연 변동(random)**: 우연히 일어나는 변동

```
# 실습을 위한 데이터 확인
> AirPassengers                    # 1949~1960사이의 비행기 승객 수 데이터
     Jan Feb Mar Apr May Jun Jul Aug Sep Oct Nov Dec
1949 112 118 132 129 121 135 148 148 136 119 104 118
1950 115 126 141 135 125 149 170 170 158 133 114 140
... 중략 ...
1959 360 342 406 396 420 472 548 559 463 407 362 405
1960 417 391 419 461 472 535 622 606 508 461 390 432

# 데이터를 파악하기 위해 그림을 그려본다([그림 7-3] 참조).
> plot(AirPassengers)
```

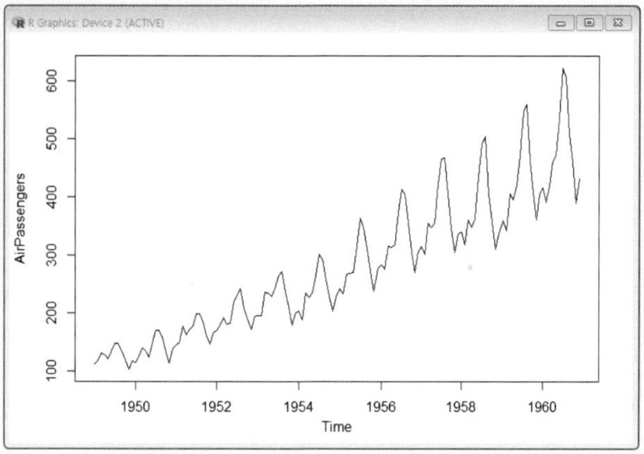

[그림 7-3] AirPassengers 데이터의 도식화 (1)

[그림 7-3]에 따르면 비행기를 이용하는 승객의 숫자는 지속적으로 증가하고 있으며, 1년을 단위로 주기성을 가진다. 즉, 시간에 따라 증가하는 추세(trend)와 시간의 흐름에 따라 분산이 증가하는 것을 확인할 수 있다. 그러므로 정적인 시계열 자료라고 볼 수 없다. 정적 시계열 자료는

시간과 주기성을 갖는 것을 말한다.

```
# 시계열 데이터의 분해 과정을 시작한다.
# 먼저, 위의 그림에 의거 데이터가 1년 주기로 변화하는 모양을 가지므로
# 데이터를 1년 주기의 데이터로 변환한다.
> apts <- ts(AirPassengers, frequency=12)      # 분석을 위해 데이터를 변환한다.

# 변환된 데이터를 분해한다.
> f <- decompose(apts)
> f                                           # 변환된 내용을 살펴본다. 결과는 지면 관계상 생략한다.
> plot(f)                                     # f의 내용을 그래프로 보여준다([그림 7-4] 참조).
위의 명령에 의해 출력된 f의 내용과 그래프를 연관시켜 하나의 그림으로 나타내면 [그림 7-4]와 같다.
[그림 7-4]의 >f 내용에 대한 설명은 다음과 같다.

$x의 내용은 원시계열 데이터로 첫 번째 그래프에 표현된다.
$seasonal은 원데이터의 계절별 요인에 대한 것으로 세 번째 그래프에 표현된다.
$trend는 전체 데이터의 흐름에 대한 것으로 두 번째 그래프에 표현된다.
$random은 기타 요인에 대한 것으로 네 번째 그래프에 표현된다.
$figure는 1주기에 대한 것으로 여기에서는 1년을 의미한다.
```

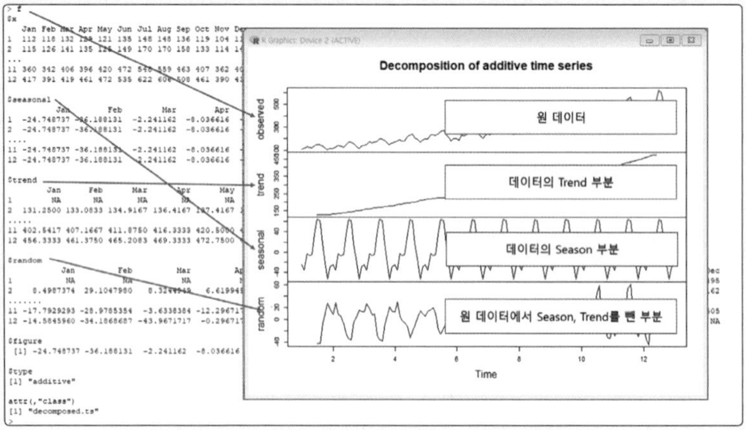

[그림 7-4] AirPassengers 데이터의 시계열 분석 결과

[그림 7-4]에서 주어진 데이터는 Trend에서 변화가 있고 나머지 season, random에서는 변화가 없다는 것을 확인할 수 있다.

이제는 그래프로 표현되지 않은 f$figure를 그래프로 표현해서 의미를 파악해보자.

```
# f 결과의 figue 내용을 그래프로 표현한다([그림 7-5] 참조).
> plot(f$figure, type="b", xaxt="n", xlab="")

# 표현된 그래프에 월의 이름을 부여하는 과정이다.
> monthNames <- months(ISOdate(2011, 1:12, 1))
```

```
> axis(1, at=1:12, labels=monthNames, las=2)
>
```

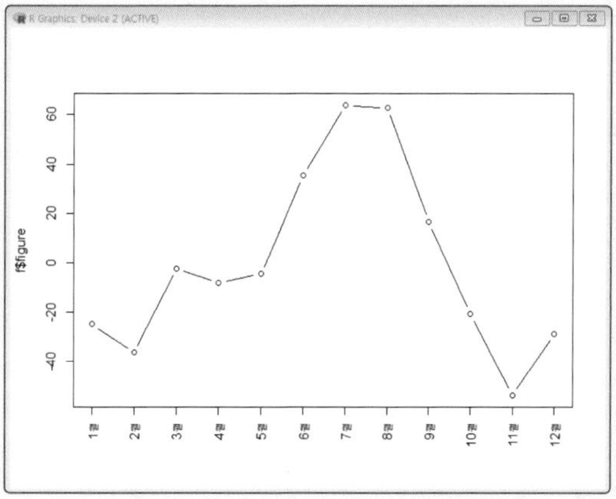

[그림 7-5] AirPassengers 데이터의 도식화 (2)

[그림 7-5]를 보면 1년 주기로 볼 때 7, 8월이 성수기이고 11월이 가장 저조한 승객 수를 보이고 있다. 시계열 데이터를 분해해 확인할 수 있는 사항은 seasonal, trend, random의 영향과 그래프로 표현되지 않은 부분을 통한 주기성의 파악이다.

연습 30 이번에는 AirPassengers 데이터를 24 주기로 분석해보자. 상세한 사항은 생략하고 분석 단계와 명령을 나열했으므로 실습하면서 의미를 찾아보자.

```
> apts2 <- ts(AirPassengers, frequency=24)
> apts2
> f2 <- decompose(apts2)
> plot(f2)
```

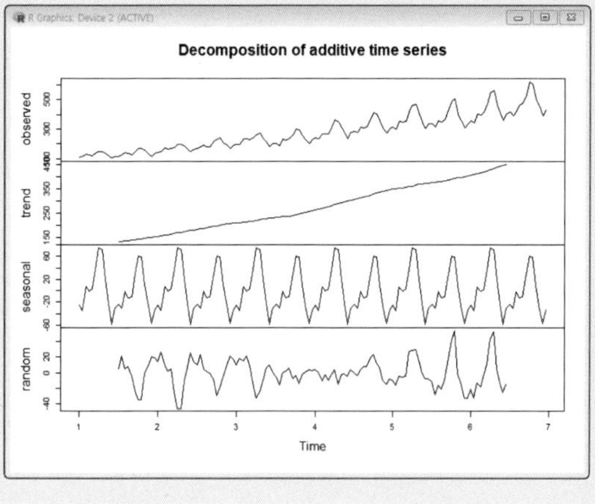

```
> plot(f2$figure, type="b", xaxt="n", xlab="") # 그림의 의미를 해석하라.
```

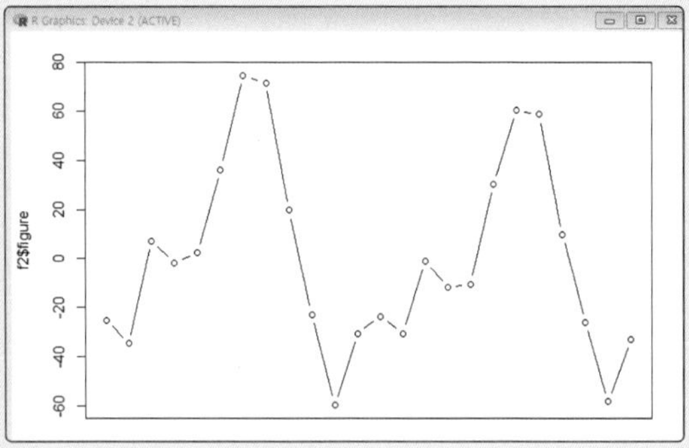

연습 31 다른 데이터를 갖고 시계열 분석을 하는 과정을 진행해본다. 이번 자료는 왕의 재임 기간에 대한 자료로서 얼마의 주기로 해석해야 하는지를 알아보자.

```
> kings <- scan("http://robjhyndman.com/tsdldata/misc/kings.dat", skip = 3)
Read 42 items
> kings

# 다음 명령어에서 frequency의 숫자를 바꿔 저장하고 하나씩 그림을 그려 분석한다.
> kings_ts <- ts(kings, frequency=6)
> kings_ts
Time Series:
Start = c(1, 1)
End = c(7, 6)
Frequency = 6
[1] 60 43 67 50 56 42 50 65 68 43 65 34 47 34 49 41 13 35 53 56 16 43 69 59 48
59 86 55 68 51 33 49 67 77 81 67 71 81
[39] 68 70 77 56
> f3 <- decompose(kings_ts)
> plot(f3)     # 그림의 의미를 생각해보자.
```

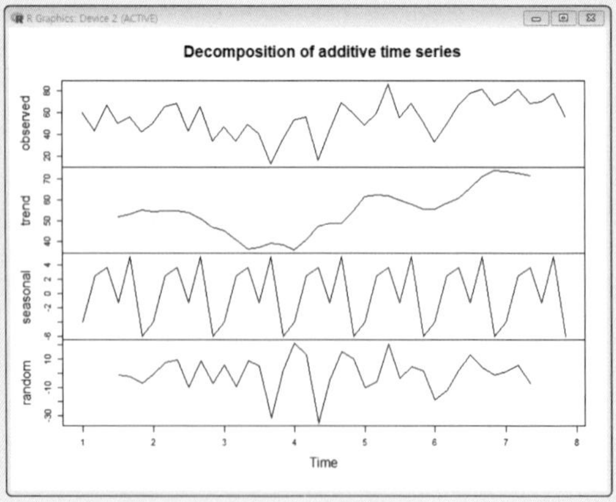

7.5 시계열 데이터의 변환 단계

```
> install.packages("tseries")
> library(tseries)            # 시계열 분석을 위한 패키지를 읽어 들인다.

    'tseries' version: 0.10-45

    'tseries' is a package for time series analysis and
    computational finance.

    See 'library(help="tseries")' for details.

경고 메시지(들):
패키지 'tseries'는 R 버전 3.4.4에서 작성됐다.

# 데이터를 안정적 형태로 변환하는 과정이다.
> adf.test(diff(log(AirPassengers)), alternative="stationary", k=0)

        Augmented Dickey-Fuller Test

data:  diff(log(AirPassengers))
Dickey-Fuller = -9.6003, Lag order = 0, p-value = 0.01
alternative hypothesis: stationary

경고 메시지(들):
In adf.test(diff(log(AirPassengers)), alternative = "stationary", :
  p-value smaller than printed p-value
>
```

tseries 패키지에 있는 adf.test를 이용해 주어진 데이터를 안정적 데이터로 변환했다. 위의 예는 AirPassenger 데이터에 log를 취하고 차분(diff)해 변환된 경우이다. p-value가 0.01로 0.05보다 작으므로 안정적이라고 판단한다.

뉴스 데이터 분석의 5단계

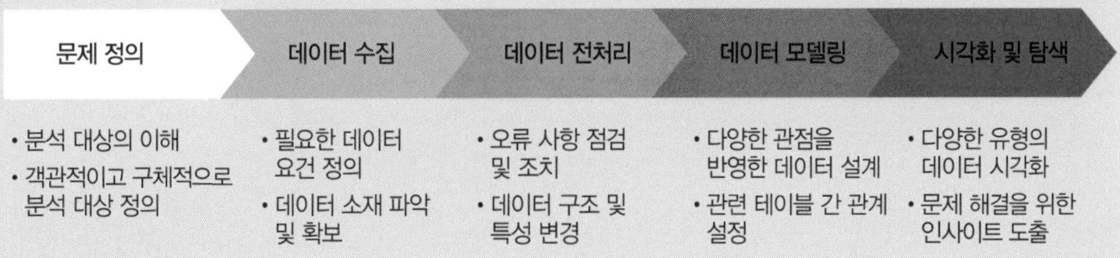

7.6 최적화된 파라미터의 결정 단계

이번 단계에서는 ACF/PACF 차트나 auto.arima 함수를 이용해 최적화된 파라미터를 찾는다.

```
> install.packages("forecast")
> library(forecast)                          # 필요한 패키지를 읽어 들인다.

> par(mfrow=c(2,1))                          # 한 화면에 2개의 그림을 그린다.
> acf(diff(log(AirPassengers)))              # ACF 그림을 그린다.
```

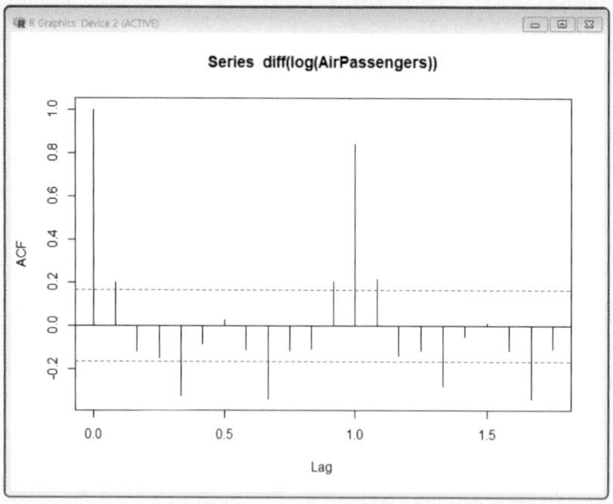

[그림 7-6 (A)] AirPassengers 데이터의 ACFF 결과 도식화

```
> pacf(diff(log(AirPassengers)))             # PACF 그림을 그린다.
```

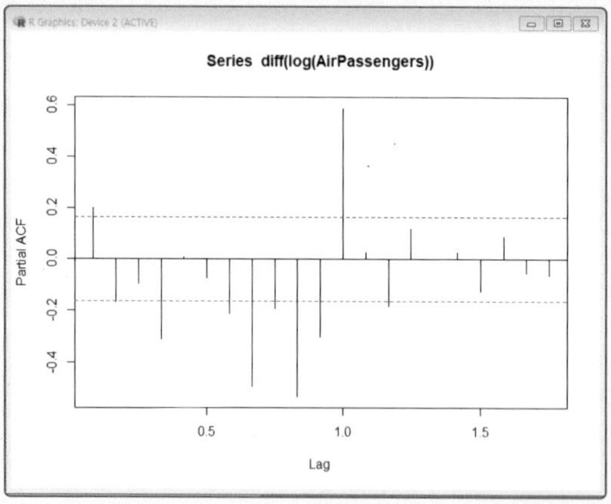

[그림 7-6 (B)] AirPassengers 데이터의 PACF 결과 도식화

데이터의 분석을 위해 이동 평균 모델(MA: Moving Average Model)의 평가를 위한 ACF와 자기 회귀 동 평균(Auto Regress Moving Average Model)의 PACF 평가를 위한 결과를 [그림 7-6]에서 확인

할 수 있다.

여기에서 그림의 해석을 위한 자세한 내용은 초보의 수준을 넘으므로 설명하지 않는다. 다만 ARIMA 모델 구성을 위한 파라미터 정보는 auto.arima를 활용해 얻을 것이다. 대부분의 경우, 이 정도면 충분하다.

```
> auto.arima(diff(log(AirPassengers)))
Series: diff(log(AirPassengers))
ARIMA(0,0,1)(0,1,1)[12]          # 예측에 사용할 파라미터를 얻었다.

Coefficients:
          ma1     sma1
      -0.4018  -0.5569
s.e.   0.0896   0.0731

sigma^2 estimated as 0.001369:  log likelihood=244.7
AIC=-483.39   AICc=-483.2   BIC=-474.77
```

위 결과를 바탕으로 예측 모델에 사용할 파라미터 (0,0,1)과 (0,1,1)을 얻었다. 다음으로 auto.arima 분석의 결과를 [그림 7-7]에 그림으로 보여준다.

```
> tsdiag(auto.arima(diff(log(AirPassengers))))
>
```

[그림 7-7]은 ARIMA에서 필요한 파라미터가 모형의 가정을 만족하는지를 보여주는 것이다. 처음 그림에서 특정 패턴(증가, 감소, 반복)을 발견할 수 없고 ACF는 지속적으로 감소하고 있고 p 값은 점선 위에 있다. 따라서 필요한 조건을 만족하므로 모형이 적합하다고 판단한다.

실무에서 수행할 때 위의 기준을 이해해 그대로 적용하면 된다. 여기서는 위의 기준이 나오게 되는 원인과 근거에 대한 설명은 제공하지 않는다.

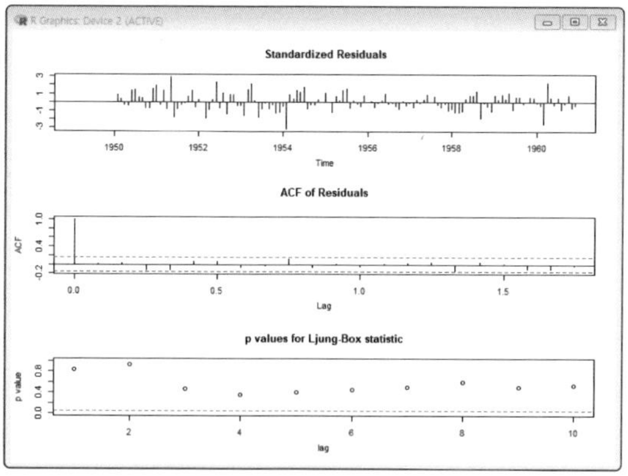

[그림 7-7] AirPassengers 데이터의 auto.arima 결과 도식화

ARIMA 모델은 p(AR 모형의 차수), d(트랜드를 제거해 안전 시계열로 만들기 위한 차수), q(MA의 차수)가 필요하고 이것은 auto.arima에 의해 자동적으로 얻을 수 있다. 주어진 예에는 예측 모델에 사용할 파라미터 (0,0,1)과 (0,1,1)을 얻었다. 위에서 구한 예측 모델 파라미터는 다음 단계에서 사용된다. 어떻게 사용되는지 살펴보기 바란다.

7.7 모형 만들기와 예측 단계

```
# ARIMA 모형을 만든다. auto.arima.의 결과를 이용해 작업한다.
> fit <- arima(log(AirPassengers), c(0,0,1), seasonal=list(order=c(0,1,1), period=12))

# 만든 모형을 바탕으로 12개월을 10번, 즉 10년간 추이를 예측한다.
> pred <- predict(fit, n.ahead=10*12)

# 예측한 것을 그림으로 보여준다([그림 7-8] 참조).
> ts.plot(AirPassengers, 2.718^pred$pred, log="y", lty=c(1,3))
>
```

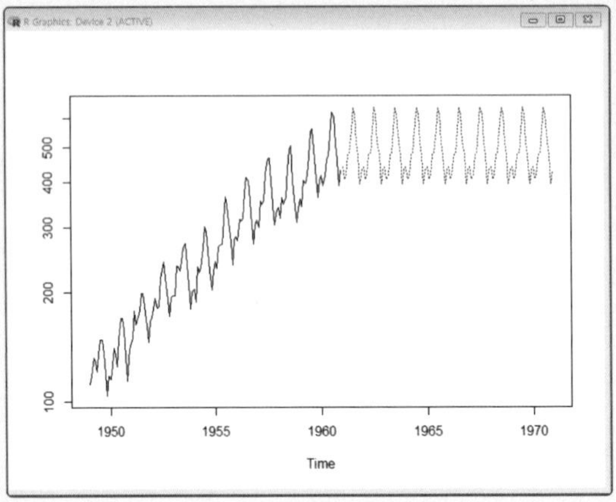

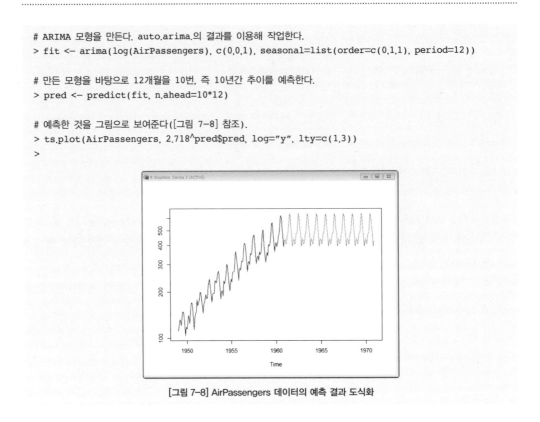

[그림 7-8] AirPassengers 데이터의 예측 결과 도식화

[그림 7-8]을 통해 실제 데이터(실선)와 예측 데이터(점선)를 하나의 그림에 표현했다. 표현된 모습을 보면 논리에 맞는 예측의 결과를 보여주고 있다는 것을 알 수 있다.

7.8 변환하지 않은 시계열 데이터 기반의 예측(옵션)

시계열이 미래를 예측하는 데 유용한 도구는 아니지만, 시계열 데이터를 바탕으로 미래에 대한 예상은 가능하다. 여기에서는 ARIMA 모델을 사용해 미래를 예측한다. 다만, 주어진 데이터를 그냥 사용해 분석 과정을 진행한다. 앞 절에서는 데이터에 log와 차분을 취해 정적 데이터로 변환한 후에 분석을 수행했다.

```
> auto.arima(AirPassengers)
Series: AirPassengers
ARIMA(2,1,1)(0,1,0)[12]

Coefficients:
         ar1      ar2      ma1
      0.5960   0.2143  -0.9819
s.e.  0.0888   0.0880   0.0292

sigma^2 estimated as 132.3:  log likelihood=-504.92
AIC=1017.85   AICc=1018.17   BIC=1029.35

# AirPassengers 데이터를 이용한 ARIMA 모델의 구성, 차분을 통해 확인한 값 적용
> fit <- arima(log(AirPassengers), c(2,1,1), seasonal =
list(order=c(0,1,0),period=12))
> pred <- predict(fit, n.ahead=10*2)
> ts.plot(AirPassengers, 2.718^pred$pred, log="y", lty=c(1,3))
>
```

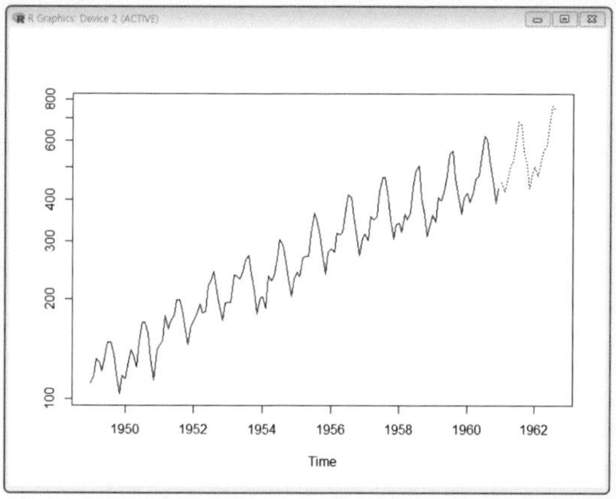

[그림 7-9] 변환하지 않은 AirPassengers 데이터의 예측 결과 도식화

7.9 시계열 데이터의 군집화(옵션)

시계열 데이터를 거리의 유사성이나 거리를 바탕으로 나눠보는 것이다. 대표적인 방법으로는 DTW(Dynamic Time Wrapping)가 있다.

DTW는 두 시계열 자료의 거리를 측정하는 개념이다. 시계열 자료는 시간축에 따라 조금만 변형돼도 기존의 유클리디안 거리로는 직관적인 거리 측정이 안 되는 특징이 있다. 그래서 다른 시간축에 비슷한 모양이 있을 때 잡아내는 방법으로 DTW를 사용한다. 현실적이지는 않지만 임의의 예를 통해 실습해보자.

```
> install.packages("dtw")
> library(dtw)

> idx <- seq(0, 2*pi, len=100)                         # 임의의 기본 데이터를 생성한다.
> a <- sin(idx)+ runif(100)/10                         # 생성한 데이터에 sin 성질을 부여한다.
> b <- cos(idx)                                        # 생성한 데이터에 cos 성질을 부여한다.
> align <- dtw(a, b, step=asymmetricP1, keep=T)        # a와 b를 거리 기준으로 분류한다.
> dtwPlotTwoWay(align)                                 # 분류된 결과를 그림으로 보여준다.
>
```

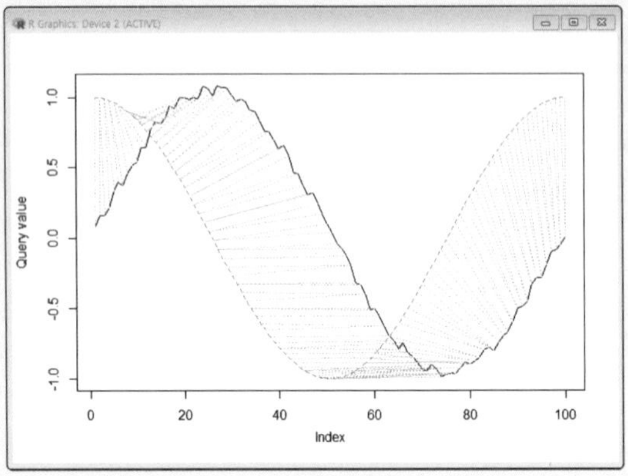

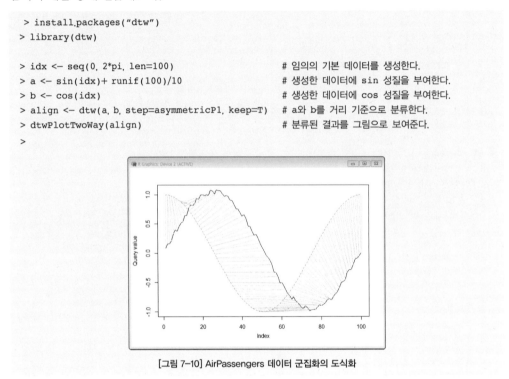

[그림 7-10] AirPassengers 데이터 군집화의 도식화

시계열 데이터의 군집화는 시계열 데이터 간의 관계를 거리 기준으로 구분한 것이다. [그림 7-10]에서 볼 수 있는 것처럼 a, b 두 데이터 간의 거리를 매칭해 그림으로 확인할 수 있다.

시계열 분석에 대한 설명을 마친다. 책 한 권에 해당하는 내용을 분석가가 필요한 내용만을 뽑아 정리하다 보니 부분적으로 아쉬움이 남는다. 7장을 통해 시계열 분석을 이해하고 시계열 분석이 왜 별도의 장으로 설명돼야 했는지를 이해하기를 바란다. 데이터 분석가가 현장에서 시계열 분석을 사용한다면 앞에서 설명한 순서대로 적용하면 큰 문제 없이 사용할 수 있을 것이다. 시계열 분석은 중요하고 요긴하게 사용할 수 있는 기법이다.

7.10 요약

일반적으로 빅데이터는 시간에 따른 주기성을 갖게 되므로 시계열 분석은 적합한 분석 기법이다. 예측보다는 흐름과 변화 그리고 중요 요인에 대한 분석의 측면에서 바라보는 것이 시계열 분석에 대한 올바른 시각이다. 그러므로 이전보다 시계열 분석에 대한 중요성은 점점 커지고 있다.

- 시계열 분석은 무엇이며, 언제 사용하는가?
- 시계열 분석의 수행 절차를 정리하라.
- 시계열 분석에서 사용되는 기법에는 어떤 것이 있는가?

뉴스 IoT 환경에서 자주 사용되는 분석 기법 정리

- **연관성 분석:** 변수들 간의 연관성을 찾아내는 기법(예 맥주를 사는 사람은 과자를 구매할까?)
- **분류 트리 분석:** 스펨 메일 식별, 문서의 카테고리를 자동 설정
- **유전자 알고리즘:** 최적이 아닌 최선의 솔루션 조합을 찾는 방법(예 응급실 의사의 일정 조정, 영업 사원의 고객 방문 일정 조정)
- **머신러닝(딥러닝 포함):** 데이터를 이용해 학습하고 미래를 예측하는 것(예 사용자에게 추천 시스템 적용, 매출 예측)
- **회귀 분석:** 독립변수에 따른 종속변수의 예측(예 고객 만족도와 고객 충성도의 연결 관계)
- **감성 분석:** 특정 주제나 사람의 감정을 파악하는 분석 기법(예 고객의 의견에 따른 서비스의 개선)
- **사회 연결망 분석:** 사람 사이의 관계 분석 및 응용

08 특수 분석

8.1 워드 클라우드

워드 클라우드(Word Cloud)는 텍스트로 된 데이터에서 빈번하게 사용되는 단어를 선별해 구름과 같은 모양의 그림으로 나타내는 기법이다. 웹에서 사용되는 데이터 분석 기법 중 하나로 '텍스트 마이닝(Text Mining)'이라고도 한다.

[그림 8-1] 워드 클라우드의 제작 사례

위의 워드 클라우드는 오바마 대통령의 취임 연설을 대상으로 워드 클라우드를 만든 사례다. people, must, equal, believe, make 등의 단어가 주로 사용된 것을 알 수 있다. 이와 같이 텍스트로 된 문서에서 중요한 단어를 발췌하는 기법이 워드 클라우드다.

워드 클라우드는 R에서 제공하는 패키지를 사용해 만들 수 있다. 하지만 별도로 웹에서 무료로 사용할 수 있는 방법도 있다. 다음 표를 참고해 활용하면 된다.

이름	주소	설명
infogram	https://infogram.com	웹에서 사용, 영문 지원
Word It Out	https://worditout.com/wordcloud/create	
tagxedo	http://www.tagxedo.com/	
wordclouds	http://www.wordclouds.com/	
cloudizer	http://paulshin.ca/cloudizer/	

워드 클라우드의 제작 실습

웹에서 '커플'이라는 검색어로 검색하고 검색된 문서들의 내용을 복사해서 파일에 저장한다. 이때 파일 이름을 'couple.txt'라고 한다. 파일의 예가 [그림 8-1]에 있다. 참고하기 바라며 본인의 파일을 만들어 실습을 진행한다.

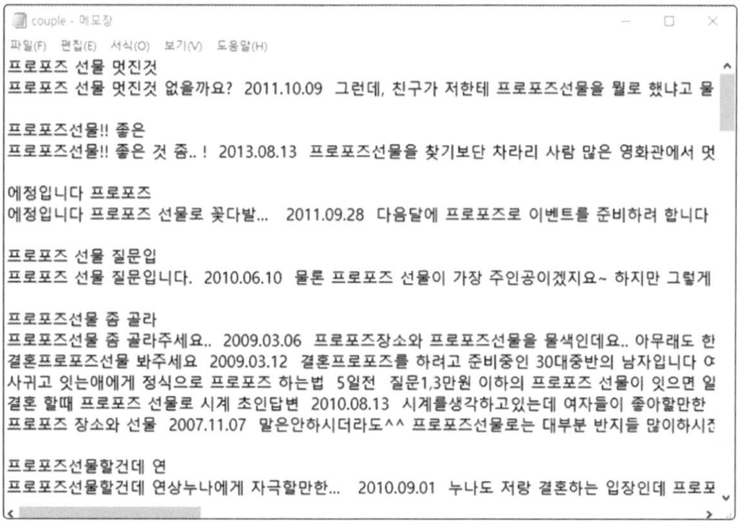
couple - 메모장
파일(F) 편집(E) 서식(O) 보기(V) 도움말(H)
프로포즈 선물 멋진것
프로포즈 선물 멋진것 없을까요? 2011.10.09 그런데, 친구가 저한테 프로포즈선물을 뭘로 했냐고 물

프로포즈선물!! 좋은
프로포즈선물!! 좋은 것 좀..! 2013.08.13 프로포즈선물을 찾기보단 차라리 사람 많은 영화관에서 멋

에정입니다 프로포즈
에정입니다 프로포즈 선물로 꽃다발... 2011.09.28 다음달에 프로포즈로 이벤트를 준비하려 합니다

프로포즈 선물 질문입
프로포즈 선물 질문입니다. 2010.06.10 물론 프로포즈 선물이 가장 주인공이겠지요~ 하지만 그렇게

프로포즈선물 좀 골라
프로포즈선물 좀 골라주세요.. 2009.03.06 프로포즈장소와 프로포즈선물을 물색인데요.. 아무래도 한
결혼프로포즈선물 봐주세요 2009.03.12 결혼프로포즈를 하려고 준비중인 30대중반의 남자입니다 ㅇ
사귀고 잇는애에게 정식으로 프로포즈 하는법 5일전 질문1,3만원 이하의 프로포즈 선물이 잇으면 일
결혼 할때 프로포즈 선물로 시계 초인답변 2010.08.13 시계를생각하고있는데 여자들이 좋아할만한
프로포즈 장소와 선물 2007.11.07 말은안하시더라도^^ 프로포즈선물로는 대부분 반지들 많이하시조

프로포즈선물할건데 연
프로포즈선물할건데 연상누나에게 자극할만한... 2010.09.01 누나도 저랑 결혼하는 입장인데 프로포

[그림 8-2] couple.txt 파일의 모습

[그림 8-2]의 couple.txt에서 어떤 단어가 얼마나 자주 사용됐는지를 조사해보자. 이를 통해 'couple'이라는 단어로 유추되는 중요 단어나 생각을 객관적인 입장에서 정리할 수 있다.

```
# 필요한 패키지를 설치 및 메모리에 로드한다.
# == 만약 KoNLP의 설치에 문제가 생기면 아래의 과정을 수행한다. ========
# > install.packages("multilinguer")
# > install.packages(c('stringr', 'hash', 'tau', 'Sejong', 'RSQLite', 'devtools'),
type = "binary")
# > install.packages("remotes")
# > remotes::install_github('haven-jeon/KoNLP', upgrade = "never",
   INSTALL_opts=c("--no-multiarch"))
# ==============================================================

> install.packages("KoNLP")  # 문제가 발생하면 위의 과정을 수행한다.
> install.packages("wordcloud")
> library(KoNLP)
> library(wordcloud)

# 세종 사전을 사용하기 위해 수행시켜야 한다. 한글 처리에 필요하다.
> useSejongDic()

# 파일의 내용을 txt에 저장한다.
```

```
> txt <- readLines("couple.txt")

# txt에 있는 내용 중 명사를 뽑아 place에 저장한다.
> place <- sapply(txt, extractNoun, USE.NAMES=F)
> head(unlist(place), 30)      # 저장된 명사의 내용을 앞의 30개만 파악한다.

# 필터링을 위해 place 파일의 내용을 unlist해서 c에 저장한다.
> c <- unlist(place)
# c에 저장된 내용 중 2글자 이상이 되는 것만 필터링한다.
# (한글의 단어는 대부분 2글자 이상으로 돼 있다.)
> place2 <- Filter(function(x) {nchar(x)>= 2}, c)

# 필터링된 단어를 확인하고 couple과 전혀 관계없는 단어를 제거한다. 실제 사용된 단어
# 중 couple과 관계없는 단어를 많이 제거할수록 최종 결과물의 품질이 좋다.
# 예를 들어 "네이버"라는 단어를 제거한다. 이런 작업을 반복한다.
> place2 <= gsub("네이버","",place2)

# 제거가 끝난 것을 couple2.txt에 저장한다.
> write(unlist(place2), "couple2.txt")
```

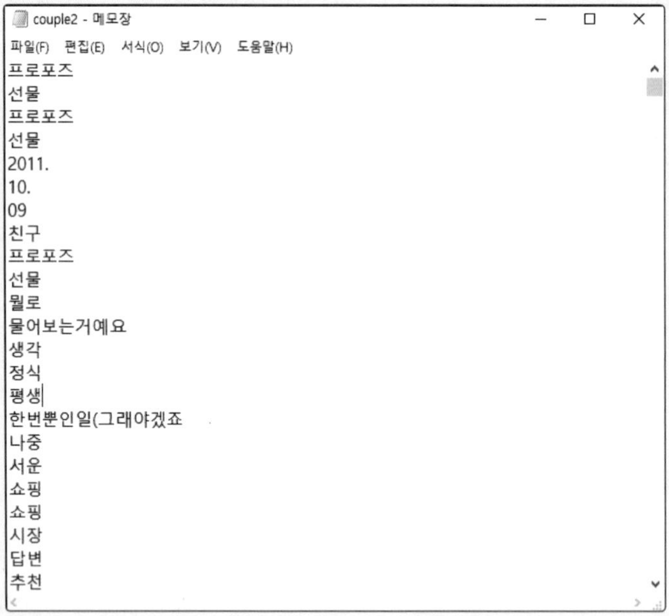
couple2 - 메모장

파일(F) 편집(E) 서식(O) 보기(V) 도움말(H)

프로포즈
선물
프로포즈
선물
2011.
10.
09
친구
프로포즈
선물
뭘로
물어보는거예요
생각
정식
평생
한번뿐인일(그래야겠죠
나중
서운
쇼핑
쇼핑
시장
답변
추천

[그림 8-3] 필터링된 couple.txt 파일의 모습

```
# 저장한 couple2.txt를 읽어 rev에 할당한다.
> rev <- read.table("couple2.txt")
> nrow(rev)                                    # 잘 읽었는지 확인한다.
[1] 2132

# 읽은 것을 table형으로 변환한 다음 wordcount에 할당한다.
> wordcount <- table(rev)
> head(sort(wordcount, decreasing=T), 30)      # 내용을 확인한다.

> library(RColorBrewer)                        # 필요한 패키지를 메모리에 올린다.
> palete <- brewer.pal(9, "Set1")              # 색을 지정한다.

# 워드 클라우드를 그림으로 그린다.
> wordcloud(names(wordcount), freq=wordcount, scale=c(5,0,5), rot.per=0.25,
min.freq=1, random.order=F, random.color=T, colors=palete)
>
```

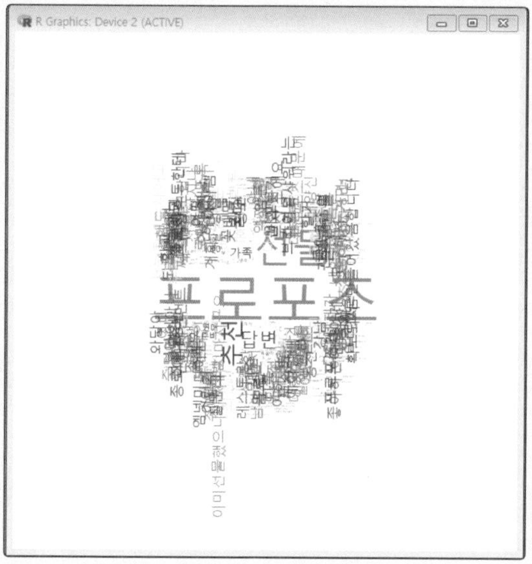

[그림 8-4] couple.txt 파일의 워드 클라우드 결과

[그림 8-4]를 통해 커플이라는 단어에 가장 많은 연관성을 갖는 것이 프로포즈, 선물이라는 것을 알 수 있다. 데이터만 바꾸고 절차는 동일하게 해서 워드 클라우드 분석을 할 수 있다. 간단하지만 효과 좋은 분석 기법이다.

8.2 소셜 네트워크 분석

소셜 네트워크(Social Network)를 어떻게 분석하는지는 상황에 따라 다르다. 여기에서는 소셜 네트워크 분석의 기본 단계인 그림으로 표현하기만을 다룬다. 그림을 바탕으로 다양한 분석을 수행할 수 있는데, 그것은 데이터 분석가가 해야 하는 일이다.

소셜 네트워크 분석의 정의

개인적인 인간관계가 확산돼 형성된 사람들 사이의 네트워크인 사회 연결망(Social Network)을 분석하는 것을 '소셜 네트워크 분석(Social Network Analysis)'이라 한다.

소셜 네트워크 분석의 목적

소셜 네트워크 분석은 사회 구조와 상호 의존성을 파악할 때 사용한다. 개인, 그룹, 기관의 작업, 입력에 대한 출력의 패턴 검토에 유용하다. 또한 어떤 사람이 관계망의 기능에 중요한 역할을 담당하는지, 어떤 하위 그룹이 있는지, 특정 관계망에 어떤 연결 관계가 존재하는지를 분석해 관계와 개인 사이의 상대적인 위치를 발견할 수 있다.

소셜 네트워크 분석의 도구 정리

소셜 네트워크를 분석하는 데는 R 외에도 많은 도구가 있다. 다음에 중요한 것을 정리했다. 개인적으로 파젝(Pajak)과 노드엑셀(NodeXL)을 사용하는데, 기능은 비슷하다.

- **카이젠(kxen)**: 인피니트인사이트 소프트웨어는 분류, 회귀, 시계열, 제품 추천 및 소셜 네트워크 분석에 사용된다.
- **에스에이에스(SAS: Statistical Analysis System)**: SAS 제품에 소셜 네트워크 분석 기능이 있다.
- **엑스트랙(XTRACT)**: 소셜 네트워크, 고객 프로파일링 등의 기능을 제공한다.
- **이디로(IDIRO)**: 소셜 네트워크 및 빅데이터 분석 기능을 제공한다.
- **파젝(Pajek)**: 대학에서 만든 네트워크 분석 소프트웨어다.
- **인플로우(inFlow)**: 소셜 네트워크 분석과 시각화 기능을 제공한다.
- **노드엑셀(NodeXL)**: 엑셀 프로그램에서 수행되는 소셜 네트워크 분석 프로그램이다.

8.2.1 d3SimpleNetwork 패키지 사용하기

R에서 소셜 네트워크 분석을 위해 제공하는 패키지 중 하나다. 최종 결과물이 웹브라우저에서 보일 수 있는 형태로 생성된다. 그래서 명령을 수행한 후 최종 결과물인 네트워크 그림을 웹브라우저에서 확인한다. 다른 사람과 결과를 공유하고자 하는 경우에 좋다.

```
> library(devtools)             # 없으면 설치한다.
> devtools::install_github("christophergandrud/d3Network") # github에서 설치하는 예

> install.packages("RCurl")
> library(RCurl)

> library(d3Network)

> Source <-c("A","A","A","A","B","B","C","C","D")
> Target <-c("B","C","D","J","E","F","G","H","I")

> NetworkData <-data.frame(Source, Target)
> NetworkData                         # 네트워크의 연결이 9개라는 의미다
  Source Target
1      A      B                       # A와 B는 연결돼 있다.
2      A      C                       # A와 C도 연결돼 있다.
3      A      D
4      A      J
5      B      E
6      B      F
7      C      G
8      C      H
9      D      I

# 패키지를 이용해 소셜 네트워크를 생성한다. 생성된 파일 이름은 test1.html이다.
> d3SimpleNetwork(NetworkData, width=400, height=250, file="test1.html",
fontsize=15, nodeColour="#D95F0E", linkColour="#FEC447")

> shell.exec("test1.html")    # 생성된 결과를 웹브라우저에서 확인한다.
```

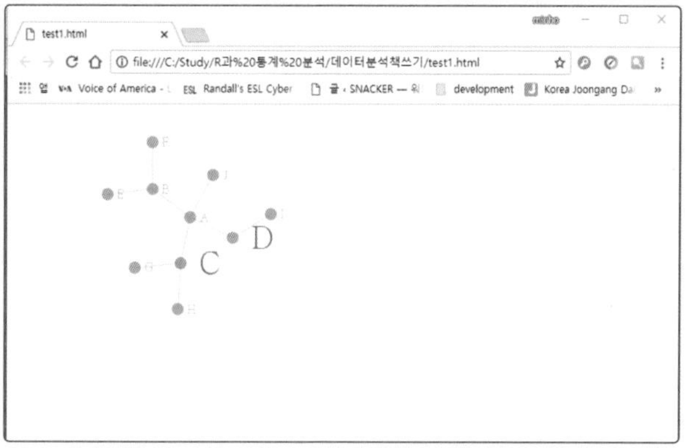

[그림 8-5] d3SimpleNetwork 결과를 웹브라우저에서 확인한 예

연습 32 다음 명령어를 수행해 결과를 확인해보자. 데이터는 앞에서 사용한 것을 사용하거나 다른 형태의 자료를 정의해 사용해도 된다. 연습을 통해 옵션의 사용 요령을 습득하자.

```
> d3SimpleNetwork(NetworkData, width=400, height=250, file="test1.html")
> shell.exec("test1.html")
> d3SimpleNetwork(NetworkData, width=400, height=250, file="test1.html", fontsize=15)
> shell.exec("test1.html")
> d3SimpleNetwork(NetworkData, width=400, height=250, file="test1.html",
fontsize=15, linkColour = "#FEC44F")
> shell.exec("test1.html")
>
```

8.2.2 igraph 패키지 사용하기

igraph는 R상에서 소셜 네트워크를 보여준다. 그려진 그림의 위치, 모양을 자유자재로 바꿀 수 있는 기능을 제공한다. 추가로 3차원 입체의 형상으로도 볼 수 있다.

```
> x <- matrix(1:25, nrow=5,dimname=list(c("A","B","C","D","E"),
c("A","B","C","D","E")))
> x
  A  B  C  D  E
A 1  6 11 16 21
B 2  7 12 17 22
C 3  8 13 18 23
D 4  9 14 19 24
E 5 10 15 20 25
> x[1,1]<- 0
> x
  A  B  C  D  E
A 0  6 11 16 21
B 2  7 12 17 22
C 3  8 13 18 23
D 4  9 14 19 24
E 5 10 15 20 25

# 위와 같은 방식으로 다음과 같은 형태의 데이터 모습을 만든다.

> x
  A B C D E
A 0 1 1 0 0
B 1 0 1 0 1
C 1 1 0 1 1
D 0 0 1 0 1
E 0 1 1 1 0

> library(igraph)
```

```
# 데이터를 바탕으로 그림을 그리기 위한 사전 작업을 수행한다.
> g <- graph.adjacency(x, weighted=T, mode="undirected")

# 가독성을 위해 데이터에 변수를 설정한다.
> V(g)$label <- V(g)$name
> V(g)$degree <- degree(g)

# 그려지는 그래프의 모양을 설정한다.
> layout1 <- layout.fruchterman.reingold(g)

# 그림을 그린다([그림 8-5] 참조).
> plot(g, layout=layout1)
>
# 데이터가 간단해서 그림은 심플하다. 데이터를 많이 만들어 그리면 멋진 그림을 볼 수
# 있다.

# 그래프의 모양을 다르게 하는 옵션을 사용하는 예
> layout2 <- layout.star(g)

# 그래프를 그린다. 모양이 변경됐다([그림 8-6] 참조).
> plot(g, layout=layout2)
>
```

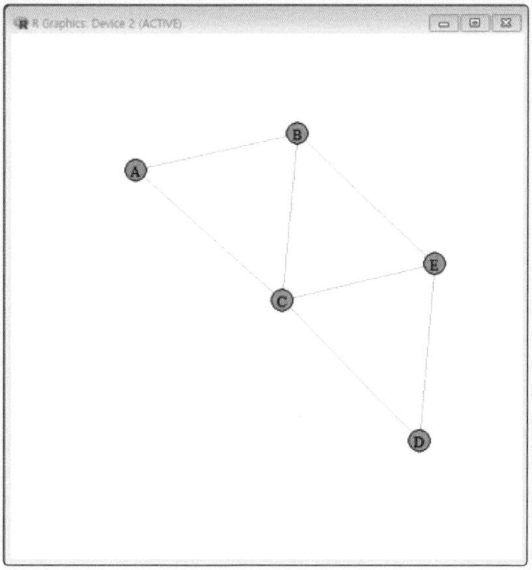

[그림 8-6] igraph 결과 (1)

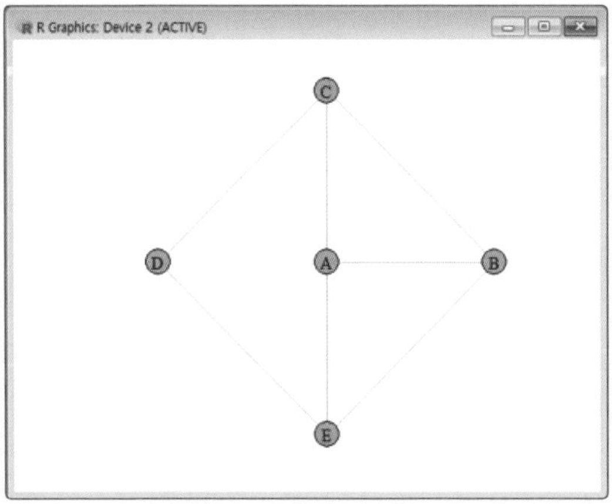

[그림 8-7] igraph 결과 (2)

layout.star처럼 보이는 그림의 모양을 바꾸는 옵션은 많다. 옵션의 종류는 매뉴얼에서 확인할 수 있다. 그중 layout_as_tree, layout.grid, layout_with_gem을 정리했다.

앞의 예는 주어진 데이터를 소셜 네트워크 그림으로 보여주는 것이다. 하지만 이것들은 보인 그림을 회전하거나 이동하는 기능을 지원하지 않아 복잡한 소셜 네트워크 그림을 분석하는 데 제한이 있다. 이 점을 개선해 별도의 창에 소셜 네트워크 그림을 그리고 그려진 그림의 위치, 연결을 자유자재로 변형할 수 있는 방법이 있다.

```
> tkplot(g, layout=layout.kamada.kawai)        # 동일한 데이터를 사용해 수행한다.
[1] 1
>
```

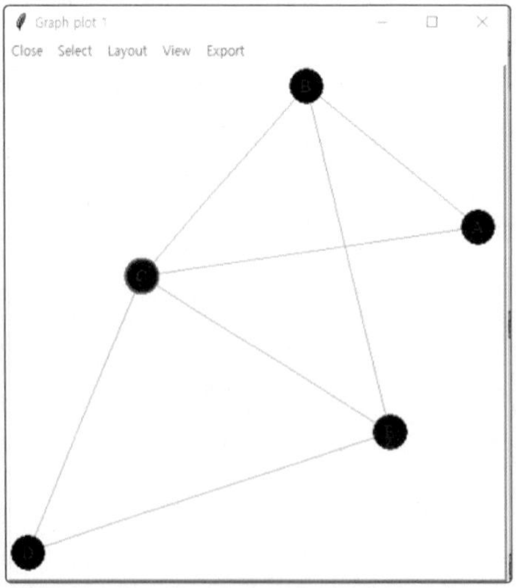

[그림 8-8] igraph 결과를 별도의 윈도우에서 보여주는 예

[그림 8-8]은 노드를 마우스로 선택한 후에 이동하면 이에 따라 전체 그림이 이동해 소셜 네트워크의 모습을 파악하기에 편한 기능을 제공한다. 이것만으로도 가치가 있다.

하지만 3차원으로 볼 수 있으면 숨겨진 노드의 파악이 가능해서 대규모 소셜 네트워크의 분석이 좀 더 쉬워진다. 입체로 보고 자유롭게 아무 방향으로나 회전하는 기능을 쓰고 싶으면 다음과 같이 하면 된다([그림 8-9] 참조).

```
> install.packages("rgl")

> library(rgl)

> coords <- layout.kamada.kawai(g, dim=3)
> open3d()
wgl
  1
> rglplot(g, vertex.size=3, vertex.label=NA, edge.arrow.size=2, layout=coords)
>
```

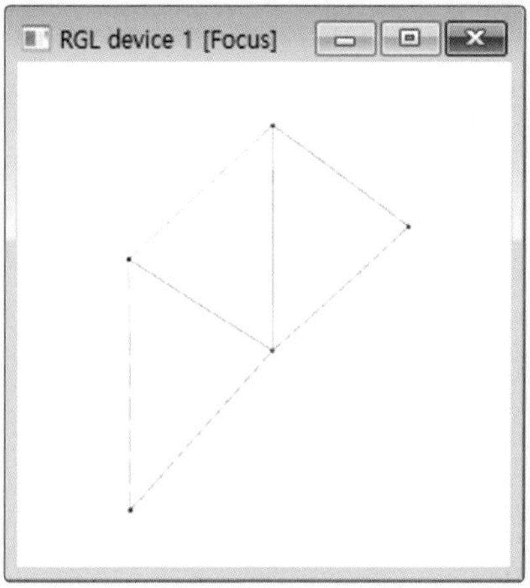

[그림 8-9] 소셜 네트워크 결과를 별도의 윈도우에서 3차원으로 보여주는 예

[그림 8-9]는 모양이 단순해 보이지만, 실제 수행해보면 입체로 보이는 것을 확인할 수 있다. 입체로 보이는 것은 대규모 소셜 네트워크의 분석에 유용한 기능이다.

이상으로 R에서 제공하는 소셜 네트워크 기능에 대해 설명을 마친다. 만약, 본격적인 소셜 네트워크 분석이 필요하다면 앞에서 정리한 전문 도구를 사용하는 것이 효과적이다. 하지만 간단하게 확인해볼 정도라면 앞의 내용만으로도 충분하다.

8.3 구조 방정식

R을 이용해 꿈에 그리던(?) 구조 방정식 모형을 이용한 분석을 할 수 있다. 확인 요인 분석, 구조 방정식 모형, 교차 타당성 분석, 매개 효과 분석, 부분 최소 회귀 모형을 사용한 분석이 가능하다. 분석 결과는 멋진 그림으로 표현할 수도 있다.

구조 방정식은 통계 분석의 꽃이라고 할 수 있고 설문지 분석에 많이 사용되는 기법이다.

이번에 R에서 구조 방정식을 지원하는 패키지인 lavaan의 제작자인 이브 러셀(Yves Rosseel)이 전체 소스를 깃허브(github)에 공개했으므로 관심 있는 분은 참고하기 바란다.

소스 코드는 https://github.com/cardiomoon/r-sem에서 구할 수 있다. 이 책에서는 구조 방정식에 대한 개념과 R을 이용해 구조 방정식 분석을 수행하는 것에 대해 설명한다. 내용이 너무 많아 전부를 설명하는 것은 어렵고 데이터 분석가로서 알아야 하는 내용을 중심으로 설명한다.

8.3.1 경로 분석의 정의 및 분석 사례

통계 기법 중 회귀 분석은 독립변수가 종속변수에 미치는 영향을 모델화해 독립변수(x)가 특정 값이 주어졌을 때 종속변수(y)의 값을 예측하는 기법이다. 다시 말하면 모델을 이용해 독립변수와 종속변수 간의 관계를 정의하고 예측하는 것이다.

회귀 분석의 종류는 다음과 같이 분류할 수 있다.

구분	독립변수(x)	종속변수(y)
단순 회귀 분석	1	1
중회귀 분석	많음	1
일반 선형 분석	많음	많음

실제 상황에서 회귀 분석의 개념을 적용하려면 다음과 같은 문제점이 있다.

- 선형으로 모델을 만드는 것이 부정확한 경우가 많다.
- 독립변수와 종속변수가 1개 있는 경우가 거의 없다.

그래서 여러 독립변수와 종속변수의 관계를 분석하는 방법으로서 개발된 것이 경로 분석이다. 즉, 경로 분석은 회귀 분석을 확장한 것이다.

경로 분석이란?

변수들 간에 직접 또는 간접으로 함수적 관계를 갖는 경로의 모형을 방정식 또는 그림으로 표현하고 그 모형을 수집된 자료에 합치시킴으로써 경로들이 나타내는 연구 가설을 검증하는 방법을 말한다. 경로 분석(Path Analysis)은 구조 방정식 모형의 초보적인 형태이다. 그리고 경로 분석의 형태를 도식화한 것이 경로 도형이다.

예 가정 환경이 대졸 초임에 미치는 영향

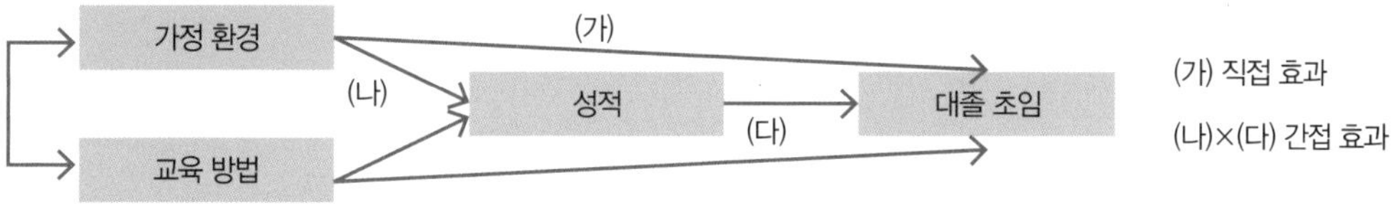

경로 분석 사례

경로 분석을 이해하기 위해 다음 예를 살펴보자.
어떤 회사가 여러 곳에 매장을 두고 사업을 하고 있다. 사장님이 매출액이나 구매 건수를 늘리기 위해 무엇을 해야 하는지를 궁금해하고 있다.

- 우리가 관심 있는 것은 일 평균 구매 건수와 매출액이다. 여기에 영향을 미치는 요인은 매장 만족도(서비스), 매장 운영 기간, 평균 일 방문 고객 수라고 생각한다.
- 각 변수인 매장 만족도, 매장 운영 기간, 평균 일 방문 고객 수는 각각 일 평균 구매 건수, 일 평균 매출액에 영향을 미치는 요인이라고 생각한다.
- 이 요인들 간의 상호 상관관계도 영향을 미친다고 가정할 수 있다.
- 이런 상황하에서 일평균 구매 건수와 일 평균 매출액의 증대를 위해 고려해야 할 요인이 무엇인지를 판단하고 싶다.

앞의 설명을 [그림 8-10]과 같이 경로 도형으로 표현할 수 있다.

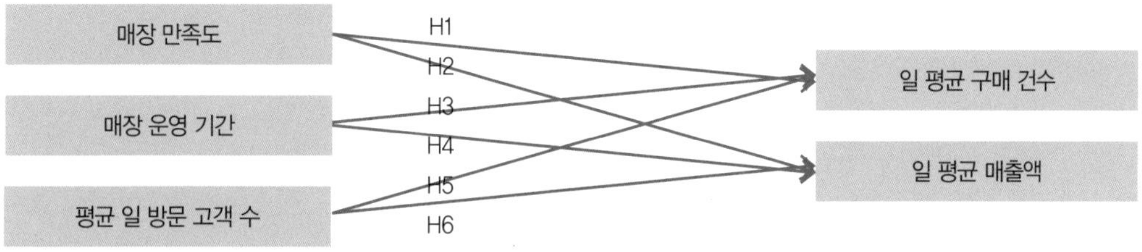

H1: 매장 만족도는 일 평균 구매 건수에 영향을 미칠 것이다.
H2: 매장 만족도는 일 평균 매출액에 영향을 미칠 것이다.
H3: 매장 운영 기간은 일 평균 구매 건수에 영향을 미칠 것이다.
H4: 매장 운영 기간은 일 평균 매출액에 영향을 미칠 것이다.
H5: 평균 일 방문 고객 수는 일 평균 구매 건수에 영향을 미칠 것이다.
H6: 평균 일 방문 고객 수는 일 평균 매출액에 영향을 미칠 것이다.

[그림 8-10] 고객 요구에 대한 경로 도형

분석을 위해 [그림 8-10]에 합치될 수 있는 다양한 실제 데이터를 1년간 취합해 정리했다. 최종적으로 다음과 같은 형태의 데이터가 준비됐다(일반적으로 데이터 마이닝 분야의 분석은 위와 같이 분석을 위한 모델을 만들고 모델에 따른 데이터를 일정 기간 동안 취합해서 분석하는 형태를 가진다).

- x1: 각 매장의 고객 만족도(0~100)
- x2: 각 매장의 개장 개월 수
- x3: 일평균 방문 고객 수
- y1: 일평균 구매 건수
- y2: 일평균 매출액(예 1.5는 15,000,000원을 의미)

데이터는 엑셀에서 정리한 후에 csv형으로 저장했다. 이런 유형의 분석은 우리가 이전에 배운 것 중에는 없다. 이런 분석을 위해 사용하는 것이 경로 분석이다.
경로 분석을 위해서는 두 가지의 패키지가 필요하다. Lavaan과 Semplot이다. Lavaan은 분석을 위한 패키지, Semplot은 분석된 결과를 그래프로 보여주기 위한 패키지다.

이제 분석을 시작해보자.

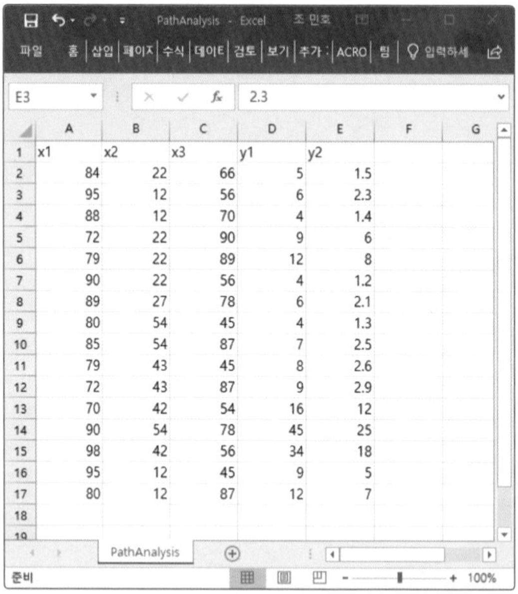

x1	x2	x3	y1	y2
84	22	66	5	1.5
95	12	56	6	2.3
88	12	70	4	1.4
72	22	90	9	6
79	22	89	12	8
90	22	56	4	1.2
89	27	78	6	2.1
80	54	45	4	1.3
85	54	87	7	2.5
79	43	45	8	2.6
72	43	87	9	2.9
70	42	54	16	12
90	54	78	45	25
98	42	56	34	18
95	12	45	9	5
80	12	87	12	7

[그림 8-11] 경로 모형에 대한 테스트 데이터

```
# 필요한 패키지를 로드한다.
> install.packages("lavaan")
> install.packages("semPlot")
> library(lavaan)            # 필요한 패키지의 사용을 선언한다.
```

```
# 준비된 데이터를 읽어 pathData에 저장한다.
> pathData <- read.csv("PathAnalysis.csv")

# 경로 분석을 위한 모델을 선언한다. x1, x2, x3와 y1, y2 간의 관계에 대한 분석이다.
> model<- 'y1~x1+x2+x3
+ y2~x1+x2+x3'

# 경로 분석을 수행한다.
> result <- sem(model, data=pathData)
> summary(result)                    # 수행한 결과를 요약해 보여준다.
lavaan 0.6-2 ended normally after 69 iterations

  Optimization method                           NLMINB
  Number of free parameters                          9

  Number of observations                            16

  Estimator                                         ML
  Model Fit Test Statistic                       0.000
  Degrees of freedom                                 0
  Minimum Function Value               0.0000000000000

Parameter Estimates:

  Information Expected
  Information saturated (h1) modelStructured
  Standard Errors Standard

Regressions:
EstimateStd.Errz-valueP(>|z|)
    y1~
     x1    0.606    0.292    2.075    0.038   # 0.05보다 작다.
     x2    0.384    0.147    2.609    0.009   # 0.05보다 작다.
     x3    0.179    0.143    1.248    0.212
    y2~
     x1    0.266    0.189    1.409    0.159
     x2    0.194    0.095    2.033    0.042   # 0.05보다 작다.
     x3    0.094    0.093    1.015    0.310

Covariances:
EstimateStd.Errz-valueP(>|z|)
     .y1       ~~
     .y2  50.193   17.859    2.811    0.005   # 0.05보다 작다.

Variances:
EstimateStd.Errz-valueP(>|z|)
     .y1  78.610   27.793    2.828    0.005
     .y2  32.868   11.621    2.828    0.005

>
```

위의 분석 결과를 보면 다음과 같은 사항을 파악할 수 있다.

y1(일 평균 구매 건수)에 영향을 미치는 요인은 x1(매장 서비스 만족도), x2(매장의 개장 개월 수)라는 것을 알 수 있다. 그중에서도 x2가 좀 더 중요한 요인이다.

y2(일 평균 매출액)에 영향을 미치는 요인은 x2(매장의 개장 개월 수)라는 점을 알 수 있다. 다른 요인은 유의한 영향을 미치지 않는다. y1(일 평균 구매 건수)과 y2(일 평균 매출액) 사이에도 유의한 관계가 존재한다.

결론적으로, 일 평균 방문 건수와 일 평균 매출액을 증대시키려면 매장을 오랫동안 같은 자리에서 운영하는 것이 중요한 요인이라는 점을 알 수 있다. 추가로 직원이 친절하면 매장을 찾는 고객이 증가한다는 점도 확인할 수 있다.

이제 분석된 결과를 읽기 쉽게 그래프로 표현해보자([그림 8-11] 참조).

```
> diagram <-semPlot::semPaths(result, whatLabels = "std", intercepts = FALSE,
style = "lisrel", nCharNodes=0, nCharEdges=0, curveAdjacent=TRUE, title=TRUE,
layout="tree2", curvePivot=TRUE)
>
```

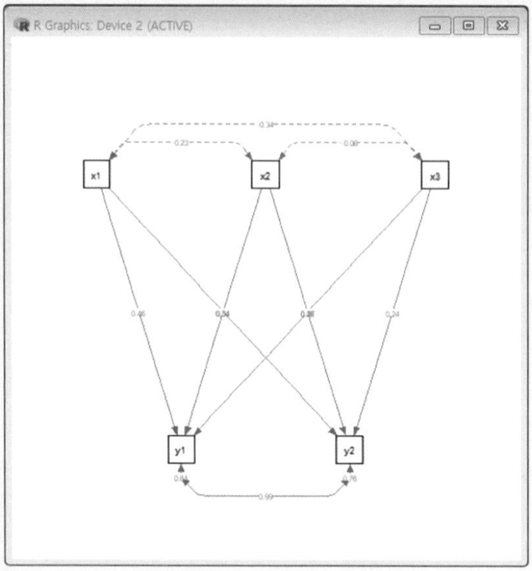

[그림 8-12] 경로 분석 결과의 그래프 표현

[그림 8-11]은 각 요인들 간의 상관관계를 한눈에 볼 수 있도록 표현해주고 있다.

이상으로 아주 유용한 분석 기법인 경로 분석에 대한 설명을 마무리한다. 일반 실무에서 많이 사용되는 모델이고 적용하기 쉬운 방법이므로 유용하게 활용하기 바란다.

마지막으로 경로 분석은 설문지 분석에서 많이 사용한다. 앞의 예를 기준으로 설명하면 y1, y2가 설문 항목이 되고 각 설문 항목에 영향을 미치는 요인으로 x1, x2, x3 설문 항목으로 만들어질 수 있다. 그 결과 y1 항목에 영향을 미치는 요인이 무엇인지를 분석할 수 있다. 위와 같은 방법을 일반적인 설문지 분석에서 많이 사용한다.

8.3.2 구조 방정식 모형 및 사례

경로 분석을 확대해 개발한 것이 구조 방정식이다. 구조 방정식은 측정 모델(Measurement Model)과 이론 모델(Structural Equation Model)로 구성되며 다양한 기법이 사용된다. 여기에서는 전체를 다루지 않고 데이터 분석가의 입장에서 알아야 하는 이론을 중심으로 설명한다. 만약 전체 내용을 다뤄야 한다면 2권의 책이 필요할 것이다. 대부분의 경우에 경로 분석을 이용하는 정도만으로도 충분한 효과를 얻을 수 있다.

구조 방정식 모형(SEM, Structured Equation Model)

특정 현상을 파악하기 위해 구조 모형 이론의 분석 방법을 이용해 확증적인(Confirmatory) 형태의 모형에서 상호 변수들 간의 인과관계와 유의성을 검증하는 모형을 말한다. 일반 사회 현상이나 각종 경제 현상에 대한 연구에서 각 요인들 또는 변수들 간의 복잡한 인과관계를 파악하기 위해 주로 사용하는 기법이다. 공분산 구조 분석, 인과 모형, 경로 모형, 경로 분석, AMOS 돌리기, LISREL 돌리기 등은 모두 동일한 의미다.

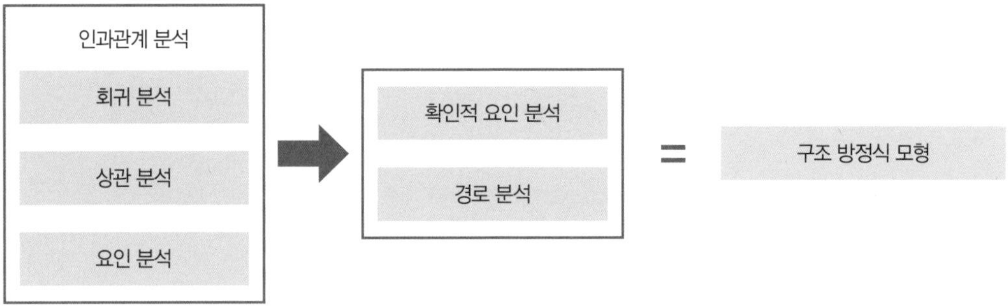

[그림 8-13] 구조 방정식의 개념

위 그림에서 구조 방정식은 인과관계 분석을 수행한 후 확인적 요인 분석을 통해 잠재 변수를 생성하고 경로 분석을 통해 다양한 변수들 간의 관계를 생성하는 것을 통칭하는 개념이라는 것을 알 수 있다. 경로 분석은 이미 배웠고 확인적 요인 분석이 무엇인지 알아보자.

확인적 요인 분석

연구자가 이론적 근거나 선행 연구 등을 바탕으로 변수들 간의 관계가 정립된 경우에 사용하는 방법이다. 변수들 간의 관계가 정립되지 않은 경우에는 탐색적 요인 분석을 적용한다.
확인적 요인 분석 모형에는 다음 두 가지가 있다.

- **Formative 모형**: 잠재 변수에 대해 관측 변수들이 미치는 영향을 파악하는 연구에서 주로 사용하는 모형이다. 다음 그림은 잠재 변수인 가정 환경, 교육 방법, 성적이 관측 변수인 대졸 초임에 미치는 영향을 파악하는 연구를 의미한다.

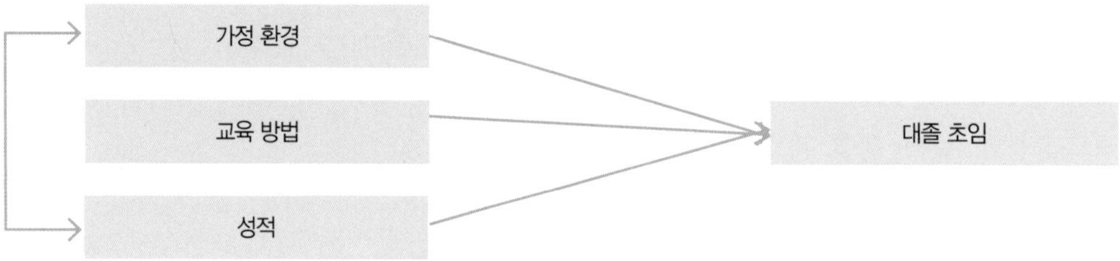

[그림 8-14] Formative 모형의 예

- **Reflection 모형**: 잠재 변수가 관측 변수에서 만들어지는 모형을 의미한다. 대부분의 구조 방정식에서 사용하는 형태다. 다음 예는 관측 변수인 대졸 초임에서 잠재 변수인 가정 환경, 교육 방법, 성적이 만들어지는 상황을 의미한다.

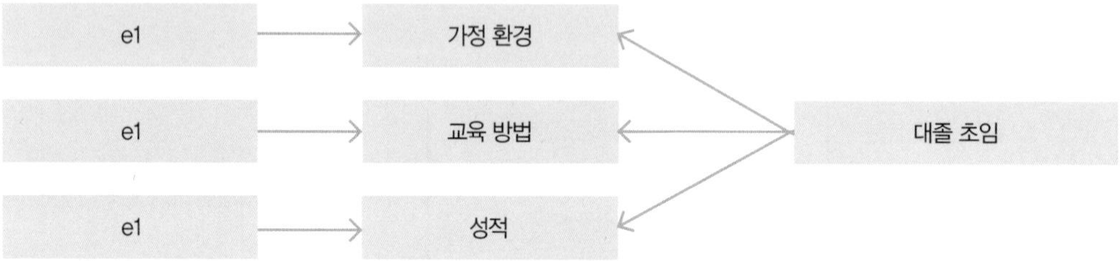

[그림 8-15] Reflection 모형의 예

확인적 요인 분석을 통해 파악한 영향 관계와 이미 배운 경로 분석 도형 기법을 합쳐 만들어진 구조 방정식 모형의 예를 소개한다.

[그림 8-15]는 다음 내용을 나타낸다.

- 요인 1은 요인 2에 영향을 미치고 있다.
- 요인 1은 Reflection형으로 X1, X2, X3에 영향을 미치고 있다.
- 요인 2는 Formative형으로 Y1, Y2, Y3에 영향을 미치고 있다.

• X1, X2, X3, Y1, Y2, Y3은 각각 오차항을 가진다.

[그림 8-16] 구조 방정식 모형의 예

[그림 8-16]의 구조 방정식 모형에서 사용된 변수에 대해 설명한다. 이 내용은 다른 사람이 제작한 구조 방정식 모형의 이해에 필요하다.

- **관측 변수**(Observed Variable, **측정 변수**): 사각형으로 표현한다. 이는 실제로 설문이나 다른 방법을 통해 확인해 얻은 값이다. x1, x2, x3, y1, y2, y3이 이에 해당한다.
- **잠재 변수**(Latent Variable): 측정되지 않는 개념상의 변수로, 관측 변수에 의해 간접적으로 측정되는 것이다. 요인 1, 요인 2가 이에 해당한다.
- **외생 변수**(Exogenous Variable): 회귀 분석의 독립변수와 동일한 개념으로 화살표가 시작되는 부분을 말한다. 요인 1은 외생 변수다.
- **내생 변수**(Endogenous Variable): 회귀 분석의 종속변수와 동일한 개념으로 화살표가 끝나는 부분을 말한다. x1, y1은 내생 변수다.
- **오차 및 잔차**(Error): 측정 오차와 구조 오차로 분리한다. 측정 오차는 구조 방정식에서 잠재 변수로 나타낼 수 없는 부분을 의미한다. 구조 오차는 외생, 내생 변수에 의해 설명되지 않는 부분을 의미한다. e1, et1 등이 이에 해당한다.

여기까지 구조 방정식에 대한 설명을 마친다. 구조 방정식을 구성하고 분석하는 것은 이 책의 범위를 넘어서고 별도의 전문가가 필요한 분야다. 다만 구조 방정식이 무엇인지에 대해서 파악하는 수준이라면 앞의 설명이면 충분하다. 아쉬워하는 독자를 위해 실제 구조 방정식 책에서 제시하는 예제를 간단하게 보여준다.

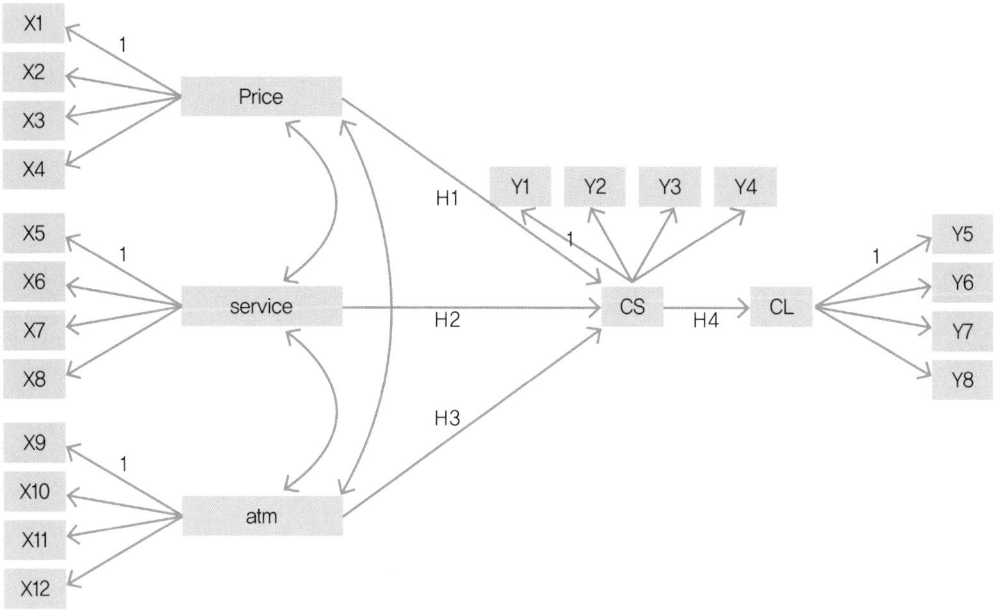

[그림 8-17] 구조 방정식 모형의 예 (2)

- **연구 가설(H1)**: 가격(price)은 고객 만족(CS)에 유의한 영향을 미칠 것이다.
- **연구 가설(H2)**: 서비스(service)는 고객 만족(CS)에 유의한 영향을 미칠 것이다.
- **연구 가설(H3)**: 분위기(atm)는 고객 만족(CS)에 유의한 영향을 미칠 것이다.
- **연구 가설(H4)**: 고객 만족(CS)은 고객 충성도(CL)에 유의한 영향을 미칠 것이다.

위의 예에 대한 설명은 다음과 같다.

- 관측 변수는 x1~x2 그리고 y1~y8이다.
- 잠재 변수는 Price, service, atm, cs, cl이다.
- 변수들은 상호 외생 변수, 내생 변수의 관계를 가지며 화살표로 표시돼 있다.
- 우리가 알고자 하는 4개의 가설은 그림에 표시돼 있다.

[그림 8-17]을 통해 구조 방정식의 확인 요인 분석, 이론 모델 분석, 집단 분석, 매개 효과 분석, 잠재 성장 모델링과 같은 분석은 모른다고 해도 이미 설명한 경로 분석을 통해 어느 정도 원하는 바를 얻을 수 있다는 것을 알 수 있다. 좀 더 공부하고 싶다면 관련 서적을 통해 별도로 공부해야 한다.

8.4 시뮬레이션과 몬테카를로 시뮬레이션

8.4.1 시뮬레이션

시뮬레이션(Simulation)은 실제로 실행하기 어려운 실험을 간단히 행하는 모의 실험을 뜻하며(위키백과), 컴퓨터를 이용해 모의실험을 할 때는 컴퓨터 시뮬레이션이라고 한다.

시뮬레이션은 관련된 수많은 제품이 개발돼 활용되고 있으며 대표적인 응용 분야가 도로 교통 상황에 대한 시뮬레이션이나 새로 건설하는 공장에 대한 시뮬레이션이다. 이런 과정을 통해 도로의 폭이나 교차로의 모양, 건설하는 공장의 라인 수 등이 결정된다. 시뮬레이션을 위한 대표적인 도구에는 Arena, SimIO 등이 있다. 이와 비슷하게 복잡계를 시뮬레이션하는 것도 있는데, 대표적인 예로 NetLogo를 들 수 있다.

여기에서는 동전을 던지는 상황을 시뮬레이션한다. 그동안 배운 것에 대한 복습을 겸해 간단하고 유용한 형태가 되도록 구성했다. 시뮬레이션을 수행하는 과정은 다음과 같다.

- 시뮬레이션 코드를 R〉 New Script 창에 넣는다([그림 8-14] 참조).
- Script 창에서 Edit〉 Select All을 선택해 전체를 선택한다.
- Script 창에서 Edit〉 Run line or Selection을 선택해 입력된 코드를 수행한다.
- R 창에서〉 die(10)을 수행해 동전 던지기 10회를 수행한다([그림 8-15] 참조).
- 결과를 확인한다.
- 여러 번의 동전 던지기 시뮬레이션을 수행한다.

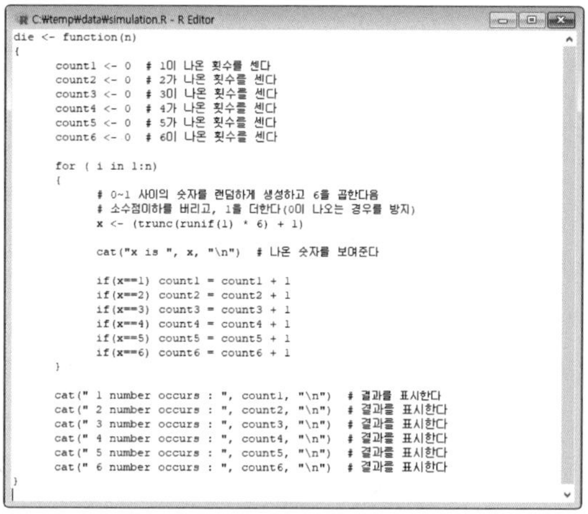


```
die <- function(n)
{
      count1 <- 0  # 1이 나온 횟수를 센다
      count2 <- 0  # 2가 나온 횟수를 센다
      count3 <- 0  # 3이 나온 횟수를 센다
      count4 <- 0  # 4가 나온 횟수를 센다
      count5 <- 0  # 5가 나온 횟수를 센다
      count6 <- 0  # 6이 나온 횟수를 센다

      for ( i in 1:n)
      {
            # 0~1 사이의 숫자를 랜덤하게 생성하고 6을 곱한다음
            # 소수점이하를 버리고, 1을 더한다(0이 나오는 경우를 방지)
            x <- (trunc(runif(1) * 6) + 1)

            cat("x is ", x, "\n")  # 나온 숫자를 보여준다

            if(x==1) count1 = count1 + 1
            if(x==2) count2 = count2 + 1
            if(x==3) count3 = count3 + 1
            if(x==4) count4 = count4 + 1
            if(x==5) count5 = count5 + 1
            if(x==6) count6 = count6 + 1
      }

      cat(" 1 number occurs : ", count1, "\n")  # 결과를 표시한다
      cat(" 2 number occurs : ", count2, "\n")  # 결과를 표시한다
      cat(" 3 number occurs : ", count3, "\n")  # 결과를 표시한다
      cat(" 4 number occurs : ", count4, "\n")  # 결과를 표시한다
      cat(" 5 number occurs : ", count5, "\n")  # 결과를 표시한다
      cat(" 6 number occurs : ", count6, "\n")  # 결과를 표시한다
}
```

[그림 8-18] 동전 던지기 시뮬레이션 코드

[그림 8-18]을 통해 R 프로그래밍 기능을 확인해보고 시뮬레이션을 위해 난수를 발생시키는 방법과 함수를 만들고 사용하는 법 그리고 결과를 화면에 출력하는 요령을 익히기 바란다. 실제로

대부분의 시뮬레이션은 특정 분포를 따르는 난수를 발생시켜서 수행하므로 [그림 8-18]의 소스를 잘 이해하면 간단한 시뮬레이션을 개발할 수 있을 것이다.

[그림 8-19]는 [그림 8-18]의 수행 화면이다.

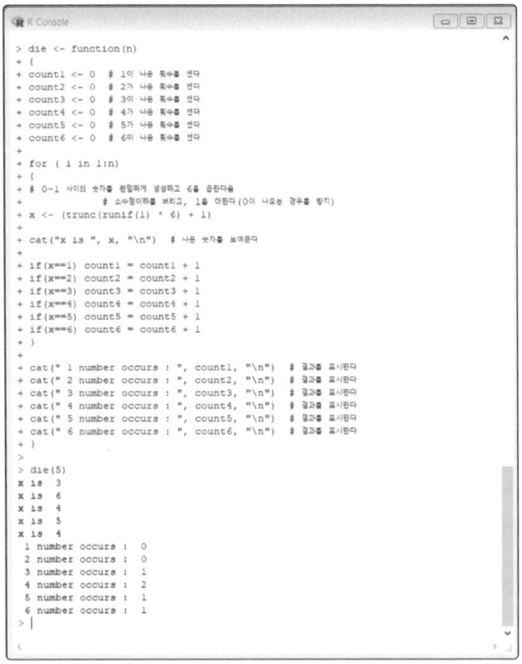

```
> die <- function(n)
+ {
+ count1 <- 0  # 1이 나온 횟수를 센다
+ count2 <- 0  # 2가 나온 횟수를 센다
+ count3 <- 0  # 3이 나온 횟수를 센다
+ count4 <- 0  # 4가 나온 횟수를 센다
+ count5 <- 0  # 5가 나온 횟수를 센다
+ count6 <- 0  # 6이 나온 횟수를 센다
+
+ for ( i in 1:n)
+ {
+ # 0~1 사이의 숫자를 랜덤하게 생성하고 6을 곱한다음
+              # 소수점이하를 버리고, 1을 더한다(0이 나오는 경우를 방지)
+ x <- (trunc(runif(1) * 6) + 1)
+
+ cat("x is ", x, "\n")  # 나온 숫자를 보여준다
+
+ if(x==1) count1 = count1 + 1
+ if(x==2) count2 = count2 + 1
+ if(x==3) count3 = count3 + 1
+ if(x==4) count4 = count4 + 1
+ if(x==5) count5 = count5 + 1
+ if(x==6) count6 = count6 + 1
+ }
+
+ cat(" 1 number occurs : ", count1, "\n")  # 결과를 표시한다
+ cat(" 2 number occurs : ", count2, "\n")  # 결과를 표시한다
+ cat(" 3 number occurs : ", count3, "\n")  # 결과를 표시한다
+ cat(" 4 number occurs : ", count4, "\n")  # 결과를 표시한다
+ cat(" 5 number occurs : ", count5, "\n")  # 결과를 표시한다
+ cat(" 6 number occurs : ", count6, "\n")  # 결과를 표시한다
+ }
>
> die(5)
x is  3
x is  6
x is  4
x is  5
x is  4
 1 number occurs :  0
 2 number occurs :  0
 3 number occurs :  1
 4 number occurs :  2
 5 number occurs :  1
 6 number occurs :  1
> |
```

[그림 8-19] 동전 던지기 시뮬레이션 수행 화면

8.4.2 몬테카를로 시뮬레이션

몬테카를로 시뮬레이션(방법)은 난수를 이용해 함수의 값을 확률적으로 계산하는 개념으로 1930년 엔리코 페르미가 사용한 것이다.
특정 값을 구하기 어려운 경우에 시뮬레이션을 반복해 근사값을 구하는 과정을 말한다. 몬테카를로 시뮬레이션의 이해를 위해 동전 던지기에서 앞면이 나오는 확률을 구하는 문제([그림 8-20], [그림 8-21])와 특정 면적을 구하는 문제([그림 8-22])에 대한 시뮬레이션 프로그램과 수행 결과를 제공한다.

```
# 부분 모듈을 함수로 정의한다

coin<-function(){
   x<-runif(1) # 0~1사이의 값을 생성

   if(x<=1/2) men<-1
   else       men<-0

   return(men)
}

# 부분 모듈을 함수로 정의한다
coinFunction <- function(n) {
    count <- 0

    for( i in 1:n) {
        x<-coin()
        if(x==1) count<-count+1;
    }
    return(count)
}

# 시뮬레이션 정의
coinSimulation <-function(n) {
   count <- 0;
   for(i in 1:n) {
      count <- count + coinFunction(20)
   }

   return(count/n)
}
```

[그림 8-20] 동전 던지기에서 앞면이 나올 가능성을 구하는 소스

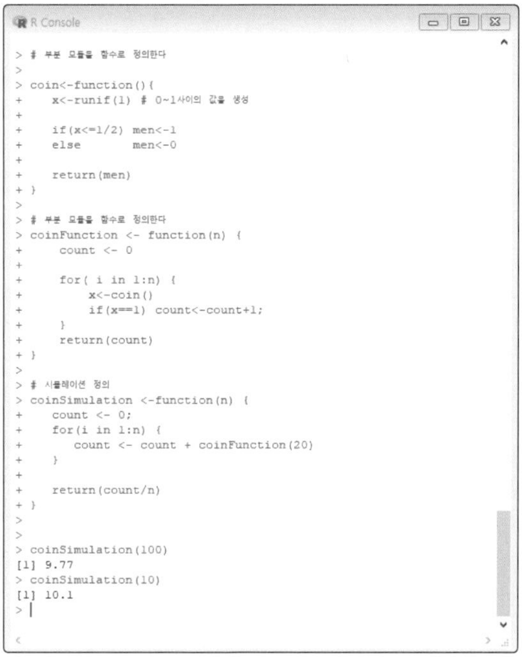

```
> # 부분 모듈을 함수로 정의한다
>
> coin<-function(){
+    x<-runif(1) # 0~1사이의 값을 생성
+
+    if(x<=1/2) men<-1
+    else       men<-0
+
+    return(men)
+ }
>
> # 부분 모듈을 함수로 정의한다
> coinFunction <- function(n) {
+     count <- 0
+
+     for( i in 1:n) {
+         x<-coin()
+         if(x==1) count<-count+1;
+     }
+     return(count)
+ }
>
> # 시뮬레이션 정의
> coinSimulation <-function(n) {
+    count <- 0;
+    for(i in 1:n) {
+       count <- count + coinFunction(20)
+    }
+
+    return(count/n)
+ }
>
>
> coinSimulation(100)
[1] 9.77
> coinSimulation(10)
[1] 10.1
> |
```

[그림 8-21] 동전 던지기에서 앞면이 나올 가능성을 구하는 소스(결과)

[그림 8-21]은 [그림 8-20]에서 제공한 소스를 수행한 결과다. 얻고자 하는 결과는 앞면이 나오는 가능성에 대한 것인데, 수행한 결과는 9.77, 10.1와 같은 숫자가 표시됐다. 복습을 위해 결과에 나타난 숫자의 의미를 파악해보고 우리가 원하는 가능성을 표시하고자 하면 [그림 8-20]의 소스가 어떻게 바뀌면 되는지 한번 생각해보자.

[그림 8-22]는 제공된 면적을 구하기 위해 몬테카를로 시뮬레이션을 사용하는 경우에 대한 것이다. 곡선으로 된 부분의 면적은 일반적으로 구하기 어렵다. 그래서 사용하는 방법이 적분이다. 몬테카를로 시뮬레이션은 특정 점을 무작위로 많이 발생시켜 발생한 점이 면적을 구하고자 하는 곳에 해당하는지를 점검해 전체 점의 개수와 면적을 구하고자 하는 곳에 해당하는 점의 개수 비율을 구한다. 이 비율을 이용해 면적을 구한다.

[그림 8-22]에서 전체 면적 1에서 100개의 점이 생성되고 80개가 원에 속한다면 면적은 0.8이 된다. 이 방법은 적분보다 간단하고 정확성이 어느 정도 보장되는 효과적인 기법이다. 이번 예를 통해 R을 활용해 몬테카를로 시뮬레이션을 수행하는 요령을 파악하기 바란다.

[그림 8-22]에 구하고자 하는 면적과 소스 코드 그리고 실행 결과가 있다.

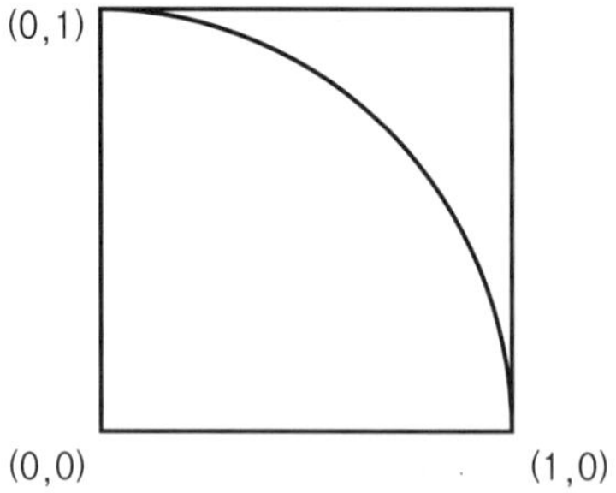

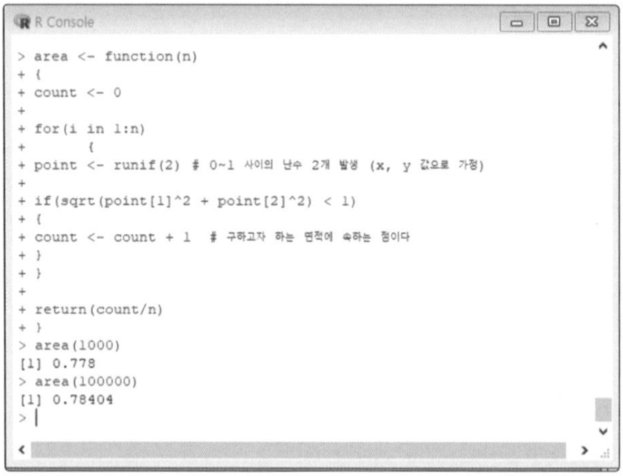

```
> area <- function(n)
+ {
+ count <- 0
+
+ for(i in 1:n)
+       {
+ point <- runif(2) # 0~1 사이의 난수 2개 발생 (x, y 값으로 가정)
+
+ if(sqrt(point[1]^2 + point[2]^2) < 1)
+ {
+ count <- count + 1  # 구하고자 하는 면적에 속하는 점이다
+ }
+ }
+
+ return(count/n)
+ }
> area(1000)
[1] 0.778
> area(100000)
[1] 0.78404
>
```

[그림 8-22] 면적을 구하기 위해 몬테카를로 시뮬레이션을 사용하는 예

[그림 8-22]에서 제시하는 1/4 원의 넓이는 (1×1×3.14) / 4로 구할 수 있다. 값은 0.785이다. 몬테카를로에서 1,000번을 반복한 것은 0.778이고, 100,000번을 반복한 것은 0.784이다. 반복을 많이 하면 점점 정답에 가까워진다는 점을 확인하기 바란다.

8.5 요약

8장의 내용은 데이터 분석가에게는 아주 유용하고 다양하게 활용할 수 있는 기술을 소개하는 것이다. 최근에 워드 클라우드와 소셜 네트워크 분석은 다양한 곳에서 많이 수행되고 있는 분석 기술이다. 의료 분야에서 다수의 구조 방정식을 적용한 논문이 지속적으로 발표되는 것만 보아도 구조 방정식의 유용성을 확인할 수 있다.

다음 질문을 통해 8장에서 배운 내용을 확인해보자.

- 워드 클라우드는 무엇이며, 어디에 사용하는가?
- 워드 클라우드를 구현하기 위해 사용할 수 있는 프로그램은 어떤 것이 있는가?
- 소셜 네트워크란 무엇인가?
- 소셜 네트워크 분석을 위해 사용할 수 있는 프로그램은 어떤 것이 있는가?
- 경로 분석은 무엇이고 언제 사용하는 기법인가?
- 구조 방정식과 경로 분석은 어떤 관계를 갖는가?
- 몬테카를로 시뮬레이션의 원리는 무엇인지 설명하라.

PART 04

데이터 분석 및 전처리 기법

- 데이터 분석가의 필요 역량에 대해 알아본다.
- 데이터 분석 및 탐색의 과정에 대해 알아본다.
- 데이터 클린징에 관련된 다양한 기법에 대해 알아본다.
- 데이터 전처리 기법에 대해 알아본다.
- 데이터 분석을 위한 데이터 조작 기법에 대해 알아본다.

09 데이터 분석 및 전처리 기법

통계는 샘플링을 통해 모집단을 예측하는 것이므로 데이터의 분석이나 조작을 특별히 할 일이 없다. 관심사는 샘플링한 표본이 모집단을 대신할 수 있는지를 확인하는 것이고 이를 통해 모집단을 추정, 검정하는 것이 목적이다.

데이터 마이닝은 분석을 위한 목적(연관 관계, 예측, 분류 등)을 세우고 필요한 데이터를 취합한 다음 전체 데이터를 대상으로 원하는 결과를 얻기 위해 다양한 기법을 적용하는 것이므로 데이터의 분석보다 다양한 분석 기법이 더 중요하다.

IoT(Internet of Thing) 시대에는 인터넷에 연결된 다양한 장비(CCTV, 스마트폰 통화 기록, 전자상거래 기록, 카드 사용 내역 등)가 자동으로 발생하는 데이터(빅데이터)를 분석 대상으로 하기 때문에 분석해야 할 데이터의 형태도 다양하고 데이터 자체도 결함이 많고 양도 많고 무한정 누적되는 특성이 있다. 이런 이유로 IoT 시대의 빅데이터 환경에서는 데이터를 분석할 수 있도록 변형하고 보완하고 축소하는 과정이 중요하다.

9장에서는 빅데이터 시대의 중요 과정인 데이터 분석 및 전처리에 대해 알아본다. 데이터 분석에 대해 공부하고자 한다면 반드시 이해하고 익혀둬야 하는 분야다.

9.1 데이터 분석에 필요한 역량

데이터 분석(Data Analysis)은 데이터로부터 원하는 결과를 얻는 과정을 말한다. 올바른 데이터 분석을 위해 담당자가 갖춰야 하는 역량은 다음과 같다.

데이터에 대한 이해

목적에 따라 어떤 데이터를, 어디에서 어떻게, 어떤 모양으로 수집해야 하는지를 알아야 한다. 그리고 수집된 데이터의 의미를 이해할 수 있어야 한다. 이를 위해서는 데이터 관련 분야에 대한 업무 지식과 경험이 있어야 한다.

통계 및 분석 방법에 대한 이해

데이터의 분석을 위해 통계, 데이터 마이닝, 머신러닝(지도학습/비지도학습), 데이터의 시각화(Data Visualization) 등 다양한 기법에 대해 이해하고 있어야 한다. 앞에서 학습한 내용이 대부분 이에 대한 것이다.

주어진 데이터를 대상으로 분석을 수행하는 경우(통계)도 있지만, 많은 경우에 어떤 결과를 어떤 기법을 사용해 도출할 것인지를 결정하고 데이터를 역으로 수집하는 경우(데이터 마이닝)도 있다. 이런 경우에 목적에 따른 분석 기법과 과정의 사전 결정이 중요한 역할을 한다. 빅데이터 환경은 원데이터에서 분석을 위한 데이터를 생성하는 과정이 필요하므로 분석 방법에 대한 이해가 절대적이다.

분석 도구에 대한 이해

데이터 분석을 수행하는 도구에 대한 숙련도가 필요하다. Excel, SAS, SPSS, R, Python Library, Weka 등 다양한 분석 도구를 분석 목적과 데이터의 상태에 맞춰 사용할 수 있어야 한다. 정형화된 데이터를 대상으로 하는 분석을 수행하는 경우에는 R, SAS, SPSS가 적당하고 데이터의 조작이나 변형 등의 과정이 필요한 경우(분석을 위한 데이터가 확정돼 있지 않은 경우)에는 Scikit Learn + Python의 조합이 강점이 있다.

개인적으로 간단한 분석을 수행하고자 하면 Excel이 유력한 대안이다.

- **비즈니스 커뮤니케이션:** 분석 대상을 정의하고 분석을 수행하고 결과 보고서를 만들고 고객에게 전달하는 과정에 대한 숙련도가 필요하다. 보고서의 제작과 자료의 정리, 최종 발표 자료의 준비를 위해 PowerPoint, Visio, Excel & 그래프, R의 그래픽 기능, Word/한글 등의 도구를 활용할 수 있어야 한다. 그리고 고객의 입장에서 업무를 바라보는 시각을 가져야 한다.

9.2 데이터 분석의 유형

데이터 분석을 수행할 때 가장 먼저 해야 하는 일은 '문제 정의'다. 데이터 분석을 시작하기 전에 '데이터 분석을 통해 알고 싶은 것'을 구체적이고 명확하게 정의하지 않으면 어떻게 분석해야 하는지를 결정할 수 없다.
여기에서는 명확한 문제 정의를 위해 알아야 하는 데이터 분석의 유형을 정리한다.

서술적 분석(Descriptive Analysis)

주어진 데이터를 조작해 결과를 얻는 것을 말한다. 데이터를 계산/조작해 얻어진 사실만을 표현하며 해석의 과정이 없다. 주로 파이그래프, 산점도, 막대 그래프 등이 사용되며 요약 테이블을 제작하는 경우도 있다(예 제품의 월별 매출 현황, 제품별/지역별 판매 현황).

탐구적 분석(Exploratory Analysis)

여러 변수 간의 흐름(Trend)이나 패턴, 관계를 찾는 것이다. 모델링보다는 그래프를 통해 수행되는 경우가 많고 데이터 분석의 초기에 데이터의 특성을 파악하고 가설을 수립하기 위해 사용한다.

- **분석 시 주의 사항**
  - Target Oriented: 분석의 목적을 염두에 두고 작업을 진행한다. 흥미로운 내용이 발견돼도 목적에 맞지 않으면 보류하는 집중력이 필요하다.
  - Reproductibility: 변수의 수가 많은 경우, 변수 간의 관계에 대한 여러 종류의 그래프를 그린다. 이때 이들의 종합적 분석을 위해 이미 생성한 자료의 체계적인 관리가 필요하다.

추정 분석(Inferential Analysis)

샘플과 모집단 간의 관계를 탐구하는 분석이고 통계에 관련된 기법이 사용된다. 대표적으로 추정과 검정의 작업을 수행하는 것이다. 3장에서 다뤘다.

예측 분석(Predictive Analysis)

머신러닝(Machine Learning), 의사결정 트리(Decision Tree) 등 다양한 기법을 사용해 미래에 대한 예측을 수행하는 것이다. 모델을 만들고 데이터를 이용해 학습을 수행한 다음 이를 이용해 예측을 수행한다. 4, 5, 6장에서 다뤘다.

이와 비슷한 용어로 규범 분석(Prescriptive Analysis)이 있는데 이것은 구성된 예측 모델을 바탕으로 어떤 의사결정을 해야 하는지를 다루는 것이다. 예측 모델에 의사결정을 위한 변수를 포함한 것으로 생각하면 된다.

인과 분석(Causal Analysis)

독립변수와 종속변수 간의 인과관계가 있는지를 확인하기 위한 분석이다. 선형회귀(Linear Regression)가 많이 사용되고, 변수가 여러 개인 경우에는 다변량 회귀(Multi-Variable Regression)가 사용되며, 변수가 범주형일 경우에는 로지스틱 회귀(Logistic Regression)가 사용된다. 4, 7장에서 다뤘다.

기계론적 분석(Mechanistic Analysis)

독립변수가 어떤 과정을 통해 종속변수에 영향을 미치는지를 분석하는 것이다. 분석의 난이도가 높고 다양한 방법이 존재한다. 이 책에서 다루는 많은 기법들을 연계해 사용한다. 예로 8장의 구조 방정식을 생각할 수 있다.

참고 인과 분석 vs. 기계론적 분석

인과 분석은 독립변수, 종속변수 간의 인과관계를 밝히는 것이고 기계론적 분석은 독립변수가 어떤 작용을 통해 종속변수에 영향을 미치는지를 이해하는 것이다. 동일한 데이터를 사용하지만 분석의 목적이 다르다.

참고 인과 분석 vs. 예측 분석

인과 분석은 금연 성공률에 영향을 미치는 변수가 무엇인지를 찾아내는 것이고 예측 분석은 금연 성공률에 영향을 미치는 모든 요소를 적용해 모델을 만들고 금연 성공률을 예측하는 것이다.

9.3 데이터 탐색 과정

데이터 분석의 첫 번째 단계는 분석해야 할 데이터를 탐색하는 것이다. 데이터 탐색의 과정을 이해하기 위해 R에서 제공하는 iris 데이터를 대상으로 데이터에 대한 탐색을 진행해본다.

```
# 데이터의 앞부분을 확인한다. 5개의 열이 있다.
> head(iris)      # Sepal은 꽃받침, Petal은 꽃잎이다.
  Sepal.Length Sepal.Width Petal.Length Petal.Width    Species
1          5.1         3.5          1.4         0.2     setosa
2          4.9         3.0          1.4         0.2     setosa
3          4.7         3.2          1.3         0.2     setosa
4          4.6         3.1          1.5         0.2     setosa
5          5.0         3.6          1.4         0.2     setosa
6          5.4         3.9          1.7         0.4     setosa

> tail(iris)      # iris 데이터의 마지막 부분을 확인한다. 150개의 데이터가 있다.
  Sepal.Length Sepal.Width Petal.Length Petal.Width    Species
145        6.7         3.3          5.7         2.5  virginica
146        6.7         3.0          5.2         2.3  virginica
147        6.3         2.5          5.0         1.9  virginica
148        6.5         3.0          5.2         2.0  virginica
149        6.2         3.4          5.4         2.3  virginica
150        5.9         3.0          5.1         1.8  virginica

> summary(iris)   # 데이터의 각 열의 기본 통계량을 확인한다.
  Sepal.Length    Sepal.Width     Petal.Length    Petal.Width          Species
 Min.   :4.300   Min.   :2.000   Min.   :1.000   Min.   :0.100   setosa    :50
 1st Qu.:5.100   1st Qu.:2.800   1st Qu.:1.600   1st Qu.:0.300   versicolor:50
 Median :5.800   Median :3.000   Median :4.350   Median :1.300   virginica :50
 Mean   :5.843   Mean   :3.057   Mean   :3.758   Mean   :1.199
 3rd Qu.:6.400   3rd Qu.:3.300   3rd Qu.:5.100   3rd Qu.:1.800
 Max.   :7.900   Max.   :4.400   Max.   :6.900   Max.   :2.500
```

```
> str(iris)                                                    # 데이터를 구성하는 열 속성 확인
'data.frame': 150 obs. of  5 variables :                       # 150개의 데이터, 5개의 변수
 $ Sepal.Length: num  5.1 4.9 4.7 4.6 5 5.4 4.6 5 4.4 4.9 ...  # 숫자 변수
 $ Sepal.Width: num  3.5 3 3.2 3.1 3.6 3.9 3.4 3.4 2.9 3.1 ...
 $ Petal.Length: num  1.4 1.4 1.3 1.5 1.4 1.7 1.4 1.5 1.4 1.5 ...
 $ Petal.Width: num  0.2 0.2 0.2 0.2 0.2 0.4 0.3 0.2 0.2 0.1 ...
 $ Species : Factor w/ 3 levels "setosa","versicolor",..: 1 1 1 .. # 3 팩터 변수
>
> plot(iris)  # 데이터를 구성하는 열 간의 연관성을 그림으로 확인한다([그림 9-1] 참조).
```

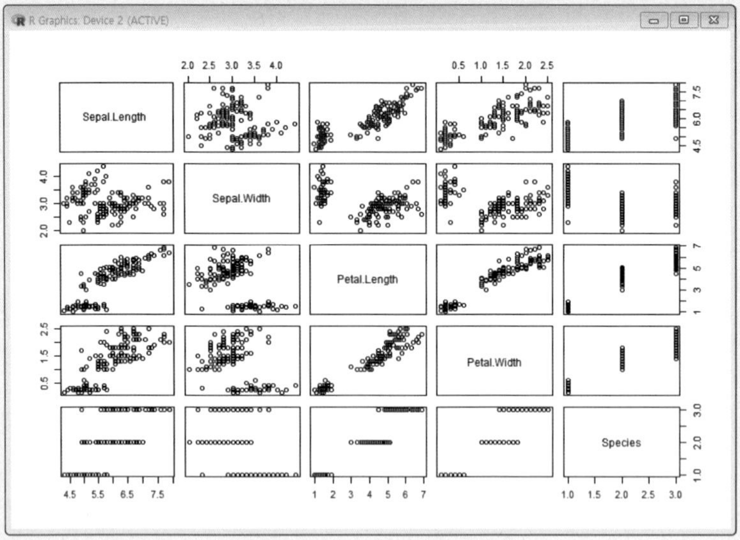

[그림 9-1] iris 데이터 산점도 통합

열 간의 연관성이 파악됐으므로 이제 특정 열에 대한 정보를 파악해볼 시간이다. Iris 데이터 중 Sepal.Length의 데이터 모습을 살펴보자.

```
> plot(iris$Sepal.Length)      # 데이터의 모습을 그림으로 파악할 수 있다([그림 9-2] 참조).
```

데이터는 150개이고 범위는 4~8 정도에 걸쳐 있다. Length에 따라 어느 정도 무리 지어 있다는 것을 확인할 수 있다. 그래프를 통해 자세하게 분석하면 분석해야 하는 데이터가 갖는 특성을 많이 발견할 수 있다. 다른 열에 대해서도 그림을 그려 데이터가 갖는 특성을 파악해보자.

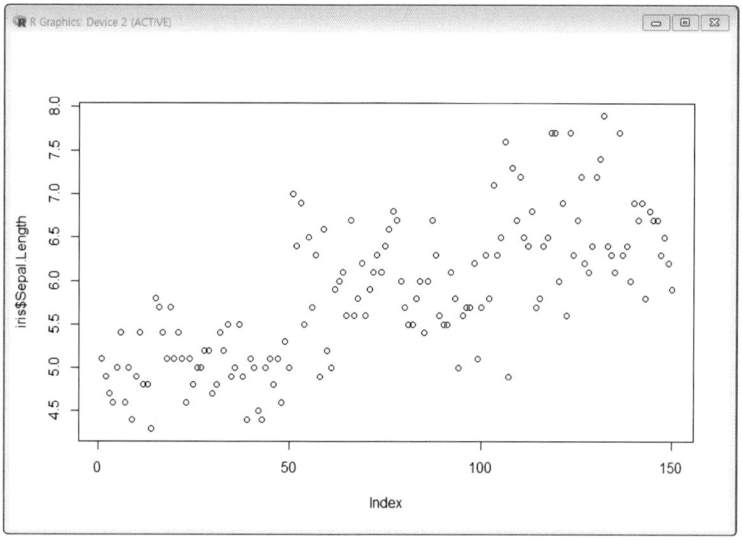

[그림 9-2] iris 데이터 중 Sepal.Length 데이터 산점도

앞의 과정을 통해 한 열에 대한 분석이 마무리됐다면, 이제는 열 간의 연관 관계에 대해 분석해 보자. iris 데이터 중 Sepal.Length와 Petal.Length를 비교해서 분석하고 싶다고 가정하고 비교하고자 하는 데이터를 이용해 그림을 그린다.

```
# 분석을 위해 iris에서 Sepal.Length, Petal.Length 데이터를 뽑아낸다.
> Sepal_Length <- iris[,1]     # iris에서 Sepal.Length를 뽑아 Sepal_Length에 할당한다.
> Petal_Length <- iris[,3]     # iris에서 Petal.Length를 뽑아 Petal_Length에 할당한다.

# 새로운 데이터를 구성한다.
> temp <- cbind(Sepal_Length, Petal_Length)  # 열 2개로 행렬을 만든다.

# 새로운 데이터로 분석을 위한 그림을 그린다([그림 9-3] 참조).
> boxplot(temp)
```

그림을 통해 두 열이 갖는 값의 분포가 다른 것을 확인한다. 데이터 간의 연관 관계에 대한 분석은 위의 과정을 거쳐 다양하게 진행할 수 있다. 다른 것들에 대해서도 작업을 수행해 특성을 파악한다.

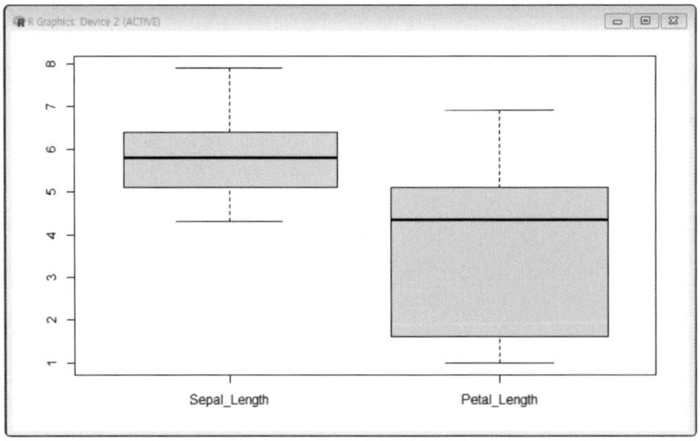

[그림 9-3] Sepal.Length과 Petal.Length의 박스 그래프

이번에는 Sepal.Length와 Sepal.Width가 각 종류별로 어떻게 분포가 되는지를 알아보자. 다시 말하면 setosa라는 종은 Sepal.Length, Sepal.Width가 어떻게 분포되고 versicolor, virginica 종은 어떻게 분포되는지를 알아보는 것이다.

다음과 같은 산점도를 통해 각 종별 Sepal.Length, Sepal.Width를 비교할 수 있다.

```
> plot(iris$Sepal.Length, iris$Sepal.Width, pch=as.numeric(iris$Species)) # [그림 9-4] 참조
```

그래프는 데이터에 있는 Sepal.Length, Sepal.Width가 종에 따라 어떻게 분포되는지를 보여주고 있다. 데이터의 가독성을 위해 각 표시(o, + ...)가 어떤 종을 의미하는지를 표현해주면 더 좋다. 여기에서는 데이터의 분석에 대한 것이 주요 관심사이므로 Petal.Length와 Petal.Width가 종에 따라 어떤 분포를 보이는지 확인하자. 추가로 Sepal.Length와 Petal.Length도 종에 따라 어떻게 표현되는지 확인하자.

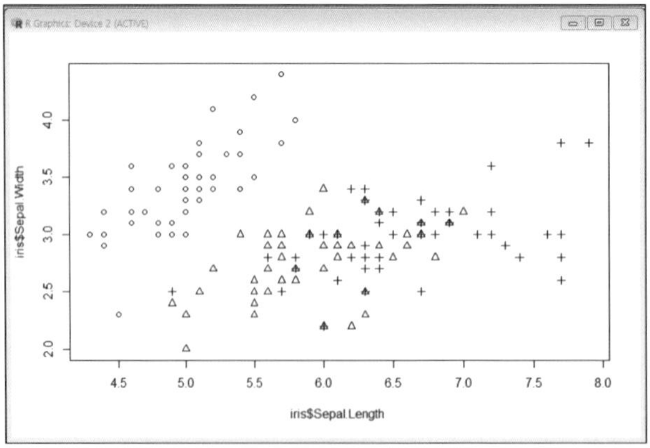

[그림 9-4] Sepal.Length과 Petal.Length의 plot

이제 데이터 탐색의 마지막으로 R에서 기본적으로 제공하는 것 외에 별도의 패키지를 설치해 데이터를 탐색하자.

```
> install.packages("caret")
> library(caret)                  # 별도의 패키지 설치

# iris의 4개 데이터와 Species의 관계를 분석한다([그림 9-5] 참조).
> featurePlot(iris[,1:4], iris$Species)
```

[그림 9-5]는 [그림 9-4]와는 다르게 데이터의 4개의 열이 setosa, versicolor, virginica라는 종별로 어떻게 분포되는지를 보여준다. 분석의 시각이 앞에서 했던 것과는 다른 관점을 제공하는 것이다.

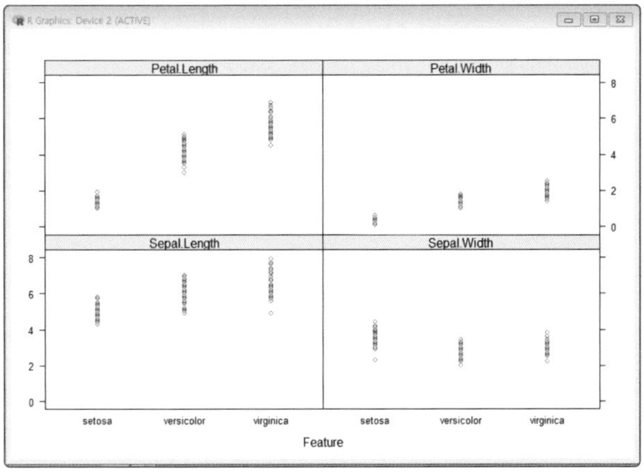

[그림 9-5] iris 데이터 Species에 대한 분석

데이터의 탐색은 위와 같이 주어진 데이터를 다양한 관점에서 바라봄으로써 향후 분석을 위한 기본적인 사항을 파악하는 것에 큰 의미가 있다. 대부분의 경우, 그래프를 통해 파악하는 경우가 많으므로 그림을 통해 데이터를 탐색하는 과정을 단계별로 실습과 함께 설명했다. 특별한 경우가 아니면 앞에서 설명한 순서와 관점을 갖고 대부분의 데이터에 대한 탐색을 수행할 수 있을 것이다.

9.4 데이터 전처리 과정 정리(데이터 클린징)

데이터 전처리는 데이터 분석을 수행하기 전에 데이터에 대한 형식의 변경이나 보완 작업을 수행하는 것을 말한다. 과거에는 필요한 데이터를 구성해서 분석을 수행하는 경우가 많아 데이터 자체에 결함이 생기는 경우는 적었다. 하지만 최근 빅데이터 시대에 접어들면서 IoT의 다양한 장비나 센서 등에서 자동적으로 생성되는 데이터는 그 자체로도 일정한 형식이 없고 데이터 자체도 완벽하지 않다. 그래서 데이터 분석에 적합하지 않은 경우가 많다. 그래서 IoT 환경의 빅데이터는 데이터의 전처리 과정이 중요한 부분으로 인식되고 있다.

데이터의 전처리 절차

- 데이터 확인
- 데이터 형식의 변경
- 결측값 처리
- 이상값 처리
- 특성 조작

각 항목에 대해 별도의 장으로 구분해 자세하게 설명한다.

9.4.1 데이터 확인

분석을 위해 데이터를 취합했다면 데이터를 자세히 살펴보고 어떤 분석을 수행할지에 대해 고민해보는 단계다.

변수 확인 단계

취합된 데이터에 대해 다음 사항을 확인한다.

- 독립변수, 종속변수의 정의
- 각 변수의 유형(예 연속형인지, 범주형인지 등) 확인
- 변수의 데이터 타입(예 문자, 숫자. 등) 확인

데이터의 성격을 발견하는 단계

변수에 대한 기술적인 부분을 확인하는 단계이다.

- **각 변수에 대한 분석**

  각 변수에 대한 성격과 특이점을 파악하는 단계이다. 히스토그램을 포함한 다양한 그림과 통곗값을 활용해 데이터의 특성을 파악한다. 9.3을 참조하기 바란다.

- **두 변수에 대한 분석**

데이터 구성	분석을 위한 그래프	분석 방법
연속형–연속성	산점도를 통한 상호 관계 분석	Correlation(상관) 분석
범주형–범주형	누적 막대 그래프를 통한 상호 관계 분석	Chi–Square 분석 (두 변수가 독립적인지 여부에 대한 분석)
범주형–연속형	누적 막대 그래프 또는 범주별 히스토그램을 이용한 분석	2개의 경우: t–test 3개의 경우: ANOVA

- **셋 이상의 변수에 대한 분석**

  3차원 그림을 통해 파악하거나 변수를 2개씩 짝을 지어 분석하는 방법을 사용한다. 데이터의 수집과 구성 그리고 데이터의 성격을 발견하는 단계에 대해 정리했다. 이를 위해 9.3에서 설명한 내용을 다시 확인해보자. 지금 단계에서는 일단 내용을 이해하고 데이터의 구성과 특성의 파악을 위해 그래프를 중점적으로 사용한다. 변수 간의 관계나 여러 변수 간의 관계의 파악은 3장 통계 분석 부분을 참고하기 바란다.

9.4.2 데이터 형식의 변경

취합된 데이터의 모습을 분석하고 파악된 데이터형이 분석에 적합한지를 고려해 필요하다면 데이터의 형식을 변경하는 작업을 수행한다.

R에서 제공하는 데이터 형 변환 명령어 정리

함수	의미
`as.factor(x)`	주어진 객체 x를 벡터로 변환
`as.numeric(x)`	주어진 객체 x를 숫자로 저장한 벡터로 변환
`as.character(x)`	주어진 객체 x를 문자열을 저장한 벡터로 변환
`as.matrix(x)`	주어진 객체 x를 행렬로 변환
`as.array(x)`	주어진 객체 x를 배열로 변환
`as.data.frame(x)`	주어진 객체 x를 데이터 프레임으로 변환

R에서 제공하는 명령어를 사용하는 대표적인 예를 정리했다. 정리된 명령어의 사용 방법은 다음 내용을 참고하기 바란다.

- **벡터→행렬로 변환:** cbind( ), rbind( ), as.matrix( ), matrix(vec, n, m)은 vec를 n x m 행렬로 변환

- **벡터→데이터 프레임으로 변환:** as.data.frmae(vec), as.data.frame(rbind(vec))
- **행렬→벡터로 변환:** as.vector(matrix)
- **행렬→데이터 프레임으로 변환:** as.data.frame(matrix)
- **데이터 프레임→벡터로 변환:** dfm[1,] , dfm[,1]
- **데이터 프레임→행렬로 변환:** as.matrix(dfm)

데이터 변환에 대해 제공한 표와 명령어 요약에 대한 이해를 위해 간단한 예제를 통해 실습해보자.

```
> x <- 0:2                          # 데이터를 구성한다.
> x
[1] 0 1 2
> str(x)                            # 데이터의 속성을 파악한다. 숫자다.
 int [1:3] 0 1 2

> x1 <- as.numeric(x)               # 숫자로 변환한다.
> x1
[1] 0 1 2
> str(x)                            # 원래 숫자이기 때문에 변화가 없다.
 int [1:3] 0 1 2

> x2 <- as.data.frame(x1)           # 데이터 프레임으로 변환한다.

# 1개의 컬럼을 갖는 데이터 프레임으로 변환됐다. 확장하고자 하면
# 동일한 것을 하나 더 만든 후 cbind(x2, x4)를 이용해 데이터를 구성한다.
> x2
  x1
1  0
2  1
3  2
> str(x2)                           # 변환된 것을 확인한다.
'data.frame':   3 obs. of  1 variable:
 $ x1: num  0 1 2

> x3 <- as.character(x1)            # 문자로 변환한다.
> x3
[1] "0" "1" "2"
> str(x3)                           # 변환된 것을 확인한다.
 chr [1:3] "0" "1" "2"

> x4 <- as.factor(x1)               # 범주형인 Factor로 변환한다.
> x4
[1] 0 1 2
Levels: 0 1 2
> str(x4)                           # 0, 1, 2의 3개 팩터가 있다는 것을 보여준다.
 Factor w/ 3 levels "0","1","2": 1 2 3
>
```

연습 33 데이터 전처리 과정에 대한 연습이다. 다음 명령어를 실행하고 어떤 역할을 하는지를 식별해보자. 가장 간단한 전처리 과정이다.

```
> str(iris)
'data.frame':  150 obs. of  5 variables:
 $ Sepal.Length: num  5.1 4.9 4.7 4.6 5 5.4 4.6 5 4.4 4.9 ...
 $ Sepal.Width: num  3.5 3 3.2 3.1 3.6 3.9 3.4 3.4 2.9 3.1 ...
 $ Petal.Length: num  1.4 1.4 1.3 1.5 1.4 1.7 1.4 1.5 1.4 1.5 ...
 $ Petal.Width: num  0.2 0.2 0.2 0.2 0.2 0.4 0.3 0.2 0.2 0.1 ...
 $ Species    : Factor w/ 3 levels "setosa","versicolor",..: 1 1 1 1 1 1 1 1 1 1
...
> View(iris)
> head(iris)
  Sepal.Length  Sepal.Width  Petal.Length  Petal.Width    Species
1          5.1          3.5           1.4          0.2     setosa
2          4.9          3.0           1.4          0.2     setosa
3          4.7          3.2           1.3          0.2     setosa
4          4.6          3.1           1.5          0.2     setosa
5          5.0          3.6           1.4          0.2     setosa
6          5.4          3.9           1.7          0.4     setosa
> NewData <- iris[, 1:4]
> head(NewData)
 Sepal.Length Sepal.Width Petal.Length Petal.Width
1          5.1         3.5          1.4         0.2
2          4.9         3.0          1.4         0.2
3          4.7         3.2          1.3         0.2
4          4.6         3.1          1.5         0.2
5          5.0         3.6          1.4         0.2
6          5.4         3.9          1.7         0.4
> names(NewData) <- c("SepalLength", "SepalWidth", "PetalLength", "PetalWidth")
> head(NewData)
  SepalLength   SepalWidth   PetalLength   PetalWidth
1         5.1          3.5           1.4          0.2
2         4.9          3.0           1.4          0.2
3         4.7          3.2           1.3          0.2
4         4.6          3.1           1.5          0.2
5         5.0          3.6           1.4          0.2
6         5.4          3.9           1.7          0.4
>    NewData2              <-NewData$SepalLength
>head(NewData2)
[1] 5.1 4.9 4.7 4.6 5.0 5.4
> NewData3 <- NewData[1:4,]
> NewData3
  SepalLength   SepalWidth   PetalLength   PetalWidth
1         5.1          3.5           1.4          0.2
2         4.9          3.0           1.4          0.2
3         4.7          3.2           1.3          0.2
4         4.6          3.1           1.5          0.2
>
```

9.4.3 결측값 처리

일반적인 분석 환경은 데이터를 만드는 것이므로 결측값이 많이 발생하지 않지만, 빅데이터 시대에는 자동 생성되는 많은 데이터를 대상으로 하므로 결측값의 발생 가능성이 높다. 결측값은 분석에서 잘못된 결과를 가져올 수 있으므로 적절한 조치가 필요하다.

결측값의 처리 방법

- **삭제(Deletion):** 결측값이 발생한 모든 관측 값을 삭제하거나(전체 삭제), 결측이 발생한 변수를 삭제하는 방법(부분 삭제)이 있다. 삭제는 결측값이 무작위로 발생하는 경우에 적용한다.
- **다른 값으로 대체(Replacement):** 결측값을 평균값, 최빈값, 중간값 중의 하나로 대체하는 방법(일괄 대체 방법)과 범주형 데이터를 활용해 비슷한 유형의 평균값으로 대체하는 방법(유사 유형 대체 방법)이 있다. 대체 방법은 결측값이 발생한 데이터가 다른 데이터와 관계가 있는 경우에 사용한다.
- **예측값 삽입(Insert):** 결측값이 없는 데이터를 사용해 결측값을 예측하는 모델을 만들고 이를 통해 결측값을 예측하는 방법이다. 회귀(Regression) 분야에서 주로 사용하는데, 결측값이 많으면 사용하기 어렵다.

▪ 결측값의 처리 사례: 삭제(Deletion)

```
> iris_test <- iris              # iris에서 테스트를 위한 데이터를 만든다.

# 테스트 데이터 5, 7, 8, 20, 60, 100의 첫 번째 열에 결측값을 임의로 넣는다.
> iris_test[c(5, 7, 8, 20, 60, 100), 1] <- NA

# 테스트 데이터 1, 2, 3의 세 번째 열에 결측값을 임의로 넣는다.
> iris_test[c(1, 2, 3),3] <- NA

# 결측값이 있는 데이터를 출력한다. 앞의 명령어 수행 결과를 확인한다.
> iris_test[!complete.cases(iris_test),]
    Sepal.Length  Sepal.Width  Petal.Length  Petal.Width     Species
1            5.1          3.5            NA          0.2      setosa
2            4.9          3.0            NA          0.2      setosa
3            4.7          3.2            NA          0.2      setosa
5             NA          3.6           1.4          0.2      setosa
7             NA          3.4           1.4          0.3      setosa
8             NA          3.4           1.5          0.2      setosa
20            NA          3.8           1.5          0.3      setosa
60            NA          2.7           3.9          1.4  versicolor
100           NA          2.8           4.1          1.3  versicolor

# 결측값을 빼고 나머지 데이터의 평균을 구한다.
> mapply(mean, iris_test[1:4], na.rm=TRUE)
    Sepal.Length  Sepal.Width  Petal.Length  Petal.Width
        5.874306     3.057333      3.806803     1.199333
```

■ 결측값의 처리 사례: 다른 값으로 대체(Replacement)

```
> install.pacakges("DMwR") # 결측값의 처리를 지원하는 패키지를 설치한다.

> library(DMwR)

# 앞의 iris_test 데이터를 이어서 사용한다. 결측값이 있는 데이터를 확인한다.
> iris_test[!complete.cases(iris_test),]
    Sepal.Length    Sepal.Width    Petal.Length    Petal.Width        Species
1            5.1            3.5              NA            0.2         setosa
2            4.9            3.0              NA            0.2         setosa
3            4.7            3.2              NA            0.2         setosa
5             NA            3.6             1.4            0.2         setosa
7             NA            3.4             1.4            0.3         setosa
8             NA            3.4             1.5            0.2         setosa
20            NA            3.8             1.5            0.3         setosa
60            NA            2.7             3.9            1.4     versicolor
100           NA            2.8             4.1            1.3     versicolor

# 결측값을 중앙값을 이용해 채운다.
> centralImputation(iris_test[1:4]) [c(1,2,3,5,7,8,20,60,100),]
    Sepal.Length    Sepal.Width    Petal.Length    Petal.Width
1            5.1            3.5             4.4            0.2
2            4.9            3.0             4.4            0.2
3            4.7            3.2             4.4            0.2
5            5.8            3.6             1.4            0.2
7            5.8            3.4             1.4            0.3
8            5.8            3.4             1.5            0.2
20           5.8            3.8             1.5            0.3
60           5.8            2.7             3.9            1.4
100          5.8            2.8             4.1            1.3

# 결측값을 중앙값을 이용해 채운 것을 test에 할당한다.
> test <- centralImputation(iris_test[1:4]) [c(1,2,3,5,7,8,20,60,100),]

# test의 평균값을 구한다. 앞 페이지에서 결측값을 뺀 것과 비교해보기 바란다.
> mapply(mean, test[1:4], na.rm=TRUE)
    Sepal.Length    Sepal.Width    Petal.Length    Petal.Width
       5.5000000      3.2666667       3.0000000      0.4777778
>

# knnImputation은 결손값을 보완하기 위해 단순한 중앙값이 아니라
# k 최근 이웃 분류 알고리즘을 사용해 k개 인접 이웃값의 가중 평균으로 대체한 예이다.

> knnImputation(iris_test[1:4]) [c(1,2,3,5,7,8,20,60,100),]
    Sepal.Length    Sepal.Width    Petal.Length    Petal.Width
1       5.100000            3.5        1.516369            0.2
2       4.900000            3.0        1.474809            0.2
3       4.700000            3.2        1.465061            0.2
5       5.126393            3.6        1.400000            0.2
```

```
7       5.121179                3.4         1.400000           0.3
8       5.135950                3.4         1.500000           0.2
20      5.322481                3.8         1.500000           0.3
60      5.782111                2.7         3.900000           1.4
100     5.977315                2.8         4.100000           1.3

# knn을 적용한 데이터를 test2에 할당한다.
> test2 <- knnImputation(iris_test[1:4]) [c(1,2,3,5,7,8,20,60,100),]

# knn을 적용한 것의 평균을 구한다. 앞의 결측값, 중앙값과 비교하라.
> mapply(mean, test2[1:4], na.rm=TRUE)
   Sepal.Length    Sepal.Width  Petal.Length    Petal.Width
      5.2406032      3.2666667     2.0284709      0.4777778
>
```

결측값 처리 방법 중 예측값 삽입은 별도의 실습 없이 내용을 이해하는 것으로 마무리한다. 이유는 많이 사용되지 않기 때문이다. 다만, 데이터 분석을 공부하는 사람으로 이런 기법도 있다는 것을 알고 있는 것으로 충분하다.

9.4.4 이상값 처리

이상값은 다른 데이터와 동떨어진 데이터를 말한다. 이상값은 데이터를 박스 그래프나 히스토그램을 이용해 시각화하면 보인다. 2개의 변수 간 이상값을 찾기 위해서는 plot을 사용하면 발견할 수 있다.

이상값 처리하기

- **단순 삭제:** 데이터를 삭제하는 방법(단순 오타이거나 비현실적 자료, 처리 과정의 오류인 경우에 적용한다).
- **다른 값으로 대체:** 평균값, 최빈값, 중간값 등으로 대체하는 방법
- **변수화:** 이상값에 대한 파악을 통해 이상값을 별도의 변수로 취급하는 방법(예 근무년수와 연봉에 대한 데이터가 있을 때 특정 근무년수에 비정상적으로 고액의 연봉을 받는 이상값이 있는 경우, 전문직을 변수로 고려함으로써 이상값을 처리할 수 있다).
- **리샘플링:** 이상값을 삭제하고 나머지 데이터를 이용해 다시 분석하는 것(예 근무년수와 연봉에 대한 데이터가 있을 때 특정 근무년수에 비정상적으로 고액의 연봉을 받는 이상값이 있는 경우, 전문직을 변수로 고려함으로써 이상값을 빼고 나머지 데이터로 분석 작업을 수행한다).
- **케이스를 분리해 분석:** 이상값을 포함한 모델과 포함하지 않은 모델을 분리해 분석하는 방법[예 근무년수와 연봉에 대한 데이터가 있을 때 특정 근무년수에 비정상적으로 고액의 연봉을 받는 이상값이 있는 경우(의사)], 전문직을 포함한 분석과 포함하지 않은 분석을 따로 할 수 있다.

```
>boxplot(iris)    # 이상값 발견을 위해 박스 그래프로 iris 데이터를 살펴본다(그림 9-6(A) 참조).
                  # Sepal.Width에 위아래로 몇 개의 데이터(원 모양)가
                  # 데이터의 일반적인 범주를 벗어나서 존재한다는 것을 확인할 수 있다.
```

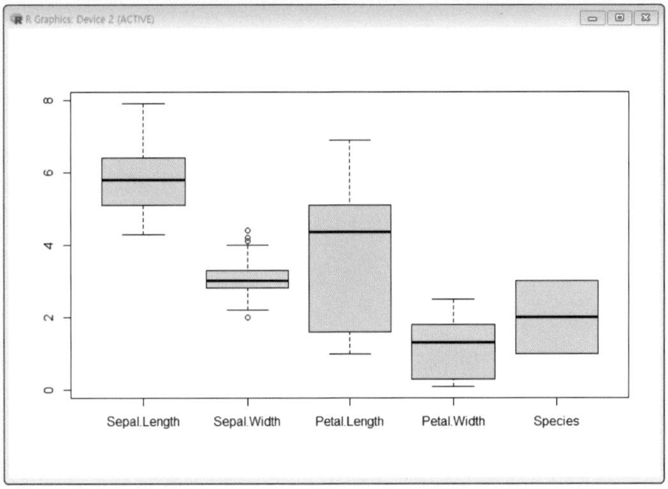

[그림 9-6 (A)] iris 데이터의 이상 데이터 확인

iris 데이터의 Sepal.Length와 Sepal.Width 간의 연관관계에서 이상값을 발견하기 위해 plot를 사용하는 예이다([그림 9-6 (B)] 참조).

```
> plot(iris$Sepal.Length, iris$Sepal.Width)
```

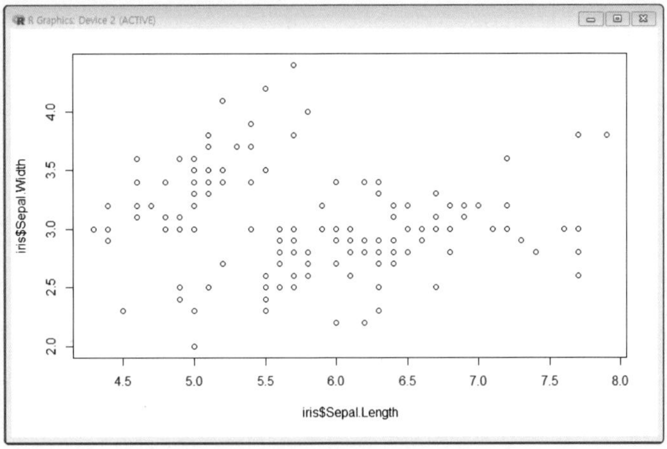

[그림 9-6 (B)] iris 데이터의 이상 데이터 확인

9.4.5 특성 조작

기존 변수를 사용해 데이터를 좀 더 유용하게 만드는 방법으로 데이터의 추가나 변경은 없다.

특성 조작 방법

- Scaling: 변수의 단위를 변경하거나 변수 변환을 사용하는 방법(예 데이터의 산점도를 그릴 때 월 단위에서 일 단위로 변환해 흐름을 자세히 파악하는 경우)
- Bining: 연속형 변수를 범주형 변수로 만들어서 사용하는 방법(예 남자의 키에 대한 데이터를 160 미만, 160~170, 170~180, 180 이상으로 변환해 분석하는 경우)
- Tranform: 기존 변수를 이용해 다른 변수를 만드는 방법[예 날짜 데이터를 바탕으로 계절 변수(봄, 여름, 가을, 겨울)를 만드는 경우]
- Dummy: 범주형 변수를 연속형 변수로 변환하는 방법(예 성별 변수를 Male/Female로 변환하는 것)

성별	Male	Female
Male	1	0
Female	0	1
Female	0	1

9.5 추가 데이터 전처리 기법

데이터의 전처리 과정을 마치기 전에 많이 사용되지는 않지만, 특수한 경우에 적용하는 두 가지 중요한 기법을 소개한다. 하나는 주어진 데이터의 분포를 정규화하는 것이고 다른 하나는 데이터의 변수 구성을 바꾸는 것이다. 특이한 경우에 사용되기는 하지만 데이터의 전처리에서 간혹 사용되므로 여기에서 간단한 사례를 제공한다.

9.5.1 데이터의 정규화 - 데이터의 변형

변숫값의 분포를 표준화하는 것이다. 표준화는 변수에서 데이터의 평균을 빼거나 변수를 전체 데이터의 표준편차로 나누는 작업을 말한다. 이렇게 하면 변숫값의 평균이 0이 되고 분포도 일정해진다. R의 scale 함수를 사용한다.

```
> head(iris)
  Sepal.Length  Sepal.Width  Petal.Length  Petal.Width    Species
1          5.1          3.5           1.4          0.2     setosa
2          4.9          3.0           1.4          0.2     setosa
3          4.7          3.2           1.3          0.2     setosa
```

```
# iris 데이터의 1~4 컬럼 데이터를 정규화한다. 이후 여기에 Species를 추가한다.
# 원데이터가 평균 0이 되고 분포도 일정하게 변환된다.
# 이렇게 변환된 데이터는 모델의 정확성을 높이는 데 많은 도움을 준다.

>cbind(as.data.frame(scale(iris[1:4])),iris$Species)
    Sepal.Length    Sepal.Width   Petal.Length    Petal.Width   iris$Species
1    -0.89767388     1.01560199    -1.33575163  -1.3110521482         setosa
2    -1.13920048    -0.13153881    -1.33575163  -1.3110521482         setosa
3    -1.38072709     0.32731751    -1.39239929  -1.3110521482         setosa
4    -1.50149039     0.09788935    -1.27910398  -1.3110521482         setosa
5    -1.01843718     1.24503015    -1.33575163  -1.3110521482         setosa
6    -0.53538397     1.93331463    -1.16580868  -1.0486667950      setosa …..
```

9.5.2 주성분 분석 - 데이터 개수의 축소

데이터에 변수가 많은 경우 변수의 수를 줄이는 차원 감소 기법이다. 데이터에 있는 변수와 상관없는 새로운 변수로 재표현하는 방법이다.

```
# 설명을 위한 데이터를 생성한다.
> baseData <- c(1:10)
> baseData2 <- baseData+runif(10, min=-3, max=3)            # 임의의 데이터 생성
> baseData3 <- baseData+baseData2+runif(10, min=-7, max=7)
# 앞에서 생성한 3개의 데이터를 연결해 데이터 프레임형의 데이터를 만든다.
> (TestData <- data.frame(baseData, baseData2, baseData3))
      baseData      baseData2      baseData3
1            1     -1.9035122     -5.4363073
2            2     -0.3182465      2.5058974
3            3      3.9722872     13.7883205
4            4      3.0698950      0.7454758
5            5      7.5745018      6.7997633
6            6      6.4180188     11.5063414
7            7      4.4260247      8.8893703
8            8      5.7721937     16.4803940
9            9      8.7220000     15.7540992
10          10      8.5952317     25.5867485

# 생성된 TestData를 대상으로 주성분 분석을 수행한다.
> Result <- princomp(TestData)
> summary(Result)                 # 분석 결과를 보여준다.
                                  # Proportion of Vartance는 각 변수의 설명력을 보여준다.
                                  # Comp1은 94%, Comp2는 4%, Comp3은 1%이다.
                                  # Comp1,Comp2만 있으면 98%의 설명력을 가진다.
Importance of components:
                            Comp.1        Comp.2        Comp.3
Standarddeviation        9.3242998    2.04718710    1.09435529
Proportion of Variance 0.9416385    0.04539069    0.01297085
Cumulative Proportion  0.9416385    0.98702915    1.00000000
```

```
# 변수 3개로 구성된 데이터를 변수 2개로 변환한 모양을 보여준다.
3 즉, 원데이터를 구성하는 3개의 변수를 2개의 새로운 변수로 변환한 것이다.
> Result$scores[, 1:2]
              Comp.1      Comp.2
 [1,]     17.0121345   0.9957543
 [2,]      9.0215209   2.5596520
 [3,]     -2.8578191   3.3779672
 [4,]      9.0056330  -1.7506029
 [5,]      1.8096040  -3.2534751
 [6,]     -2.3758177  -0.8723101
 [7,]      0.3573075  -0.8523475
 [8,]     -7.2387562   0.7543954
 [9,]     -7.7827182  -2.3220184
[10,]    -16.9510887   1.3629852
>
```

9.6 효과적인 분석을 위한 변수의 제거 및 선택

이제 데이터 전처리 기법 중 정규화와 주성분 분석 외에 의미 없는 데이터를 제거하는 방법을 알아보자.

9.6.1 0에 가까운 분산을 갖는 변수 제거

```
> library(caret)           # 필요한 라이브러리를 메모리에 로드한다.
> library(mlbench)         # 필요한 데이터를 선언한다.

# iris 데이터를 대상으로 0에 가까운 분산을 갖는 변수가 있는지 확인한다.
# 수행 결과의 nzv에서 TRUE가 없으므로 해당 변수가 없다.
> nearZeroVar(iris, saveMetrics=TRUE)
             freqRatio  percentUnique  zeroVar    nzv
Sepal.Length  1.111111       23.33333    FALSE  FALSE
Sepal.Width   1.857143       15.33333    FALSE  FALSE
Petal.Length  1.000000       28.66667    FALSE  FALSE
Petal.Width   2.230769       14.66667    FALSE  FALSE
Species       1.000000        2.00000    FALSE  FALSE

# iris가 설명에 적합하지 않아 다른 데이터를 사용한다.
> data(Soybean)
> head(Soybean) # 데이터의 모습을 점검한다.

# Soybean 데이터를 대상으로 0에 가까운 분산을 갖는 변수가 있는지 확인한다.
# mycelium이 nzv의 값이 TRUE이므로 분산이 0에 가까운 변수라는 것을 확인할 수 있다.
# myCelium을 제거해도 결과에 큰 영향이 없다.

> nearZeroVar(Soybean,  saveMetrics=TRUE)
```

```
             freqRatio     percentUnique     zeroVar       nzv
Class         1.010989         2.7818448       FALSE     FALSE
date          1.137405         1.0248902       FALSE     FALSE
plant.stand   1.208191         0.2928258       FALSE     FALSE
precip        4.098214         0.4392387       FALSE     FALSE
ext.decay     3.681481         0.4392387       FALSE     FALSE
mycelium     06.500000         0.2928258       FALSE      TRUE
int.discolor 13.204545         0.4392387       FALSE     FALSE
shriveling   14.184211         0.2928258       FALSE     FALSE
roots         6.406977         0.4392387       FALSE     FALSE
10
>
```

9.6.2 상관관계가 높은 변수 제거

```
> library(caret)                # 필요한 라이브러리를 로드한다.
# iris 데이터를 대상으로 상관관계가 높은 변수를 제거하는 과정을 진행한다.
> head(iris)
   Sepal.Length  Sepal.Width  Petal.Length   Petal.Width     Species
1           5.1          3.5           1.4           0.2      setosa
2           4.9          3.0           1.4           0.2      setosa
3           4.7          3.2           1.3           0.2      setosa
4           4.6          3.1           1.5           0.2      setosa
5           5.0          3.6           1.4           0.2      setosa
6           5.4          3.9           1.7           0.4      setosa

# 상관관계가 높은 열을 선정한다.
>findCorrelation(cor(subset(iris,select=-c(Species))))
[1]         3

# 상관관계가 높은 컬럼을 빼고 새로운 데이터를 구성한다.
> Myiris <- iris[,-c(3)]
> head(Myiris)
   Sepal.Length  Sepal.Width  Petal.Width     Species
1           5.1          3.5          0.2      setosa
2           4.9          3.0          0.2      setosa
3           4.7          3.2          0.2      setosa
4           4.6          3.1          0.2      setosa
5           5.0          3.6          0.2      setosa
6           5.4          3.9          0.4      setosa
>

# 다른 데이터를 이용해 실습해보자.
> library(mlbench)
> data(Vehicle)
> head(Vehicle)               # 데이터의 모습을 확인한다.

# 상관관계가 높은 컬럼을 선정한다.
> findCorrelation(cor(subset(Vehicle, select=-c(Class))))
[1] 3 8 11 7 9 2

# 상관관계가 높은 컬럼을 확인한다.
```

```
> cor(subset(Vehicle, select=-c(Class))) [c(3,8,11,7,9,2), c(3,8,11,7,9,2)]
                 D.Circ      Elong  Sc.Var.Maxis    Scat.Ra  Pr.Axis.Rect       Circ
D.Circ        1.0000000 -0.9123072    0.8644323   0.9072801    0.8953261   0.7984920
Elong        -0.9123072  1.0000000   -0.9383919  -0.9733853   -0.9505124  -0.8287548
Sc.Var.Maxis  0.8644323 -0.9383919    1.0000000   0.9518621    0.9382664   0.8084963
Scat.Ra       0.9072801 -0.9733853    0.9518621   1.0000000    0.9920883   0.8603671
Pr.Axis.Rect  0.8953261 -0.9505124    0.9382664   0.9920883    1.0000000   0.8579253
Circ          0.7984920 -0.8287548    0.8084963   0.8603671    0.8579253   1.0000000

# 상관관계가 높은 컬럼을 빼고 새로운 데이터를 구성한다.
> myVehicle <- Vehicle[,-c(3,8,11,7,9,2)]
> head(myVehicle)
>
```

9.6.3 카이제곱 검정을 통한 중요 변수 선발

```
> install.packages("FSelector")
> library(FSelector)
> library(mlbench)

> data(Vehicle)                 # 데이터의 모습을 확인한다.

# 카이스케어 검정으로 변수들의 중요성을 평가한다.
> (cs <- chi.squared(Class ~., data=Vehicle))
             attr_importance
Comp          0.3043172
Circ          0.2974762
D.Circ        0.3587826
Rad.Ra        0.3509038
Pr.Axis.Ra    0.2264652
Max.L.Ra      0.3234535
Scat.Ra       0.4653985
Elong         0.4556748
Pr.Axis.Rect  0.4475087
Max.L.Rect    0.3059760
Sc.Var.Maxis  0.4338378
Sc.Var.maxis  0.4921648
Ra.Gyr        0.2940064
Skew.Maxis    0.3087694
Skew.maxis    0.2470216
Kurt.maxis    0.3338930
Kurt.Maxis    0.2732117
Holl.Ra       0.3886266

> cutoff.k(cs,3)                # 변수 중 중요한 3개만 선별한다.
[1] "Sc.Var.maxis" "Scat.Ra"     "Elong"
>
```

빅데이터 시대의 중요 분야인 데이터 분석 및 전처리 기법에 대한 설명을 마친다. 데이터 분석은 전제가 중요하다. 데이터의 준비가 수행된 후에 데이터 분석이나 전처리를 수행하는 경우라면 앞에서 설명한 R의 명령어와 기법만으로도 불편함이 없을 것이다. 다만, 데이터가 준비되지 않고 데이터가 지속적으로 규칙을 갖고 변경되는 경우에는 프로그램 기능을 활용할 수 있는 Scikit Learn이 좀 더 유리할 것이다.
마지막으로 이 책에서 보여준 다양한 명령어와 이를 언제 어떻게 활용하는지에 대한 것은 한 번 실습해본 것으로는 충분하지 않다. 독자들이 여기까지 공부했다면 앞의 내용을 암기하는 수준까지 이르러야 한다는 말을 하고 싶다.
앞에서 우리가 실습한 내용을 충분히 이해하고 암기할 수준에 이른다면 실무에서 데이터 분석을 수행할 때 큰 어려움이 없이 수행할 수 있다. 독자 여러분의 멋진 마무리를 기대한다.

9.7 요약

데이터 분석이 수행되려면 먼저 기본이 되는 데이터가 정확해야 한다. 특히 IoT에 기반을 두고 생성되는 데이터는 기존의 데이터보다 데이터 자체에 대한 신뢰와 형태가 문제가 되는 경우가 많다. 그래서 데이터 분석과 전처리 과정이 중요하다. 다음 질문에 대해 답해보고 부족한 것은 본문의 내용을 확인해보기 바란다.

- 데이터 분석가가 가져야 하는 필요 역량은 어떤 것이 있는지 설명하라.
- 데이터 분석의 유형을 분류하고 설명하라.
- iris 데이터를 바탕으로 데이터를 탐색하는 과정을 수행하라.
- 데이터 전처리 절차 5단계를 설명하라.
- 결측값을 처리하는 방법에 대해 설명하라.
- 이상값을 처리하는 방법에 대해 설명하라.
- 데이터의 정규화를 수행하는 이유는 무엇인가?
- 전처리에서 주성분 분석을 수행하는 이유는 무엇인가?
- 전처리에서 변수를 제거하는 방법에 대해 설명하라.

10 마무리

이 시점에서 '0. 데이터 분석 전문가의 길'에서 보여준 그림을 다시 살펴보자.

데이터 분석 전문가가 알아야 하는 기술적 범위

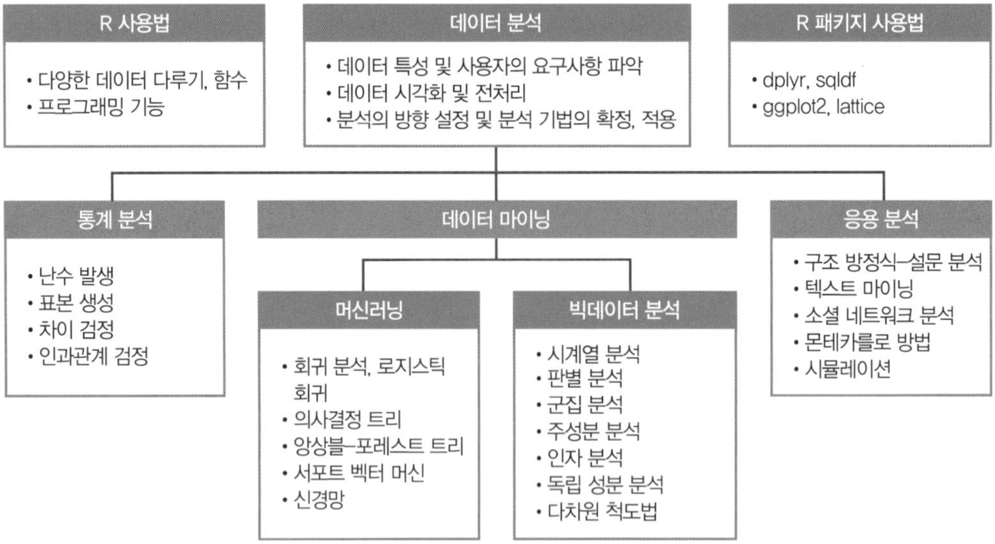

데이터 분석을 수행하고자 하는 사람이 알아야 하는 기술적 범위는 모두 설명했다. 이 책을 여기까지 따라온 사람은 데이터 분석에 관련된 기술적 범위는 전체를 느껴본 것이라 할 수 있다. 하지만 앞으로가 더 중요하다. 배운 기술을 잘 사용할 수 있도록 익히는 과정이 필요하고 실무에서 이를 사용하면서 적용의 어려움을 겪어봐야 한다. 이제는 공부가 아니라 실무에 적용할 시간이다.

찾아보기

찾아보기

찾아보기